京津冀协同发展研究

亚洲开发银行技术援助项目 9042 咨询专家组 编著

中国财经出版传媒集团
中国财政经济出版社

图书在版编目（CIP）数据

京津冀协同发展研究 / 亚洲开发银行技术援助项目9042咨询专家组编著：—北京：中国财政经济出版社，2018.6

ISBN 978-7-5095-8234-3

Ⅰ.①京… Ⅱ.①亚… Ⅲ.①区域经济发展－协调发展－研究－华北地区 Ⅳ.①F127.2

中国版本图书馆CIP数据核字（2018）第092560号

责任编辑：王　飏　　　　　　　责任印制：史大鹏

责任校对：李　丽

中国财政经济出版社 出版

URL：http://www.cfeph.cn

E-mail：cfeph @cfeph.cn

社址：北京市海淀区阜成路甲28号　邮政编码：100142

营销中心电话：010-88191537

北京时捷印刷有限公司印刷　各地新华书店经销

880×1230毫米　16开　22印张　503 000字

2018年7月第1版　2018年7月北京第1次印刷

定价：80.00元

ISBN 978-7-5095-8234-3

（图书出现印装问题，本社负责调换）

本社质量投诉电话：010-88190744

打击盗版举报热线：010-88191661、QQ：2242791300

项目简介

2016年1月5日，亚洲开发银行（以下简称“亚行”）与中国政府签订协议，帮助河北省政府开展技术援助项目——京津冀协同发展研究（编号48462-001）。项目的主要目的是为河北省政府更好地贯彻落实《京津冀协同发展规划纲要》提供支持。

在亚行的组织下，经过国际招标，河北省发展和改革委员会（以下简称“发改委”）宏观经济研究所牵头组成的研究团队中标，并于2016年7月15日与亚行正式签署合同。项目实施期限15个月，至2017年10月底结束。河北省财政厅代表河北省政府作为项目执行机构，负责与亚行、京津冀政府机构、学术界和其他有关各方开展协调对接，督导推动课题研究工作，组织协调相关事宜。《京津冀协同发展研究》项目组由三位国际专家和八位国内专家组成。根据总报告和分报告的工作任务，课题组建立了相应的研究团队。

自项目启动以来，在亚行和省财政厅的组织推动下，课题组从2016年11月开始至2017年3月，对承德、张家口、保定、廊坊、石家庄、邯郸、沧州、唐山等数十个市、区、县进行了实地考察调研，开展了十余次省内相关部门业务负责人和科研部门、大专院校、专家学者的专题咨询工作。召开了三次大型的专家咨询会议，对一个总报告、五个分报告的初始报告、中期报告、终期报告进行了论证研讨。项目研究过程中，河北省相关省直部门、相关市人民政府给予了很多支持和帮助。

2017年10月21日，亚行在石家庄市召开终期报告专家研讨会。国务院发展研究中心副主任张军扩、友成基金会常务副理事长汤敏、中国科技体制改革研究会会长张景安、中国宏观经济研究院（国家发展改革委宏观经济研究院）原副院长马晓河、中国城市经济学会副会长牛凤瑞、中国财政科学研究院院长刘尚希等六位国内高层专家对终期报告予以高度评价，与会的亚行项目官员也对项目研究予以充分肯定，该项研究顺利通过专家论证。

河北省财政厅亚洲开发银行技术援助办公室
2018年1月

项目简介

亚洲开发银行技术援助项目

京津冀协同发展研究

项 目 官 员 名 单

亚行技援项目官员：安　铂　亚洲开发银行东亚局公共管理、金融与地区合作处公共管理专家

李圣民　亚洲开发银行东亚局公共管理、金融与地区合作处金融专家

河北省财政厅项目官员：靳海增　河北省财政厅　副厅长、项目办主任

王　琳　河北省财政厅　涉外处处长、项目办副主任

徐　卫　河北省财政厅　外债中心主任、项目办副主任

王铁骊　河北省财政厅　涉外处副调研员、项目官员

亚洲开发银行技术援助项目

京津冀协同发展研究

咨询专家名单

组　长：李　岚　河北省发改委宏观经济研究所原所长、研究员

副组长：曾　毅　杜克大学医学院老龄与人类发展研究中心和老年医学部教授；北京大学国家发展研究院教授及北京大学瑞意高等研究所首席科学家；德国马普研究院人口研究所杰出研究学者；荷兰皇家艺术与科学院外籍院士

成　员：查尔斯·贝克　杜克大学经济系副主任、教授

盖　瑞·格里菲　杜克大学全球化、治理和竞争力中心主任、教授

肖金成　中国宏观经济研究院国土与地区经济研究所原所长、研究员

高　智　河北省发改委宏观经济研究所所长、研究员

罗　静　河北省发改委宏观经济研究所副所长、研究员

王素平　河北省发改委宏观经济研究所副所长、研究员

陈志国　河北大学社科处处长、教授

古建芹　河北经贸大学教授

张金杰　河北省发改委宏观经济研究所副研究员

目 录 Contents

国际专家报告一　京津冀协同发展背景下家庭人口老龄化趋势分析及政策建议

国际专家报告二　河北家庭户能源消费分析及政策建议

国际专家报告三　构建京津冀世界级城市群：驱动力、约束和问题

国际专家报告四　中国京津冀经济区协同发展：国际比较和产业链视角

总报告

河北省推进京津冀协同发展研究

课题负责人： 李　岚

课题组成员： 黄贺林　梁世雷　苏凤虎　白镇华　王光瑜　闫永清

京津冀协同发展是重大国家战略。河北省作为京津冀地区的组成部分，辖区面积、人口规模、资源容量、经济体量等在京津冀地区占有重要地位，同时也存在发展的诸多短板，是京津冀协同发展的主体区域，担负着协同发展的历史责任。深入研究河北省推进京津冀协同发展问题，对贯彻中国共产党第十九次全国代表大会精神，以疏解北京非首都功能为“牛鼻子”，推动京津冀协同发展，高起点规划、高标准建设雄安新区，形成京津冀协同发展新格局，都具有重大的现实意义。

一、京津冀协同发展历史演进及推进情况分析

（一）区域合作历史演进

京津冀地区地缘相接、人缘相亲，地域一体、文化一脉，历史渊源深厚，区域合作由来已久，迄今已经30多年。在此期间，京津冀区域间合作逐步深化，由点及面、由浅入深，实现了由探索到形成共识、由领域拓展到区域、由部门自发主导扩展到政府与市场协力推进的巨大转变。2014年京津冀协同发展上升为重大国家战略，标志着区域合作进入全新的发展时代。

1. 区域合作前期探索（1981–1985年）

1981年，京、津、冀、陕、蒙5省（市、区）在华北经济协作区的基础上成立了华北经济技术协作区，通过高层会商，重点解决地区间的物资调剂问题。同年，国家实施国土整治战略，京津唐地区作为国土规划的试点之一，由国家国土局牵头率先编制《京津唐地区国土规划纲要》，集中在跨区域基础设施建设、水资源节约利用、土壤污染治理等方面开展合作。1982年，北京市政府制定的《北京城市建设总体规划方案》中首次提出“首都圈”的概念，内圈由北京、天津和河北省的唐山、廊坊和秦皇岛组成，外圈包括承德、张家口、保定和沧州4个与京津邻近的城市，该规划也被认定为首都经济圈规划的最早版本。京津冀地区在某些领域和个别重点问题上不同程度地开展先期合作，逐步摸索区域间合作的内容和形式，为区域深入合作积累了经验。

2. 区域合作显端倪（1986–2003年）

1986年，在时任天津市市长李瑞环同志的倡导下，环渤海地区15个城市共同发起成立环渤海地区市长联席会，这被认为是京津冀地区最早和最正式的区域合作机制。1988年，北京与环京地区的保定、廊坊、唐山、秦皇岛、张家口和承德6地市组建环京经济协作区，建立日常工作机构和开展跨省市的企业联合与协作。1995年，河北省确立了“两环开放带动（内环京津，外环渤海）”战略，并明确了其在全省经济发展中主体战略的地位。1996年，《北京市经济发展战略研究报告》中首次提及“首都经济圈”的概念，以京津为核心，包括河北省的唐山、秦皇岛、承德、张家口、保定、廊坊和沧州7个市。2001年，由吴良镛教授主持，京津冀三地多位专家共同参与的《京津冀北城乡空间发展规划研究》出台，京津冀一体化研究上升到一个新的阶段。这一时期，经济社会的快速发展推动京津冀三地日益重视区域的统筹推动和一体化发展，但受地方利益和政府考核机制的限制，区域自我发展动力明显大于区域合作发展，三地之间关于资源、产业、项目、市场的过度竞争普遍存在，区域合作的实质性推动过程困难重重。

3. 区域合作共识全面提升（2004–2013年）

2004年2月，国家发改委召集京津冀三省市发改部门在廊坊市召开京津冀区域经济

发展战略研讨会，达成“廊坊共识”；11月，京津冀都市圈区域规划的编制工作正式启动。2008年，“第一次京津冀发改委区域工作联席会”召开，三地发改委共同签署《北京市、天津市、河北省发改委建立“促进京津冀都市圈发展协调沟通机制”的意见》。2010年，《京津冀都市圈区域规划》上报国务院，区域发展规划按照“2+8”的模式制订：包括北京、天津两个直辖市和河北省的石家庄、秦皇岛、唐山、廊坊、保定、沧州、张家口、承德8地市。2010年10月，河北省政府《关于加快河北省环首都经济圈产业发展的实施意见》正式出台，提出在规划体系等6个方面启动与北京的“对接工程”；2011年，国家“十二五”规划纲要提出“打造首都经济圈”。随着我国市场体制的不断完善，区域合作的内生动力逐渐增强，国家和京津冀推动区域一体化的共识逐步增强、进程日益加快，涉及各具体领域的跨区规划不断签署，京津冀三地高层频繁接触，但区域合作领域仍主要集中在资源、生态和环境保护等方面，经济发展、产业对接、资源共建共享等实质性领域的合作更多地停留在战略概念层面上。

4.区域合作开启新篇章（2014年至今）

2014年2月26日，习近平总书记专题听取京津冀协同发展工作汇报，强调实现三地协同发展是重大国家战略，并提出7点具体要求。同年3月，李克强总理在第十二届全国人民代表大会第二次会议上所作的政府工作报告中将“加强环渤海及京津冀地区经济协作”列为2014年重点工作内容。2015年4月，《京津冀协同发展规划纲要》出台，进一步明确了协同发展的基本出发点、区域的功能定位、发展的主要目标以及合作的率先突破领域。2014年2月以来，国家对京津冀区域合作的重视程度达到空前的历史高度，跨区域合作陆续开展，各领域工作取得实质推进，区域合作全面进入发展新阶段。

（二）协同发展取得的主要成效

2014年以来，京津冀三地认真贯彻落实中央推进京津冀协同发展战略部署，统筹全局、重点突破，在规划体系完善、非首都功能疏解、重点领域率先突破、体制机制创新等方面取得积极进展，实现了协同发展的良好开局。

1.加强顶层设计，协同发展规划体系日臻完善

2014年2月26日，习近平总书记主持召开京津冀地区座谈会，京津冀协同发展上升为重大国家战略，国家和京津冀接续成立组织推进机构，出台规划、工作方案和实施意见等多项纲领性文件，协同发展规划体系逐步完善，为各项工作的顺利开展奠定了坚实基础。

中央政治局审议通过并实施《京津冀协同发展规划纲要》，全国首个跨省市的区域五年规划《“十三五”时期京津冀国民经济和社会发展规划》印发实施。国务院相关部门相继出台京津冀协同发展水利、交通、生态等12个专项规划，制订了《京津冀协同发展试点示范工作方案》、3个重点领域率先突破工作方案等一系列支撑和执行文件。相关规划和方案的密集出台完善了规划体系，明确了区域功能地位与发展路径，同时也为国家、省（市）和基层统筹区域发展、密切分工协作、顺利开展协同发展工作指明了方向。

河北省委、省政府将京津冀协同发展作为长期战略任务来实施，积极成立推进协同发展领导机构，深入贯彻落实协同发展战略要求，先后研究印发《关于贯彻落实习近平总书记重要讲话精神加快推进京津冀协同发展的意见》、《中共河北省委、河北省人民政府关于贯彻落实〈京津冀协同发展规划纲要〉实施意见》，制定出台《河北省推进京津冀协同发展规划》。河北省围绕落实“三区一基地”功能定位和国家专项规划，编制完成4个

功能定位规划、27个专项规划和4个落实国家专项规划的实施意见，基本形成总体规划、功能定位规划、专项规划、实施意见共同构成的规划体系，为全面贯彻落实《京津冀协同发展规划纲要》、推进协同发展奠定了坚实的工作基础。

2.抓住关键环节，非首都功能疏解初见成效

在中央政府的支持下，京冀两地通力合作，河北集中承接非首都功能取得重大突破，四大重点疏解对象转移入冀工作启动实施，各领域重大疏解项目落地进程加快，河北积极谋划功能承接平台建设并取得重大进展，非首都功能疏解效果初显。

集中疏解取得重大突破。2017年4月1日，中共中央、国务院决定设立河北雄安新区，新区地处保定东北部，涉及容（城）、安（新）、雄（县）三县及周边区域，区位优势明显、交通便捷通畅、发展空间充裕、资源环境承载力较强，未来将建成绿色生态宜居新城区、创新驱动发展引领区、协调发展示范区和开放发展先行区，打造贯彻落实新发展理念的创新发展示范区。规划建设新区是疏解北京非首都功能的历史性工程，将有效吸引北京人口和非首都功能疏解转移，目前中共河北雄安新区工作委员会、河北雄安新区管理委员会已经成立，区域管控、规划编制、群众搬迁、重大项目谋划等各项工作有序开展。

承接优先疏解工作有序推进。河北与北京共同研究制定区域性批发市场疏解支持政策和措施，北京新发地高碑店农产品物流园、廊坊永清服装城、白沟大红门国际服装城等多家承接中心开始运营，仅2016年就疏解北京商品交易市场117家。北京·沧州渤海新区生物医药产业园探索区域共建共享新模式，累计落户北京生物医药企业68家。廊坊开发区云存储产业园积极承接北京辅助服务功能，集中承担建设国家多个部委的电子政务平台、能源企业信息交互平台、百度及阿里巴巴等互联网企业IDC中心。北京通州副中心建设全面开展，河北主动对接北京并积极配合，廊坊北三县与通州发展实施统一规划、统一政策和统一管控。

承接载体建设取得阶段性进展。河北与京津联合下发实施加强产业转移承接平台建设的指导意见，承接载体建设进度逐步加快，北京新机场河北境内拆迁工作已经完成，相关规划编制和工程建设有序开展，曹妃甸协同发展示范区京冀联合共管机构获批，仅2016年北京入区开工项目就达35个。河北按照“三个精准”的要求，在规划纲要确定的战略合作功能区基础上，进一步筛选确定省、市、县三级共270个承接平台和载体，其中省级平台11个，市级平台53个，县级平台206个。

3.聚焦重点领域，交通、生态和产业率先取得突破

国家和京津冀在推进协同发展过程中站位全局、统筹谋划、立行立改，在交通、生态和产业三个重点领域率先开展区域合作，交通设施建设与管理全面推进、生态共建逐步加强、产业升级转移合作日益加深，积极推动协同发展工作的全面开展。

交通一体化成效显著。河北联合京津共同打通“断头路”、“瓶颈路”取得实质进展，京台高速、京港澳高速等10余条道路连接与扩容工程工作率先完成，京沪沧州至冀鲁界段、荣乌高速狼牙山至坡仓段等一批“断头路”实现通车。津保铁路、京蓟城际建成通车，京张铁路全线开工，京秦高速、太行山高速加速推进，区域快速交通体系逐步完善。北京新机场建设工作加速推进，北戴河、承德机场建成投用，河北机场纳入首都机场集团公司管理，区域机场一体化运营加速实施。京津冀区域高速公路ETC联网收费实现全覆盖，11个设区市、642条线路、12000余辆公交车与京津实现“一卡通行”。2017年年底前区域高速公路“断头路”将全部打通，道路通行能力得到大幅提升，综合交通网络体系逐步完善。

生态环境保护合作力度加大。京津冀三地联合开展生态共建共管和大气联防联治，签署《京津冀区域环境保护率先突破合作框架协议》，联合实施京津风沙源治理、京冀生态水源保护林、京津保平原生态过渡带等生态项目建设。三地合力推进淘汰落后产能、压减燃煤、控制工业和扬尘污染等重点减排工作，河北启动廊坊、保定18个环京县（市、区）禁煤行动，京津分别联合保定与廊坊、唐山与沧州，并为对口地区污染防治提供资金、政策与技术支持。潘大水库网箱养鱼清理工作已基本完成，津冀就横向生态补偿的跨界断面、水质标准、补偿方案等达成一致意见，引滦入津生态补偿机制初步建立。区域生态环境治理和保护协作力度逐步加大，环境质量明显改善，2014–2016年三年间，京津冀共完成造林面积1753.8万亩，河北省2016年PM2.5的平均浓度比2013年下降35%。

产业升级转移稳步推进。产业协作对接平台建设合作力度加大，河北联合北京共建曹妃甸协同发展示范区、津冀（天津·涉县）循环经济产业园、芦台·汉沽津冀协同发展示范区等重点园区。重大合作项目建设进程加快，北京现代沧州第四工厂竣工投产，北汽集团（华北）微车产业基地投产运营，“京津冀大数据走廊”启动实施，石家庄市与北京中关村合作共建的集成电路产业基地落户正定新区。以京张联合筹办2022年冬奥会为契机，三地携手共建京东休闲旅游示范区、京北生态（冰雪）旅游圈、京西南生态旅游带（含京西百渡休闲度假区），共塑区域旅游品牌，京津冀大旅游格局加速构建。京津冀地区在产业链、信息链、资金链等方面的融合程度逐步加深，产业协作进程逐步加快。2016年，河北省从京津引进项目4100个、资金3825亿元，分别占全省利用省外资金与项目的42%和51%。

4.强化创新驱动，协同创新取得阶段性进展

河北联合京津进一步深化区域创新体系合作，逐步增强科技平台支撑能力，加快完善区域创新服务体系，推进区域创新资源的合理配置和高效利用，辐射周边、引领全国的创新发展高地已具雏形。

科创平台共建步伐加快。河北与京津共同申报的京津冀全面创新改革试验区获国家批复，中关村海淀园秦皇岛分园、清华大学（固安）中试孵化基地、保定中关村创新中心等协同创新平台启动实施，共同申报的大数据综合试验区稳步推进。河北加快打造石保廊全面创新改革试验区、京南国家科技成果转移转化示范区、环首都现代农业科技示范带等重点科技园区，京津科技创新成果在河北的应用和示范推广能力进一步增强。截止到2016年，河北与京津合作共建各类科技产业园区55个，各类众创空间300余家，京津1300多家高新技术企业落户河北。

区域创新体系逐步完善。河北省与科技部、招商集团合作建立的科技成果转化引导基金首期规模达到10亿元，三地共设京津冀科技成果转化创业投资基金，京津冀技术交易河北省中心等服务平台建设步伐加快。教育部“蓝火计划”衡水基地加速建设，中科院、北京大学、天津大学等13所高校在河北设立工作站，河北大学、河北农业大学等河北省院校先后与京津院校开展交流合作。河北与中国技术交易所、北京国际技术转移中心等合作，联合建立连通京津、覆盖河北的“三中心”和“两平台”，创新创业综合服务体系逐步完善。2016年，河北与京津联合攻关科技项目550项，共建产业技术联盟65家，京津输出到河北的技术合同成交额93.2亿元，是2013年的2.4倍。

5.拓宽合作领域，社会事业统筹推进

自协同发展成为国家重大战略以来，京津冀三地着眼于改善区域协调的前提保障条件，积极推动公共服务资源优化配置，大力促进社会事业发展，加大贫困地区对口扶持力度，逐步提高区域公共服务均等化水平，共享区域发展成果水平逐步提升。

合作试点实现突破。京冀两地确定曹妃甸区、北京新机场临空经济区、廊坊燕郊3个区域为区域公共服务深化合作与重点突破地区，从就业创业、社会保障、人才服务、劳动关系等方面加强合作，共同加快试点区域人社一体化进程，推动要素资源合理流动和有效配置。京津冀三地实现挂网药品资质、中标价格互认，132家医疗机构推进临床检验结果互认，首批27个检验项目纳入检验结果互认范围。区域人才职称资格实现互认，专业技术人员在三地间流动过程中的职称晋升、岗位聘用、人才引进、培养选拔、服务保障等领域享同等待遇。京冀开辟异地就业人员就医报销绿色通道，推动区域社会保障衔接顺畅。河北联合京津在多地开展教育和医疗机构合作，共同加大人才培训、重点医疗科室建设和合作办学力度。

对口帮扶取得重大进展。三地共同促请国家有关部委出台《京津两市对口帮扶河北省张承环京津相关地区工作方案》，京津两市结对帮扶河北21个县（区），2016-2020年共安排帮扶资金47.7亿元。河北与北京签署了对口帮扶合作框架协议，确定“十三五”期间帮扶河北省张承保相关地区35.68亿元；与天津签署对口帮扶承德市贫困县、建设高等职业院校、推进旅游一体化、开展现代农牧业合作、支援建设六沟产业园区等框架协议。

6.全面深化改革，协同发展体制机制加快构建

为保障协同发展工作的顺利开展，京津冀三地加快破除制约工作开展和要素流动的体制机制障碍，在区域合作、产业对接、生态联防联控等诸多方面接连出台和完善相关体制机制，区域优势互补、互利共赢的制度体系逐步完善。

区域对接协作机制逐步完善，三地联合建立常务副省（市）长、协同办主任和职能部门定期会晤和联席制度，区域互派干部人才双向挂职制度进一步规范。基础设施跨区协作机制实现突破，联合组建了京津冀城际铁路投资公司、渤海津冀港口投资公司。协同创新机制进程加快，三地部分高校分别成立京津冀协同创新联盟、京津冀师范院校联盟等多个联盟。产业利益共享机制逐步形成，产业转移对接企业税收收入分享办法出台实施，区域税收风险管控一体化工作机制加快构建。生态保护机制日益完善，联合建立京津冀及周边地区大气、水污染防治协作机制和区域机动车污染联防联控协作机制，共同建设大气污染防治信息共享平台，区域重污染天气预警分级标准实现统一，率先在全国探索和推进跨区域森林碳汇交易和跨区域碳排放交易试点。公共服务合作机制逐步强化，三地实现区域参保人员社会保险信息相互核对、协查，并在突发事件、卫生应急等领域开展合作，廊坊燕达医院被确定为北京医保异地就医即时结算定点单位。交通一体化管理合作进一步增强，京津冀海关全面实现通关一体化。行政区划优化取得实质进展，石家庄、秦皇岛、张家口、保定、邯郸及衡水等6个设区市行政区划调整，河北中心城市发展空间得到进一步拓展。相关领域协调管控机制日益完善，联合建立京津冀职业教育协同发展联席会议制度，食品药品异地监管制度实现突破，电信、移动和联通三大运营商率先取消京津冀区域手机漫游费和长途费。

（三）协同发展工作中存在的主要问题

近年来，协同发展在多个领域取得了积极进展，但与规划纲要阶段性目标相比，尚存在许多发展短板和差距。课题组通过对京津冀三地、河北省十余个省直部门、8个设区市和近30个县（市）的深入调研，也发现协同发展在具体推进落实工作中还存在一些问题。

1.重点领域深层次问题亟待破解

国家对交通、生态和产业三个率先突破领域进行了统筹谋划和部署，并取得了一定成效，但在三地实际推进过程中一些深层次的问题还没有得到有效解决。

在交通一体化方面，一是低等级道路互联互通进展相对缓慢，已经纳入国家交通规划体系的高等级道路互联互通进展较快，但与京津相邻地区省级及以下道路建设中规划不对接、项目推进不同步、道路等级不一致等问题突出，推进进度明显落后于骨干线路的建设进程。二是北京过境交通基础设施建设进度不快，现阶段区域道路交通体系的完善主要围绕北京为核心来打造，缓解北京过境交通压力的通道建设相对较少，同时河北省内重点城市间互联互通、城郊铁路尤其是北京轻轨入冀工作、外分北京过境交通枢纽谋划与建设进展都较为缓慢，北京仍面临较大的过境交通压力。三是部分环京津贫困地区交通状况还存在一定问题，从张承地区调研情况看，由于交通建设条件复杂、自筹资金困难、建设成本与收益不匹配，该区域部分地区高等级道路服务当地的能力有待加强，省级道路建设相对滞后，县乡道路亟待改造和提高建设标准，各等级道路整体建设进度不快。对接机制不顺、市场机制欠缺、区域发展观念缺乏仍是制约三地交通一体化的瓶颈，距离区域交通规划同图、建设同步、运输一体、市场统一的发展要求尚存较大差距。

在生态环境保护方面，一是生态建设投入缺口仍然较大，在调研中张承地区普遍反映，京冀生态水源保护林、风沙源治理和退化草原治理等生态工程投资额度不足，公益林与节水工程等维护费用不足以应对日常的成本支出。二是生态保护区域管理体制尚不完善，目前京津冀地区在大气环境共建共享方面形成较为完善的合作机制，但涉及水、土壤和农村环境等方面的区域协同建设与治理合作机制尚未形成。三是跨区生态补偿机制推进缓慢，虽然京津冀在生态林建设、引滦入津方面开展了先行探索，但生态资源产品价值与分配体系尚未建立，生态环保责任与义务划分尚不明确，市场化、常态化、规范化的充分体现生态价值的生态补偿机制尚不健全，事关跨区域横向生态补偿全局的关键内容尚未取得实质性进展。《京津冀协同发展规划纲要》对河北生态建设和环境保护提出了更高要求，单纯依靠以国家为主导的生态建设支持方式以及河北省重点生态建设区羸弱的地方财力，难以保障河北省境内的京津冀生态环境支撑区长期保持高水平的生态建设、治理和修复。

在产业升级转移方面，一是产业转移衔接制度亟待完善，调研中大部分设区市反映京津企业转移入冀时还存在高技术企业资质需要重新认证，企业金融、纳税等信用评级跨省互认机制尚未建立，医疗与建筑等从业资质认证信息区域共享还未实现等问题。二是京津转移入冀的高端产业相对较少，截至目前京津向河北转移的产业多是区域性物流批发市场、一般性制造企业和产业的生产加工环节，科技成果转化型企业、企业总部和产业的高端制造环节转移相对较少。三是能够引领带动河北区域发展的产业偏少，京津转移产业大多布局分散，辐射带动能力偏弱，大部分产业尚不能够对区域整体发展形成强有力的带动作用，能够集聚同一领域产业（如北京·沧州渤海新区生物医药产业园）、促进区域产业跨越式提升（如北京现代第四工厂），进而带动整个区域产业规模化、集群化发展的园区或企业较少。四是产业转移区域分成机制尚需优化，政府主导由京津向河北转移的产业，尤其是规模体量大、对河北产业升级作用明显的企业，大多存在迁出地与河北省的税收区域分成，但项目建设硬性约束条件，如土地、环保、能源消耗等指标还未实现在区域间的统筹考虑。上述问题的产生主要在于河北省在综合发展环境、承接平台配套支撑等方面与京津和转移转化企业的要求尚存较大差距，致使京津科技成果转化型企业、高端制造业企业等吸引不来、承接不住，难以实现在冀就近转移转化，河北省借力京津推动产业升级的效果尚未集中显现。

2.协同发展推进机制尚不健全

当前，京津冀协同发展已经由顶层设计转入全面实施阶段，工作组织落实作为协同发展顺利推进的基本保障，虽然从试点示范、协作共管等方面都进行了广泛探索，但相对于协同发展的复杂性、目标实现的紧迫性而言，协同发展工作组织推进方式还需进一步强化和完善。一是区域间合作机制有待完善。河北与京津间的高层对话和工作对接机制初步建立，但市、县（区）政府与京津对应部门之间制度化的工作推进机制和对话机制尚不完善，缺乏与京津之间的精准和有效对接，造成区域协同对接过程中存在盲目、重复和无序的状况。二是领域间缺乏常态化的合作方式。虽然各领域均在协同发展中有针对性地采取一系列推进措施，但跨部门的一体化综合协调推进机制尚不健全，协同发展各领域的具体工作实施往往受到其他领域的影响和制约，单一部门难以全方位协调和决策；在区域招商引资、产业对接合作、协同创新、公共服务对接等方面还缺少长期稳定的沟通协作方式，区域专题招商会、专项洽谈等活动缺乏多样性、常态化的合作机制，科技创新领域区域间主管部门的协调沟通机制尚不健全。三是内部统筹协作分工方式亟待优化。当前国家和省级层面的顶层设计初步完成，但国家及河北省已经出台的部分专项规划缺乏相关的配套实施方案，省内各市和相关职能部门开展具体工作缺乏实施依据和抓手；河北省及国家各部委明确的承接平台更多照顾区域之间的平衡，不同程度地存在数量众多、区位分散、功能重叠等问题，省级层面也未对平台间的具体分工明确做出全面统筹安排，难以形成较强的聚集效应，河北区域内部的相互恶意竞争和重复建设时有出现；非首都功能疏解在河北省内部统筹协调不足，北京大红门市场和动物园批发市场外迁入冀过程中，河北省有多个市的市场争相引进，既不利于非首都功能有效疏解，也不利于承接地整体的发展。

3.发展政策区域落差依然明显

河北省在区域发展地位、基础发展条件、地方财力支撑方面与京津相比处于劣势，诸多领域的支持政策也与京津之间存在明显落差。一是企业和项目引入方面，河北在产业税收减免、土地支持、财政资金保障等方面的政策扶持力度与京津存在较大差距，导致部分企业甚至回流至京津，如天津对企业总部的引进最高可补助5000万元，而河北省在对应层面缺乏明确的补贴标准。二是支持产业发展方面，河北在金融支持、科技创新扶持、人才引进与产业发展补贴等方面也与京津存在明显差异，部分京津转移入冀企业政策享有水平明显下降，如河北省对企业上市的资金支持方面最高奖励为200万元，而天津最高可达500万元，且在奖励的档次分类、奖金利用、具体落实等方面更加具体和明确。三是试点示范和载体平台打造方面，河北省至今没有形成北京中关村自主创新示范区和服务业扩大开放试点这类事关区域整体发展的试点载体，缺少类似天津滨海新区和自贸区等国家级的重大政策集成平台。四是公共服务政策方面，药品、诊疗、医疗服务设施等医保目录区域间差异明显，优质教育、医疗资源区域布局分化严重，人均基础教育和基本公共服务设施投入差距巨大，社会保险关系转移接续、跨区养老服务、医保报销对接还未达到区域统筹要求，流动人员人事管理服务标准尚未统一，京津户籍外迁人员子女当地入学、返籍升学受限等问题依然存在。

区域之间的政策梯度差既导致京津地区企业和高端要素向河北转移顾虑重重，又极易强化“马太效应”，阻碍河北集聚和吸纳功能的提升，严重影响协同发展工作的顺利推进，进而可能造成区域发展的差距进一步扩大。

（四）协同发展面临的主要挑战

河北省要发挥好在协同发展中的地位作用，承担好在协同发展中的功能角色，顺利完成《京津冀协同发展规划纲要》明确的目标任务，还面临许多挑战。

1.缩小与京津的发展差距面临挑战

河北省与京津经济发展落差巨大，在协同发展中亟需提升经济发展层次和水平，缩小与京津经济发展落差。但河北城市引领和支撑能力不足，与京津公共服务水平和发展环境差距巨大，产业与京津间存在层次落差和技术错位，不仅产业难以与京津有效对接、京津科技成果难以在河北落地转化、京津高端要素难以向河北流动集聚，甚至面临高端发展要素“倒流”、与京津经济发展落差进一步扩大的压力和挑战。2013-2016年，河北GDP占京津冀区域比重下降了2.77个百分点，人均GDP占北京和天津的比重分别下滑4.25个百分点和2.52个百分点，人均地方一般公共预算收入占北京和天津的比重分别下滑1.76个百分点和0.27个百分点，与京津的经济发展差距仍呈扩大趋势。

2.实现与京津公共服务区域均衡面临挑战

河北与京津公共服务水平差距悬殊，2015年，河北省人均教育经费仅分别为北京和天津的29.02%、35.70%，人均三甲医院数量分别为北京和天津的19.09%、7.75%，城镇职工人均医疗保险支出分别为北京和天津的50.81%、63.40%，企业基本养老保险基金支出分别为北京和天津的26.92%、33.11%。在协同发展中亟需补齐公共服务这块短板。但河北省提升公共服务整体水平，缩小与京津公共服务差距，实现与京津公共服务水平趋于均衡目标，既存在优质公共服务资源缺乏、政府公共财力不足、公共服务领域市场化改革滞后等自身难题和问题，更面临京津冀公共服务之间诸多隐性壁垒和体制机制障碍带来的挑战。

3.协同京津打造世界级城市群面临挑战

打造以首都为核心的世界级城市群，是京津冀协同发展的重要任务之一。但截至2015年底，京津冀整体城镇化率为62.5%，与世界级城市群70%以上的城镇化率相比尚有较大差距，特别是河北省城镇化率仅为51.3%，是京津冀城镇化发展的主要短板。同时，河北与京津城镇体系结构失衡问题严重，2015年河北省城镇化率分别低于北京、天津35.2和31.3个百分点。河北省在与京津协同建设世界级城市群中，亟需消除城镇在规模结构和功能体系上与京津形成的“断层”，提升河北省城镇规模地位，重构城镇功能结构，与京津形成合理的分工和分布格局，既受到京津两市“虹吸效应”和各城市间“竞合关系”的影响，更面临着行政区域割裂的城镇规划建设管理体制带来的挑战。

4.实现生态建设和区域发展双赢面临挑战

河北省在协同发展中生态地位突出，是京津冀生态环境支撑区，但是目前河北人均水资源占有量仅为全国平均水平的1/7，超过1/3的河流监测断面水质为V类或劣V类，超半数城市空气质量长期排在全国后10位，生态建设和环境保护任务十分艰巨。同时全省人均地区生产总值居于沿海省市倒数第二位，2015年底农村贫困人口高达310万，脱贫攻坚和加快发展的要求十分迫切。河北省资源环境超载，生态环境脆弱，发展和环保矛盾突出，生态和贫困问题交织，要实现经济社会发展和生态环境建设双赢面临诸多挑战。

5.构建推动协同发展的制度规则面临挑战

河北与京津对推动协同发展的具体诉求和操作路径的认识仍存在差异，基本公共服务、财税、生态等涉及核心利益的重大体制改革尚未破题，目前行政分割的管理体制造成生产要素在区域内难以实现自由流动和高效配置。冲破思想观念障碍，突破利益固化藩篱，消除隐性市场壁垒，建立有利于京津冀协同发展的制度规则，形成区域内统一开放的市场体系，面临着三地间地位不对等、政策落差大、公平博弈难的挑战。

二、河北省推进京津冀协同发展的战略思路

河北省推进京津冀协同发展，要以中国共产党第十九次全国代表大会精神为指导，以贯彻新发展理念为引领，以《京津冀协同发展规划纲要》为基本遵循，以促进生产要素自由流动、推动区域功能布局优化为主线，以集中承接北京非首都功能疏解、培育区域发展增长极、推动产业向中高端迈进为突破口，着力推动雄安新区建设，着力探索创新发展模式，着力推动区域协调发展，着力提升生态环境质量，着力扩大对外开放合作，着力促进协同成果共享，发挥好河北省在协同发展中的作用，为形成京津冀协同发展新格局、建设现代化经济体系做出更大的贡献。

（一）推动雄安建设，构筑协同发展新格局

雄安新区的规划建设，有利于推动河北思想观念加快更新，有利于推动北京高端资源向河北集中转移，有利于推动空间结构和城市布局调整优化，是加快补齐河北发展短板的重要契机。雄安新区建设给河北带来了众多利好，在推进协同发展中河北一定要扬其名、建其形、借其势、收其效，高起点规划、高标准建设雄安新区，打造协同发展样板，发挥好其对京津冀协同发展的重大引领作用。

1. 坚持新理念主导

按照“千年大计、国家大事”的高要求，雄安新区承载着中国21世纪改革开放“载体”的历史责任，肩负着贯彻实施五大发展理念“导向”的重任。建设雄安新区，是京津冀协同发展的大战略、改革开放的大布局。雄安新区之“新”，是新区发展理念的创新。河北要在新发展理念指导下，打造绿色智慧、生态宜居、开放共享新区。雄安新区之“新”，是城市发展理念的创新。雄安新区是中国智慧城市的先行区，在城市治理能力和治理体系现代化方面进行超前探索，打造城市建设的典范，为破解“大城市病”、建设现代化宜居城市闯出新路子、提供治本之策。雄安新区开启了京津冀城市发展的创新范式，打破“双城”布局，京津冀协同发展有可能由以京津为核心的“双城”战略向京津雄“大三角”的战略转变。雄安新区的设立，必将为京津冀进一步优化城市体系、调整城市形态、增加城市的内生动力提供强大支撑。

2. 坚持大目标引领

雄安新区的规划建设，对河北省未来协同发展的战略思路和奋斗目标必将产生重大而深远的积极影响。以设立雄安新区为标志，北京非首都功能疏解将大幅加快，河北省转型升级和创新水平也将大幅提高，这将加速推动雄安新区实现规划建设的宏伟目标。到2020年，雄安新区新城雏形初步显现，骨干交通网络基本形成，起步区基础设施建设和产业布局框架基本形成。到2030年，将雄安新区建设成为绿色低碳、信息智能、宜居宜业的现代化新城，具有较强的竞争力和影响力。要承接好北京非首都功能疏解，有效吸引北京人口和非首都功能疏解转移，缓解首都人口压力；建设绿色生态宜居新城区、创新驱

动发展引领区、协调发展示范区、开放发展先行区；努力打造贯彻落实新发展理念的创新发展示范区。对环渤海地区和北方腹地的辐射带动能力将明显增强，有利于支持华北经济转型发展，有利于推动全国经济均衡发展。

十余年的不懈努力将推进京津冀协同发展，以实现铸造河北二次辉煌的远景目标。到2030年，河北省与北京、天津两市的发展差距要持续缩小，与京津协同共进的区域发展格局基本形成；建立与京津功能互补的城镇体系，与京津协同共建世界级城市群初具雏形；初步建立起与京津水平分工的区域产业体系，产业向中高端水平发展特征显著；建立与京津链接的协同创新科技体系，经济增长动力实现向创新驱动为主的转换；生态环境质量得到有效改善，总体质量稳定在良好水平；建立与京津基本均衡、良性互动的公共服务体系，公共服务水平趋于均衡；建立与京津协调一体的政策法规体系，政府服务和政策支持能力显著提升。

3.坚持创造性推进

雄安新区是经济新常态下全面深化改革的突破点，将开创性地探索技术、管理和制度创新路径，建立体制机制和政策环境新高地，探索利用市场手段全面提高资源配置效率的新方法。雄安新区建设是京津冀协同发展的新支点，作为中国的创新之都，对京津冀创新驱动发展具有最直接的引领作用。要探索雄安新区建设与北京非首都功能疏解对接新路径，建立新区与北京协同创新机制，形成新区与北京优势互补和良性互动的协同创新局面。探索建立雄安新区与天津特别是滨海新区产业发展规划对接机制，打造全国乃至全球创新资源聚集区、科技型中小企业策源地。雄安新区将重启改革新时代，雄安新区以改革创新为核心的精神元素给予河北以最强大的精神力量。河北省要加快体制机制的改革，营造超优越的发展环境，打造雄安新区创新能量释放、承接的平台，实现与新区功能对接、优势互补、融合互动发展。

（二）创新发展模式，集聚协同发展的新动能

创新是引领发展的第一动力，创新决定未来、推动发展。京津冀要发挥各自在协同创新中的比较优势，同步推进科技创新和制度创新，把创新资源整合起来，实现优势互补、互利互赢。河北要把握创新机遇，大力推动观念创新、机制创新、科技创新、产业创新，形成区域创新发展的新高地。

1.打造雄安新区创新能量释放区

雄安新区作为国家着力打造的创新之都，要积极对接京津，推进协同创新，全面推进技术创新、政策创新和制度创新，培育创新驱动发展新引擎。河北要借雄安新区巨大的创新能量扩散之势，将正定新区打造为雄安新区创新能量的释放区、创新资源的承接区、开放创新的互动区。充分发挥正定的区位优势，发挥省会高端人才集聚、华北地区重要交通枢纽和河北省高开放平台载体的作用，在雄安新区的引领下，共同带动冀中南乃至整个河北省的创新发展。

2.围绕三大领域实现协同创新突破

交通一体化、生态环境保护、产业升级转移是河北与京津协同发展率先突破的重点领域，也是体制机制改革创新的关键环节。要按照交通规划同图、建设同步、运输衔接、管理协同的发展要求，完善交通融合互动机制。要建立生态共建共享机制，健全环境协同治理机制，深入探索重点领域的体制对接路径、市场运作机制、利益共享模式和损失补偿方式。要逐步扭转河北在京津冀产业分工中始终处于低端的局面，逐步向价值链分工和水平分工转变，建立河北传统产业升级的创新联盟，在河北具有产业基础优势的高新技术领域建立协同创新共同体，建立和完善产业转移衔接制度和利益分享机制。

3. 加强管理体制协同创新

管理体制的落后是河北省最大的短板，建立完善科学的管理体制是协同创新的主攻方向。河北省要以提升竞争力、增强凝聚力、提高创新力为目标，以转变政府职能为重点，以“放管服”有机结合为方向，对标京津政府管理模式和服务效能，在聚焦改革、优化服务上创新，在积极引导、放活市场上创新，在依法办事、完善法治上创新，在强化约束、守信践诺上创新，全面提升政府管理能力和服务水平。

4. 推动区域政策协同创新

河北要缩小与京津的落差，关键要推动政策的协同创新。围绕实现与京津政策的对接联动，全面推进要素供给、财税扶持、土地配置、社会保障、公共服务等方面的政策协同创新，推动形成与京津标准统一、目标同向、统筹衔接、高效融合的协同发展政策支撑体系，为京津冀协同发展创造良好的政策环境。

（三）推进区域协调，增强协同发展的新活力

协调是京津冀协同发展的内在要求。河北推进与京津的协同发展，关键要处理好京津城市与河北腹地、东部沿海与中西部区域、京津与河北城镇等的主体功能区域关系。充分发挥河北在与京津协同发展中的主体作用，必须突出京津与周边区域、沿海与内地区域、京津与河北城市的协调联动，开创河北与京津相互依存、优势互补、良性互动的区域发展新局面。

1. 京津与周边区域协调发展

京津与河北雄安新区、保定、廊坊及沧州部分区域，构成京津冀发展的核心区。当前和今后一个时期，必须站在长远、战略和全局高度，推进四个区域与京津的协调互动发展，着力探索实施四个区域与京津的区域空间开发布局、区域职能分工、区域综合治理、区域产业体系和区域公共服务等领域的协调联动，着力创新区域空间融合互动开发、区域功能升级重构、区域生态环境综合治理、区域产业对接升级和区域公共服务同步提升的模式，树立国家跨行政区域融合发展的样板。

2. 沿海与内地协调发展

河北是国家重要的东部沿海地区，推动沿海与内地协调联动，发挥对京津冀乃至中西部地区开放发展中的引领带动作用，是河北推进京津冀协同发展的必然要求，也是事关京津冀发展全局的重大区域问题。为整体提升京津冀开放发展能力和水平，必须站在全局高度，推进区域发展重心战略东移，理顺沿海和内地的发展关系，把城市发展的重心转移到沿海地区，把重化工业发展重心转移到沿海地区，把以港口为中心的海陆综合交通运输枢纽发展放在突出地位。

3. 京津与河北城市协调发展

京津两市是京津冀城市群的核心和引领，河北城市是京津冀城市群的节点和支撑。处理好河北城市和京津两市的内在关系，实现与京津两市协调联动，是河北协同京津打造世界级城市群的关键。要根据河北城市地理区位、基础条件和角色地位，差异化制定与京津联动发展战略；综合考虑沿海开放型城市、山前转型型城市和北部生态型城市发展的要求和需求，分类别确定与京津联动发展模式；遵循世界级城市群核心城市和节点城市发展的客观规律，科学确定城市功能，合理设定城市规模，着力打造城市特色，推动实现与京津两市合理分工、功能互补、联动发展。

4. 功能疏解与转移承接协调发展

有序疏解北京非首都功能和解决北京“大城市病”，是推进京津冀协同发展的基本出发点。河北作为北京非首都功能的重要疏解地，承担着集中疏解和分散疏解的重大任务。为做好非首都功能疏解承接和产业转移

工作，河北要加强与北京的协调联动，一方面集全省之力建设集中承载地——雄安新区；另一方面重点建设以曹妃甸区、首都新机场临空经济区和张（家口）承（德）生态功能区等战略合作功能区为主体，以渤海新区、正定新区、北戴河生命健康产业创新示范区等战略平台为支撑的功能承接平台，加强政府引导和支持，完善协同对接体制机制，发挥好市场机制作用，有序疏解北京非首都功能，形成聚集效应和示范引领作用，推动河北省在承接转移中转型升级、创新发展。

5.推进相关区域互联互动

一是廊保沧与京津发展互联互动。廊坊、保定和沧州紧邻京津，是京津城市化和产业辐射转移的重要区域。廊保沧三市应发挥区位优势，把握北京加快非首都功能转移的机遇，重点发展高新技术产业、装备制造业和商贸物流业，形成产业转型升级示范基地和商贸物流重要基地。同时，积极接轨京津，有效吸引京津的资金、技术和人才等要素资源，建设创新发展的高层次平台。二是唐秦沧与京津发展互联互动。唐山、秦皇岛和沧州是京津冀重要的出海通道，是河北对外开放条件最好的地区。今后应重点推进与京津高端制造业、高端服务业和港口等基础设施建设的联动，加强产业园区的共建合作，吸引京津高端资源和产业转移，成为河北省对外对内双向开放的重点区域，不断扩大对全省外向型经济的带动力。三是张承与京津发展互联互动。张家口和承德是京津两市的水源地，是京津冀生态环境的重要支撑区，也是环京津地区中发展条件最差的地区。在今后发展中，应进一步加强同京津的深层合作，完善生态环境补偿机制、水资源购买机制和对口扶贫结对援助机制，提高自我发展能力，加大精准扶贫力度，发展特色绿色产业，加强中小城市和镇区建设，加快区域跨越发展。

（四）优化生态环境，塑造协同发展的新形象

河北是京津冀区域乃至整个华北地区的重要生态屏障，是京津的战略水源地、鲜活食品和生态产品的主要供应区，在京津冀区域其生态安全保障地位十分突出。同时也是京津冀地区生态环境问题最为突出的地区，是京津冀主要水土流失区和污染物主要影响区，生态建设和环境治理任务十分艰巨，是京津冀生态建设和环境治理的主战场。因此，河北推进绿色发展，既是生态文明建设的迫切需要，也是京津冀未来发展的必然选择。河北要以雄安新区建设为契机推进海河生态系统恢复治理，以建立张家口、承德冀北地区生态经济特别示范区为引领推动生态环境支撑重点区建设，依据环境容量调整区域生产力布局，加快重化工业发展重心向沿海转移。

1.树立区域生态系统观念

生态安全具有系统性、区域性、整体性的特点。为确保雄安新区的生态安全，实现“千年大计、国家大事”的战略要求，应系统推进白洋淀及相关流域的综合治理，研究构建集防洪工程、供水工程、污水治理、生态涵养工程于一体的生态安全保障体系。着眼于提升京津冀区域生态安全整体保障程度，以雄安新区所在的大清河流域为突破口，统筹推进海河流域生态系统修复治理，建立体系更全、标准更高、功能更强的海河流域生态供给和生态安全保障体系。

2.扩大区域绿色生态空间

加强冀北地区水源涵养功能区建设。从冀北地区作为京津冀重要的生态涵养功能区和肩负消除贫困加快发展重任出发，建立张家口、承德冀北地区生态经济双赢示范区，重点建立生态经济双赢型产业体系，建设与资源环境承载能力相适应的城镇发展体系，建立集森林草原防护、水资源开发、能源利

用于一体的生态保护体系。建立科学的生态补偿政策、市场化的水资源调配办法。加大对冀北地区的生态建设投入力度，建立对冀北欠发达地区基础设施、绿色产业发展、公共服务等多方面的支持援助机制。

3.依据环境容量调整区域生产力布局

长期以来，河北省依靠太行山、燕山山前城市支撑经济的发展，钢铁、化工等重化工业成为城市经济发展的主要支柱。但随着城市和产业的扩张，重化工业与城市可持续发展的矛盾日益突出。河北省在产业转型升级的关键时期，要从保护环境、实现可持续发展的长远大计出发，统筹解决中心城市产业布局不合理问题，下决心对城市钢铁、化工等重化工业进行搬迁调整，推进重化工业发展重心由山前“一带”支撑向环境容量较大的沿海转移，形成山前高端产业密集带与沿海重化工业发展带“双带”支撑的产业发展新格局。

（五）扩大开放合作，拓展协同发展的新空间

开放是思想解放、观念革新、转变的过程，开放发展能够挖掘发展潜力、带来发展活力。河北要树立开放思维，创新开放举措，加快对外开放，在协同发展中激发活力、提高竞争力。

1.以“一带一路”统领河北新一轮对外开放

积极对接“一带一路”等重大国家战略，全力打造“一带一路”战略枢纽，培育参与国际竞争和合作的新优势。把曹妃甸港和黄骅港作为河北推进“一带一路”战略的枢纽和交汇点来打造，发挥河北港口在中国北方能源、原材料集疏和贸易发展中的优势，推动水路、铁路、公路“三路”联动并进，强化港口与内陆港有机对接，构建以港口为龙头的大物流综合体系，形成带动中国东、中、西腹地制造业和物流发展的重要引擎。加强与“一带一路”沿线国家的深度合作，以河北钢铁集团、冀东水泥等优势企业的国际合作为样板和引领，推动优势产能的国际合作进程，加快走出去步伐，拓宽开放发展新天地。

2.以雄安新区带动河北全方位对外开放

雄安新区是河北扩大开放的新引擎、新契机。雄安新区作为国际一流的开放发展先行区，将会通过开放吸引世界先进创新资源要素加速集聚，成为扩大开放新高地和对外合作的新平台。河北要以雄安新区为核心引领，以各类新区为重要载体，全方位扩大对外开放，集聚更多国内外优质要素。推进制度创新，打破观念理念和体制机制束缚，建立与国际接轨、国内领先的管理规则和体系。

3.以新平台建设扩大开放效应

河北省应抓住承办2022年冬奥会带来的开放契机，发挥综合保税区和内陆港等开放平台的作用，加快全省对外开放进程。河北省张家口市与北京市联合承办2022年冬奥会，是河北扩大对外开放的新平台和新动力，特别是给张家口地区带来提升城市发展水平和促进城市国际化的重要机遇。要以张家口与北京的交通网建设提速为突破，全面提升京张乃至河北省与北京的合作水平，促进河北省与中西部省区的经济联系。冬奥会的举办，将成为河北省解放思想、推动政府管理机制创新的动力。要以更加高效、快捷的方式对冬奥会建设项目及其相关的项目进行管理和审批，对基础设施等方面的融资手段进行创新。石家庄和曹妃甸综合保税区作为河北省对外开放的重要桥头堡，要发挥其承接国际产业转移、连接国内、国际市场、推进区域经济协调发展的重要功能。河北省要更大力度地转变政府职能，更加突出改革创新，进一步提高全面开放的水平。

（六）坚持公平普惠，共享协同发展的新成果

在京津冀协同发展中，河北与京津百姓更多地共享协同发展的成果，是推动京津冀协同发展的根本出发点和落脚点。要从实现京津冀基本公共服务均等化突破，从京津冀难题共解、利益共得着力，推动共享发展目标的实现，让京津冀三地人民群众共享发展成果。

1. 建立发展难题协同破解机制

河北要协同京津共同面对、合力解决区域生态环境恶化、资源环境承载力下降、交通拥堵和产业亟待转型等问题。河北作为京津冀区域的主体和发展的短板，要在协同京津中解决环境不佳、城市不强、产业不优的问题。河北作为区域的生态环境支撑区，要与京津协同解决大气和水污染问题，统筹协调与京津各方利益关系，以更加优良的软硬环境吸引京津更多的高端资源落户河北。针对环京津特别是冀北地区生态与贫困交织状况，推动建立京津冀成本共担、利益共享的生态共建机制，建立充分反映生态建设成本的生态补偿机制，建立体现生态产品价值的跨区域生态环境保护市场体系，构建常态化、增长式、滚动性对口帮扶机制，促进环京津生态地区脱贫致富和经济生态化转型，协力推进环京津生态地区脱贫攻坚，与京津共享协同发展成果。

2. 着力推进区域公共服务均等化

推进京津冀区域公共服务均等化，在河北省非首都功能疏解重点承接区和京津产业转移集中承接区，率先开展京津冀区域公共服务均等化试点，为以点带面补齐河北公共服务短板、与京津公共服务水平趋于均衡提供经验。推进京津冀区域社会政策一体化，推动三地教育、医疗卫生、养老服务、社会保险等公共服务领域的资源共享、资质互认、监管互信、政策对接，完善区域社会保险转移接续、医疗保险异地就医结算、公积金异地互贷、京津冀统一的高考招生等制度。加快河北公共服务市场化改革，丰富全省高端公共服务供给，最终促进京津冀区域户籍一体化、待遇福利一体化，使河北百姓在京津冀协同发展中得到更多实惠。加快区域内基本公共服务等制度规则的对接，逐步实行政策互惠、资证互认、信息互通，创造有利于人才等要素自由流动的社会政策环境，吸引京津人才向河北集聚。优化协同发展制度环境，加快协同发展动力转换，最大限度地激发市场活力、企业活力、资金活力和人的活力的体制机制。

三、河北省推进京津冀协同发展的战略举措

（一）以雄安新区为引领，重构河北城市功能结构和空间布局，与京津共同打造世界级城市群

随着京津冀协同发展战略的深入推进，特别是党中央、国务院决定设立河北雄安新区，必将深刻改变区域功能结构和空间布局，强烈影响要素流向和发展动力，有效缓解北京“大城市病”，拓展区域发展新空间，加快补齐区域发展短板。在京津冀城镇发展建设过程中，一些长期积累的深层次矛盾和问题严重制约着城市群的健康可持续发展。突出表现在：京津两极过于“肥胖”，而周边城市过于“瘦弱”，特别是河北省缺乏与京津两市综合服务能力和辐射带动能力相匹配的城市载体，难以形成“反磁力”中心，人口和资源过度向“一核”集聚，北京“大城市病”问题凸显；城镇体系结构失衡，超大城市过

大，小城市过多，大城市和中等城市数量较少且发育不足，城市规模结构存在明显“断层”；城市间联系与合作不紧密，功能重叠、无序竞争严重，不同规模城市间没有形成合理分工；城市过度集中在太行山和燕山山前一线，海向发展严重不足，导致沿海优势难以发挥，对外开放水平难以有效提升。河北省应充分利用好雄安新区规划建设这一契机，以城市群为主体，构建大、中、小城市和小城镇协调发展的城镇格局，积极优化区域城镇体系，做大做强区域中心城市，着力培育新兴设区城市，积极构建海向城镇带，加快发展环首都特色卫星城镇，最终通过重构河北城市功能结构和空间布局，与京津共同打造世界级城市群。

1.规划建设好雄安新区，调整优化周边城市发展格局

河北雄安新区是继深圳经济特区和上海浦东新区之后又一具有全国意义的新区，雄安新区的规划建设将对周边原有的空间结构和城市分工产生重大影响。河北省必须适应新形势，主动改变雄安新区周边城市和空间格局，调整优化城市功能定位，与雄安新区形成优势互补、互促共赢的区域发展新格局，为协力京津共同构建世界级城市群创造条件。

为高起点规划、高标准建设雄安新区，调整优化周边城市发展格局，河北省要在四个方面着力：一是坚持世界眼光、国际标准、中国特色、高点定位，建设绿色低碳、信息智能、宜居宜业，具有较强竞争力和影响力，人与自然和谐共处的现代化城市，培育打造北京非首都功能疏解集中承载地和新的区域增长极，充分吸纳准备进入北京的与首都功能不符的相关高端要素，缓解首都的承载压力，与北京城市副中心共同形成北京的新两翼，与冀北地区共同形成河北的新两翼。二是加快雄安新区与保定市区的一体发展步伐，共同打造形成500万人口以上组团城市，与京津共建“京津雄”大三角，打造城市群核心区，推动区域发展模式由“一核、双城”向“一核、三城”转变，全面提升京津冀城市群综合服务能力、科技创新能力和要素集聚能力，在世界城市群中确立应有地位。三是统筹安排城市和产业发展空间，以保定、廊坊、沧州等新区周边城市为重点，明确相关城市和区域发展方向，划定区域生态红线和城市开发边界，实现周边城市与新区既适度分离又能互动发展。四是推进周边区域与新区实现功能分工和协调联动，按照功能定位，雄安新区将建成绿色生态宜居新城区、创新驱动发展引领区、协调发展示范区、开放发展先行区。这一高定位，将会促进新一轮城市和区域功能结构的调整。河北必须主动适应这一形势变化，重点协调好雄安新区与北京在创新和开放两大功能上的合理分工和错位发展，做好新区与天津的产业对接和开放合作，推进新区与保定的生态共建和产业互动，发挥好新区对冀中南地区的辐射引领作用，促进新区与周边地区形成功能错位、有效互动、协调发展的良好局面。

2.做大做强省域中心城市，增强区域辐射带动能力

目前，世界级城市群普遍采取多中心发展模式，以避免单核过度膨胀，更好地发挥区域比较优势，密切地区间经济联系，有效带动区域协调平衡发展。但从京津冀城市群的发展实际看，城镇体系结构性失衡问题十分突出，特别是河北省石家庄市和唐山市两大省域中心城市规模体量小、辐射带动能力弱，这是导致京津冀发展梯度差的重要原因。因此，要补齐城镇发展“短板”，河北省必须做大做强省域中心城市，增强区域辐射带动能力。

培育壮大省域中心城市，应从五个方面推进：一是分别以打造500万-1000万人特大型城市和300万-500万Ⅰ型大城市为目标，加快石家庄和唐山两大城市建设，逐步提升城市规模等级和功能地位，增强高端要素集聚能力和对周边地区的辐射带动能力，打造形成冀中南地区和冀东地区两大省域中心城市，成为支撑全省城镇发展的两翼。二是创建正定国家级协同创新新城，加紧城市规划、生态规划、政策研究、机制设计等各项前期工作，高标准打造核心起步区，加快完善市政基础设施和公共服务设施，积极承接京津产业转移和北京非首都功能疏解，全力打造京津冀协同发展示范区、现代化省会城市建设新高地、城乡统筹发展试验区和全省综合改革先行区，为省会城市规模扩张、能级提升、品味塑造、产业转型提供有力支撑。三是推进唐山曹妃甸次中心区开发建设，以“港口、港区、港城”一体化为方向，充分发挥港口、空间和环境容量优势，着力承接京津一般制造业转移，全面提升唐山湾生态城、曹妃甸临港商务区的城市功能，完善休闲娱乐、文化教育、卫生医疗等服务设施，加速沿海产业集聚、人口聚集，打造国家级循环经济示范区、京津冀东北部航运中心和物流中心、贸易与金融融合发展试验区、京津冀协同发展示范区，为唐山建设东北亚地区经济合作窗口城市提供重要支撑。四是以设区市行政区划调整为契机，以构建一体化规划体系、加强交通设施延伸与对接、优化城市产业布局为重点，尽快把已撤县建区的县（市）纳入主城区发展轨道，实现融合发展，拉开石家庄、唐山两市发展框架，实现由单体城市向多体城市的转变，从根本上转变城市空间拓展方式，调整和优化城市功能区域结构，完善和拓展城市功能。五是以新型城镇化与城乡统筹示范区建设为契机，着力推进城市发展建设体制机制创新，加快农业转移人口市民化进程，持续优化城乡空间布局和形态，有效增强城市综合承载力和辐射带动能力，为省域中心城市发展注入强大动力。

3.积极培育新兴设区城市，解决好城市规模结构“断层”问题

根据世界各城市群的发展经验，建立合理的城镇等级规模体系是缩小区域发展差距、完善城镇功能体系的必备条件。合理的城市规模呈现“金字塔”结构，即城市的规模越小、等级越低，城市的数量越大。与世界主要城市群相比，京津冀城市群超大城市过大，小城市过多，而大城市和中等城市数量偏少，城市规模等级结构呈“哑铃”型，城镇等级规模体系存在明显“断层”（见表1）。目前河北省仅拥有100万-300万人口的Ⅱ型大城市3个，50万-100万人口的中等城市6个，分别比长三角城市群少10个和4个，难以起到支撑京津冀城镇群发展的作用（见表2）。从河北省城镇发展历程看，行政区划调整滞后、地

表1　世界级城市群城市体系

城市群	美国东北部大西洋沿岸城市群	欧洲西北部城市群	英国中南部城市群	日本太平洋沿岸城市群
世界性中心城市	纽约	巴黎	伦敦	东京
区域性中心城市	波士顿、费城、华盛顿	布鲁塞尔、阿姆斯特丹、波恩	伯明翰、利物浦、曼彻斯特	名古屋、大阪
一般城市	大西洋城、巴尔的摩、哈里斯堡、弗吉尼亚、波特兰、里士满、纽瓦克等	马赛、里昂、图卢兹、波尔多、南特、鹿特丹、海牙、安特卫普、科隆等	利兹、谢菲尔德、韦林、莱奇沃思、雷迪奇、波特等	川崎、横滨、静冈、滨松、京都、神户、广岛、福冈等
小城镇	200多个其他城镇	其他小城镇	其他小镇	300多个其他城镇

注：引自屠炟，“长三角城市群与国际城市群的比较及启示”，《上海经济》2015年04期。

表2　　京津冀与长三角城市群内部城市规模等级结构比较

规模等级		划分标准（市辖区年平均人口）	长三角城市群包含城市	京津冀城市群包含城市
超大城市		1000万人以上	上海市	北京市、天津市
特大城市		500万-1000万人	南京市、杭州市	
大城市	Ⅰ型大城市	300万-500万人	苏州市	石家庄市、唐山市
	Ⅱ型大城市	100万-300万人	合肥市、无锡市、常州市、南通市、盐城市、扬州市、镇江市、泰州市、宁波市、湖州市、绍兴市、台州市、芜湖市	秦皇岛市、邯郸市、保定市
中等城市		50万-100万人	嘉兴市、金华市、舟山市、马鞍山市、安庆市、滁州市、池州市、宣城市、义乌市、慈溪市	邢台市、张家口市、承德市、沧州市、廊坊市、衡水市
小城市		50万人以下	铜陵市、宜兴市等	任丘市、辛集市等

注：引自《中国城市统计年鉴2016》。

级市和县级市数量过少是制约城镇规模扩张的重要原因。有序推进行政区划调整，支持具备条件的县市行政升格，增加大中城市数量，已成为解决城市群“断档”问题的当务之急。

河北省作为全国新型城镇化与城乡统筹示范区和京津冀城镇化的主战场，必须培育更多的区域中心城市。一是积极推进县级市和重点县升级地级市。对于基础条件好、经济实力较强、发展有潜力的县市，如定州、辛集、黄骅、乐亭、任丘等，加快整合周边经济关联较强的县镇，扩大行政区划范围，适时升格为地级市，增强产业和要素聚集能力，培育成为区域新的中心城市。争取用5-10年时间新增5个地级市，每个新增地级市市区人口达到50万人以上，有条件的则培育形成100万人以上人口的大城市。二是积极推进普通县升级县级市。对于县域人口众多、与地级市市区距离适中、经济具备一定基础的县，如怀来、昌黎、玉田、青县、威县等，采取计划单列的方式，成熟一个升级一个，争取用5-10年时间新增10个县级市，每个县县城人口达到20万人以上，并在条件成熟后逐步整合周边城镇，培育其成为50万人口以上的中等城市。

4.着力构建海向城镇带，全面提升城市群对外开放水平

从国际经验看，以港口为龙头、以集疏体系为轴线、以沿海和腹地中心城市为节点构建垂直海岸线的城镇带，是世界主要发达经济体普遍采取的城镇化发展策略。河北省虽然属于沿海地区，但由于长期以来城镇发展缺乏港口的有力支撑，逐步形成了以京津为核心，以山前平原为主要聚集区域，以各中心城市为主要节点，沿京广铁路、京秦铁路等主要交通干线，放射状、资源指向、内向型的城镇体系。在河北重要矿产资源的日趋枯竭、内地资源环境约束逐步增强的形势下，要进一步加速河北省工业化进程，发挥重化工发展优势，就必须依托日益完善的沿海港口体系和配套集疏体系，建立以港口城市为龙头的海向型城镇带。

构建海向城镇发展带应重点在三线展开：一是以黄骅港、唐山港、秦皇岛港为龙头，以环渤海城际、津秦客专、沿海高速、津汕高速等沿海骨干公路、铁路为依托，提升曹妃甸区、渤海新区、北戴河生命健康产业创新示范区的聚集能力，构筑沿海城镇群；二是加大石黄集疏通道沿线的黄骅、沧州、献县、深州、辛集、晋州等县市，以及邯黄集疏通道沿线的曲周、平乡、广宗、南宫、阜城、东光、孟村、盐山等城镇的培育和发展力度，构筑以黄骅港为龙头的石黄、邯黄两条城镇发展带；三是加大保津沿线的徐水、霸州等城镇的培育和发展力度，构筑以天津港为龙头的保津城镇发展带。逐步形成以港口为龙头，以主要集疏通道为轴线的串珠状、海向型城镇体系，实现河北内陆型城镇布局体系向以港口城镇为主的外向型城镇布局体系的转变。

5.培育环首都特色卫星城镇，有序承接北京非首都功能和人口疏解

有序疏解北京非首都功能、解决北京“大城市病”问题是京津冀协同发展的基本出发点。目前北京已经步入城郊化发展阶段，人口和产业已形成向周边地区扩散趋势。但由于河北近邻北京地区缺乏功能配套的卫星城镇，导致北京非首都功能难于向周边疏解、“城市病”难于根治。河北省在北京周边1–2小时交通半径内，拥有众多生态环境优良、人文气息浓厚、服务设施齐全、交通条件便利、产业特色突出的小城镇，具备培育首都卫星城镇，承接高端功能转移的优越条件。在北京周边地区加快培育发展一批既集纳现代城市文明又充满乡土气息的特色卫星城镇，是有效疏解北京非首都功能、吸纳北京人口创业和休闲养老的有效手段，也是借力首都功能外溢、提升河北经济社会发展水平、完善区域城镇体系的重要途径。

培育发展特色卫星城镇，要注重改革创新，加速要素集合、产业聚合、产城人文融合，努力把特色卫星城镇打造成为京津冀世界级城市群的重要一环、承接北京非首都功能疏解的战略平台、推动河北产业升级的重要载体。一是择优发展和重点培育。综合考虑承接非首都功能的便利程度和北京功能疏解任务要求，结合各地交通、生态、文化、产业基础条件，重点在张家口的怀来、涿鹿、张北，承德的滦平、兴隆，保定的涿州、高碑店、涞水，廊坊的香河、霸州、大城等北京周边县市选取重点乡镇，打造形成对非首都功能转移具有较强吸引承接能力的特色卫星城镇；二是明确特色卫星城镇的功能定位。根据城镇资源禀赋和区位特点，重点聚焦特色产业集群和文化旅游、健康养老等现代服务产业，差异定位、错位发展，挖掘内涵，增强特色产业集聚度，避免同质化竞争；三是创新特色卫星城镇的开发运作方式。坚持政府引导、企业为主体、市场化运作原则，在做好规划编制、基础设施配套、资源要素保障、文化内涵挖掘传承、生态环境保护等方面基础性工作的基础上，积极引入华夏幸福、万达、恒大等战略投资者参与特色卫星城镇的开发运营，提升特色卫星城镇的开发效率和建设质量，将其打造成为承接北京非首都功能疏解的重要载体。

（二）以提升产业地位为方向，加强载体平台建设和体制机制创新，建设高水平的全国产业转型升级试验区

习近平总书记明确指出“产业一体化是京津冀协同发展的实体内容和关键支撑”。河北省经济体量大、产业层次低、资源消耗高、环境污染重，与京津存在巨大的产业发展落差，是京津冀产业协同发展的主要短板。推进京津冀协同发展，必须加快河北产业升级。当前，河北产业升级面临的主要问题是：在与京津的产业分工关系上沿袭了既有的部门垂直分工方式，在产业升级目标上尚未形成富有远见、符合世界级城市群产业分工规律、明确而细分的战略导向，且对产业发展必需的要素条件、环境支撑缺乏足够的重视和充

分的部署，高水平产业发展载体建设滞后、高层次人才资源支撑不足、优质财智要素导入困难、软硬营商环境不优等供给侧结构性矛盾突出，导致河北产业升级目标模糊、进程缓慢。在京津冀协同发展背景下，推动河北产业升级应在确立基于京津冀合理分工的产业升级目标基础上，以提升产业分工地位为方向、以载体平台建设为重点、以体制机制创新为主线，着力建设高水平的全国产业转型升级试验区，有力推动河北产业升级。

1.优化与京津的产业分工，引领河北产业向中高端迈进

一个地区在区域产业分工中的角色定位和目标决定着该地区产业发展的努力方向，进而深刻影响其产业升级的政策和行动，对该地区促进产业升级的效果具有决定性的影响。因此，推动河北产业升级，首先必须确立河北在京津冀产业分工中的角色定位和目标，从而为河北确立更为合理和有效的产业升级方向和路径提供依据。

目前京津冀既有的产业分工是近20年互动调整形成的低水平纵向垂直分工，即“北京知识创新和高端服务——天津研发设计和高端制造——河北一般加工制造和服务”。这种分工模式虽较之前的低水平同构有所进步，在短期内使各地的比较优势得到一定发挥，实现了区域资源和优势互补，但从价值链视角观察，尚停留在较为原始的部门垂直分工状态，是典型的发达地区与欠发达地区的分工方式，仍是区域产业分工的初级形态，从长期来看存在较强的依附性，容易形成产业低端化锁定倾向，不利于整个区域产业的升级。

城市群本身是一个开放的城市地域分工系统，其内部产业分工应立足于参与全球产业价值链分工，努力在全球产业价值链分工中争取更加突出的影响力和竞争力。未来京津冀要打造具有国际竞争力和重要影响力的世界级城市群，必须推动现有的以部门垂直分工为主的区域产业分工向更加精细的水平分工和产业价值链分工转变。因此，河北产业升级的目标，应瞄准国际标准提高水平，打破京津冀既有的分工格局，最终与京津形成以水平分工和产业价值链分工为主的区域分工格局。只有这样，河北产业才能尽快向更高水平迈进，京津冀也才能实现更高水平的协同发展。

根据河北产业升级任务和京津冀产业分工实际，实现上述目标可考虑两条路径：一是以价值链分工为方向，推动传统优势产业与京津全面对接，贯通产业链条，弥合发展差距，共同构建更加紧密、充分融合、联动发展的产业链。具体可考虑借鉴地域生产综合体的理念，以传统优势产业为重点，以行业为单元，整合京津冀并吸收域外相关科研机构、高等院校、生产商、供应商、营销商及金融机构等，组建钢铁、化工、装备、纺织服装、食品、建材六个产业联盟。二是以水平分工为方向，推动高新产业、战略性新兴产业和现代服务业与京津冀合理错位，细化产业分工，塑造各自特色，共同打造优势互补、竞争有序、协同发展的产业群。在高端高新产业领域，依托现有产业基础，结合非首都功能疏解，集成国内外产业资源，打造生物医药、新能源、节能环保三大产业特色和优势；在金融服务领域，结合庞大的制造业基础，依托区域中心城市，重点发展产业投资基金、风险投资基金、金融租赁等产业性金融，支持和鼓励发展各类产业基金管理公司，打造京津冀产业性金融服务基地；在生命健康领域，依托区位、生态和空间优势，重点塑造户外运动休闲和健康养老产业优势。

2.以雄安新区规划建设为引领，打造四类产业升级平台

城市和开发区是支撑和引领一个地区产业发展的重要载体。长期以来，河北省中心城市发展不足、城市新区建设滞后、开发区整体水平不高，产业升级缺乏高水平平台支撑和引领。雄安新区的设立，不仅实现了河北省国家级新区零的突破，更为河北省以其为引领打造多层次产业升级支撑平台提供了难得机遇。当前，河北省应重点打造以下四类平台：

（1）以全新理念建设雄安新区，打造产业升级的引领示范平台。坚持世界眼光、国际标准、中国特色、高点定位，创新区域和城市规划机制，高标准编制新区总体规划和专项规划，科学统筹配置各类资源和功能空间，打造绿色生态宜居城市建设典范。以建设国际领先的新一代科技城为目标，创新产业和要素导入机制，全面对接非首都功能疏解，高起点引进国内外优质财智要素、创新资源和产业资本，建立更具激励性的产业和人才发展机制，有针对性地培育发展高端高新产业，打造创新驱动发展的典范，形成带动河北产业发展的新引擎和动力源。以更加国际化的视野，深化行政管理、土地开发、投资贸易、资本融通、人才流动等体制机制改革，建立接轨国际的制度规则体系，探索新区开发建设和运行管理新模式，打造新区高效开发、高效运行的典范。

（2）建设功能完善、宜居宜业的绿色智慧城市，打造要素集聚平台。加快沧州、邢台、承德、廊坊的行政区划调整，提升区域中心城市对产业、人口的吸纳力和承载力。加大对正定新区、北戴河新区、渤海新区、冀南新区、洋河新区、邢东新区、滨湖新区建设的支持力度，带动城市布局优化和功能提升。选择一批区位适中、基础较好、潜力较大的小城市，推进“省直管县”改革，给予其相应的发展权限，加快培育使之发展成为中等城市。推进“大县城战略”，按照产城融合、产教城一体的思路，加快县城扩容提质，培育一批精品小城市。按照生态、智慧、文明城市的建设理念，实施城市精细化建设、管理和公共服务提升工程，全面提升城市公共服务能力和水平，使城市成为优秀人才和优质资本的汇聚地。

（3）建设定位高端、运行高效的产业园区，打造产业承载平台。实施开发区升级工程，以高端化为方向，以现有省级开发区为重点，以“腾笼换鸟”、提升水平为内容，加快完善功能设施，创新招商引资引智、产权转让、投资融资等体制机制，全面提升产业层次、要素层次和服务层次，推动若干开发区升级为国家级开发区。实施开发区管理创新工程，以择优扶持的100个开发区为重点，按照“一区一制”、“一区一策”原则，推行“公司化运营”、“整体托管”等运营管理新模式，探索人员身份、岗位管理和收入分配新机制，实现开发区的高效运行。结合“微中心”布局和建设，谋划建设一批专业性园区，使“微中心”成为相关领域高端要素集聚的核心和高端产业发展的载体。加快完善曹妃甸和石家庄综合保税区支持政策，积极推动沧州渤海新区申报综合保税区，打造三个外向型产业发展引领平台。

（4）建设特点鲜明、服务配套的特色小镇，打造创新创业平台。结合承接非首都功能疏解，在环首都地区选择交通便捷、生态良好的区域，规划建设一批以创新、创业、创意为主题的特色鲜明、职住合一、功能完善、规模适度的特色小镇，打造支撑产业升级的创新创业平台。结合北京教育资源疏解，按照“小镇+高校+科技园”的模式，可规划建设若干高教小镇；适应北京科研院所成果转化基地建设需求，按照“小镇+院所+孵化器+生产基地”的模式，可规划建设若干具有研发、孵化、成果转化及科普功能的创新创业小镇；适应人口老龄化趋势，结合北京医疗康复资源疏解，规划建设若干集养老、疗养、康复、健康医学研究为一体的康养小镇；适应文化创意产业发展需求，着眼服务北京文化创意产品的前期制作，可规划建设若干文创小镇；适应休闲运动健康需求升级的新趋势，结合冬奥会筹办，可规划建设若干集户外运动和赛事服务、运动医学及装备研究于一体的运动健康小镇；着眼推动传统特色产业和技艺创新发展，可规划建设若干以特色产品制作、传统工艺恢复和创新为特色的小镇。

3.开展体制机制创新试验，打造产业升级的环境支撑

良好的发展环境是要素聚集和产业发展的重要前提。当今世界，谁拥有良好的发展环境，谁就拥有产业的未来、城市的未来、地区的未来。当前，世界各国和地区无不高度重视环境建设，围绕发展环境的竞争已趋白热化。河北的发展环境要实现根本性改善，必须把环境建设摆在更加突出的位置，加快体制机制创新，努力为产业升级提供良好的环境支撑。

（1）开展产业政策创新试验，为产业升级营造目标同向、措施配套、协调联动的政策环境。产业政策是政府为了实现一定的经济和社会目标而对产业的形成和发展进行干预的各种政策的总和，是一个国家或地区引导产业方向、推动产业升级、协调产业结构的重要手段。当前，河北正处在产业转型升级的关键期，迫切需要强有力的产业政策支持。但深入观察发现，河北现行产业政策存在明显的“虚化”现象，即体现政府意图的产业导向多数情况下以规划的形式“虚置”，财税、土地、环保、能源、信贷等与产业发展密切相关的政策不配套、不协调。例如，虽明确支持和鼓励高技术产业及战略性新兴产业发展，但在要素配置上仍长期沿用投资规模、投资强度等标准，由此导致产业政策效果大打折扣。因此，为提高产业政策的有效性，应以建设全国产业转型升级试验区为契机，开展产业政策创新试验，可积极探索“多层引导”。除已有的禁止、限制、淘汰类产业目录外，在国家产业结构调整指导目录的基础上，出台体现河北产业升级要求、反映与京津科学分工诉求的鼓励类产业目录，形成《河北省产业发展导向目录》，并通过地方立法方式增强其约束力，引导河北产业加快升级。可积极探索“多政合一”。借鉴“多规合一”的理念，与产业发展导向目录相配套，同步制定财税、土地、环保、能源、信贷等要素供给政策，确保政策的协同性，提高政策的有效性。

（2）开展管理体制改革试验，为产业升级营造引导到位、监管到位、服务到位的政务环境。高效运行的政务环境是产业顺利升级的重要支撑。近年来，随着“放管服”改革的深入，虽然河北省的政务环境有所改善，但因管理体制改革长期滞后，产业项目审批程序繁琐、流程复杂、政府服务意识不强、办事效率不高等问题依然突出。因此，应以建设全国产业转型升级试验区为契机，开展管理体制改革试验，提高行政效能，营造优质高效的政务环境。一是进一步深化“放管服”改革，加大简政放权力度，继续取消和下放一批制约产业发展、束缚企业活力的审批事项，最大限度释放市场活力。二是深化行政审批流程再造，全面开展相对集中的行政许可权改革，建立和完善市县政府部门行政权力清单、责任清单、负面清单、收费清单、行政许可中介服务清单、监管清单等清单管理制度。在市县两级全面建立行政审批局，全力打造“一站式审批、一条龙服务”的政务服务新平台。三是加强综合监管，加快推进“多证合一、一照一码”改革，全面推行“双随机、一公开”的监管新模式，加快市县跨部门、跨行业综合执法全覆盖。四是创新服务方式，全面推行网上审批，建立整体联动、部门协同、省级统筹、一网办理的“互联网+政务服务”体系，形成覆盖全省的互通共享网上服务平台。

（3）开展资本市场建设试验，为产业升级营造产品多元、层次多样、服务完备的金融环境。活跃的资本市场是产业转型升级的助推器和润滑剂。河北当前正处在产业转型升级的攻坚期、京津产业转移的集中承接期，企业重组并购需求活跃、产权股权变动频繁，迫切需要资本市场的有力支撑。因此，应以建设全国产业转型升级试验区为契机，开展资本市场建设试验，探索建立多元化、多层次的资本市场，为产业转型升级提供充分的资本市场支持，为全国多层次资本市场建设探索路径、积累经验。一是探索在雄安新区重新设立或将北京股权交易中心、天津股权交易中心、石家庄股权交易所合并，设立跨区域的“京津冀股权交易所”，为京津冀范围内的中小企业提供股权挂牌转让、股权抵押融资、发行私募债及增资扩股等服务。二是探索建立企业并购重组交易平台，为传统行业企业转型和过剩产能退出提供市场化的通道。三是开展债券市场建设试点，争取国家支持，在雄安新区设立全国性债券交易中心，探索实行公司债注册制、开放企业债个人投资者市场等，为企业转型升级拓宽融资渠道。四是探索融资租赁、信托基金、投资资金、风险投资、基金管理等融资服务发展新模式，为产业发展提供丰富的金融产品。

（三）以海河平原和冀西北山区为重点，扩大生态空间、改善环境质量，建设高标准的京津冀生态环境支撑区

《京津冀协同发展规划纲要》指出，要把河北建成“京津冀生态环境支撑区”，这是承接北京非首都功能转移，实现河北跨越发展、绿色崛起，推动京津冀协同发展的重要基础和重点任务。雄安新区的设立和规划建设，既为河北建设京津冀生态环境支撑区提供了宝贵机遇和强大动力，也对河北生态建设和环境保护赋予了更重任务、提出了更高要求。河北高标准打造生态环境支撑区，在平原地区应从保障雄安新区生态安全着眼，推进海河流域平原地区的生态综合治理；在山坝地区高标准构建冀西北生态屏障，提升京津冀生态环境支撑能力。

1.着眼于保障雄安新区生态安全，推进海河平原地区生态综合治理

中共中央、国务院明确提出要把雄安新区打造成“蓝绿交织、清新明亮、水城共融的生态城市”。推进雄安新区生态城市建设，必须首先要保障雄安新区的生态安全。而雄安新区开发建设的区域和所依托的白洋淀，目前存在着值得关注的生态安全问题。这些生态安全问题，表象在新城开发建设区域，原因在白洋淀上游大清河流域水利工程建设的短板和生态环境的恶化，根源在于海河流域平原地区生态系统功能的退化。因此，保障雄安新区开发建设的生态安全，必须牢固树立生态的系统观念、区域观念、整体观念和综合观念，保护和修复白洋淀生态功能，推进大清河流域的综合治理。同时，要从华北平原全局着眼，统筹推进海河流域平原地区生态系统的恢复、治理、保护和建设。

（1）保护和修复白洋淀生态功能。白洋淀是雄安新区生态建设的重要依托，白洋淀的生态环境质量直接影响着雄安新区的生态安全和生态城市建设的水平。目前，白洋淀区域存在的比较突出的生态问题是：白洋淀和雄安新区开发建设的区域，地势低洼，远低于河北平原区域平均高程；白洋淀水源不足、水位不稳，用水主要依靠应急实施引黄济淀等调水工程，永久性、常态化的供水工程体系尚未建立；白洋淀水质仍呈不达标状态，淀区水体污染问题较为突出，生态功能退化较为严重。为保护和修复白洋淀的生态功能，保障雄安新区的生态安全，必须加快推进白洋淀防洪工程体系、供水工程体系和污水治理体系建设。一是整合包括白洋淀千里堤、永定河分洪闸、大清河分洪滞洪区和白洋淀水利枢纽在内的防洪工程设施，形成标准更高、体系更全、功能更强的防洪治沥工程体系，确保能防御千年一遇的洪水。二

是高标准建设雄安新区和白洋淀地下水、地表水、外调水、雨沥水和中水“五水”联供工程体系，保障雄安新区和白洋淀的水源供应，稳定白洋淀水位水量，扩大淀区水面面积，恢复退化萎缩洼淀。三是充分利用白洋淀北、西、南和中部淀区淀底高程差，增建跌水控制工程，打通白洋淀连通海河渠道，建立淀水更新调度机制，加快疏解淀区人口，通过水利工程等措施，增加淀水活性，增强淀水自然净化能力，提高淀区水体水质，恢复淀区水生态功能。

（2）推进大清河流域的综合治理。白洋淀是大清河流域的组成部分，大清河流域的生态安全直接关系到白洋淀和雄安新区的生态安全。目前，大清河北支河系只有安各庄一座大型水库，缺少必要的防洪控制工程，使雄安新区面临一定的洪涝灾害风险；大清河上游水库主要承担着保定等城市的供水功能，大清河水系水资源分配“重城轻淀”，使雄安新区和白洋淀缺少稳定的地表水供应；大清河流域没有建设专用的污水外排通道，流域内的污水都直接和间接地排入白洋淀，使白洋淀污染治理难以取得明显成效。为确保雄安新区的生态安全，应站在长远、战略、全局的高度，适时启动大清河流域综合治理工程。治理工程内容应包括：完善防洪保安工程体系，加大拒马河大型水库等千年一遇防洪工程谋划建设步伐，切实把雄安新区建设成为超高标准设防城市；健全储水调水工程体系，以中线引江、中线引黄等工程为纽带，谋划建设雄安新区及大清河中下游城镇地表水联合调度工程体系，统筹雄安新区和保定等相关城市的水源供应；建设清污分流排水体系，加紧谋划大清河流域平原地区的“清污分流”工程，规划建设大清河流域特别是雄安新区和保定市污水出海排放通道，通过为污水找出路彻底改善大清河系特别是白洋淀的水环境；强化上游地区生态建设，提高上游山区水源保护区、生态涵养林、风景园林和小流域综合治理的建设标准，恢复上游河道生态功能，提高上游水源涵养能力，把大清河上游山区打造成雄安新区的后花园。

（3）恢复海河流域平原地区生态系统。大清河系作为海河流域的五大河系之一，与海河其他四条河系是一个相对独立又紧密关联的生态系统，中线引江、引滦济津、中线引黄等跨流域调水工程，子牙新河、漳卫新河等疏导洪水的新河工程建设，已使大清河与海河其他四条河系形成一个整体。进行大清河系综合治理，会涉及相邻的海河其他河系的治理。因此，要消除雄安新区的生态安全问题，需要从海河流域平原地区的生态系统统筹考虑，推进海河流域平原地区生态综合治理。一是推进平原天然河道的综合整治。调整弯道曲流，加固河流堤坝，增建拦蓄工程，缩小滩地面积，修建串珠园林，恢复分滞洪区功能，把平原河道治理成集行洪、除涝、供水、绿化、美化、观赏等功能于一体的人工或半人工湿地和水网。二是恢复退化的湖泊洼地。开展湖淀洼地的恢复和整治，恢复海河平原地区东淀、文安洼、宁晋泊、献县洼、大陆泽等数十个自然洼地，建成集储水、供水、养殖、绿化、观光、旅游等多功能于一体的综合性生态功能区。三是扩大京津廊保都市区生态空间。将京津廊保之间的河湖、洼淀、泛区建成生态隔离区，构建京津廊保城市间生态过渡带。四是建设沿海平原城市生态屏障，有效保护沿海湿地、海岸防护林、潟湖、洼地、风景旅游区和自然保护区，控制岸线开发强度，控制海侵等自然灾害，建设集防风固沙、储水调水、造林绿化、污染防治等功能于一体的沿海生态功能区。

2.高标准构建冀西北生态屏障，提升京津冀生态环境支撑能力

冀西北地区是京津的上风上水地区，是京津的生态屏障、水资源供应地和后花园，是京津冀生态环境支撑区建设的重中之重，在京津冀区域中生态区位敏感、生态地位特殊、生态作用关键。冀西北地区由于自然本底条件差和开放较晚等原因，又是生态脆弱区和贫困人口集中区，保护生态、发展经济、改善民生的任务繁重而艰巨。多年来，国家不断加大冀西北地区生态建设和消除贫困的投入，张家口和承德两市也加快了自我发展力度，但至今仍没有彻底解决该地区“国家要生态、地方要财政、百姓要收入”的困局。因此，高标准构建冀西北生态屏障，必须站在京津冀协同发展的高度，创新生态建设理念，完善生态建设体制机制，优化生态建设政策设计，确保既能更好地发挥区域生态功能，又能推动区域经济快速可持续发展，实现生态建设与经济发展的“双赢”。

（1）巩固提升冀西北生态屏障功能。以张家口、承德两地水源地、沙源、风口和风道防沙治沙为重点，继续实施国家三北防护林、京津风沙源治理、退耕还林、国家公益林建设、停止天然林商业性采伐、中央财政补贴造林等工程，加强水源涵养林和防风固沙林建设，加大湿地保护和修复力度，建成集水土保持、水源涵养、防风固沙、林果种植、生物多样性保护于一体的生态功能区。强化农村面源污染治理，实施冀西北地区农业面源污染治理专项行动，解决农村生活垃圾、污水、化肥农药的过度使用对环境的破坏问题，遏制对水源地影响较大的区域面源污染。

（2）充分利用试验区和试点的政策。借助张家口国家“工业绿色转型试点城市”建设，利用好国家支持政策，推进洋河、桑干河流域张家口市工业的环境治理、改造提升，减少对官厅水库的污染。结合张家口地区“绿色发展综合评价指标体系”试点，对区域的资源利用、污染治理、环境质量、生态保护情况进行监控，倒逼张家口经济绿色转型。利用张承地区建设“生态文明试验区”的有利时机，探索张承地区率先实现绿色发展和环境保护双赢的体制机制。

（3）探索建立市场化、常态化、规范化的生态补偿机制。建立京津冀市场化的水资源调配、使用、保护机制，彻底摒弃行政命令式的水资源调配方式、不公平的水资源供给方式、不合理的水环境保护方式。在区域和上下游之间建立水权转让机制，提高下游地区的水价和污水处理费的标准，按照市场的原则，由下游地区合理补偿上游地区水源涵养区保护水源的成本和让渡水使用权的损失。建立跨行政区的生态补偿专项资金，用于补偿张承地区水资源使用权的损失、限制传统工业发展权益损失、提高环境质量标准地方经济损失以及生态工程管护和自然保护区管护。探索采取上游为下游地区腾出发展空间、下游京津地区到上游张承地区投资开发等多元化补偿方式，带动上游地区扶贫开发和经济发展。

（四）以生态与经济双赢为目标，扎实推进河北北翼建设和区域脱贫攻坚，实现冀北地区跨越发展绿色崛起

冀北地区是指河北省北部的张家口和承德两市，这一区域是京津冀重要的生态屏障，也是贫困人口最为集中的区域，生态问题与贫困问题交织。多年来，国家和京津冀三地不断加大对冀北地区脱贫攻坚和生态建设的政策支持力度，区域贫困程度明显减轻，贫困发生率由2005年的21%下降到2015年的12%，生态环境恶化状况也基本得到遏制。但从总体上看，冀北地区整体发展水平仍然较低，基础设施、人才技术等制约十分突出，脱贫基础的稳定性较差，生态、经济“双赢”发展局面尚未形成，与周边地区的差距仍呈扩大趋势，是京津冀区域经济发展的最大短板。加快冀北地区发展，应在继续推进区域脱贫攻坚、建设区域生态屏障的同时，把发展的重心转向加快缩小与其他地区发展差距、有效解决生态环境保护与可持续发展矛盾上来。

当前，京津冀协同发展战略、京张携手举办冬奥会、加快打造河北发展北翼、国家实施精准扶贫战略等战略部署，都为冀北地区发展带来了新契机、注入了新动能、激发了新活力。因此，要抓住和利用好这些重大战略机遇，以提升区域可持续发展能力为主题，以生态与经济双赢为目标，扎实推进河北北翼建设和区域脱贫致富，加快推动冀北地区跨越发展、绿色崛起，努力将其建设成京津冀地区新的区域经济发展高地。

1.抓住联合筹办冬奥会契机，打造河北发展北翼

北京和张家口联合承办2022年冬奥会，将张家口与国家形象、国家利益紧密联系在一起，张家口一举跃上国际舞台，成为世界关注的地区。这不仅为张家口全面展示给全世界提供了空前的机会，提高了张家口的国际地位、知名度和美誉度，而且将极大地助推张家口投资环境的改善、基础设施的完善、开放载体的培育、招商引资水平的提升和奥运相关产业的发展，整体提升张家口的竞争优势、服务能级和发展水平，为张家口及整个冀北地区补齐发展短板、提升区域形象、实现全面跨越带来历史性机遇。因此，要紧紧抓住京张联合办奥这一契机，全力催生和延伸奥运经济，把千载难逢的历史机遇转变为转型发展的强大动力，借力借势促进张家口的开放发展、绿色崛起，成为国际知名的“奥运城市”和引领冀北地区发展的“河北北翼”。

（1）大力发展奥运经济。根据筹办、举办和后奥运不同时期的商机特点，依托举办冬奥会的生态优势和发展环境优势，加快构建以冬奥为品牌、以生态为基础、以创新为动力、以健康为特色的绿色产业新体系，构筑引领经济绿色转型、高端发展的奥运经济崛起新高地。充分借助冬奥之力，全力打造以冰雪产业为龙头、独具奥运魅力的旅游产业，培育壮大体育用品、康体养老、文体会展等奥运关联产业，加快发展金融保险、现代物流、商务和信息服务等奥运延伸产业，配套发展与奥运要求相适应的都市型现代农业和绿色安全食品精深加工业，实现以绿色经济和服务经济为主的产业置换。充分利用举办冬奥会形成的“倒逼效应”，加快传统产业改造升级和过剩产能化解，实现高端、低碳、集约化发展。充分发挥举办冬奥会对技术、人才引进和交流的推动作用，培育和引进创新主体，搭建创新创业平台，营造优越创新环境，发展高端高新产业和创新型经济。

（2）全力打造奥运城市。把握冬奥会所带来的城市建设大发展、城市品牌人提升和智能技术全方位应用的新机遇，把奥运理念、奥运要求、奥运标准与推进新型城镇化进程相结合，全面融入城市规划、建设与管理的每一个细节，突出品位、彰显特色、立足宜居，全力打造国际知名、高度智能的奥运城市。以世界眼光和国际水准开展新一轮城市建设，逐步推动城市布局、建筑设计、基础设施、绿化美化等与国际接轨，全面提升张家口城市功能和品质，塑造崭新的城市外在形象。借助北京世界城市的开放资源和地方政府联合组织等国际平台，着力构建国际化的制度环境，着力塑造国际化语言环境，着力营造促进多元文化交流融合的城市氛围，全面提升城市品牌的国际影响力。加快构建“智慧城市”支撑体系，积极推进“智慧生活”，建设城市智能管理体系，促进产业智能化发展，创建全面感知、泛在互联、高度智能的智慧城市。

（3）着力建设开放高地。充分利用承办冬奥会的集聚效应和品牌效应，全面提升张家口对外开放、交流与合作的层级和能力，构建内外联动、互利共赢、全方位开放格局。立足京津冀协同发展大局，借助京张联办冬奥之机，全面推进京张之间基础设施互联互通，产业布局互补互促，生态环境共保共治，基本公共服务共建共享，实现京张“同城化”

发展。发挥京津北联的内陆桥头堡和华北腹地东出、亚欧大陆南出大通道的作用，构建以张家口为中心的区域交通运输通道互联体系，布局建设各类口岸群和开放载体群，深化与北京、环渤海、周边内陆地区的交流合作，建设面向京津、辐射晋蒙冀的内陆综合性门户城市。适应建设国际知名奥运城市的战略要求，加强国际区域经济合作载体的建设，构建多功能、高层次的国际交流平台，营造更高水平、富有效率的开放环境，提升张家口市国际开放形象，推进张家口市加快融入世界经济产业体系。

（4）努力塑造崭新形象。借助承办冬奥会提高张家口市城市品牌价值、树立良好国际形象的绝佳机会，全面对标“奥运精神、奥运意识、奥运标准”，改变传统的封闭观念和惯性思维，摒弃以往的内陆心态和惰性心理，努力塑造敢想敢干的创新精神、善良好客的民风印象、开放包容的社会氛围、亲民亲商的政府形象。要促进本土文化与周边地域文化、外来先进文化的融合贯通，优化礼仪、提升民智、接轨国际，塑造“崇信重义、包容尚和、创新争先、开放进取”的新时期张家口精神。要以承办冬奥会这个最大的品牌为抓手，积极打造文化品牌、县域品牌、园区品牌、企业品牌和产品品牌，以品牌建设提升区域外在形象。要全面深化“放管服”改革，推进行政办事制度便利化，建立保障开放的法治规则，建成符合奥运要求、适应市场经济体制运转的行政服务系统，打造优质高效、开放便捷的政务环境。

2.重构区域发展框架，推动生态经济双赢

冀北地区是京津冀西北部生态涵养区的主体，也是河北与京津发展落差最大的区域之一。特殊的区域生态地位和巨大的发展落差，决定了冀北地区必须在扩大生态产品供给、增强区域生态功能的同时，加快推进经济生态化转型，走绿色、可持续发展之路。近年来，为推动区域可持续发展，摆脱生态环境的束缚，冀北地区各级政府相继开始经济生态化转型，张家口市提出要以生态为核心竞争力，推进绿色发展，致力绿色崛起；承德市提出要按照生态产业化、产业生态化的思路，加快产业转型升级，实现绿色崛起。但由于这一地区空间用地结构、产业发展体系、城镇开发布局、生态建设格局等还远不能适应其生态功能定位的要求和经济生态化转型的需要，生态状况始终没有得到根本好转，经济生态化转型的进展缓慢。当前，冀北地区要以构建生态与经济双赢示范区为引领，从战略高度重新谋划布局区域发展战略框架，推动经济生态化转型，实现生态经济双赢型发展。

（1）构建与生态功能定位相适应的空间用地体系。冀北地区建设生态涵养区，客观上要求具备两个条件：一是要具备充足的生态空间，二是要实现单位生态空间产生的生态效益最大化。其中充足的生态空间是前提和基础。因此，要站在提高京津冀地区生态保障功能的战略全局高度，综合考虑区域生态地位、土地利用基础，尽快调整冀北地区土地利用结构，大幅度压减耕地面积。同时，增加林草地面积，构建以生态用地为主导的区域用地结构。

（2）构建与生态经济双赢模式相适应的绿色产业体系。发展绿色产业，走生态经济双赢之路，是冀北地区发展的客观要求和必然选择。因此，要按照生态建设产业化、产业发展绿色化的思路，加快培育生态旅游、休闲康养、经济林业、绿色食品等大生态产业，做强汽车及零部件、机械装备制造等高端装备产业，壮大风电、光电等可再生能源产业，发展集存储、服务、设备制造、软件于一体的大数据产业，构建适合区域特色和功能要求的绿色产业体系。

（3）构建与资源环境承载能力相适应的城镇发展体系。冀北地区生态环境十分脆弱，适合人类合理开发利用的土地不足总面积的

30%。因此，必须统筹考虑区域人口规模、转移趋势、城镇基础和生态要求，推动分散在生态脆弱敏感区域的人口向发展条件较好的中心村集聚，乡村人口向建制镇、县城和中心城市集聚，区内人口向区外城镇转移，建立以城镇为主导的人口配置体系，形成中心城市、县城和建制镇“三分天下”的城镇人口分布格局。

（4）构建与生态保障要求相适应的生态保护体系。强化防风固沙、水源涵养、旅游休闲、生态产品供给等生态功能，建设京津冀生态屏障，给京津冀地区提供优质的生态环境和生态服务，是冀北地区的核心任务。因此，要加快健全森林防护体系、草原生态体系、湿地生态体系、水土流失治理体系、水资源开发利用体系以及能源开发利用体系，构建形成集生态保障、资源开发、能源利用等于一体的生态保护体系。

3.强化政策精准支持，助推区域脱贫致富

多年来，国家和河北省始终把冀北地区作为扶贫开发的重点区域，相继实施了开发扶贫、区域扶贫和精准扶贫等战略。随着各项扶贫工作部署的有效落实，冀北地区贫困群众生活水平明显提高，贫困地区面貌明显改善。但受生态环境脆弱等多方面原因的影响，冀北地区至今仍是京津冀地区贫困范围最广、贫困人口最多、贫困程度最深的区域，存在着康保、尚义、阳原等深度贫困县，贫困人口占比和贫困发生率高、人均可支配收入低、集体经济薄弱、贫困人口增收难等问题仍十分突出，脱贫攻坚任务十分艰巨。为确保我国现行标准下冀北贫困人口实现脱贫，贫困县全部摘帽，解决区域性整体贫困问题，必须给予冀北地区更加集中的支持，采取更加有效的脱贫举措，坚持“输血”和“造血”并重。要借势京津冀协同发展和举办冬奥会，积极争取国家和有关方面在事关冀北地区发展的基础设施建设、产业绿色转型、生态建设投入、优化投资环境和完善帮扶机制等方面给予更大的支持。要进一步完善扶贫机制，创新扶贫模式，改进扶贫方式，加大内生动力培育力度，激发冀北地区贫困群众脱贫致富的内在活力，提高贫困群众的自我发展能力。

（1）支持冀北地区基础设施建设。借筹办冬奥会的机遇，加快推进张家口乃至整个冀北地区的交通、能源、水利、环保等基础设施扩能升级，从根本上强化区域发展的基础支撑。像上一轮支持冀北基础设施建设一样，继续出台《张承地区基础设施建设规划》，支持冀北地区的基础设施建设。对张承基础设施特别是与京津之间的“断头路”和区域内贫困村道路建设，给予资金补助和政策扶持，开辟交通审批绿色通道。

（2）支持冀北地区产业绿色转型。由国家协调有关部委及京津共同出资设立生态水源涵养功能区产业发展基金，用于支持冀北地区的绿色产业发展。设立绿色产业引领资金、专项基金等扶持资金，通过生态特色产业直补、贷款贴息补助、土地流转补贴、贷款担保奖励、劳动力转移培训补助等方式，支持冀北地区高端绿色产业项目，以及投资绿色产业、参与扶贫开发的龙头企业及合作组织。制定更加优厚的清洁能源、节能环保产业扶持政策，将张家口可再生能源示范区政策延伸到承德，支持张承建设智慧环保产业基地。

（3）加大冀西北生态建设投入力度。根据坝上、山区特殊的地理环境和生态保护需求，合理确定项目规划和投资标准，提高京津风沙源治理、京冀水源林、水土流失治理、河道治理、造林工程、农村面源污染治理、人饮工程等建设项目中央投资补助标准。争取国家加大对林木草管护方面的投入力度，在张承地区建立稳定的管护队伍，解决“重投入、轻管护”的问题。

（4）支持冀北地区提高投资审批效率。以开展张家口赛区冬奥会建设项目投资审批改革试点为契机，支持冀北地区结合发展实际，谋划一批基础和公共服务项目、赛场赛事关联项目、奥运农副产品生产和深加工项目、清洁能源保障项目等，列入冬奥会建设项目清单，享受投资审批优惠政策。支持冀北地区深化投资审批制度改革，借鉴江苏省推行不见面审批（服务）改革的做法，优化审批流程，简化审批环节，提高审批效率，探索创造行政服务审批改革的“冀北”样板。

（5）完善对口帮扶机制。完善京津对冀北地区对口帮扶工作机制，创新工作方式和方法，积极争取京津在资金、项目、人员方面的帮扶力度，探索“共建共享”、“飞地经济”等对口扶贫新模式。实施龙头企业对口帮扶贫困村行动，搭建龙头企业与贫困村的对接交流平台，促进京津和其他地区龙头企业与贫困村双向对接、自由选择，引导龙头企业根据自身发展需要及贫困村产业特点、发展潜力，推进实施扶贫开发项目。

（6）明确精准扶贫着力点和发力点。针对冀北地区贫困人口多集中在环境恶劣山坝地区、以“老、弱、病、残”为主体的现状，进一步明确精准扶贫的重点和方向，因地制宜、因人而异推进实施精准脱贫。对居住在自然条件特别恶劣地区的群众加大易地扶贫搬迁力度，对生态环境脆弱的禁止开发区和限制开发区群众增加护林员等公益岗位，对因病致贫群众加大医疗救助、临时救助、慈善救助等帮扶力度，对无法依靠产业扶持和就业帮助脱贫的家庭实行政策性保障兜底。贫困县要重点发展贫困人口能够受益的产业，交通建设项目尽量向进村入户倾斜，水利工程项目向贫困村和小型农业生产倾斜，生态保护项目提高贫困人口参与度和受益水平。

（7）创新精准扶贫模式和方式。以提升贫困人口自我发展能力为方向，全面推广“旅游+”扶贫、“互联网+”扶贫、“光伏+”扶贫等扶贫新模式，探索完善“政银企户保”“支部+协会+农户”“股份合作”“到户产业”“捆绑贷款”等扶贫方式。广泛采用生产奖补、劳务补助、以工代赈等扶贫机制，支持和引导贫困群众通过自己的辛勤劳动脱贫致富。推进扶贫开发与现代农业发展、美丽乡村建设有机结合、互促互进，实现农民富、农业强、农村美。

（五）以综合交通枢纽和快速便捷路网建设为重点，优化区域交通网络结构布局，加快推进京津冀交通一体化发展

《京津冀协同发展规划纲要》明确提出，要推进京津冀交通一体化发展，构建以轨道交通为骨干的多节点、网络状、全覆盖的交通网络。交通一体化是京津冀协同发展的“主骨架”，是服务非首都功能疏解和区域产业对接协作的“先行官”，打造京津冀世界级城市群的“硬支撑”。近年来，国家和京津冀三地在推进交通领域率先突破方面取得了积极进展，但总体上看，京津冀交通一体化发展还存在交通网络对接不畅、规划建设管理不协调等突出问题，与实现规划同图、建设同步、运输一体、管理协同等目标还有不小差距。河北省应抓住有利时机，突出问题导向，着眼协同要求，创新方式方法，加快推进京津冀交通一体化进程，尽快形成支撑京津冀协同发展的现代化综合交通网络格局。

1.围绕雄安新区构建快捷高效的交通网，打造区域中心城市间的1小时通勤圈

雄安新区规划建设的一项重点任务是构建快捷高效的交通网、打造绿色交通体系。这是对加快京津冀区域交通基础设施建设、提升交通运输综合承载能力提出的新的更高要求，也为优化京津冀交通功能布局、完善区域交通运输网络提供了前所未有的契机。为保障雄安新区对综合交通、区域交通、快速交通、通勤交通等交通运输的需求，国家将规划建设一批新的重大交通基础设施项目，

加快推动与之相关的重大交通基础设施建设。这将会深度改变京津冀区域交通运输发展格局，并对河北特别是雄安新区周边区域交通发展产生全方位、深层次、系统性的影响。

河北要抓住这一历史契机，统筹考虑新区对交通运输保障的需要，超前谋划实施一批重大交通基础设施项目，最大限度优化区域交通设施布局，完善区域交通运输网络。当前，应重点推进四项工作：一是以城际铁路、高速公路为重点，充分考虑京津冀经济社会发展、世界级城市群建设、区域功能布局优化等需求，加快建立连接雄安新区与京津以及等周边其他城市的快速便捷交通网络，打造新区与京、津、石、保、廊等周边城市"半小时"通勤圈，形成京津冀区域相邻中心城市间"0.5-1小时"的交通网。二是针对雄安新区开放发展需要，谋划建设全省新的快速骨干道路和综合交通枢纽，完善雄安新区与外部连通的高速公路、干线公路网络，特别是雄安新区通达东部沿海、南部平原和西部山区的骨干交通线路，并做好既有重要通道的研究、对接和预留。三是谋划推进徐水、白沟、高阳、霸州、任丘、高碑店等重点城镇和功能区域与雄安新区同城路建设，实行与雄安新区交通一体化规划、同标准对接、同步调建设、同城化发展。四是紧跟雄安新区绿色交通建设进展，同步推进雄安新区周边区域绿色交通体系建设，与雄安新区共建绿色、先进、智能的交通系统，推动雄安新区绿色交通向周边更广区域延伸拓展。

2.加快建设北京外分交通枢纽，优化区域交通枢纽功能布局

目前，京津冀区域铁路、公路、航空等均呈现出以北京为中心的放射状交通网络布局，各城市之间互联互通性不强。不仅北京交通枢纽功能过于集中，过境交通压力巨大，而且河北交通也南北不畅、东西不通，这种交通运输格局，严重影响了京津冀区域运输效率的提高。虽然国家和三地在优化区域路网和交通枢纽布局方面进行了全方位部署，但区域交通网络布局还没有充分体现外分北京交通枢纽功能、分流北京过境中转交通压力的客观要求，这既不利于区域交通一体化网络的形成，也不利于缓解北京交通压力，更不利于京津周边的河北重要节点城市的发展。

优化京津冀综合交通运输枢纽布局，重构区域交通枢纽功能，核心是疏解北京过度集聚的交通功能，改变以北京为"单中心"的格局，关键是加快建设北京外分交通枢纽，提升其他城市的交通枢纽功能，变"单中心"为"多中心"、"放射状"为"网络状"，建成多点支撑的分流综合交通枢纽体系。一是把石家庄打造为京津冀交通的"第三极"，形成北京、天津、石家庄三个区域交通运输中心。无论从交通基础、空间区位和时空距离看，还是从人口、经济、产业要素看，石家庄市比省内其他城市更具有生成客货运输需求的优势，也完全具备承担京津冀区域第三交通中心、成为京津南部综合性分流交通枢纽的能力。因此，要全面提升石家庄机场的运输功能和能力，强化铁路、公路、航空等设施的有机衔接，推进货物运输多式联运，完善城市综合交通功能，尽快将其打造成京津冀交通的"第三极"。二是强化区域节点城镇的交通枢纽功能。加快推进石家庄、唐山、秦皇岛三个全国性综合交通枢纽的建设，争取国家支持，将张家口、承德、沧州分别作为京津西北、东北、东南方向的分流交通枢纽，在更大圈层外分京津交通枢纽功能。全面提升涿州、怀来、霸州、廊坊等北京外围节点城镇过境中转交通分流功能，更近距离地分流北京客货运输。三是着眼满足雄安新区建设对综合交通的需求，结合北京新机场建设，谋划建设集铁路、公路、机场、轨道交通于一体的现代化综合交通枢纽，提升京津雄大三角区域的综合交通能力。四是开辟沟通关内外的第二运输通道。加强张承沈、沧唐沈大通道建设，实施京津中心城区过境交通干线向京津之间区域转移，减轻关内外过境交通对京津形成的压力。

3.全面打通“断头路”，进一步提升区域路网互联互通水平

打通“断头路”，完善便捷通畅的公路交通网，是交通领域率先突破的一项重要任务。目前，京津冀三地在共同打通国家高速公路“断头路”方面已取得实质性进展，京台高速、京港澳高速等多条道路连接与扩容工程率先完成，京沪沧州至冀鲁界段、荣乌高速狼牙山至坡仓段等一批“断头路”实现通车，但从现实情况看，虽然实现交通一体化目标和规划已定，国家和三地也在致力于推进交通路网互联互通，但在实际执行过程中仍然存在交通规划管理不统一、计划实施不同步、保障衔接不顺畅等问题。京津冀间交通的互联互通不仅需要硬件设施的畅通，也需要体制机制的畅通。同时，县、乡道路的“断头路”和“一公里壁垒”形成的交通断崖也亟待打通。打通京津冀间的“断头路”，既需要打通国省干线“主动脉”，也需要疏通县、乡级“毛细血管”。

为化“断头路”为通衢，应重点在以下三方面着力：一是完善交通一体化工作推进机制。借鉴发达国家建设都市圈、城市群的经验，推动形成更具有权威性和约束力的交通一体化推进机制，统筹协调跨区域交通运输领域的重大问题，统一推进跨省市交通设施的规划、建设和管理，监督并督促京津冀三地落实交通规划部署和建设任务。二是统一交通设施规划建设。统筹交通基础设施规划布局，统一研究制定交通线路，统一项目实施计划，统一建设技术标准，推进接线方案、建设安排、技术标准等全方位对接，确保三地交通设施同步骤、同标准建设。三是提高区域路网联通水平。加快推进京津周边县市与京津县乡级“断头路”的互联互通，改造提升国省干线公路等级和标准，完善高速公路与干线公路、县城、新城、重要功能区域的连接线，强化贫困地区内外通道连接，拓展农村公路覆盖范围和服务能力，疏通好区域交通的“毛细血管”，更好地发挥路网总体效能。

4.尽快完善轨道交通网络，协力打造“轨道上的京津冀”

建设高效密集的轨道交通网，是推动北京非首都功能疏解和产业、人口转移，支撑在更大区域参与生产力布局调整和功能重构的重要保障，是京津冀现代化综合交通体系建设的重中之重。但从目前京津冀区域现有的轨道交通基础和已出台的交通规划部署看，京津冀在轨道交通规划建设方面还存在一些突出的短板和问题。建设高效密集的轨道交通网，打造“轨道上的京津冀”，迫切需要尽快补齐短板、提升水平。

（1）加快建设北京跨市域市郊铁路。从国际经验看，国际大都市的市郊铁路往往延伸至邻近域外城镇，在周边50–70公里的空间范围内，建设上千公里的市郊铁路来支撑都市圈的通行客流，如纽约大都市圈市郊铁路里程达到3000多公里，巴黎都市圈达到1800多公里，伦敦都市圈达到3600多公里，东京都市圈达到2000多公里。而目前北京跨市域市郊铁路仅有1条平谷线刚开工建设，其他跨市域市郊铁路仍多停留在意愿和概念层面。为弥补北京跨市域市郊铁路建设的短板，应站在打造现代化新型都市圈的高度，加快推进环京县市与北京之间的轨道交通衔接，协调推动北京轻轨和地铁向燕郊、固安、廊坊、涿州等地延伸，建设通达三河、大厂、香河、永清、白沟、滦平、涞水等地的市郊铁路线路，充分利用既有铁路和客运专线的富余能力，开行跨地区市郊快线列车，尽快形成50–70公里半径的大都市区跨域轨道交通网络。

（2）推进河北城际铁路和市郊铁路建设。河北既有的铁路运输体系主要服务于长途客运，城际铁路刚刚起步，难以满足中短途客流高密度快速出行的要求，特别是冀西北与

冀中南、冀东地区尚未形成快捷高效的客运通道。为弥补河北城际铁路建设的短板，加快河北境内高速铁路网主通道及区域连接线项目的建设，大力发展河北中心城市间的城际铁路，谋划建设冀西北与冀中南、冀东地区的快捷高效客运通道，根据各市发展需求、经济实力，分层次推进建设中心城区与新城、卫星城之间的地铁和市域（郊）铁路，加快构建高密度、多层次、便捷化的城际和城市轨道交通网络，满足中短途客流高密度快速出行的需求。

（3）构建港（口）腹（地）畅通的铁路集疏运大通道。目前，河北港口集疏运铁路体系规划布局尚不完善，集疏运能力不足，运输结构不合理，与腹地通道链接不顺畅，特别是缺少直达西部、北部的大能力铁路运输通道。为弥补港口铁路集疏功能失衡的短板，应加快港口疏港铁路网建设，重点加强沿海港口群与内陆中心城市之间疏港通道建设，强化与京津两地空港、陆港的有效联系，密切与中西部、北部地区货源腹地的联络和对接，谋划建设黄骅港至晋中南和豫西北乃至中亚和欧洲地区、唐山港至晋蒙陕及俄罗斯远东地区、秦皇岛港至蒙东地区的腹地大通道，打造“新丝绸之路”的重要出海口、京津冀外向型经济发展的贸易大通道。

（4）建立多元化、可持续的轨道交通投融资模式。轨道交通建设资金需求巨大，仅京津冀三地间计划开工的四条城际铁路投资额就1000多亿元，单靠财政的方式难以支撑，急需探索社会化融资新路径。要充分发挥京津冀城际铁路投资公司等投资主体作用，探索建立京津冀轨道交通建设、运营、管理等方面的利益平衡与成本分担机制。推广应用“轨道交通+土地综合开发”模式，完善京津冀城际轨道交通沿线土地综合开发配套措施，以土地开发收益支持轨道交通建设运营。支持社会资本以独资、合资等多种投资方式建设和运营轨道交通，推广政府和社会资本合作（PPP）模式，运用特许经营、股权合作等方式筹集建设资金。

（六）以创新环境建设为重点，构建吸引京津创新资源要素集聚的创新生态系统，协力打造京津冀协同创新共同体

创新是引领发展的第一动力，是建设现代化经济体系的战略支撑。把握住京津冀协同创新和雄安新区建设创新驱动发展引领区的宝贵机遇，借力京津以及未来雄安新区的创新资源，借助协同发展大势，弥补科技创新短板，是河北省推动创新驱动发展、实现经济转型升级的战略选择和最佳路径。近年来，河北省围绕打造京津冀协同创新共同体，出台了一系列政策和措施，打造了一批载体和平台，形成了一批协同创新模式和样板，吸引京津创新要素向河北集聚取得初步成效。但总体上看，由于缺少与京津创新载体功能、设施、服务、环境等相一致的载体平台，缺乏与京津创新要素发展要求相匹配的政策环境、制度设计、配套服务和要素支撑，河北省推进与京津协同创新还存在许多问题和障碍，京津创新人才不愿意来、创新成果不愿意转的现象仍普遍存在。河北省要对接京津协力打造协同创新共同体，借势协同创新提升全省创新发展能力，最根本、最关键的是尽快完善创新生态系统，优化创新软硬环境，最大限度提升对京津创新要素的吸引力和承载力。

1.全力打造雄安新区国际一流创新环境高地

建设创新驱动发展引领区，打造创新高地和科技新城，建成中国的“硅谷”和全球性创新中心，是雄安新区承载的重要历史使命。从国际同类地区的发展经验看，硅谷之所以成为世界各国创新要素的汇聚地和创新的“代名词”，深圳之所成为我国乃至世界的

"创新之城"和"创客之都"，根本原因在于其优质的生活环境、高效的创新机制、有力的创新政策和开放包容的创新文化，以及由其集成形成的充满活力、吸引力的创新环境和勇于创新、乐于创新的创新氛围。雄安新区要建设创新驱动发展引领区，打造创新高地和科技新城，关键是要营造具有世界影响力和吸引力的创新创业环境，打造形成让创新要素高度集聚、创新活力竞相迸发、创新成果有效保护、创新价值充分体现的国际一流创新环境高地。

为此，应重点从以下四方面推进：一是打造更加舒适宜居的生活环境。按照世界眼光、国际标准、中国特色、高点定位的总体要求，适应现代城市创新驱动发展的新趋势、新特点，以最先进的理念和国际一流标准，全力建设绿色智慧新城，打造优美的生态环境，提供优质的公共服务，构建快捷高效的交通网，切实把雄安新区规划建设成为绿色低碳、智慧高效、环保宜居、服务优良的现代化城市。二是打造更具活力、磁力的政策环境。大胆推进政策创新，制定特殊的人才政策，构建适应创新发展需求的人口和住房政策，建立与北京接轨的基本公共服务和社会保障体系，健全技术研发、转移交易、成果孵化转化等创新激励机制，实行更为优惠的土地、财政、金融、投资等创新扶持政策，集成中关村先行先试等国内外优质创新政策，构建政策叠加集成、具有强吸引力的创新政策体系。三是打造更为宽松顺畅的制度环境。全面深化创新体制机制改革，努力构建激励创新的市场竞争机制、企业主导的协同创新机制、鼓励创新成果转化的利益导向机制、科学灵活的人才发展机制、便利化的创新资源导入机制、多元化的创新投融资机制、低人居成本的住房保障机制，充分发挥市场在配置创新资源中的决定性作用，最大限度地激发各类主体的创新热情和潜力。四是打造更加多元包容的开放环境。以更加开阔的全球视野，以更为主动的合作姿态，以海纳百川的胸怀魄力，积极探索更高层次的开放创新模式，推动建立深度融合的开放创新机制，构建形成接轨国际的创新规则和体系，着力营造公平竞争、开放共享的市场环境，大力培育"敢于冒险、崇尚创新、追求成功、宽容失败"的创新文化，努力形成开放合作、多元发展、包容和谐的创新氛围，融入全球创新网络，吸纳全球创新资源，辐射带动全国乃至全球创新发展。

2.构建完善吸引京津创新资源要素聚集的创新生态系统

京津两地人才资源密集、创新要素富集、创新成果众多，创新资源覆盖了学科领域的半壁江山，涵盖了创新链条的各个环节，涉及的创新领域极为广泛，是各类创新要素集成、具有有国际影响力的创新高地。对河北而言，用活用好京津创新资源，让京津创新要素与创新成果与己共享、为己所用，是协同京津打造协同创新共同体的核心任务，也是提升自身创新发展能力的最优途径。考虑到河北现有创新平台载体的建设基础，与京津创新环境的梯度差异，以及京津创新要素转移转化的更高要求，要用活用好京津创新资源，必须尽快构建集创新主体、创新载体、创新政策、创新机制于一体，更有活力、更具吸引力、与京津创新环境无差异化的创新生态系统，打造京津创新人才汇聚、创新成果孵化转化的软硬环境，形成吸引京津创新资源要素集聚的"强磁力"。

（1）搭好京津创新资源要素集聚的高端载体平台。一方面，要着力打造好既有战略性、标志性的协同创新平台。按照确定的功能定位和任务要求，对标京津高端创新载体的创新生态环境，加快推进石（家庄）保（定）廊（坊）全面创新改革试验区、河北·京南国家科技成果转移转化示范区、环首都现代农业科技示范带等协同创新平台的建设，完善创新基础设施，提升创新服务能力，优化创新政策政务环境，构建优质创新创业生态，用足用好国家级“金字招牌”，最大限度发挥其在协同创新中的引领、辐射和带动作用。另一方面，要继续推进与京津合作共建创新创业载体。总结既有合作共建园区的建设经验，着眼于引入京津创新理念、创新模式和创新基因，全面加强与京津科技型园区、科研院所等创新合作，采取一区多园、总部—基地、整体托管、创新链合作等模式，合作共建一批高端科技园区、科技成果转化基地，充分发挥合作园区的关联影响、扩散效应和示范作用。

（2）营造与京津创新链高效衔接的产业链配套环境。科技成果在周边孵化转化是技术创新的一般规律，但北京科技成果转化大多数越过河北，呈现“跳远式”现象，主要原因在于河北的产业配套能力较差，产业链与京津创新链互补性不强、关联度不紧。因此，河北要把产业链配套能力建设作为主攻方向，尽快完善产业链配套条件，积极探索产业链与京津创新链融合发展的有效模式，营造形成与京津创新链高效衔接的产业链配套环境。重点在三方面着力，一是瞄准京津创新源头，针对京津创新链需求，超前谋划引进相关的产业链项目，培育发展与京津科技成果转化相配套的高端产业。二是着眼新兴产业发展，通过联合开发、优势互补、利益共享、风险共担的模式，与京津骨干企业、科研机构、科技中介等合作，共建区域性产业技术创新战略联盟。三是围绕传统产业转型升级需求，通过共建、援建、建立分支机构等方式，联合建立重点实验室、工程技术创新中心、企业技术创新中心、产业技术研究院等技术攻关平台。

（3）构建汇聚京津创新人才和要素的创新创业生态。河北要确保京津高端创新要素愿意来、能落地、留得住、能发展，必须营造更加有利的政策环境，培育各种类型的创新创业平台，建立与京津接轨的创新人才招聘、薪酬、考核、科研管理、社会保障等制度，构建集金融、生活、技术、法律、信息、加速等于一体的服务体系，形成汇聚京津创新人才和要素的创新创业生态。一是以高新区等高端园区为依托，与京津联合建立“创业苗圃+孵化器+加速器”的新型科技企业孵化器，承接京津科技成果孵化、转化和产业化功能。二是围绕产业需求和链条延伸，与京津知名众创空间合作，共建各类具有鲜明行业特点及需求指向性的众创空间，吸引京津创新创业人才来冀创新创业。三是选择具备条件的区域，与京津大型科研院所、重点高校等合作和引入战略投资者，共同培育建设若干创新型的特色小镇，集聚北京的创新资源和才智要素。

（4）建立跨区域科技成果转移转化的政策制度体系。促进京津科技成果来冀转移转化，既是河北推进协同创新共同体建设的任务要求，也是实现产业结构调整和转型升级的现实选择。河北要根据京津科技成果转移转化和产业化的实际需求，积极探索跨区域科技成果转移转化平台的合作共建路径，构建承接京津创新要素外溢转移、与河北产业创新需求对接转化的新模式，健全跨区域科技成果产业化、资本化体制机制，完善跨区域科技成果转移转化服务体系。要以石保廊全面创新改革试验区建设为统领，以河北·京南国家科技成果转化转移示范区等为载体，积极推进协同创新体制机制改革和政策的先行先试，在跨区域技术交易、企业转移、成果转化、资源共享、人才引进、科技金融等方面探索一批可行的政策措施，推动建立以“京津研发、河北转化”为核心的协同创新政策和制度体系。

3.推动建立与京津一体化的政策、体制和市场环境

构建公平统一的区域创新政策、协同统一的区域创新体制和开放统一的区域创新市场，是实现创新要素在京津冀区域内自由流动和优化配置的重要前提。但从京津冀的实际看，北京中关村国家自主创新示范区的创新政策在全国首屈一指；天津滨海新区先行先试政策给予创新的“红利”，河北目前还难以企及，河北在创新政策和创新环境方面与京津存在较大差距。同时，受行政管理体制和维护既有利益思维的影响，京津冀三地各自形成了相对独立的区域创新体系，三地间创新协同不够、联系不紧，尚未形成统一开放的协同创新体制机制和市场体系。这些造成京津冀三地在创新上竞争进而影响到创新效率，阻碍了区域间创新要素的自由流动、开放共享和优化配置。

实现京津创新资源向河北流动，科技型企业向河北转移，科技成果向河北转化，必须弥合创新政策与京津的落差，实现与京津创新政策对接，消除体制机制和市场壁垒，推动与京津创新体制协同和市场统一。一是推进与京津创新政策对接，构建一体化的创新政策体系。系统梳理京津两市在人才、成果、平台、高新技术企业、创新型中小企业等方面的支持政策，推动河北与京津创新政策的统筹衔接，实现与京津创新激励政策的融通共享；推进与京津高端创新平台的政策对接，推动中关村国家自主创新发展示范区、天津国家自主创新发展示范区、天津国家自由贸易试验区等创新政策在河北的推广落地。二是推进与京津创新体制协同，构建区域创新要素自由流动、科技成果高效转化的创新体制环境。建立京津冀协同创新联席会议制度，形成常态化、规范化的创新沟通协调机制；建立三地高新技术企业、科技型中小企业、创新平台等互认制度，推行三地统一创新券制度和高技术产品政府采购制度；建全区域创新资源和成果开放共享机制，完善与京津共设基金、共搭平台、共建园区、共建基地、共促转化的利益分享机制。三是推进与京津创新市场统一，构建京津冀开放共享的创新市场。推动建立京津冀互联互通的技术交易市场，制定统一的技术信息标准、交易服务流程、技术转移服务规范；建立互联互通的创新人才服务信息网络，推动京津冀人才资源在区域间优化配置；建设互联互通的科技型中小企业股权交易市场，打造京津科技成果与河北市场需求有效对接、顺畅交易的平台。

（七）加快公共服务供给侧改革，推动公共服务共建共享，实现京津冀公共服务趋于均衡

公共服务均等化，是生产要素按照经济规律在区域间自由流动、实现空间合理配置、提高经济发展质量和效益的基本前提。从京津冀来看，区域优质公共服务资源在京津过度聚集，河北与京津公共服务水平差距过大，严重阻碍了人口、资本、技术等生产要素在京津冀间的自由流动和合理布局。因此，聚焦高端公共服务、推动公共服务共建共享、实现公共服务区域间趋于均衡，是有序疏解北京非首都功能进程中实现区域良性互动、促进三省市共同发展的必然要求。从国际经验看，盎格鲁-撒克逊国家的自由主义公共服务均等化模式、以德国和法国为代表的保守主义公共服务均等化模式、以斯堪的纳维亚国家为典型代表的社会民主主义公共服务均等化模式、以新加坡为典型代表的强制储蓄型公共服务均等化模式最具代表性，这些国家主要通过强调基本公共服务供给上的政府主体责任，推进区域间财权的合理分配，实现基本公共服务均等化，部分国家还通过提高高端公共服务的市场参与程度，推进供给主体的多元化，满足公民的高端公共服务差异化需求（见表3）。从河北的情况看，当前的主要任务在于如何解决公共服务供给不足的问题，由于省级财力难以满足庞大的公共服务支出且短期内难以有效改善，要缩小与京津的公共服务巨大落差，就必须充分借鉴

表3　主要发达国家和地区公共服务均等化供给模式*

模式类型	主要做法
盎格鲁－撒克逊国家的自由主义基本公共服务均等化模式	在基本公共服务领域，加拿大通过实现省级财政均等化手段达到基本公共服务均等化。同时强调在基础教育、公共文化、社会保障等领域发挥市场机制的作用，通过政府购买服务，在基本公共服务供给领域引入竞争和激励机制，提高公共服务的供给效率。
以德国和法国为代表的保守主义基本公共服务均等化模式	对于基本公共服务，德国建立了相对稳定的横向转移支付与纵向转移支付相结合的均衡性转移支付机制，确保公民在全国范围内享有均衡的基本公共服务。同时积极推进国家、社会与市场三者在提供公共服务方面结成伙伴式合作关系。德国在社会保障的管理方面，实行由雇主与劳动者高度自治、政府加以监督的管理体制，除失业保险外，社会保险机构均由劳资双方共同参与，实行自治管理。
以斯堪的纳维亚国家为典型代表的社会民主主义基本公共服务均等化模式	以“公平”作为首要价值观念，国家作为直接责任主体承担着保障全民的义务和责任，对全体国民实行全面保障。这些国家政府不仅承担着直接的财政责任，而且承担着实施、管理和监督公共服务的责任。同时，这些国家的公共服务项目众多，待遇标准也较高，项目设置涵盖了每个社会成员“从摇篮到坟墓”的一切福利需求，而个人通常不需要支付或低标准支付费用。
以新加坡为典型代表的强制储蓄型基本公共服务均等化模式	强调自食其力、自力更生，国家通过立法手段强制个人或家庭储蓄来实现自我保障，然后再进行“查漏补缺”和“兜底”，最终在全社会实现公共服务的均等化。

* 国家行政学院社会和文化教研部：“推进基本公共服务均等化的国际经验”，《中国经济时报》，2013年8月5日。

国际经验，加快公共服务供给侧改革，推进与京津公共服务的共建共享，在重点区域和重点领域实现率先突破，通过优化重点区域优质公共服务资源配置，开展公共服务均等化试点，鼓励和支持社会资本参与公共服务供给，争取国家财政转移支付等措施，尽快提升河北公共服务供给水平。

1.以雄安新区建设为契机，推进京津优质公共服务资源向河北配置

区域优质公共服务资源配置不均，是导致京津冀三地间公共服务水平巨大落差的重要原因。因此，推进京津优质公共服务资源向河北疏解和配置，是解决公共服务设施区域配置不均问题的重要手段。2017年4月，党中央、国务院做出了设立河北雄安新区、打造北京非首都功能疏解集中承载地的重大战略决策，将在重点承接部分中央行政及企事业单位的同时，配套跟进教育、医疗、文化等公共服务单位，为优化河北与京津优质公共服务资源配置，提升河北优质公共服务资源占有水平提供了难得的机遇。

河北省要紧紧抓住这一重大机遇，积极协同北京明确承接重点、加强工作对接、制定入驻单位支持政策，有序承接北京优质公共服务资源，有效弥补全省优质公共资源的供给不足。一是明确优质公共服务资源承接重点。全面对接北京非首都功能疏解的指导意见和清单，紧密跟踪在京公共服务单位搬迁计划，在承接教育部直属高等院校、重点三级甲等医院、中央直属科研机构和新闻传播机构方面实现突破，全面提升河北省高等教育、高端医疗服务、前沿科技研发和现代传播媒体方面的整体水平。二是探索建立北京非首都功能疏解承接工作对接机制。建立雄安新区管理委员会与北京市政府的定期联席会议制度，推动双方对公共服务机构迁建情况及时沟通协调，针对重点疏解承接项目迁建工作中存在的突出问题，共同协商并研究制订有针对性的解决方案，为北京公共服务单位疏解承接工作顺利推进提供制度保障。三是研究制定支持公共服务单位入驻发展的配套政策。根据公共服务机构入驻发展需要，研究制定新区北京非首都功能承接指导意见，在土地、设施、金融、投资、税收、人事管理等方面给予入驻机构全方位支持，确保在京公共服务单位愿意来、落得下、能发展。

2. 以京津功能和产业转移承接区为重点，推进公共服务均等化试点

实现京津冀区域间公共服务趋于均衡是一项长期而复杂的系统工程。在资源有限、财力不足的情况下，河北省短期内尚不具备全域提升公共服务水平的条件，通过重点区域率先推进公共服务均等化试点，再发挥示范带动作用引领整个区域全面推进是较为合理的选择。河北省内北京非首都功能承接特色小镇（微中心），以及曹妃甸京冀协同发展示范区、渤海新区生物医药产业园、沧州开发区汽车产业园等京津产业转移重点承接区，是京津功能和产业转移的主要承接载体和河北省加快自身发展的主要战略支点，具备京津冀公共服务共建共享的有利条件，率先在这些地区开展公共服务均等化试点能够收到事半功倍的效果。

推进京津功能和产业转移承接区公共服务均等化试点，要结合区域条件，抓住重点领域、关键环节，分步实施，统筹推进。一是着力推进公共服务政策对接。鼓励京津功能和产业转移承接区与京津共同搭建社会保障信息共享平台，研究制定政策对接方案，实行与功能和产业疏解区政策一致、缴费标准一致、保障水平一致的医疗、养老、失业、工伤保险和住房公积金制度，逐步推进社会保障一体化。创新教育政策对接机制，重点破解区域间高考录取政策不统一问题，逐步实现承接区与疏解区一张试卷、统一排队、择优录取。强化就业服务领域政策对接，共同出台就业信息共享、职称互认、专业技术人员异地执业等方面区域性统一政策，加强区域劳动者权益保障协作工作，逐步构建跨区域统一就业市场。通过上述努力，确保人员转移后享受公共服务水平不降低、质量有保障。二是创新京津功能和产业转移承接区住房保障机制。借鉴新加坡的公共组屋制度，通过构建保障性住房管理机构，创新保障性住房申请资格审查和惩罚机制，实施保障性住房配售、转售和租赁政策，避免开发商在房价上的恶意炒作，有效降低入迁居民人居成本，为人才就业创业创造良好环境。三是按照“成果共享、成本共担”的原则，率先在京津功能和产业转移承接区建立基本公共服务共建共享机制，将京津税收分成部分留取一定比例，弥补当地财力不足，投入承载地区公共服务设施建设和公共服务供给，同时以京津公共服务资源为主导，通过办分校、办分院、合作共建、委托管理等创新模式，建设跨区域的教育、医疗、养老、就业等公共服务合作载体，促进重点承接区尽快形成与京津基本公共服务水平类似的发展环境，使疏解人口、产业和机构能够转得出、留得住、能发展，为加快河北发展提供人才环境支撑。

3. 推进公共服务市场化改革，丰富高端公共服务供给

长期以来，河北省在公共服务供给上主要由政府负责投入、建设和配给。随着经济社会的发展，公共服务需求总量明显增加、需求种类与层次日益多元，由政府主导的单一公共服务供给模式已难以适应公共服务需求变化的新形势，公共服务在总量和结构上的双重供需矛盾凸显。在河北省财力支撑不足的条件下，面对补齐河北省公共服务短板的迫切需要，必须充分认识政府作为单一供给主体的局限性，尊重公共服务需求层次和公众偏好的差异性，在重点领域推进公共服务市场化改革实验，以有效缓解政府公共财政压力，加快提升区域公共服务水平和质量，尽快缩小河北与京津在公共服务上的梯度差，为北京非首都功能疏解、京津产业转移、河北有效承接创造有利条件。

推进公共服务市场化改革试验，必须转变传统的公共服务供给理念，建立“政府保基本，市场唱主角”的公共服务供给模式，提升公共服务供给效率与质量。一是明确政府和市场服务供给边界。通过法律法规的制定与完善，明确政府在教育、医疗卫生、社会保障等基本公共服务领域的主导作用，确定市场在差异化、高品质公共服务领域的资源基础配置作用，使区域内居民既能获得统一标准、“底线公平”的基本公共服务，又能使不同人群有途径获得高质量的差异化服务。二是降低各类社会投资主体进入公共服务领域的门槛。探索制定公共服务领域准入清单，明确公共服务供给企业的资质条件，扩大社会资本进入公共服务领域的范围和限度，引导私人企业、非营利组织、公共组织等参与公共服务的供给和运营，提高公共服务供给的灵活性和多元化。三是创新政府与社会资本合作模式。通过招投标、特许经营、合同承包等形式推进公共服务市场化改革，拓宽企业参与公共服务供给的进入通道。四是健全社会资本参与公共服务供给的激励与监管机制。探索采取各种税收优惠、财政贴息、小额贷款、土地划拨等优惠政策，鼓励企业和社会组织进入公共服务领域，同时加强对供给机构资质、设施、服务等方面的监管和约束，保障公共服务的供给质量。

4.争取国家财政支持力度，增强河北省公共服务供给能力

由于京津冀三地经济发展水平不同，河北与京津公共服务财政支出能力存在巨大差距。据统计，2015年北京、天津和河北一般公共预算支出中，公共服务支出额分别为300.12亿元、178.30亿元和503.32亿元，人均公共服务支出额分别为1382元、1153元和678元，京津人均公共服务支出水平分别是河北的2.0倍和1.7倍。面对区域间的巨大财力差距，仅依靠河北省的地方财政扩大公共服务供给，难以实现与京津公共服务供给的基本均衡，必须强化中央财政功能，加大对河北省的财政转移支付力度，推进地方财力的基本均衡，才能保障京津冀公共服务趋于均衡目标的实现。

要根据京津冀公共服务均等化的内在要求，借鉴国外财政转移支付的实践经验，坚持以人为本的原则，完善京津冀公共财政体系，有效增强河北省的公共服务供给能力。一是建议国家增设京津冀公共服务均等化财政专项资金，用于平衡京津冀三地间基本公共服务供给能力差异，加大对河北省落后地区的财政转移支付力度。二是根据京津冀基本公共服务均等化中远期目标，确定京津冀基本公共服务均等化的范围、种类和标准，并根据形势发展变化进行动态调整，作为国家确定对河北省的财政转移支付额度和支持河北缩小与京津公共服务水平差距的主要依据。三是把河北省的公共服务重点项目或三地发展差异悬殊的项目优先纳入国家重点项目，明确推进目标和方式，提升河北省的基本公共服务供给能力。四是建立健全财政转移支付使用考评监督机制。建议将河北省使用国家财政转移资金用于公共服务领域的投入使用情况纳入各地政府和领导干部考核体系，并进行全过程跟踪和监督管理，对转移支付资金的执行效果进行全面评估，对其社会效益和经济效益进行全面考察，以保障转移支付资金的使用效率。

四、对加快形成京津冀协同发展新格局的建议

（一）对河北省的有关建议

1.积极争取国家支持设立河北正定国家级协同创新新城

设立正定国家级协同创新新城，对河北创新发展特别是中南部区域加快发展具有重要意义。一是有助于汇聚京津高端创新资源，加快打造京保石发展轴，打造京津冀地区重要的先进制造业发展带和城镇聚集轴。石家庄作为省会城市，其发展优势和发展基础已经具备京津冀重要增长极的建设条件。正定县域内航空、铁路、高速公路交汇，空港保税区、内陆物流港区集聚，承担着建设华北地区现代化商贸物流枢纽的重要职能，是华北地区重要商埠的标志性区域和对外开放的高地。二是有助于承接雄安新区创新发展释放出的巨大能量，对影响和带动冀中南地区发展发挥重要作用。正定协同创新新城通过以雄安新区为创新样板，加快体制机制创新吸引高端要素集聚，能够促进雄安新区的发展经验在正定落地，同时也有利于与雄安新区形成互动，依托石家庄较好的生物产业基地、电子信息产业基地和高端装备制造产业基础，与雄安新区的创新资源结合，推动河北省战略新兴产业增长极的形成。三是有助于推动河北省中心城市综合配套改革试验，推进城市管理体制、功能区管理体制、行政区管理体制、产业园区管理体制等一系列体制机制改革，为全省深化改革提供试点示范。

正定国家级协同创新新城的改革重点，应以雄安新区建设为样板，以体制机制改革创新全面推进简政放权，放管结合优化服务和构建市场化营商环境为突破，以京津冀协同创新为引领，在创新驱动发展新模式上进行探索。建立自由贸易区，建设京津冀国际物流中心，加快空港、内陆港与黄骅港的互动，打造京津冀对外开放新高地，加快河北省对外开放步伐。

正定国家级协同创新新城设立事关河北深入推进京津冀协同发展，建议河北省委、省政府把向国家申报正定国家级协同创新新城工作列入日程，并积极推动。

2.在全省探索开展农村集体经营性建设用地使用权流转改革试点

《京津冀协同发展规划纲要》确定河北省建设全国新型城镇化和城乡统筹示范区，河北要着眼于破解新型城镇化和城乡统筹中的重大问题推动示范区建设取得突破性进展。从目前看，在推进新型城镇化和城乡统筹建设中遇到的突出问题是，一方面农民进城后，受国家制度限制，留在农村的宅基地无法买卖退出；另一方面面对大批量农民进城，城市又不得不为其匹配建设用地，出现了农民“两头占地”、城镇建设用地刚性增加、农村建设用地大量闲置、农用耕地逐年减少的问题。这类问题在河北也程度不同地存在。因此，应将有效破解“土地困局”作为河北省新型城镇化和城乡统筹示范区建设的突破口。

从国内看，一些省市近年来对破解“土地困局”进行了有益探索，取得了可供借鉴的经验。重庆作为国家城乡统筹综合试验区启动了地票制交易试点改革，在“增减挂钩、耕地占补平衡”的原则下，将农村闲置集体建设用地复垦为耕地，增加耕地数量，再把增加的耕地数量置换成为城市建设用地指标。重庆的地票制度，在一定程度上推动了经济的快速增长，重庆“两江新区”的建设受益于此政策，在全国许多地区经济增速低迷的大环境下，重庆多年来经济保持两位数增长、增速居各省市之首，与有效破解土地困扰有

直接关系。同时，四川成都、河南等地也在这方面进行了探索，取得了积极成效。近年来，广东等省市在农村集体用地使用权改革方面步伐迈得更大一些，进行了农村集体用地进入一级市场的试点，在集体建设用地的充分盘活与利用方面做了有益的探索。

为有效破解土地制约发展问题，建议河北省在全国新型城镇化和城乡统筹示范区建设中，可选择部分地区进行试验，研究吸取重庆、成都、河南等地实施“地票制度”的经验教训，学习借鉴广东等地农村集体用地入市的经验做法，妥善处理好城镇化用地与粮食安全、保护农民利益等多方面的关系，依赖制度创新，探索河北特色、破解土地制约发展的瓶颈的新路径。

3.重视发挥财税政策对推动协同发展的积极作用

（1）用改革的办法、开放的思路做大财政资金支持的“蛋糕”。一是在本级财政之外寻求中央和京津财政资金的支持。充分利用雄安新区与深圳经济特区和上海浦东新区相同的政策地位，积极争取中央的政策支持。积极争取国家开发银行充分发挥政策性银行作用，促使其以“规划先行融智、改革创新融制、市场运作融资”的“三融”方式积极主动开展工作，高起点、高水平支持雄安新区起步建设；积极争取中央财政在促进雄安基础设施建设、公共服务水平提升等方面的财政资金支持。与京津财政部门协商，或者通过向中央财政部门申请，争取京津地区的横向转移支付资金用于公共服务设施的建设。加大省级财政资金对新区建设的支持力度。在河北省其他区域，也应积极挖掘政策优势，加快本地经济建设。可以凭借2022年北京—张家口冬奥会的优势，通过合理的规划，向中央财政争取一些公共设施的专项配套资金；可以凭借京津冀协同发展的政策优势，积极向中央财政申请一些纵向转移支付资金，转移支付资金可以用于交通一体化、医疗教育服务水平均等化、生态林建设等具体方面，也可以用于一体化整体建设的一般性资金。二是在政府财力之外寻求社会资本的支持。在资金的供应上，应鼓励政府与民间资本合作，充分发挥政府资金的杠杆作用。从PPP项目涉及的领域来看，应主要涉及公共物品提供的领域，按照协同发展规划的要求，重点保证交通一体化和生态环境保护所需资金。从项目资金的来源结构来看，主要是银行金融机构的贷款和保险机构的保险金以及一定量的民间资本。其中，保险机构用保险金投资的，建议采用再保险方式提升资金的安全性。对于产业转型升级以及产业基地建设所用资金，则建议采取建设和服务外包的形式，通过公开招标，选择实力较强的企业具体实施产业基地基础设施的建设，并承诺运营期间场地设施盈利归承办商所有，以弥补其建设资金，充分吸收社会资金。

（2）积极对接京津财税政策。长期以来，京津地区凭借其独有的政治优势，享有较多的税收政策优惠，从而吸引了大量企业入驻。而河北地区则相对优惠政策较少，形成了政策洼地。河北要顺利承接京津地区的产业落地，就必须建立与京津地区一致的甚至是比京津更加优惠的税收政策。在优惠政策的制定方面，河北要紧紧抓住雄安新区设立的政策地位优势，将新区作为产业转型升级的实验先行区，通过制定鼓励新区高新技术企业发展的一系列优惠政策，带动河北整个地区的产业转型升级。在减轻企业税赋方面，参照目前高新技术企业15%的企业所得税率，雄安新区可适当降低2–3个百分点；按照现有的研发费用加计扣除政策，允许适当提高新区的加计扣除比例；按照固定资产加速折旧的优惠政策，新区可将企业购进固定资产允许一次性抵扣的单位价值标准由100万元适当提高到150万元，以吸引相关企业在雄安落户。在降低企业风险方面，制定亏损弥补政策以降低新老企业新建和转型风险。对于新创业企业和风险投资企业，其创立初期的经营亏损，允许其用以后年度所得弥补，从而达到降低企业经营风险和减少企业盈利初期税负的目的。对于原有企业实行更新换代、转型升级策略的，允许其用以前年度所得来弥补由于企业更新换代造成的亏损，从而鼓励本地企业转型升级，以适应新区的产业功能定位。对于跨地区经营的企业，也应给予相应的优惠政策以吸引外地优质企业在本地设立分支机构和鼓励本地优质企业向外发展业务，从而壮大企业实力。在不同纳税地点设立总机构和分支机构的企业，其总机构设立于本地的，允许分支机构的年度亏损在总机构的应纳税所得额中抵免；分支机构设立于本地的，允许分支机构按照本地优惠税率就地缴纳企业所得税，应纳税额不必按照总公司汇总计算的应税总额分摊计算。

（3）加快提升税收征管能力。目前京津冀三地税务局都有各自的一套纳税申报系统，尚未实现统一兼容，在纳税服务、业务执行流程上也存在不同程度的差异。这必将导致京津外迁落户企业一时无法适应河北地区的税收规定，给跨境企业纳税和税务部门征税造成困扰。因此，河北应积极协调京津尽快合作建立京津冀信息共享平台，实现税源信息、政策信息、稽查信息的共享。在此基础上，充分利用信息平台所提供的征管信息，制定短期性、过渡性的针对京津两地迁入企业的征管措施，提高河北的税收征管能力。

（二）对国家和京津两市的建议

1.研究建立京津冀区域科技创新协同机制

《规划纲要》明确要求“建立健全区域创新体系，整合区域创新资源，形成京津冀协同创新共同体”。从目前看，京津冀区域内创新资源和创新能力差异较大，还没有形成统一的科技市场，京津丰富的科技创新资源在区域内不能自由流动。为此，建议加快构建京津冀区域科技创新一体化协同机制，促进科技资源在区域内顺畅流动和共享，为形成京津冀协同创新共同体奠定坚实基础。一是建立京津冀统一高效的科技市场，促进科技成果、人才、资本的自由流动。探讨区域科技创新协同发展模式，推进协同创新平台建设、产学研结合的协同创新共同体和技术转移服务体系建设。二是建立河北产业转型科技援助协同创新机构。根据区域内产业发展基础和转型发展的要求，整合创新资源、组织京津冀科技力量联合公关。围绕河北的钢铁、水泥、化工等传统优势产业升级的关键技术、关键设备等瓶颈制约，发挥京津科技资源优势，建立攻关团队。建立环保产业、海洋产业、高端装备制造业、河北特色农副产品加工业等科技创新共同体，支持技术的产业化研究。在河北建设科技创新成果应用和示范推广基地，建设科技成果孵化转化中心、重点产业技术研发基地、科技支撑产业结构调整和转型升级试验区。三是谋划共建区域科技走廊、全面创新改革试验区、科技成果转化示范区、创新小镇、科技卫星城、大师流动工作室等。四是充分发挥中关村国家自主创新示范区和滨海新区产业创新核心区的引领带动作用，支持中关村等高端创新团队和机构，到河北建设创新机构和参与开发区的开发管理。发挥华夏幸福基业等具有创新资源的强势企业的作用，带动京津冀特别是河北创新能力的提升，推动增长新动能的培育。五是支持京津在河北共建未来科技城。建设人才特区、高端产业集聚区，搭建创新型企业、创新型人才、高水平科技创新创业团队、海外高层次人才创新创业的平台。

2.支持河北打造成“政策高地”

在京津冀区域，河北既是经济社会发展的“洼地”，又是政策的“洼地”。京津有着以国家新区为代表的区域发展政策、以自贸区发展为代表的对外开放政策、以民营银行设立为代表的金融改革政策、以中关村国家自主创新示范区为代表的科技创新政策，众多促进区域发展的支持政策是京津独有的，这也是造成京津冀发展差距拉大的一个重要原因。建议把京津冀协同发展的重点放在政策协同上，给予河北更加优惠的改革开放政策。一是支持河北建立正定国家级协同创新新城，助力河北打造发展新动能的战略增长极。二是以雄安新区为重点，支持河北开展金融改革试验，把京津冀作为一个金融单元核算，取消跨区限制。建立统一的金融平台，实现区域间信息共享、存贷统筹、结算划一。共建基金和股权市场，实现金融市场共建、金融资源共享、金融服务共创、金融改革共商。允许河北成立民营银行，为中小微企业和科技型中小企业提供融资服务。支持河北省更多的经济技术开发区、高新区升级为国家级开发区和高新区。三是批准建立自由贸易区，同意将天津自贸区政策延伸至曹妃甸区和渤海新区。四是以京津冀公共服务均等化为突破口，在河北设立社会事业发展先行先试区。五是建议在沧州建立"全国化工产业基地"。沧州现在已经拥有化工类产品总产量超过3000万吨，化工产业集聚的渤海新区已经被批准为国家级经济技术开发区。沧州事实上已成为全国重要的化工基地，不论是化工产业基础还是所具有的沿海港口优势，都为化工产业大发展奠定了基础。建议国家对沧州化工产业发展加大政策支持力度，助力其化工产业的高端、快速发展。

3.完善协同发展重点领域的体制机制

（1）完善生态补偿机制。作为京津天然的生态屏障和水资源地，河北为京津地区的环境建设和水资源保护做出了突出贡献。同时，河北地区也因此而被迫关停了大量制造企业，在减缓了河北经济发展速度的同时也使之失去了很多发展机会。京津作为河北地区环境建设和水资源的受益者，应当对河北给予补偿。因此，有必要制定京津冀统一的生态补偿标准，完善生态补偿机制，按照"谁收益，谁支付"的原则健全京津冀区域横向生态补偿制度，深化京津冀生态环境领域的合作。一是京津冀地区应着手建立生态补偿政策法规和生态补偿协调机构。一方面在区域范围内建立一个重点向饮用水源、水土保持、生态公益林、湿地保护、矿产资源补偿倾斜的生态补偿政策，使得三地生态补偿有章可循。另一方面应着手建立协调三方利益的专门测度生态补偿数额和施行生态补偿具体事宜的专门机构，通过相关专家的评估，合理论证各地在生态建设方面的受益和损失，以使生态补偿数额的确定科学、合理。二是应建立区域生态补偿的横向和纵向转移支付制度。横向转移支付主要针对跨流域、跨地域的环境达标行为，资金的转移方向和具体数额由负责转移事项的专门机构按照"谁受益，谁补偿；谁破坏，谁付费"的原则测度并督导责任地区政府部门及时履行。纵向转移支付主要针对具体产业部门企业的排污行为，由中央规定排污权限，凡是超过权限的部分，由京津冀政府以环境税的形式征收并据实上交中央，由中央以纵向转移支付的形式向京津冀相关地区补偿发放。

（2）建立公共服务成本分担机制。基于河北与京津经济发展水平差距较大、河北省政府财力较弱的现实，京津两地应着手研究建立公共服务分担机制，助力河北省公共服务水平的提升，从而早日实现三地公共服务的均等化。在医疗卫生方面，京津两地应与河北建立定向医疗合作机制，通过政府指定部分医院与河北地区定向医疗机构建立长期合作协议，由京津冀政府财政出资，通过鼓励河北医疗部门更新医疗设备，组织医护人员定期交流培训等方式，促进京津冀医疗服务水平均等化。在科教方面，通过财政出资，鼓励知名院校在河北建立分校或科研附属机构、组织知名学者定期到河北高校开展学术研讨会等方式，促进河北省科研、教育水平的提升。对于公共服务设施成本的分担，京津地区应着眼于协同发展的大局，增强整体意识，与河北省签订京津两地促进河北公共服务水平提升的长期协议，确定成本分摊的范围和比例。

（3）健全产业转型协调机制。由于经济发展水平、政策环境、市场环境、基础设施等方面的差距，京津地区在吸引要素资源方面存在明显的优势，要使要素资源在京津冀三地间合理配置，需要有针对性的政策引导。三地应按照《规划纲要》的要求，进一步明确产业功能定位，合理确定产业发展重点和方向，并在此基础上通过充分协商和加强顶层设计，制定差异化的有利于各地产业错位发展的优惠政策，引导不同产业企业在三地间的合理转移流动。以税收优惠政策为例，针对河北商贸物流基地的功能定位，河北应制定商贸物流企业的税收优惠政策，对京津两地新迁移到河北商贸物流基地的企业，借鉴内蒙古地区鼓励物流业发展的政策经验，2年内免征企业所得税地方分享部分，2年后减半征收3年；对于新办和新建的企业，规定在获得盈利之前的年份免征企业所得税，自获得盈利之后的第一年起，3年内减半征收企业所得税；而京津两地商贸物流企业则照常缴纳企业所得税，以此来引导商贸物流企业向河北地区转移。

（4）优化人才培养和流动机制。按照京津冀协同创新共同体的建设要求，着眼于弥补河北人才“短板”，加快健全京津冀创新人才培养和流动机制，突破京津冀间创新人才的培养、聘用、流动、考核等体制和政策瓶颈，推动京津冀创新人才联合培养、多向流动和异地创新创业。建立京津冀区域人力资源开发孵化基地，联合组建人力资源市场、人才服务中心、人才创新驱动中心（工作站）等。加强京津冀科技人才和科技管理人员的联合培养，推进京津冀重大人才培养计划的对接与合作，着力培养职业化的技术经纪人、专利代理人等科技中介服务人才。建立灵活多样的京津冀创新型人才流动与聘用模式，鼓励三地高等院校和科研院所人才互聘，允许高等院校、科研院所设立一定比例的流动岗位，吸引外地人才兼职；允许教师和科技人员兼职参与科技转移；对跨区域开展教学和研究的人才，工作量计入原单位考核。加强京津冀人事档案管理、社会保障、专业技术人才职称等方面的制度衔接，探索创业创新型人才在京津冀间流动时社保关系转移接续政策，明确社保的接续方式及补贴标准。健全京津冀人才配套服务体系，在住房条件、子女就学、配偶就业、医疗服务等方面，为高层次人才跨省市流动提供便利和服务保障。

4.研究开展海河全流域综合治理

水资源短缺和水污染加剧，是目前京津冀共同面临的严重的生态问题。这个问题虽然已引起国家和三地政府的高度重视，但是目前尚未形成行之有效的协同解决机制，更缺少整体性、系统性、统一性的工程治理措施。雄安新区的建设，将其所依托的白洋淀的水生态治理问题提到了重要地位，也为统筹解决白洋淀及大清河系的水生态问题提供了重要契机。考虑到大清河系与海河其他四条河系之间，是相对独立又紧密关联的生态系统，要解决大清河系水生态问题，必然涉及海河其他河系的治理。为此，建议国家主管部委及京津冀三地政府，站在保障京津冀地区特别是雄安新区生态安全的长远、战略、全局高度，以恢复海河生态系统，重塑母亲河生态功能为主题，以预防重大水患、控制区域水荒、根治城乡污染、改善人居环境为主线，以大清河、永定河和潮白河流域为重点，以完善治理工程体系、提高工程建设标准、恢复河道生态功能、扩大流域生态空间、建立现代调控体系等为关键环节，以雄安新区所在的大清河流域综合治理为突破口，尽快谋划研究和推进海河流域的综合治理，组织实施全流域、系统性、全方位的海河综合治理工程，建立体系更全、标准更高、功能更强的京津冀生态供给和生态安全保障体系，统筹解决京津冀共同面临的生态环境问题，切实保障京津冀生态安全，并在生态安全保障能力建设上为全国树立新样板、提供新经验。

5.建立冀北地区生态与经济双赢示范区

张家口、承德地区是京津冀区域的生态屏障和水源地，区位敏感，生态地位突出，与京津发展落差大，生态性贫困问题突出。鉴于张承地区对京津冀协同发展具有特殊而重要的影响，建议国家对张承地区实施特殊倾斜政策，建立冀北地区生态与经济双赢示范区，创新体制机制，优化政策设计，推动张承地区加快生态化转型，更好地发挥区域生态功能，不断缩小区域发展落差，实现发展与生态“双赢”，为全国探索区域发展和生态治理新路径。

重点开展六个方面的探索实验和试点示范：一是以冬奥会投资审批改革为切入点，加大欠发达地区政府放权和加强监管相结合的改革力度，推动政府职能转变。推动张承地区加快开放，引进国内外投资者。二是开展可再生能源应用综合创新示范。以张家口可再生能源示范区建设为核心，依托张承地区丰富的风、光、热、生物等资源组合条件和可再生能源产业基础，围绕破解可再生能源发展瓶颈，着力推进机制、政策和技术三大创新，加快构建发、储、输、用、装备制造、技术研发、综合服务一体化的可再生能源开发应用体系，探索形成可复制、可推广的可再生能源开发应用模式。三是开展跨区域购买生态空间试点。在划定区域生态红线、耕地红线以及城市开发边界的基础上，探索建立新增建设用地与跨区域购买生态用地挂钩机制，推动扩大建设用地空间的城市地区，在不突破本地生态红线和城市开发边界的基础上，向生态地区购买生态用地指标，通过市场化的方式，既可以使生态地区持续获得生态建设资金和发展利益补偿，也可以促进城市地区土地的集约高效利用，形成有利于整个区域生态建设的长效机制。四是开展流域水权分配和转让试验。探索建立水市场和水权交易机制，合理补偿水源涵养区保护水源的成本和让渡水使用权的损失，既保护水源区政府和群众涵养水源的积极性，又适当提高用水成本，形成水资源高效配置和使用的长效机制。五是开展京津冀共建生态产业园区示范。创新园区共建模式，采取“托管、股份合作、生产基地、飞地”等多种形式，与京津共建共管，且以京津为主的方式，加快建设完善若干特色产业园区，促进与生态环境相协调的特色产业发展，探索形成跨区域产业援助的可行模式。六是开展生态移民和新型城镇化示范。推动区内人口向发展条件较好的重点城镇集聚，建立以城镇为主导的区域人口布局体系，探索生态脆弱地区人口布局的新模式，有效缓解人口布局性生态压力。

6.探索开展京津冀区域生态资源资产核算

在京津冀区域开展水、土地、矿产和森林等生态资源的资产核算的意义是：（1）启动京津冀生态资源资产核算工作，针对生态系统的特征和社会经济发展水平，研究制定适合京津冀地区的生态资产核算体系，有助于对京津冀的生态资源进行科学的认识和评估。（2）编制京津冀的生态产品产出绩效表，对生态系统提供的有形生态产品价值和无形生态服务进行实物量核算，客观反映生态资产保护的产出绩效，评估分析经济发展与生态效益的关系。（3）通过将资源环境核算纳入国民经济核算体系核算生态价值，准确了解资源利用现状，评估发展代价，科学制定资源开发利用政策，建立科学的地方领导考核机制，更加重视解决经济发展中的资源浪费、环境破坏问题，确保生态文明建设的顺利推行。(4）通过核算可以摸清冀北地区生态资源资产的“家底”，并可以估算发展机会成本，测算生态保护恢复的成本，将为市场交易奠定基础，促进京津冀的生态环境支撑区建设。

为此我们建议：(1）开展京津冀生态资源资产核算工作，建立配套制度体系，建设京津冀生态资源资产协调发展的先行示范区。将生态产品生产列入国民经济核算体系。(2）建立京津冀生态补偿专项资金，改变原有生态补偿随意性强、补偿标准不科学的现状，提高生态补偿资金的使用效率。(3）建立政府购买生态产品机制。调整生态生产关系，以生态资源资产为依据，制定与生态产品质量挂钩的补偿方案。(4）实施生态文明绩效考核和责任追究制度，将生态资源资产作为重要内容实施于干部离任审计。(5）建立生态扶贫模式，以生态资源资产保护促进欠发达区域消除贫困，加快缩小与其他地区的发展差距。

作者单位：河北省发展和改革委员会宏观经济研究所；南开大学经济学院

参考文献

[1] 魏丽华.建国以来京津冀协同发展的历史脉络与阶段性特征［J］.深圳大学学报（人文社会科学版），2016（11）

[2] 杨开忠.京津冀协同发展的探索历程与战略选择［J］.北京联合大学学报（人文社会科学版），2015（10）

[3] 蔡如鹏.京津冀规划纠结30年：各地利益博弈无法平衡［J］.中国新闻周刊，2015，(6)

[4] 新华网数据新闻部.协同发展三周年，京津冀交出怎样的“成绩单”.新华网，2017-2-15

[5] 特别关注·京津冀协同发展调研行.新华网，2017-2-20

[6] 冯红英，赵金涛.北京非首都功能疏解与河北产业承接问题研究［J］.区域经济，2016（1）

[7] 阎庆民，张晓朴等，京津冀区域协同发展研究［M］.北京：中国金融出版社，2017：34-37，49-51。

[8] 高智，努力把雄安新区建成开放发展先行区［N］.河北日报.2017-4-28（7）

[9] 方创琳.京津冀城市群一体化发展的战略选择［J］.改革，2017（5）

[10] 张军扩.促进京津冀协同发展，打造世界级城市群［J].改革,2017(5).中国发展观察,2015(9)

[11] 薛晴，陈会谦，彭文民.京津冀协同发展视角下新型城镇化空间布局优化研究［J］.城市管理与科技，2016（12）

[12] 高智，孔慧珍.京津冀协同发展与河北省产业转型升级［J］.河北大学学报（哲学社会科学版），2016（2）

[13] 边继云，薛维君.京津冀协同发展产业突破的“三要点”［N］.光明日报，2016-3-2

[14] 杨洁，辛灵.京津冀产业协同发展策略探究［J］.人民论坛，2016（4）

[15] 金福子，崔松虎.基于京津冀协同发展加速河北省产业转型升级对策［J］.开发研究,2016（2）

[16] 李惠茹，杨丽慧.京津冀生态环境协同保护：进展、效果与对策［J］.河北大学学报（哲学社会科学版），2016（1）

[17] 罗振洲，赵英博.河北省建设京津冀生态环境支撑区研究——基于京津冀协同发展视角［J］.经济论坛，2016（2）

[18] 路森.京津冀生态环境支撑区建设的机制与路径研究［J］.河北企业，2016（7）

[19] 胡俊达.全面推进京津冀协同发展战略　着力打造京津冀生态环境支撑区［J］.河北林业，2016（5）

[20] 李岚、高智等，京津冀北区域经济发展和资源环境保护研究［M］.石家庄：河北人民出版社，2006：84-90，113-116

[21] 马玉芳，沙景华.环京津贫困带问题研究［J］.首都经济贸易大学学报（双月刊）2016（7）

[22] 兰传海.环京津贫困带扶贫开发研究.经济研究参考，2015（2）

[23] 马明，马衍军，关昌余.交通领跑京津冀——京津冀协同发展下的交通一体化［J］.中国公路，2015（9）

［24］鞠明明，黄晓雪，张锁祥.京津冀协同发展下津冀港口群协调机制创新研究［J］.合作经济与科技，2016（1）

［25］冯蕾.京津冀交通一体化如何实现［N］.光明日报，2015-9-10（7）

［26］孙明正，余柳，郭继孚，李先，周凌.京津冀交通一体化发展问题与对策研究［J］.城市交通，2016（5）

［27］孙丽文，李跃.京津冀一体化下协同创新研究［J］.河北工业大学学报（社会科学版），2016（3）

［28］颜廷标.以协同创新推动京津冀协同发展［N］.河北日报，2016-3-16

［29］王岳森.加快构建京津冀协同创新共同体［N］.河北日报，2016-9-2

［30］苏炜，彭晓静，杨珊.河北省推进京津冀协同创新的路径分析［J］.河北金融，2016（10）

［31］陈丽莎，孙伊凡.构建京津冀协同发展中有效衔接的公共服务供求关系［J］.河北大学学报（哲学社会科学版），2016（7）

［32］高树兰.京津冀基本公共服务协同发展与财税政策支持探讨［J］.经济与管理，2016（10）

［33］曾红颖等，基本公共服务均等化标准与阶段性目标研究［M］.北京：中国计划出版社，2013：76-78；136-138

［34］陈志国等，京津冀基本公共服务发展比较研究［M］.北京：人民出版社，2015：10-12、34、51、68、115、167

分报告一

京津冀世界级城市群发展研究

课题负责人：肖金成

课题组成员：申现杰　马燕坤　陈梦筱

城市群是在特定的区域范围内拥有相当数量的不同性质、类型和等级规模的城市，依托一定的自然环境和交通条件，以一个或几个特大城市为核心，城市间的经济联系不断强化，共同构成的相对完整的城市“集合体”。京津冀位于我国北部沿海地区，面向渤海，背靠太岳，携揽“三北”，战略地位十分重要，是我国经济最具活力、开放程度最高、创新能力最强、吸纳人口最多的地区之一，也是拉动我国经济发展的重要引擎。《京津冀协同发展规划纲要》（以下简称《纲要》）提出建设以首都为核心、生态环境良好、经济文化发达、社会和谐稳定的世界级城市群。本报告通过与国内外世界级城市群的比较，发现京津冀城市群的人口规模与经济规模已经达到世界级体量，但在内部联系与城市间功能分工上，与国外的世界级城市群还有一定的差距。从国外世界级城市群的发展来看，尽管在不同的发展阶段有着不同的发展重点，但通过核心城市带动中小城市协同发展，推动交通一体化建设，形成良好的城市间功能分工，通过打造“反磁力中心”来治理“大城市病”，注重市场与政府的双重作用等，可为京津冀城市群的建设和发展提供借鉴。

一、京津冀城市群发展现状

京津冀区域由北京、天津两个直辖市和河北省11个地级市组成（见图1）。

京津冀城市群包括北京市、天津市、石家庄市、唐山市、秦皇岛市、廊坊市、保定市、沧州市、衡水市、邢台市、邯郸市、张家口市和承德市境内的大中小城市和小城镇，共有33个县级及以上城市、103个县城和1331个建制镇（见表1）。无论是区域整体的产出水平，还是城市整体的产出水平，京津冀城市群都明显比全国平均水平高出很多，区域整体的城镇化水平也明显高过全国平均水平。京津冀城市群面积约为21.6万平方公里，约

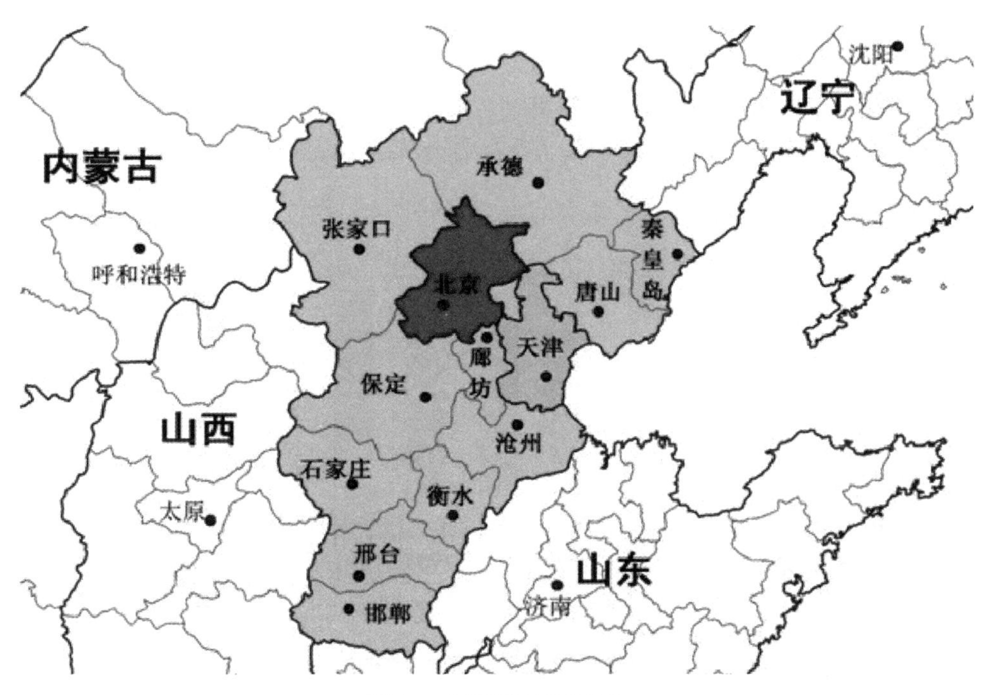

图1 京津冀区域范围

表1　京津冀城市群行政区划概况（2015年）　（单位：个）

地区	地级及以上城市	市辖区	县级城市	县城	建制镇
北京市	1	16	0	0	143
天津市	1	15	0	1	121
河北省	11	42	20	102	1067
京津冀城市群合计	13	73	20	103	1331
全国	338	921	361	1397	20515

数据来源：国家统计局网站。

占全国国土总面积的2.3%；2015年地区生产总值为70294.37亿元，约占国内生产总值的10.3%；2014年地级及以上城市市辖区地区生产总值合计45856.51亿元，约占全国地级及以上城市市辖区地区生产总值的11.6%；2015年区域常住人口11142.4万人，其中城镇人口6987.5万人，城镇化率高达62.7%，高出全国城镇化水平6.6个百分点。

（一）城镇人口显著增多，城镇化水平快速提高

进入21世纪以来，随着城市经济加快发展，京津冀区域人口快速向城市和城镇集中，城镇人口规模快速扩张，城镇化水平明显提高。2005–2015年，京津冀区域城镇人口数量由4651万人增加到6966万人，净增加2315万人，增幅近50%；城镇化率由49.3%提高到62.5%，提高13.2个百分点，与同期全国城镇化进程基本同步（见图2、图3）。

分地区来看，京津冀三省市城镇人口都显著增加，增幅都在50%左右。2005–2015年，北京市城镇人口由1286万人增加到1877万人，净增591万人，增幅约46.0%；天津市城镇人口由783万人增加到1278万人，净增495万人，增幅高达63.2%；河北省城镇人口由2582万人增加到3811万人，净增1229万人，增幅约47.6%。

京津冀三省市的城镇化水平都发生不同幅度的提升，且都超过了50%。2005–2015年，北京市城镇化率由83.6%提高到86.5%，仅提高2.8个百分点；天津市城镇化率由75.1%提高到82.6%，提高7.5个百分点；河北省城镇化率由37.7%提高到51.3%，提高13.6个百分点。

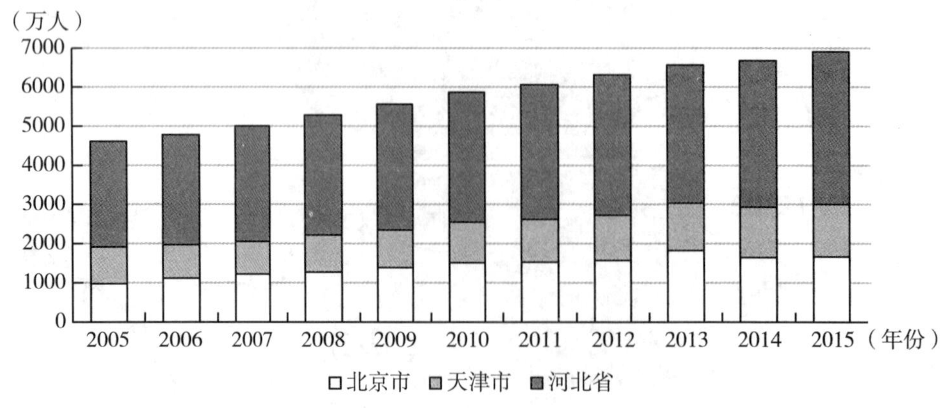

图2　2005–2015年京津冀区域及三省市城镇人口数量变动

数据来源：国家统计局网站。

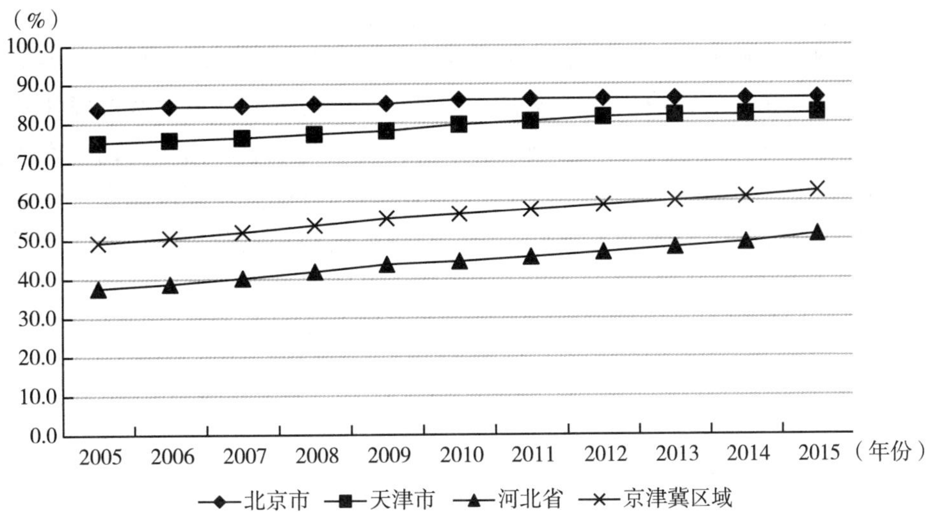

图3　2005-2015年京津冀区域及三省市城镇化水平变动

数据来源：国家统计局网站。

京津冀区域城镇人口集中趋势由北京、天津双中心集中开始向以天津为主的多中心集中转变。2005-2015年，北京市城镇人口占京津冀区域的比重由2005年的27.6%逐步提高到2010年的最高值28.5%，之后转为逐步降低，全期净降低0.7个百分点；天津市城镇人口占比平稳提高，由2005年的16.8%一直提高到2014年的最高值18.5%，而2015年仅比2014年降低了0.2个百分点，全期净提高1.5个百分点；河北省城镇人口占比在2012年之前连年降低，之后连续三年提高，全期净降低0.8个百分点（见图4）。

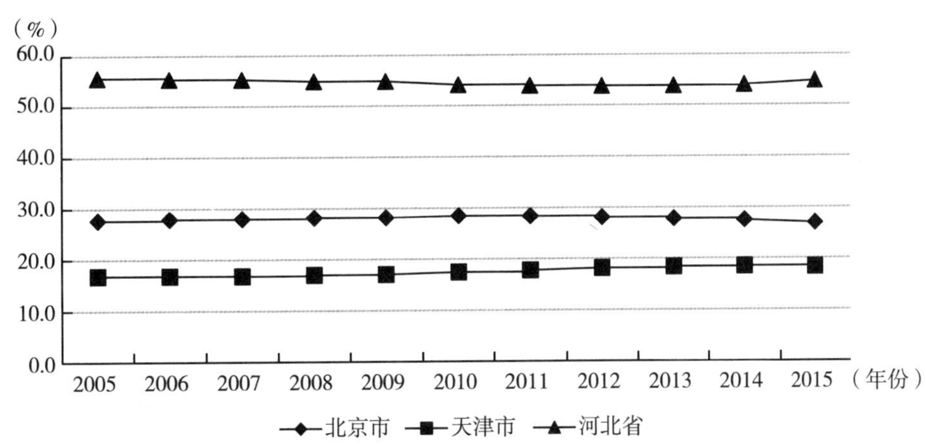

图4　2005-2015年京津冀三省市城镇人口占区域的比重变动

数据来源：国家统计局网站。

（二）城市规模明显扩大，建成区面积迅速扩张

除了少数几个城市外，京津冀城市群县级及以上城市的人口规模都发生了不同幅度的扩大。2006-2015年，京津冀城市群32个县级及以上城市中包括北京、天津在内的20个城市的人口规模扩大幅度都在10%以上，

其中北京、天津、邢台、保定、晋州、遵化、迁安、涿州、黄骅、定州等10个城市都超过了40%，只有衡水、高碑店、泊头、任丘和辛集等5个城市的人口规模发生了轻微的缩小（见表2、表3）。

随着人口规模不断扩大，京津冀城市群各城市的建成区面积也在迅速扩张。2006-2015年，京津冀城市群32个县级及以上城市中包括北京、天津在内的27个城市的建成区面积扩张幅度都在10%以上，其中天津、石家庄、秦皇岛、邢台、保定等13个城市的建成区面积扩张幅度都在50%以上，黄骅的建成区面积扩张幅度高达118.5%，只有霸州的建成区面积没有变动（见表2、表3）。

比较来看，京津冀城市群各城市的人口规模变动与建成区面积变动基本吻合，即城市的人口规模扩大幅度越大，其建成区面积扩张幅度也相对越大。从整体来看，京津冀城市群所有城市的人口规模扩大与建成区面积扩张高度同步。2006-2015年，京津冀城市群所有县级及以上城市的城区常住人口总规模扩大幅度为33.6%，而其建成区总面积扩张幅度则为33.1%，仅相差0.5个百分点（见表2、表3）。

表2　京津冀城市群地级及以上城市的人口规模和建成区面积变动

城市	城区常住人口（万人）		扩大幅度	建成区面积（平方公里）		扩张幅度
	2006年	2015年		2006年	2015年	
北京	1333.00	1877.70	40.9%	1254.23	1401.01	11.7%
天津	567.45	875.24	54.2%	539.98	885.43	64.0%
石家庄	226.05	282.17	24.8%	174.96	278.05	58.9%
唐山	196.58	197.69	0.6%	209.11	249.00	19.1%
秦皇岛	86.36	108.00	25.1%	82.62	131.45	59.1%
邯郸	150.40	158.78	5.6%	101.80	127.03	24.8%
邢台	59.93	94.24	57.3%	50.57	90.12	78.2%
保定	110.40	157.35	42.5%	100.00	185.70	85.7%
张家口	82.62	89.50	8.3%	76.82	86.00	12.0%
承德	42.76	56.92	33.1%	77.27	116.97	51.4%
沧州	50.98	58.00	13.8%	42.00	70.54	68.0%
廊坊	48.80	54.00	10.7%	54.07	66.28	22.6%
衡水	37.00	36.85	-0.4%	43.90	46.40	5.7%
合计	2992.33	4046.44	35.2%	2807.33	3733.98	33.0%

数据来源：《中国城市建设统计年鉴2006》和《中国城市建设统计年鉴2015》。

表3　京津冀城市群县级城市的人口规模和建成区面积变动

县级市	城区常住人口（万人）		扩大幅度	建成区面积（平方公里）		扩张幅度
	2006年	2015年		2006年	2015年	
晋州	9.00	13.36	48.4%	13.00	14.83	14.1%
新乐	8.30	9.13	10.0%	13.00	13.87	6.7%
遵化	15.61	24.27	55.5%	17.20	25.80	50.0%
迁安	18.30	26.00	42.1%	23.78	42.00	76.6%
武安	19.80	24.67	24.6%	21.20	33.42	57.6%
南宫	10.95	14.60	33.3%	10.30	15.73	52.7%
沙河	9.08	9.59	5.6%	13.49	16.85	24.9%
涿州	22.80	34.72	52.3%	24.79	32.03	29.2%
安国	9.50	10.35	8.9%	12.60	13.12	4.1%
高碑店	14.88	14.16	-4.8%	16.65	20.58	23.6%
泊头	17.60	16.90	-4.0%	19.71	19.80	0.5%
任丘	39.70	38.34	-3.4%	40.15	47.15	17.4%
黄骅	13.55	19.80	46.1%	16.02	35.00	118.5%
河间	14.70	17.48	18.9%	15.06	20.90	38.8%
霸州	15.00	15.90	6.0%	17.60	17.60	0
三河	19.56	21.50	9.9%	17.50	19.31	10.3%
冀州	14.33	15.89	10.9%	15.10	18.40	21.9%
深州	16.78	18.00	7.3%	16.44	19.80	20.4%
辛集	24.17	17.80	-26.4%	22.87	29.19	27.6%
定州	21.60	37.19	72.2%	25.21	41.50	64.6%
合计	335.21	399.65	19.2%	371.67	496.88	33.7%

数据来源：《中国城市建设统计年鉴2006》，《中国城市建设统计年鉴2015》。

（三）大中型城市数量增加，金字塔结构有所优化

城市群具有完善的城市规模等级体系，由少数超大、特大或大城市作为核心城市与多数中小城市及小城镇相互串联而成的城市群体，层次分明，各规模等级城市间保持金字塔结构比例关系，中间不发生断层，上下不缺层，高等级城市的功能作用通过城市网络依次有序地逐级扩散到整个城市体系，从而产生较高的城市群整体功能效应。

随着区域经济社会发展，京津冀城市群城镇规模结构不断优化，城镇体系趋于合理，金字塔结构得到明显优化。从城镇规模等级结构来看，2006-2015年京津冀城市群超大城市和特大城市的数量没有变化，大城市和中等城市的数量都由4个增加到5个，其中，

秦皇岛由中等城市发展成为大城市，承德和廊坊由小城市发展成为中等城市（见表4）。2015年，京津冀城市群城镇体系由超大城市1个，即北京；特大城市1个，即天津；大城市5个，即石家庄、唐山、保定、邯郸和秦皇岛；中等城市5个，即廊坊、沧州、邢台、张家口和承德；以及数以千计的小城市组成（见图5、图6）。

表4　京津冀城市群城市规模等级结构变动

城市规模等级划分标准①	2006年	2015年
超大城市（城区常住人口超过1000万人）	北京	北京
特大城市（城区常住人口500万–1000万人）	天津	天津
大城市（城区常住人口100万–500万人）	石家庄、唐山、邯郸、保定	石家庄、唐山、邯郸、保定、秦皇岛
中等城市（城区常住人口50万–100万人）	秦皇岛、张家口、邢台、沧州	邢台、张家口、沧州、承德、廊坊
小城市（城区常住人口50万人以下）	廊坊、承德、衡水、任丘、辛集、涿州、定州、武安、三河、迁安、泊头、深州、遵化、霸州、高碑店、河间、冀州、黄骅、南宫、安国、沙河、晋州、新乐和县城及其他建制镇	衡水、任丘、辛集、涿州、定州、武安、三河、迁安、泊头、深州、遵化、霸州、高碑店、河间、冀州、黄骅、南宫、安国、沙河、晋州、新乐和县城及其他建制镇

数据来源：《中国城市建设统计年鉴2006》和《中国城市建设统计年鉴2015》。

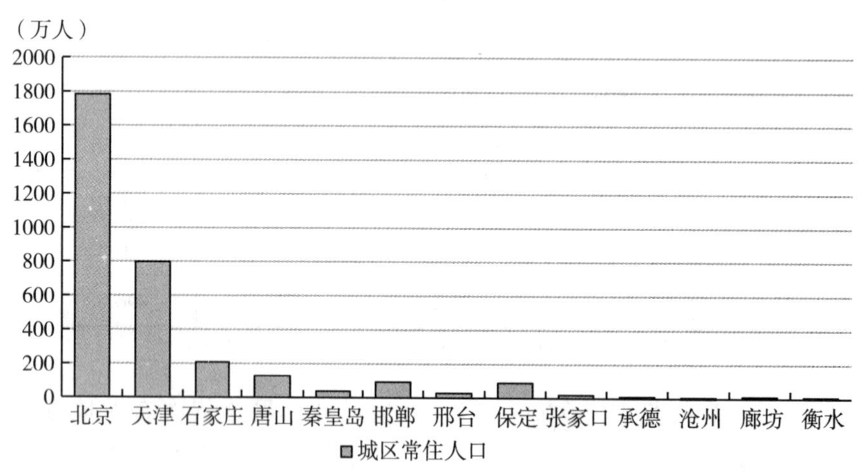

图5　2015年京津冀13个地级及以上城市的人口规模

数据来源：《中国城市建设统计年鉴2015》。

① 2014年国务院《关于调整城市规模划分标准的通知》把城市规模划分标准调整为：以城区常住人口为统计口径，将城市划分为五类：城区常住人口50万人以下的城市为小城市，城区常住人口50万人以上100万人以下的城市为中等城市，城区常住人口100万人以上500万人以下的城市为大城市，城区常住人口500万人以上1000万人以下的城市为特大城市，城区常住人口1000万人以上的城市为超大城市。其中，城区是指在市辖区和不设区的市，区、市政府驻地的实际建设连接到的居民委员会所辖区域和其他区域；常住人口包括：居住在本乡镇街道，且户口在本乡镇街道或户口待定的人；居住在本乡镇街道，且离开户口登记地所在的乡镇街道半年以上的人；户口在本乡镇街道，且外出不满半年或在境外工作学习的人。

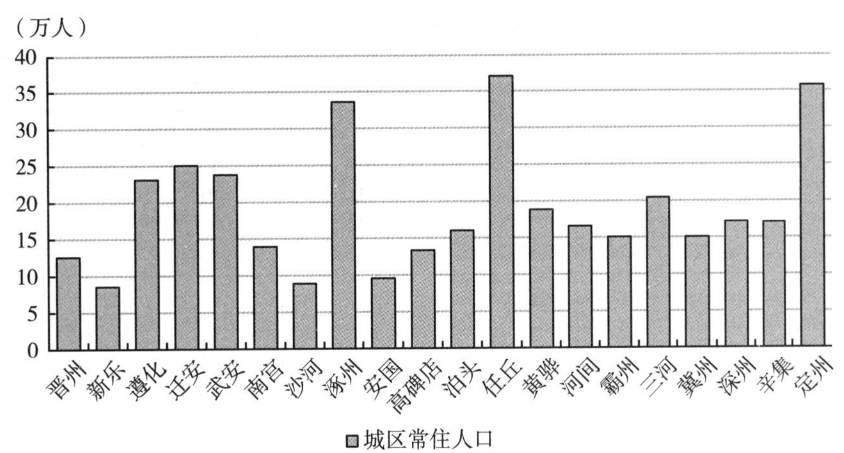

图6　2015年京津冀城市群20个县级城市的人口规模

数据来源：《中国城市建设统计年鉴2015》。

（四）交通设施大幅改善，城市间联系愈加便利

“十二五”时期以来，京津冀城市群重大交通基础设施加快建设，交通基础设施条件大幅改善，逐步形成了以渤海西岸港口为龙头、铁路为骨干、公路为基础、航空运输相配合、管道输送相辅助的综合交通运输网络体系。截至2015年底，京津冀区域铁路营运里程达到0.93万公里，基本形成了“十放射、一纵、五横”的铁路干线网格局；公路通车总里程达到22.31万公里，其中高速公路达到0.84万公里，基本构成了“九放射、四纵、八横、一滨海”的公路干道网格局（见表5）；海港集中于天津、唐山、秦皇岛和沧州4个城市，其中，天津港是中国北方最大的综合性港口，拥有各类泊位总数173个，万吨级以上泊位达到119个；空港以北京首都国际机场为主，包括天津滨海机场、石家庄正定机场、北京南苑机场、秦皇岛山海关机场、唐山三女河机场、邯郸机场等，北京新机场正在加快建设，计划2019年能够建成并投入使用。

京津冀城市群城市间的高铁及动车互开班次大幅增加，交通便利化程度大幅提高，显著强化了城市间的经济联系。该区域城市间的高铁及动车线路主要集中在东部沿海和南部平原地区，除京九铁路沿线的衡水外，京沪铁路和京广铁路沿线的地级及以上城市均已实现高铁及动车通车，北部山区的张家口、承德两市目前均未实现高铁及动车通车（见表6）。从空间分布来看，动车班次主要集中在北京与周边城市之间，如北京与石家庄、天津、秦皇岛、沧州和唐山之间的高铁及动车班次较多；随着京石客运专线的竣工，与邢台、邯郸两城市间的班次有了大幅增加，从而加强了北京与冀南城市之间的联系。

表5　京津冀城市群铁路和公路里程（截至2015年底）　（单位：万公里）

地区	铁路里程	公路里程	其中：高速公路
北京市	0.13	2.19	0.10
天津市	0.10	1.66	0.11
河北省	0.70	18.46	0.63
京津冀区域	0.93	22.31	0.84

数据来源：国家统计局网站。

表6　　京津冀城市群高铁及动车班次一览表　　（单位：班次）

城市	北京	天津	石家庄	唐山	秦皇岛	邯郸	邢台	保定	沧州	廊坊	张家口	承德	衡水
北京	—	145	99	27	24	44	34	56	39	26	0	0	0
天津	155	—	26	37	40	15	10	21	26	11	0	0	0
石家庄	92	26	—	15	15	66	49	70	1	0	0	0	0
唐山	19	37	16	—	44	9	8	14	9	1	0	0	0
秦皇岛	22	39	16	38	—	9	8	14	10	1	0	0	0
邯郸	29	12	48	7	7	—	11	27	0	0	0	0	0
邢台	24	10	37	5	5	36	—	23	0	0	0	0	0
保定	47	24	76	15	15	41	32	—	1	0	0	0	0
沧州	35	26	1	3	7	0	0	0	—	8	0	0	0
廊坊	22	11	0	4	3	0	0	0	12	—	0	0	0
张家口	0	0	0	0	0	0	0	0	0	0	—	0	0
承德	0	0	0	0	0	0	0	0	0	0	0	—	0
衡水	0	0	0	0	0	0	0	0	0	0	0	0	—

数据来源：中国铁路客户服务中心：www.12306.com，截至2017年4月。

二、京津冀城市群的突出问题

京津冀城市群存在较为严重的问题，主要表现在北京“大城市病”较为严重、城镇体系不完善、区域发展差距较大等方面。

（一）城镇体系不合理，北京“大城市病”较为严重

区域城镇体系不合理。京津两极过于“肥胖”，周边河北省城市过于“瘦弱”、大中城市偏少，城市规模结构“断档”问题突出。从首位度、4城市指数和11城市指数综合来看，京津冀城市群的城市规模等级分布属于首位分布（见表7），说明京津冀城市群城市规模等级结构不合理，存在首位城市严重畸大的问题。

上述结论也可以从京津冀城市群各规模等级城市的人口规模得出。2015年，京津冀城市群处于第一规模等级的超大城市只有北京1个城市，处于第二规模等级的特大城市只有天津1个城市，处于第三规模等级的大城市只有石家庄、唐山、邯郸、保定和秦皇岛5个城市，处于第四规模等级的中等城市只有邢台、张家口、沧州、承德和廊坊5个城市，处于第五规模等级的小城市则多达1303个（见表8）。从城镇人口在各规模等级城市的分布来看，第五规模等级的人口总规模占比最高，为44.0%，第一规模等级次之，为27.0%，第二、三和四规模等级的人口总规模占比分别为

12.6%、11.4%和5.1%，说明京津冀城市群的城市规模等级呈“哑铃”型结构，存在超大城市过大，小城市数量过多，特大城市、大城市和中等城市数量过少、发展不足的问题。

表7　　京津冀城市群首位城市集中指标①（2015年）

首位度	4城市指数	11城市指数
2.15	1.39	0.9

数据来源：《中国城市建设统计年鉴2015》。

表8　　京津冀城市群城市规模等级结构现状（2015年）

城市规模等级	数量	城市	人口总规模（万人）	人口总规模占比（%）
超大城市（人口规模1000万人以上）	1	北京	1877.70	27.0%
特大城市（人口规模500万-1000万人）	1	天津	875.24	12.6%
大城市（人口规模100万-500万人）	5	石家庄、唐山、邯郸、保定、秦皇岛	903.99	11.4%
中等城市（人口规模50万-100万人）	5	邢台、张家口、沧州、承德、廊坊	352.66	5.1%
小城市（人口规模50万人以下）	1303	任丘、衡水、定州、涿州、武安等	2956.41	44.0%

数据来源：《中国城市建设统计年鉴2015》。

“哑铃”型的城市规模等级结构使得超大城市北京和特大城市天津与下级城市的经济技术差距过大，难以把经济增长的能量通过城市规模等级体系由上向下传递到大中小城市，不仅限制了它们辐射带动大中小城市加快发展的功能发挥，也造成经济要素进一步向它们自身的过度集聚，不利于京津冀协同发展，造成“大城市病”发生和贫富差距拉大等问题。因此，京津冀城市群城市规模等级结构亟待通过规划、政策等手段加以优化调整。

北京的“大城市病”较为突出。随着人口向北京不断集聚，北京的交通负担逐渐加

① 首位度是指首位城市的人口规模与处于第二位城市的人口规模的比值；4城市指数是指第一大城市人口规模与处于第二、三、四位城市人口规模之和的比值；11城市指数是指第一大城市人口规模的两倍与处于第二、三、四等后十位城市人口规模之和的比值。按照城市位序—规模律的原理，在城市人口分布比较理想的状况下，区域城市规模等级体系的城市首位度值为2，4城市指数和11城市指数的值为1。首位度越是大于2，4城市指数和11城市指数越是大于1，则城市规模等级分布越是属于首位分布，反之，则属于序列大小分布。城市人口规模为城区常住人口规模，等于城区人口与城区暂住人口之和。2014年国务院《关于调整城市规模划分标准的通知》把城市规模划分标准调整为：以城区常住人口为统计口径，将城市划分为5类：城区常住人口50万人以下的城市为小城市，城区常住人口50万人以上100万人以下的城市为中等城市，城区常住人口100万人以上500万人以下的城市为大城市，城区常住人口500万人以上1000万人以下的城市为特大城市，城区常住人口1000万人以上的城市为超大城市。其中，城区是指在市辖区和不设区的市，区、市政府驻地的实际建设连接到的居民委员会所辖区域和其他区域；常住人口包括：居住在本乡镇街道，且户口在本乡镇街道或户口待定的人；居住在本乡镇街道，且离开户口登记地所在的乡镇街道半年以上的人；户口在本乡镇街道，且外出不满半年或在境外工作学习的人。

大，房价日益高涨（见图7），环境污染日趋严峻，城市承载能力受到严峻挑战，环境治理和城市运行的成本越来越大。根据高德地图《2015年度中国主要城市交通分析报告》，2015年北京是全国拥堵时间成本最高的城市，高峰拥堵延时指数2.06，平均车速22.61公里/小时，即北京驾车出行的上班族通勤要花费畅通下2倍的时间才能到达目的地，被中国老百姓称为“首堵”。此外，北京的“雾霾”也成为中国老百姓日常的谈资。

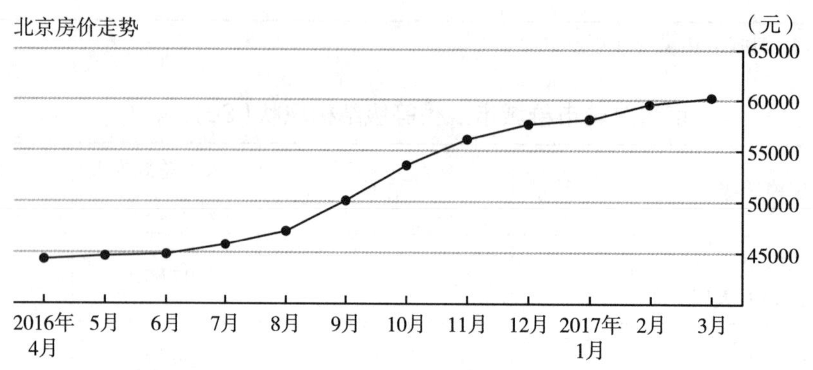

图7　2016年4月至2017年3月北京市房价走势图

（二）河北地市与京津的经济发展差距较大

无论从经济规模还是人均水平来看，京津冀内部的发展差距都比较大。从经济规模来看，北京和天津的经济体量分别是河北省会城市石家庄的近4倍和近3倍（见图8）。从人均水平来看，除唐山市达到7.8万元外，河北省其他各地市的人均地区生产总值都不到5.5万元，而天津和北京都超过了10万元（见图9）。从城镇居民人均可支配收入来看，北京超过5.5万元，而天津市和河北省各地市都不足3.5万元（见图10）。经济体量与人均水平两个方面的巨大差距，造成越来越多的人口向市场规模大、人均收入高的北京集聚，这是京津冀城镇体系不合理的内在原因。

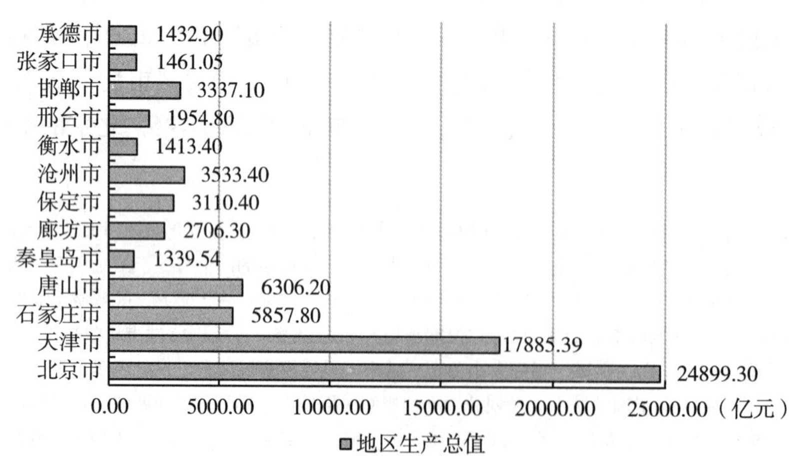

图8　2016年京津冀城市群13市地区生产总值

数据来源：各市2016年国民经济和社会发展统计公报。

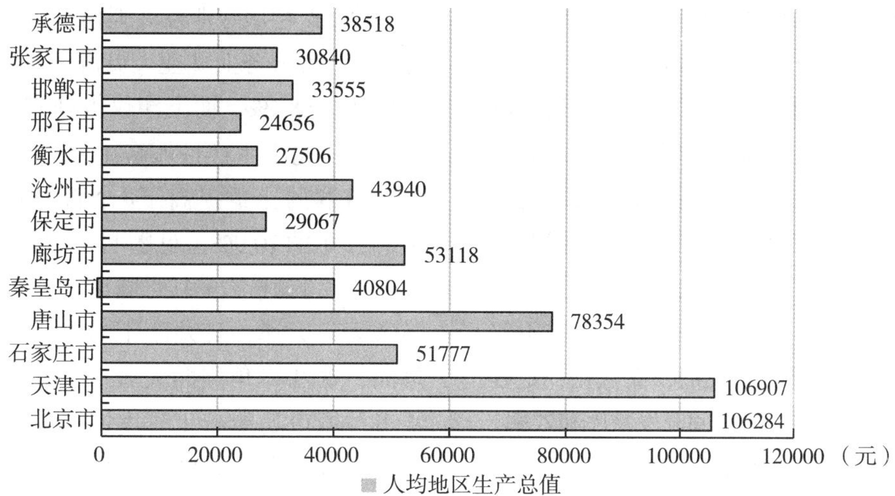

图9 2015年京津冀城市群13市人均地区生产总值

数据来源：各市2015年国民经济和社会发展统计公报。

注：由于一些城市统计公报并未公布人均地区生产总值，邯郸、邢台、衡水、廊坊、沧州、承德、石家庄、邢台人均地区生产总值根据2015年地区生产总值总量除以2014年年末常住人口得出，结果可能略有差异，其他城市数据来自统计公报。

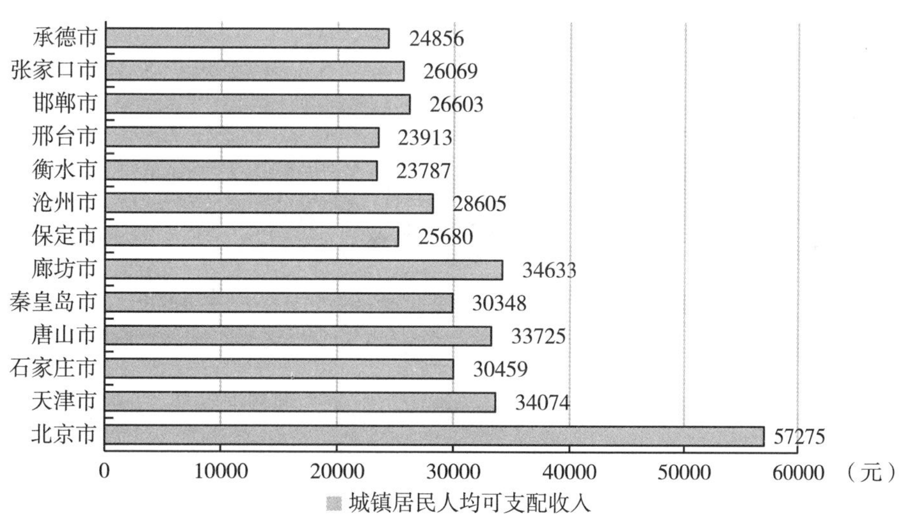

图10 京津冀13市2016年城镇居民人均可支配收入

数据来源：各市2016年国民经济和社会发展统计公报。

（三）河北省城市与京津的公共服务水平差距较大

北京拥有全国最好的教育医疗资源，直辖市天津的教育医疗水平也较高，两市都拥有数量可观的全国知名高校和医院。从最低失业保险金来看，河北省2017年的最低标准为940元/月，而天津市2016年的最低标准为1050元/月，北京市2015年最低标准为1122元/月。从最低月工资标准来看，2016年北京市和天津市分别为1890元和1950元，而河北省仅为1650元。从城市居民最低生活标准来看，2015年北京市和天津市分别为710元和705元，而石家庄市仅为500元。

（四）城市功能分工不合理

北京市已经进入以服务经济为主的后工业

化阶段，但河北省和天津市还分别处于工业化中后期阶段和正在由工业化后期阶段向后工业化阶段转变，主导产业以重化工业为主。长期以来，北京市和天津市在城市功能定位和产业发展方向、区域资源开发及利用、基础设施建设等方面缺乏明确分工和协调；天津市与河北省城市在港口、钢铁、能源、化工等行业存在竞争。京津冀内部的城市功能分工不合理，不仅制约着各城市的经济社会发展，而且在一定程度上影响了城市群整体的空间开发秩序和效率。

生产性服务业呈现显著的单核心集聚特征。京津冀城市群的生产性服务业高度集聚于核心城市北京，而作为京津冀“双城”之一，天津的生产性服务业发展则相对滞后。2014年，北京生产性服务业从业人员占京津冀城市群的比重高达68.1%，而天津仅占到10.3%。2003–2014年，北京生产性服务业从业人员占京津冀城市群的比重提高了4个百分点，最高达到2011年的70.9%（见图11）。根据测算，北京在京津冀城市群中的城市功能专业化强度要远大于天津，且差距不断拉大。与长江三角洲、珠江三角洲两大城市群相比，京津冀城市群城市功能分工程度明显偏低。根据测算，2014年京津冀城市群城市功能分工强度为3.16，分别是长江三角洲城市群的65.3%和珠江三角洲城市群的74.2%（见图12）。

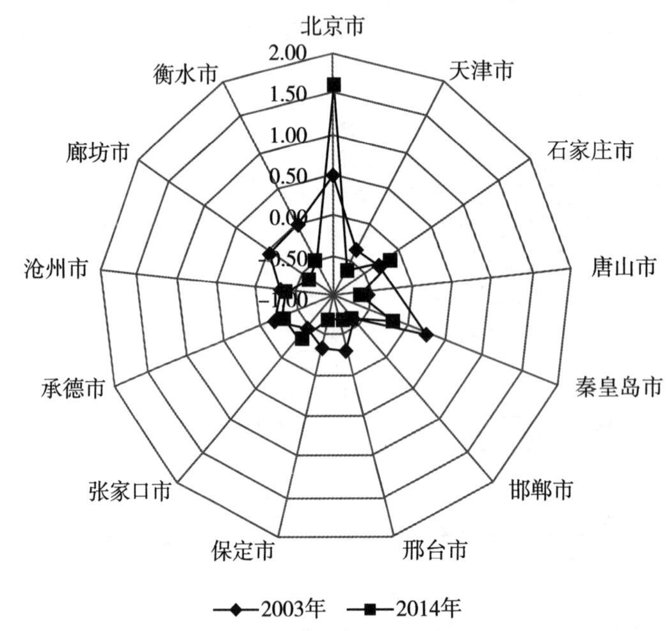

图11　京津冀城市群各地市的城市功能专业化强度变动

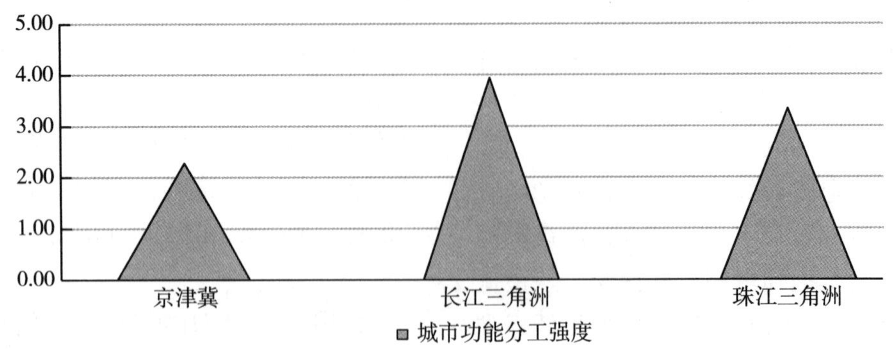

图12　2014年京津冀、长三角和珠三角三大城市群的城市功能分工强度对比

工业双核心集聚的特征非常显著。尽管北京和天津都是京津冀城市群的核心城市，但是两市工业从业人员数远多于河北的任何一个城市。2014年，北京和天津的工业从业人员分别为159.94万人和165.83万人，分别占到京津冀城市群工业从业人员总数的26.3%和27.2%，分别是工业从业人员数最多的河北省城市保定的2.86倍和2.97倍。作为核心城市之一，天津在京津冀城市群中的制造外向功能始终居于高位。根据测算，2014年天津市的制造业流强度高达2870.82亿元，占到整个城市群的77.7%，是2003年的7.42倍（见图13），说明京津冀城市群的制造业在向天津快速集聚。在河北省城市中，除唐山、廊坊、石家庄三市具有少量的制造外向功能外，其他城市几乎不具有制造外向功能，说明河北省各市经济发展普遍较为滞后。此外，河北财税主要来源于占比较高的传统行业，河北产业结构调整是一个长期过程。

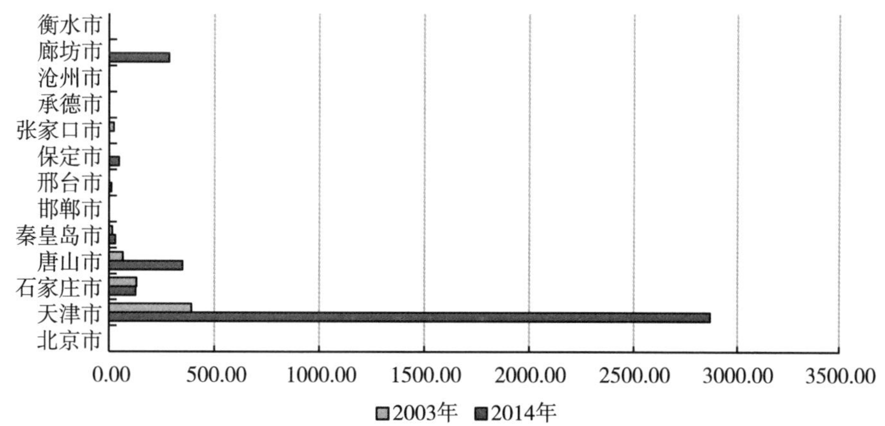

图13 京津冀城市群各地市的制造业流强度

（五）城市间经济联系较为松散

区域整体发展理念比较淡薄，低水平重复建设、无序竞争现象依然存在。区域性基础设施共建共享程度低，各种交通运输方式之间缺乏有机衔接，相对落后地区的基础设施发展缓慢，城市间经济联系较为松散。根据牛顿引力模型原理，使用城市间的通勤时间进行测算，京津冀城市群一级城市（北京与天津）间的经济联系度①最高；二级城市（石家庄、唐山、保定与邯郸）与一级城市的经济联系度仅为一级城市间经济联系度的1/20–1/10；三级城市（除一、二级外的城市）与一级城市的经济联系度仅为一级城市间经济联系度的几十分之一，甚至1/100、1/1000；二级和三级城市之间的经济联系度就更低了（见表9）。由此可知，京津冀城市群内部各市间（尤其是二级、三级城市间）的经济联系较弱，河北省城市间的经济联系更为松散。

从交通基础设施来看，河北省铁路总里程7200公里，密度达到3.8公里/百平方公里，约为北京的1/2、天津的1/4。河北省公路总里程18.5万公里，密度达到98公里/百平方公里，比北京低35公里/百平方公里，比天津低41公里/百平方公里，其中，高速公路密度达到3.4公里/百平方公里，仅为北京的1/2、天

① 根据牛顿力学引力模型原理，确定区域内城市空间经济联系强度R_{ij}为两城市经济联系强度；其中P_i、P_j为两城市人口规模；G_i、G_j为两城市经济规模；D_{ij}为两城市距离。由于本书主要是考察城市群一体化发展问题，所以主要采取时间距离代替空间距离。$R_{ij}=(\sqrt{P_iG_i}\times\sqrt{P_jG_j})/D_{ij}^2$

津的1/3；二级及以上公路比例为17%，比北京低9个百分点，比天津低17个百分点；港口集装箱吞吐量253万标箱，仅为天津的1/6；民航旅客吞吐量685万人次，仅为北京的7%、天津的47%。河北铁路建设仍然滞后，鲜见快速铁路、城际铁路、市郊铁路和城市地铁；公路通道不畅，疏解通道存在问题，首都地区环线高速公路尚未建成，津石间缺少直连的交通大通道。

表9　京津冀城市群城市间经济联系度

城市	北京	天津	石家庄	唐山	秦皇岛	邯郸	邢台	保定	张家口	承德	沧州	廊坊	衡水
北京	*												
天津	15365	*											
石家庄	1211.9	811.5	*										
唐山	1285.6	860.9	263.7	*									
秦皇岛	115.2	77.1	23.6	22.9	*								
邯郸	142.3	95.3	29.2	28.3	1.7	*							
邢台	65.9	44.1	13.5	13.1	0.8	224.9	*						
保定	757.1	507.0	155.3	150.3	3.4	15.5	8.8	*					
张家口	32.9	22.0	6.7	6.5	0.3	0.3	0.2	0.6	*				
承德	8.8	5.9	1.8	1.7	0.6	0.1	0.1	0.1	0.3	*			
沧州	369.8	247.6	75.9	73.4	3.9	1.6	0.8	2.7	0.4	0.1	*		
廊坊	3028.9	2028.3	621.2	601.3	5.6	0.5	0.3	2.6	0.7	0.8	35.9	*	
衡水	37.3	25.0	7.7	7.4	0.2	1.0	0.4	2.1	0.2	0.1	1.0	0.3	*

三、世界级城市群发展的经验

由于时代背景和发展阶段不同，世界各国城市群发展采取的策略也不尽相同。在形成初期，城市群的发展重点主要是解决核心城市的过度集聚带来的城市效率下降问题。如英国伦敦和日本东京周边的新城建设，就是分别为了解决伦敦和东京的过度拥挤问题。在发展中期，城市群要依靠核心城市带动周边地区发展。如日本的新干线建设，就是将偏远地区纳入东京的辐射圈，加强东京与周边地区及偏远地区的空间联系，推动人口、产业向周边地区转移。在高级阶段，尤其是在全球化背景之下，城市群主要解决的问题是多个城市的分工与专业化问题，以便提升整个城市群在全球的竞争力，使之成为国家参与全球竞争的重要载体。如美国2050规划，欧洲空间展望及巨型城市区域规划等，都是为了提升核心城市和整个腹地在竞争全球流动资源要素中的优势。

（一）核心城市带动中小城市共同发展

纵观全球各大城市群的发展历程，均呈现出了大城市带动中小城市共同发展、互为支撑的局面，大城市将老的和衰退的产业扩散到中小城市，中小城市借助于大城市的市场、技术等方面的空间溢出效应，在促进自身发展的同时，也为大城市高端产业提供了市场。在美国东北部城市群的形成发展过程中，纽约市凭借着强大的经济总量和服务能力，以现代化的交通网络、互联网等载体向周边城市输出资本、信息、技术劳动力和游客等，带动了周边中小城市的发展。日本东京通过产业转移与周边中小城市形成了“总部—制造基地”的区域合作链条，并通过这一链条带动周边中小城市产业发展①。中国以上海为核心的长三角城市群在改革开放初期，上海大量的技术人员自发地以星期天工程师的形式为江浙乡镇企业提供技术和管理方面的支撑。20世纪90年代随着浦东的开发开放，上海本地的轻纺工业、普通机械制造业等劳动密集型产业开始向周边地区大规模转移。到20世纪90年代中后期，跨国公司和本地企业开始根据价值链上下游环节对市场条件的不同要求，将生产和服务分别布局于上海及其周边地区，形成了上海服务与周边城市制造的总体分工格局。21世纪以来，上海与周边地区的企业开始自发推动总部向上海、制造向周边的双向迁移，上海同周边地区的产业分工关系由垂直分工逐步转变为既有垂直分工，也有水平分工的竞争合作关系。

（二）交通一体化成为城市群共同发展的基础

城市群内发达、完善的交通网络是推动城市群一体化的重要基础。19世纪中后期以来，在电车和火车组成的快速、大容量交通系统下，城市之间的经济社会联系开始大幅度增强，由此也推动了城市空间由紧凑式的空间布局转向放射状发展，进而为城市群的经济活动奠定了基础。从美国东北部城市群的交通发展来看：1835年，华盛顿和巴尔的摩之间修通了铁路，3年后铁路就延伸到了纽约。1846–1847年，纽约与奥尔巴尼、波士顿和布法罗被沿着伊利湖向前延伸的铁路干线连接了起来，1846年又与克利夫兰、底特律和芝加哥连接在一起。铁路与运河的建设使得东北部城市群整体框架最终形成。当前以高速公路和铁路干线为主的区域交通系统将波士顿—纽约—费城—巴尔的摩—华盛顿五大城市及沿线城市连接起来，成为美国客运量最大、发车频率最高的交通走廊（见表10、表11）。

借助于交通一体化的推进，城市群内不同地区间的经济社会联系得以大幅度增加，并形成一个紧密的整体。从英格兰东南部城市群来看，依托以伦敦为核心的铁路网络，伦敦与英格兰东南部其他地区互动非常密切②。从到伦敦的人数来看，英格兰东南部和东部到伦敦的人口通勤量最大，分别为50.7%和40.4%，东南部地区占比为91.1%，在伦敦就业份额占比上，东南部地区占比为22.4%，在劳动者份额上为17.8%（见表12、表13）。依据《大伦敦规划（2011–2030）》，为深化与周边区域的关系，伦敦将与英格兰东南部地区在交通、物流、其他基础设施（如开放性空间、教育、医疗及其他服务）上对接，通过一体化的区域政策实现伦敦与周边地区的可持续发展。

① 姚士谋等：《中国城市群新论》，社会科学出版社2016年版，第127–138页。

② 于力（2013）将伦敦与英格兰东南部区域的主要关系总结为以下几个方面：一是进入伦敦国际服务经济的通道——伦敦是英格兰东南部区域的服务和产品的主要市场；二是伦敦所需要的各种服务经济为英格兰东南部区域的公司提供了发展机遇，而伦敦各种娱乐设施为东南部地区居民提供了服务的条件；三是在通勤上，伦敦20%的就业人员生活、居住在东南部地区；四是互补性的商务网络与领域。笔者认为，上述四项关系的拓展都需要以便捷的交通一体化为基础。

表10　　美铁公司在主要城市之间的乘客量　　（单位：人）

车站组合	美铁公司乘客量	车站组合	美铁公司乘客量
纽约-费城	1642587	华盛顿-大都市区公园	144315
纽约-华盛顿	1293296	华盛顿-威尔明顿	142400
费城-华盛顿	667515	费城-巴尔的摩	137853
纽约-奥尔巴尼	511761	华盛顿-特伦顿	102746
纽约-波士顿	469023	费城-哈斯里堡	97201
纽约-巴尔的摩	355289	纽约-纽黑文	82738
纽约-威尔明顿	332640	费城-波士顿	75340
费城-纽瓦克	165697	华盛顿-波士顿	71794
纽约-普罗维斯登	163534	大都市区公园-费城	67902
华盛顿-纽瓦克	149475	纽约-哈特福德	62264

数据来源：周江平等（2013），转自Reinventing Megalopolis：The Northeast Megaregion（2005）。

表11　　美国东北部铁路与拟建高铁效率

地区	距离（英里）	累计时间（分）	高铁时间（分）	时节节约（分）
波士顿-华盛顿	457	387	196	191
波士顿-纽黑文	156	120	67	53
纽黑文-纽约	75	85	32	53
纽约-费城	91	72	39	53
费城-巴尔的摩	94	60	40	20
巴尔的摩-华盛顿	41	42	18	24

数据来源：Amtrak时刻表，转引自我国大城市连绵区的规划与建设问题研究项目组（2014，03）。

表12　　英格兰八大区域流入伦敦的人口（2013年10-12月）　　（单位：%）

居住区域	流入伦敦占比	在本地的就业份额	在伦敦的就业份额
东南部（不含伦敦）	50.7	10.3	9.9
东部	40.4	12.1	7.9
西南部	2.5	0.9	0.5
中东部	2.1	0.8	0.4
中西部	1.2	0.4	0.2
苏格兰	1.1	0.4	0.2
西北部	0.9	0.2	0.2
约克郡和亨伯德赛	0.7	0.3	0.1
东北部	0.2	0.2	0.0

续表

居住区域	流入伦敦占比	在本地的就业份额	在伦敦的就业份额
威尔士	0.1	0.1	0.0
北爱尔兰	0.1	0.1	0.0
总通勤数量	100	3.4	19.4

数据来源：伦敦政府网站。

表 13　　伦敦流向英格兰八大区域的人口（2013 年 10-12 月）　　（单位：%）

居住区域	流出伦敦占比	在本地的就业份额	在伦敦的就业份额
东南部（不含伦敦）	53.0	4.2	4.0
东部	30.2	2.4	3.5
西南部	4.3	0.3	0.5
中东部	3.5	0.1	0.3
中西部	2.1	0.1	0.2
苏格兰	1.9	0.3	0.2
西北部	1.7	0.2	0.2
约克郡和亨伯德赛	1.5	0.1	0.2
东北部	1.3	0.1	0.2
威尔士	0.7	0.1	0.3
北爱尔兰	0.0	0.0	0.0
总通勤数量	100	7.8	1.2

数据来源：伦敦政府网站。

（三）城市间形成了较好的分工

在美国东北部城市群的发展初中期，波士顿受到纽约的挑战，在区位上远离西部和南部腹地、商业优势不复存在的背景下，转而发展工业经济，在城市周边建设了洛厄尔纺织城等一系列工业城镇，与纽约形成错位发展的格局。2008年，纽约-纽瓦克-泽西都市圈的制造业占比为5.61%，而其周边的阿伦敦-伯利恒-伊斯顿都市圈、布里奇波特-斯坦福德都市圈、东斯特劳斯堡都市圈、纽黑文-米尔福德都市圈制造业占比则分别为15.28%，14.5%、21.92%和15.56%，呈现一种核心服务、外围制造的分工格局[①]。即便是进入后工业化时代，在主要城市均以服务业为主导的产业格局下，城市群内部的产业分工也较为明确。

Kathy Pain（2008，2014）在《印证全球

① 从内部分工来看，我国珠三角城市群也呈现上述格局，广州是华南地区最大的商贸、金融以及珠三角地区的信息、交通总枢纽。深圳因为与香港比邻，承担着承接香港服务业基地的作用和全球高新技术制造业中心的职能，同时因为证券交易所的存在，为珠三角乃至全国的中小型企业和科技型企业承担着金融尤其是直接融资服务。而珠三角其他城市的制造业，如佛山，东莞，惠州，中山等市，则在核心城市的引领下，不断强化在制造业上的优势，并已经高度地融入了全球产业分工体系。

城市区域的中心外围关系：以伦敦及英格兰东南部地区为例》一文中，通过调研位于伦敦中心和东南部8座城市148家生产性服务业企业发现，在伦敦中心的生产性服务业企业与东南部地区8个中心城市之间存在技术能力、功能导向和价值层级的差异。伦敦的全球连接性较强，具有人口规模优势，集聚了大量需要面对面交流、非标准化的、复杂性较高、专业性较强的总部型办公机构（见表14）。而东南部地区8个城市的生产性服务业多数为一些专业性不太强的分支型办公机构，主要是服务次区域的市场需求，它们与伦敦中心的办公机构有着较为紧密的联系互动和知识层面的共享，并非竞争关系而是互补关系。

表14　英国各地区部分行业增加值在英国整个GVA中的占比（2010年）　（单位：%）

地区	农林渔业	制造业	交通运输与仓储业	信息与通信业	金融与保险业	专业与技术服务业	管理及支援服务业
东北部	2.74	4.48	2.77	2.08	1.68	1.91	2.56
西北部	8.03	13.26	9.59	6.60	6.85	7.68	9.20
约克和亨伯赛德郡	10.15	9.66	7.61	4.27	5.33	4.51	6.60
中东部	11.62	9.32	7.22	3.73	2.78	4.28	6.65
中西部	9.96	9.61	7.57	5.37	4.96	5.51	7.11
东部	15.36	9.69	9.33	6.69	5.43	8.72	9.92
伦敦	0.73	5.79	23.09	34.92	46.93	35.70	24.23
东南部	12.44	12.08	12.95	22.72	9.88	16.03	15.21
西南部	14.42	8.66	6.87	5.58	6.11	6.02	6.53

数据来源：2013年英国区域统计年鉴。

（四）建设“反磁力中心”治理“大城市病”

国外的大城市群在形成过程中均存在着因中心城市人口过度集聚而产生的“大城市病”问题。在美国东北部城市群、日本东海道城市群以及英国东南部城市群的形成过程中，都存在着人口过度向纽约、东京、伦敦等中心城市集聚而产生的如房价过高、交通拥堵、贫民窟与犯罪、生态环境恶化等“大城市病”问题，而解决此问题的方法，这些城市均选择了建设新城这一“反磁力中心”的做法。从英国东南部城市群发展历程来看，伴随着工业革命的开展和全国铁路网络的建设，伦敦作为工业革命的中心地之一，其人口规模迅速膨胀。在英国辉煌的100年中，伦敦人口从1801年的95.9万人上升到1901年的453.6万人，大于巴黎，是美国纽约的三倍，占英格兰和威尔士人口总和的12%以上，成为当时世界上最大的城市。第二次世界大战后，为了协调和平衡经济发展，1945年英国政府又颁布了《产业分配法》，以推动伦敦城区的制造业向周边地区主要是东南部地区的转移。1964年，英国政府又颁布了《1961–1981年东南部地区研究报告》，该报告指出需要发展对伦敦具有反磁力效应的第三代新城，这些新城主要设置在南安普顿—朴茨茅斯、切尔贝利（弥尔顿凯恩斯）地区。1968年的英国东南部战略又提出依托现有交通道路的放射性模式，将发展集中在少数几个主要地区，在这一背景下，东南部的米尔顿凯恩斯、北安普顿和彼得伯勒等新城开始建设。至此，英格兰东南部的内部联系逐渐提升，在新城的建设和发展中不断与伦敦进行互动，推动了人口向周边“反磁力中心”——新城的转移，减缓了伦敦这一中心城市因人口集聚而带来的过大压力。《大伦敦规划（2011–2030）》指出，通过区域合作，伦敦与周边地区联合打造泰晤士门户和伦敦—斯坦斯特德—剑桥—彼得伯勒这一英国成长型区域，提升跨区域的联系程度，扩展这一区域的人口和经济容量；重点投资建设与伦敦地区相联系的城市走廊，包括西部楔形地域，温德尔谷和伦敦—卢顿—贝德福德走廊。另外，从日本的发展来看，20世纪80年代后期，为了解决人口、产业向东京过度集聚的问题，日本一方面通过构建一日交通圈，另一方面通过千叶、埼玉、茨城等新城建设，在有效减轻东京人口压力的同时，推动了周边区域的发展。

（五）城市群的形成离不开市场与政府的双重作用

尽管在市场经济条件下，市场因素决定城市的形态和结构，形成了世界级城市群发展过程中相似的空间重构过程，但基于城市群所在国家和地方政府的体制机制模式、历史差异也会促使不同国家的世界级城市群走向不同的模式。大体上来看，主要有两种基本模式：一是市场主导型世界级城市群的原发模式。从美国东北部城市群、英国中部城市群的形成过程中可以发现，交易成本的下降，对前后向的联系需求、对成本收益的考量催生了城市间的彼此联系和要素的相互流动，进而导致了资源要素在某一区域的集中。二是政府主导型世界级城市群的治理模式。从世界主要城市群的发展历程来看，其形成和发展都离不开政府的规划引导作用。在美国东北部城市群的形成过程中，为推动区域的整合，纽约州曾于1897年进行立法，将曼哈顿、布朗克斯、国王郡（包括布鲁克林）、皇后郡和里士满郡合并成一个较大的城市，称为纽约城，并结合发展形势的需要组建了华盛顿和巴尔的摩大都市区、纽约—纽瓦克联合大都市区、费城—雷丁—卡姆登联合大都市区，波士顿—伍斯特—普罗维登斯联合大都市区等。英国政府曾发布《巴洛报告》《产业分配法》《1961–1981年东南部地区研究报告》等，以推动伦敦城区的制造业向周边地区主要是伦敦周边地区的转移。日本、法国等政府也针对东京、巴黎的无限扩张和人口过度集聚采取过一系列措施。近年来，围绕提升全球竞争力，欧美国家开始制定与世界城市及城市群相关的区域规划。

在经济全球化的大背景下，中国如何寻找适合自身的建设世界级城市群的模式？在赶超欧美国家的进程中，政府主导型是后发国家采取的普遍模式。尽管市场和经济全球化的影响日益凸显，但经济结果不仅取决于各种市场力量，还需借力政府政策的推动。政府既可利用国家和地方的资源，在推进外向型经济过程中争取本国本区域的利益，也可以通过内部的资源整合集中，促使某一区域具有先发优势和规模优势。从我国30多年改革开放的经验来看，在以政府为主导、主要依靠市场运作的模式下，集群战略和特区战略是我国区域开放进程中取得的宝贵经验。因此，未来的世界级城市群建设，中国需要采取政府与市场相结合的体制机制模式。

四、京津冀与世界级城市群的比较

世界级城市群起源于法国地理学家戈特曼的研究。戈特曼（1957，1976）[①]将类似于美国东北部以纽约、波士顿等十几个大都市区联合而成的具有3000万人口以上的城市密集区（哥特曼将其称为Megalopolis，一般翻译为城市群），作为美国的政治、金融、文化、信息与人口中心而存在的国家核心区域称为世界级城市群，是国家对外交往的枢纽性地区，城市分布较为密集，中心城市与外围地区的经济一体化程度较高，有较为快速便捷的交通网络，人口众多，人口规模一般超过2500万人。本报告在戈特曼的基础上，将世界级城市群定义为由高级别世界城市与周边多个大中小城市共同组成，在经济、社会、文化等方面基于空间临近性而发生密切交互作用，能够依托其巨大规模经济效应和高层次功能，在全球经济层面具有超国家影响力的城市群。通过与美国东北部城市群与英格兰东南部城市群相比较，京津冀城市群人口规模早已超过2500万人，在经济规模上也已经具有世界级体量，但在经济联系与功能分工上，不仅与国外世界级城市群存在很大差距，而且与国内的珠三角和长三角城市群相比也存在不小的差距。从核心城市的功能来看，京津冀城市群核心城市北京已经具备了很强的国际竞争力和世界影响力，但其服务业的国际竞争力和世界影响力还有待进一步提高。

（一）经济规模比较

世界级城市群的经济规模巨大，甚至超过许多国家经济体。2011年，以伦敦为核心的英格兰东南部城市群地区生产总值约为11354亿美元。2013年，以纽约为核心的美国东北部城市群地区生产总值约为30828亿美元。如果把城市群与国家经济体相比较的话，美国东北部城市群则相当于全球第5大经济体，而英格兰东南部城市群相当于全球第16大经济体。

京津冀城市群已经具有世界级经济体量。如果把经济规模超过全球第20大国家经济体的城市群称为世界级城市群的话，那么我国京津冀、长江三角洲和珠江三角洲三大城市群都已经是世界级城市群。2013年，京津冀城市群地区生产总值约为10045亿美元，超过印度尼西亚（8703亿美元），相当于全球第16大经济体；长江三角洲城市群地区生产总值约为15794亿美元，超过澳大利亚（15059亿美元），相当于全球第12大经济体；珠江三角洲城市群地区生产总值约为8568亿美元，超过荷兰（8538亿美元），相当于全球第17大经济体（见图14）。

（二）一体化水平比较

从城市群的发展历程看，城市之间存在着由互不关联、孤立发展演变为彼此联系、不平衡发展，再到紧密关联、一体化发展的规律。本报告采用标准差变异系数[②]来衡量城市群内部的一体化水平。计算2013年美国东北部城市群24个大都市区，英格兰东南部城市群31个城市和中国的京津冀城市群13个

① Jean Gottman，Megalopolitan systems around the world.Ekistics 243，February 1976. Jean Gottmann，Megalopolis or the Urbanization of the Northeastern Seaboard，Economic Geography，Vol. 33，No. 3（Jul.，1957），pp. 189-200。Stable URL：http：//www.jstor.org/stable/142307.

② 通常，标准差用来衡量各城市群内城市经济的绝对差距，而变异系数用来衡量城市之间的相对差距，系数越小，表明相邻地区一体化程度越高。变异系数的计算公式为：$CV=\sqrt{\frac{1}{n}\sum_{i=1}^{n}(y_i-\bar{y})^2}\Big/\bar{y}$

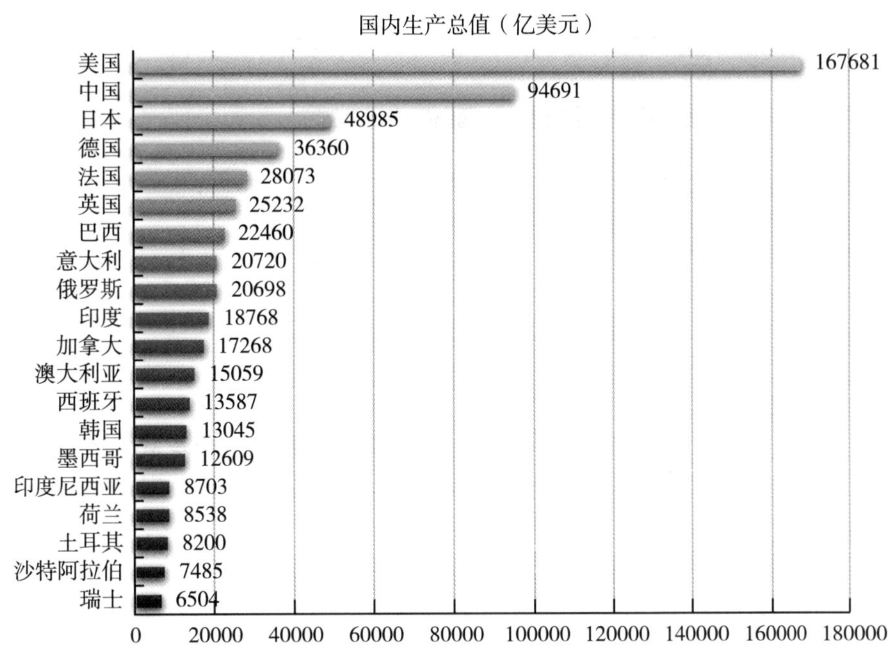

图14　全球前20大国家经济体

注：按2013年人民币兑美元平均汇率6.1932折算。

市、长江三角洲城市群16个市和珠江三角洲城市群9个市人均地区生产总值的标准差变异系数，比较发现：按全市地区生产总值计算，英格兰东南部城市群的一体化水平最高，其次是美国东北部城市群，再次是长江三角洲城市群和珠江三角洲城市群，京津冀城市群的一体化水平最低（见图15）；按市辖区人均地区生产总值计算，英格兰东南部城市群和美国东北部城市群仍然位居前两位，接下来是长江三角洲城市群和珠江三角洲城市群，京津冀城市群依然是最低的（见图16）。由此可知，尽管我国三大城市群在经济规模上已经达到世界级的标准，但内部的发展差距问题依然突出，一体化水平有待提升。

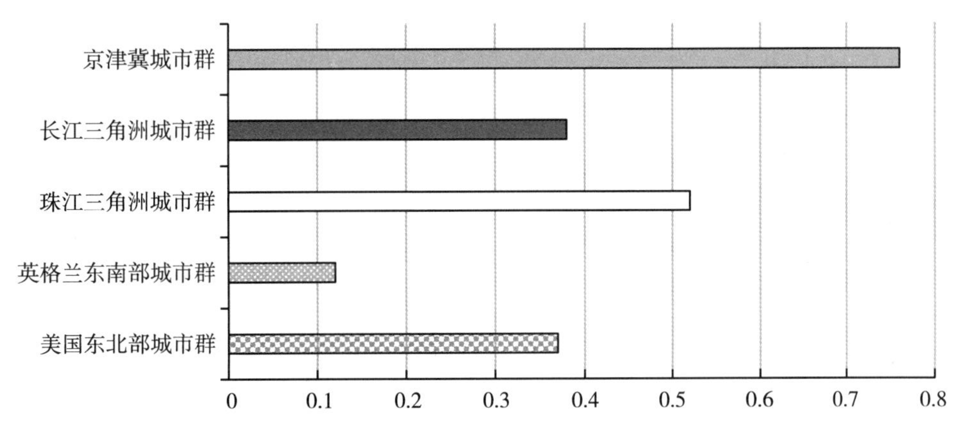

图15　按2013年全市人均地区生产总值计算的标准差系数比较

数据来源：美国国家统计局大都市区数据库、英国区域统计年鉴（2013）、中国城市统计年鉴（2014年），其中英国数据为2011年数据。

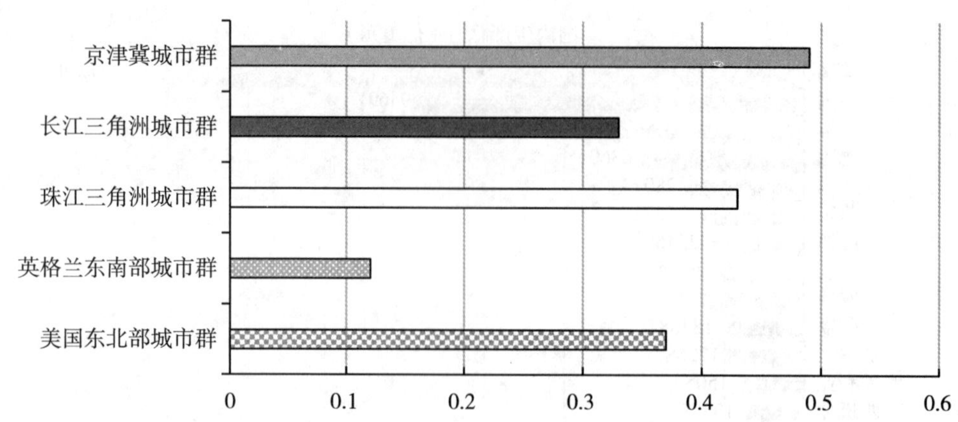

图16　按2013年市辖区人均地区生产总值计算的标准差系数比较

数据来源：美国BEA大都市区数据库、英国区域统计年鉴（2013）、中国城市统计年鉴（2014年），其中英国数据为2011年数据。

（三）核心城市功能比较

世界级城市群的核心城市，往往是全球的资本控制中心，跨国企业总部的主要集聚地，高端服务的生产场所，也是全球的创新创意中心，具有高度活跃的国内外经济联系，是全球城市网络的重要节点和全球价值链的关键节点，在世界经济中发挥着至关重要的影响力。因此，核心城市的强弱直接决定整个城市群的全球竞争力。

经济体量。经济规模是决定一个城市对全球资源要素能否有效集聚的前提条件。从发展水平来看，中国三大城市群的核心城市与纽约、伦敦与东京的发展差距都较大。2012年，世界银行将人均地区生产总值超过9206美元的国家和地区划分为高收入国家或地区，将人均地区生产总值介于2976美元至9205美元之间的国家和地区划分为中上收入国家或地区，由此可知中国三大城市群的核心城市已经进入高收入阶段，但与纽约、伦敦和东京相比，差距依然很大（见图17、图18）。

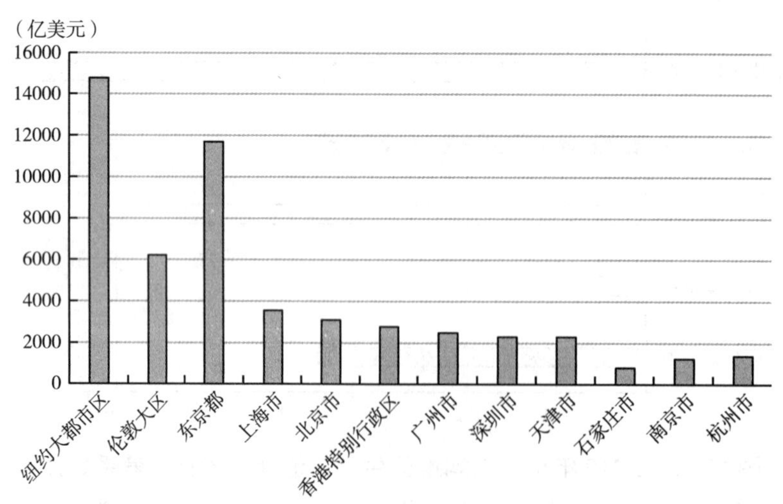

图17　城市群核心城市地区生产总值比较

数据来源：美国国家统计局大都市区数据库、伦敦统计局、东京都统计局、香港统计处、中国城市统计年鉴（2014年），根据当年平均汇率计算。为便于按同一年份比较，我们采用了2011年的数据。

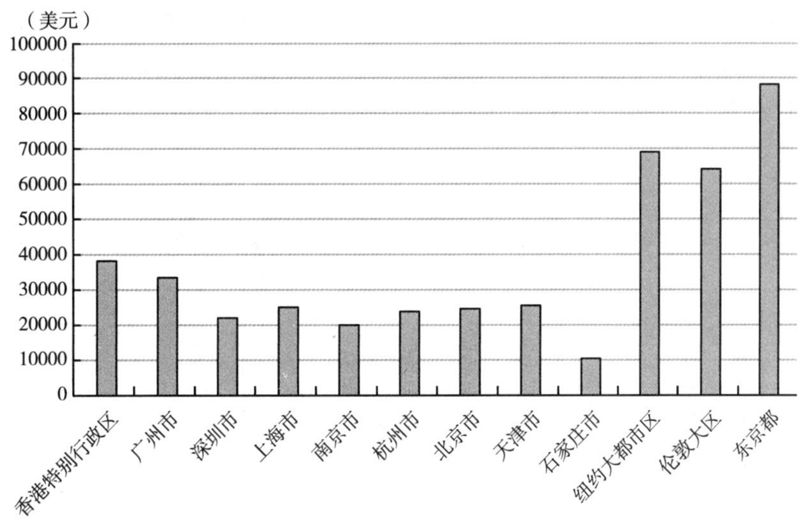

图18 城市群中心城市人均地区生产总值比较

数据来源：美国国家统计局大都市区数据库、伦敦统计局、东京都统计局、香港统计处、中国城市统计年鉴（2013），根据当年平均汇率计算。为便于按同一年份比较，采用了2011年的数据。

指挥控制。根据2014年财富杂志公布的全球500强公司名单，全球拥有500强总部数量位居前十的城市分别为北京、东京、巴黎、纽约、伦敦、首尔、上海、大阪、莫斯科和休斯顿。纽约、伦敦、巴黎和东京就共占97个席位，全球500强近1/5的总部被四大世界城市所包揽，而剩下4/5的总部分布在其他222个不同的城市（见表15）。随着我国经济发展，中国企业逐渐成长，北京已经位居世界第一位，上海位居世界第八位。

表15 全球500强企业在全球主要城市的布局（2014年）

排名	总部城市	个数	国家
1	北京（Beijing）	52	中国
2	东京（Tokyo）	43	日本
3	巴黎（Paris）	18	法国
4	纽约（New York）	18	美国
4	伦敦（London）	18	英国
6	首尔（Seoul）	15	韩国
7	大阪（Osaka）	8	日本
7	上海（Shanghai）	8	中国
9	莫斯科（Moscow）	7	俄罗斯
9	休斯顿（Houston）	7	美国

数据来源：财富中国网。

世界500强企业衡量的主要是本国城市对跨国公司的集聚能力，体现了该城市在全球经济中的地位。倪鹏飞（2012）以全球2000家跨国公司的分支机构在各城市的网点状况，制定了跨国公司指数，并通过分析各城市中央与地方财税比例、航空线数、跨国公司知名度数、距海距离和航海线数、互联网服务器因素，确定了全球联系指数，结果发现，北京和上海尽管在跨国公司指数上与纽约、伦敦、中国香港的差距有所缩小，但是在全球联系度上，仍显不足（见图19）。

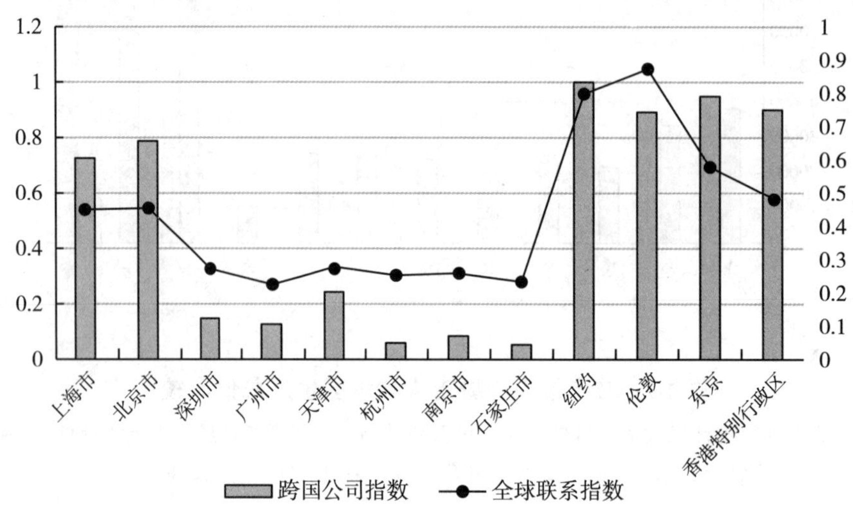

图19　城市群核心城市的跨国公司与全球联系指数

数据来源：根据倪鹏飞：《全球城市竞争力报告（2011-2012）》整理。

产业结构。源于大城市土地和劳动力的成本上升、环境保护压力加大等原因，制造业企业纷纷从大城市迁出，大城市的产业结构逐渐转型为以服务业为主。无论是从绝对规模还是从相对规模比较，我国三大城市群的核心城市的服务业发展均低于纽约、伦敦与东京（见图20）。作为中国首个进入后工业化阶段的城市，北京第三产业的规模和比重都不如纽约、伦敦和东京，且如金融服务、科技服务、信息服务等产业在全球市场上不具竞争力，只是在很少部分的产业领域具有全球领先水平。

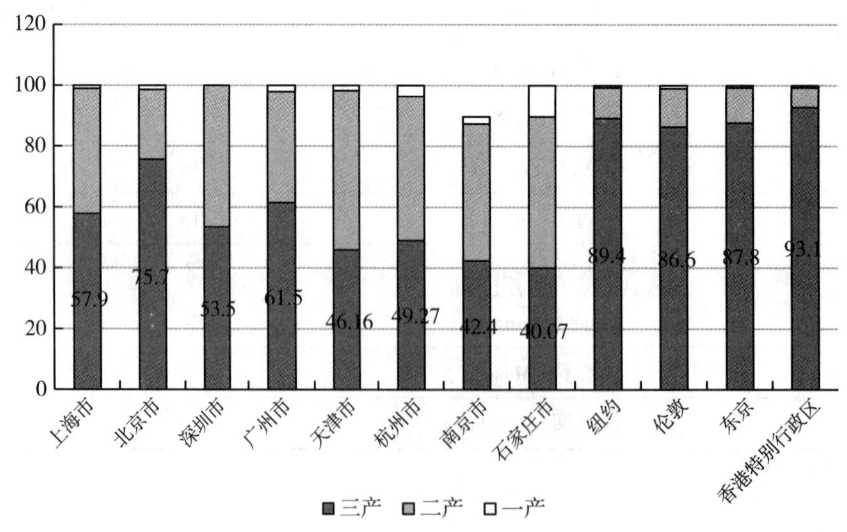

图20　2011年中国城市群核心城市与英美日城市群核心城市产业结构比较

数据来源：东京都统计年鉴（2014）、英国区域统计年鉴（2013）、纽约经济发展局报告、香港统计年鉴（2013）、中国城市统计年鉴（2012）。

五、京津冀城市群发展的战略思路

以城市群为基本载体的城镇化战略，已经成为我国参与全球经济竞争和推动国民经济发展的重要举措。作为我国东部重点优化开发地区，京津冀城市群应顺应新一轮经济全球化和我国经济转型升级的需要，以国际化、市场化的高标准形成推动改革的新动力，打造成为中国区域协同发展和参与全球竞争的引领区。结合当前的发展阶段，解决北京的“大城市病”，推进区域协同发展应成为当前及今后一个时期京津冀城市群建设的重点。结合《京津冀协同发展规划纲要》与世界级城市群的经验，京津冀当前一个时期的建设思路应聚焦在：加快更多新区建设，培育新的经济增长极，完善城市群形态，有序疏解北京非首都功能，优化生产力布局和空间结构，发挥京津两大核心城市的辐射带动作用，提升河北城市发展能力，实现优势互补、一体化发展，完善城市间功能分工与城市体系，打造具有较强竞争力的世界级城市群。

（一）疏解功能，建设新区

有序疏解北京非首都功能，解决北京“大城市病”是《京津冀协同发展规划纲要》的基本出发点。北京集聚了过多的非首都功能，“大城市病”问题突出，人口过度膨胀，交通日益拥堵，大气污染严重，房价持续高涨，社会管理难度大，引发一系列经济社会问题，引起全社会广泛关注。通过集中疏解与分散疏解非首都功能，打造集中承接北京非首都功能的载体，有效地解决好北京人口的持续增加问题，使常住人口总量保持在一个可控的范围之内。通过区域一体化交通网络的构建，有效地缓解北京不断膨胀的人口，减轻北京的交通压力；通过推动京津冀城市的转型升级，促进其生态绿色发展，有效地减轻对生态环境的压力；通过联防联治与主体功能区建设，逐步改善大气污染问题。通过城镇、产业的空间优化，沿主要交通轴线打造人口、产业的集聚体，减轻人口向北京集聚的压力，进而缓解北京的水、大气和交通等“大城市病”问题。通过京津冀的协同发展，北京的非首都功能得以转移至周边地区，城市运行的效率得以大幅度提升，城市宜居性得以改善，京津冀城市群的全球竞争力得到增强。

20世纪80年代初，我国设立了深圳特区，规划面积300多平方公里，国家给予了强有力地支持，并赋予非常优惠的政策，在管理体制上不断创新，吸引了全国各地许多优秀的人才，也吸引了港澳台大量的投资。经过30多年的发展，由一个小渔村发展成为一个现代化的大都市，不仅自身发展速度快，也带动了整个珠三角区域的发展。深圳的成功印证了增长极理论的正确性和有效性。

20世纪90年代初，浦东新区开发开放成为我国又一个重大战略举措。浦东新区面积500多平方公里，资金支持、政策优惠、体制创新吸引了大量国际跨国公司入驻，陆家嘴商务中心区拔地而起，短短几年便成为上海市的标志区。浦东的发展比深圳更快，不仅有效疏解了浦西的城市功能，减轻了浦西的人口压力，也带动了长三角区域的发展，使长三角成为推动中国经济增长的最大的“发动机”，成为长江经济带的龙头。

在深圳、浦东的带动下，东南沿海、东部沿海地区的改革开放步伐加快，经济实力也同步提高。但北部沿海改革开放比较滞后，经济发展速度也比较缓慢。2005年，促进天津滨海新区发展写入国家“十一五”规划纲要，意味着天津滨海新区被纳入国家战略，并明确将其培育成为北方地区新的经济增长极。不到十年时间，天津滨海新区便发生了根本性变化。

深圳、浦东新区和天津滨海新区分别被称为第一、第二、第三经济增长极。它们的成功和国家的政策支持、资金支持与体制创新是分不开的，三大增长极都是培育起来的。毋庸置疑，当它们快速发展起来时，也带动了周边地区的发展。

京津冀未来的增长动力来自新的经济增长极，所谓新的经济增长极就是在空间范围不太大的地方，通过完善基础设施，实施高效管理，并辅之以优惠政策，使其快速聚集经济要素，起到对一个区域的支撑作用。国家和各级政府的重视，在短时间内集中投入，完善基础设施，改善投资环境，成为“要素流动的洼地，吸引人才的高地，世人瞩目的胜地”，使众多投资者趋之若鹜。要通过规划建设新区，增强对产业和人口的吸引力，成为京津冀区域的新亮点。

京津冀区域虽处于东部，但区域内部的差异很大，突出表现在北京与河北的差距上。除了疏解北京市的非首都功能之外，加快河北省的发展应是京津冀协同发展的关键环节。在河北选择一些具有优势和发展潜力的地区设立新区，通过打造产业发展平台，改善投资环境，吸引产业聚集，是加快河北省发展的重要举措。

目前，河北省已设立了北戴河新区、曹妃甸新区、渤海新区、正定新区、冀南新区。2017年4月1日，中共中央、国务院决定设立河北雄安新区。如能再选择一家升级为国家级新区，国家给予强力政策支持，河北全力建设，必将在京津冀协同发展中起到重要的支撑作用。

——雄安新区。雄安新区位于保定市境内，涉及河北省雄县、容城和安新三县及周边部分区域，地处北京、天津和保定三市腹地，区位优势明显、交通便捷通畅、生态环境优良、资源环境承载能力较强，现有开发程度较低，发展空间充裕，具备高起点高标准开发建设的基本条件。设立河北雄安新区是以习近平同志为核心的党中央做出的一项重大的历史性战略选择，是继深圳经济特区和上海浦东新区之后又一具有全国意义的新区，是千年大计、国家大事。河北雄安新区是北京非首都功能集中疏解地、河北加快转型升级新的经济增长极、京津冀协同发展的重大举措和新发展理念的引领践行区，其发展定位是绿色生态宜居新城区、创新驱动发展引领区、协调发展示范区和开放发展先行区。

——北戴河新区。位于北戴河区南部，应以打造旅游休闲之都为目标，重点发展高端旅游、科技研发、商务会展、文化创意等产业，承接北京的功能和产业转移，建设中国北方和环渤海地区现代化旅游宜居城市、国家级绿色环保示范区。北戴河新区距离北京市270公里，乘坐高铁不到一小时时间，区位好、气候好、空间大，可以承接北京市科研、文化、教育、医疗等诸多功能的疏解。

——曹妃甸新区。位于唐山南部沿海，和天津滨海新区毗邻，应依托曹妃甸深水大港及土地资源优势，全力打造新型工业化基地、商业性能源储备基地和国家级循环经济示范区。加快曹妃甸工业区、海港开发区等重点临港产业聚集区建设步伐。加强与北京市合作，加快培育精品钢材、装备制造、石油化工和港口物流等临港优势产业和电力、出口加工等关联配套产业，形成与京津互补、特色鲜明、地位突出的现代产业体系。打造冀东沿海中心城市、环渤海地区重要国际港口城市。

——渤海新区。位于河北省东部，东临渤海，南接山东，北依京津，海岸线130公里；港口、区位、交通、腹地、土地和环境容量、产业等综合优势明显。区内的黄骅港位于渤海湾穹顶处，是河北中南部六市、神黄铁路沿线和晋陕蒙等中西部地区陆路运输距离最短的港口，全国第二大煤炭输出港。307国道、205国道、海防公路、石港高速、津汕高速、朔黄铁路、邯黄铁路、邯黄高速、保黄高速、沿海高速形成便捷的交通网络。新区有广阔的非农用地、盐田、滩涂和浅海资源，土地资源是最大的比较优势和资本优势。渤海新区的发展定位是依托京津冀，服务冀中南、晋中南、鲁北、豫北，是朔黄铁路沿线及陕西、内蒙古等地区最便捷的出海口，石油化工、装备制造业研发转化基地和以港口物流为基础，城市配送物流为支撑的区域性航运中心，经济繁荣、社会和谐、环境优美的宜居生态型滨海新城，要建成中国北方著名的区域性综合大港和能源、原材料集散中心，绿色国际化工城，京津冀重要的新兴港口城市。

——正定新区。位于石家庄市滹沱河北岸，正定县城东部，紧邻石家庄机场，是石家庄市的重要支撑点，也是京津冀的重要支撑点，是提高石家庄市吸引力和辐射力的关键所在，国家与河北省应给予重点支持。正定新区应结合资源禀赋、产业基础、区位条件，因地制宜、科学规划，促使具有潜在优势的产业在正定新区迅速成长和集聚，真正培育起具有鲜明特色和较强竞争力的产业体系。发展知识密集型和劳动密集型相结合、高附加值制造业和一般制造业相结合、传统服务业和现代服务业相结合，宜居关联产业为配套的产业体系。综合分析来看，冀中南地区由于城市规模小，辐射功能有限，至今仍属于经济欠发达地区。规划建设石家庄正定新区，将其培育为冀中南地区的经济增长极，不仅对石家庄市起到规模扩大、产业结构升级，而且能够起到辐射带动冀中南地区的作用。

——冀南新区。位于晋冀鲁豫四省交界地区、邯郸市中心城区南部。2012年10月19日，冀南新区成立。新区交通便捷，京广、邯济、邯长、邯黄、京广高铁5条铁路和京港澳、青兰、邯大3条高速纵横交错；京广高铁贯通南北，2个小时可到北京；邯郸机场已开通上海、广州、重庆等8条航线。钢铁、煤炭、电力、建材等传统支柱产业优势明显，装备制造、煤化工、新材料、现代物流等新兴产业发展迅速。新区范围内拥有山区、丘陵、平原、森林、湿地、温泉等自然生态资源。冀南新区将致力于打造全国重要的先进装备制造业基地、区域现代物流枢纽、中原经济区与京津冀区域的共同支撑点。

（二）提升河北，缩小落差

河北省与北京市、天津市的发展差距悬殊，公共服务水平落差大，是京津冀协同发展亟待破解的难题，也是全国区域发展不平衡、不协调的典型缩影。由于河北省各市与京津两市的发展差距较大，公共服务均等化水平不高，导致河北人口大量向京津两市转移，一方面加剧了京津两市“大城市病”问题；另一方面也使河北集聚高端要素的能力下降，城镇化水平难以快速提升。通过京津冀协同发展，发挥京津双城的高端引领、辐射带动作用，沿主要轴线打造承接非首都功能的载体和经济发展的增长极，提升交通沿线的中心城市功能和培育一批中小城市，由此逐步推进京津冀区域的经济结构优化，推动区域一体化交通网络逐步形成，改善京津冀地区生态环境质量，有效提升区域的协同发展机制，提升河北城市、产业的发展水平，进而缩小河北各市与京津两市的发展差距，促进整个京津冀地区公共服务的均等化水平。在此基础上，构筑起要素资源自由流动、产业分工互补、城市功能相互配套对接的一体化发展格局。

（三）功能分工，优化布局

城市群应实现的理想场景是：生产性服

务业在核心地区集聚，制造业扩散至外围地区，中心地区生产性服务业能够依托外围地区而获得持续繁荣，而外围地区通过参与分工进而实现振兴；由于核心城市与外围地区的分工，使得区域能够实现规模经济和多样化发展，突破了以往的城市范围，建构了区域内部合作的经济基础，从而更有效地参与全球化背景下的区域竞争①。从京津冀城市群各城市的功能分工来看，北京已经成为中国首个过渡到后工业社会的城市，作为城市群的龙头城市，其未来应大力发展生产性服务业，将更多的生产制造环节转移至周边地区，并服务周边天津、河北的制造业而实现服务功能的提升；作为京津冀城市群"双城"之一，天津未来应重点发展与制造业相关领域的科技研发、航运业、金融业和国际贸易等行业，实现由制造向服务经济的逐步转型，并进而带动整个区域的开放与创新发展；而作为东部沿海省份的河北，在京津冀产业分工合作进程中，应积极承接北京、天津两市的制造业转移，积极承接其科技研发成果在本区域的转化，最终形成以北京为生产服务中心，以天津为创新、开放服务基地，以河北为生产制造集聚地的分工格局，实现整个城市群规模效应与分工效应的最大化。

从京津冀城市群空间结构来看，京津两市规模很大，缺乏Ⅰ型大城市，造成城市体系不合理，这也是北京"大城市病"与周边城市吸纳能力不足的根源。在未来应大力推动京津周边地区的发展，在现有地级城市的基础上培育Ⅰ型城市，提升公共服务、产业发展方面的功能，使之成为引导人口产业的"反磁力中心"，截流原本向京津进行集聚的人口，达到缓解北京城市过度拥挤的目的。沿京石邯、京津塘等主要交通轴线重点培育节点城市，做大城市规模，提升其对本地和外来人口的吸纳能力，最终形成超大城市、特大城市、大城市、中等城市和小城市相互支撑发展的良好局面。

（四）消除壁垒，密切联系

限于财税、考核等方面的体制因素，中国的区域发展一直类似于"诸侯经济"，很多地区从自身的一亩三分地的利益出发，采取以邻为壑的竞争手段来谋取自身的发展。推动京津冀协同发展，应通过科学规划、改革体制等，加快破解行政壁垒和制度障碍，促进生产要素自由流动，加快改革创新步伐，建立健全协同发展的体制机制，形成区域一体化发展新格局，为全国其他地区的协同发展发挥引领作用，提供可复制、可推动的经验。

着眼于京津冀城市群空间布局，适应疏解北京非首都功能和产业升级转移的需要，按照区域经济一体化的要求，构建以轨道交通为骨干的多节点、网格化、全覆盖的交通网络，提升交通运输组织和服务现代化水平，建立统一开放的区域交通格局。通过建设高效密集轨道交通网和便捷畅通的高速公路、高速铁路、城际铁路、通用航空等立体交通网络，进一步缩短大城市、中等城市和小城市的通勤时间和通勤成本，促进人口、产业、资金等生产要素能够在城市群内的快速、有效、便捷流动，推动经济向高端转型提供基础支撑。在有效缓解京津"大城市病"的同时，进一步提升交通沿线河北城市的经济发展和人口集聚能力，进而提升整个城市群各城市资源要素有效整合，使之成为支撑我国参与全球竞争中的重要区域。

① Saskia Sassen，Megregions：Benefits Beyond Sharing Trains and Parking Lots? http：//www.america2050.org/upload/2011/12/Economic Geography of Megaregions2007.pdf. 倪鹏飞：《全球城市竞争力报告（2011–2012）》，社会科学文献出版社2012年版。笔者对上述两篇文献进行了总结。

六、建设京津冀世界级城市群的对策建议

结合京津冀城市群现存的主要问题，借鉴世界级城市群发展的经验，按照《京津冀协同发展规划纲要》的要求，推进京津冀世界级城市群建设，需要从政府与市场分工、发挥核心城市辐射带动力、促进相邻城市同城化发展、明确城市群各市的功能分工、优化城市群城镇体系、培育新的经济增长极和加强对河北转型的政策支持等方面入手，推进京津冀世界级城市群的建设。

（一）以雄安新区为引领，优化空间布局和功能分工

在京津冀协同发展过程中，雄安新区通过集中承接北京非首都功能，提升产业层次、创新能力和公共服务水平，将为有效缓解北京“大城市病”，加快提升河北经济发展的水平，缩小河北与京津两市的经济社会发展差距，实现区域良性互动，在促进三省市协同发展上探索新路子。同时，通过雄安新区这一新的区域经济增长极的培育，促进城乡、区域、经济社会、资源环境协调发展，形成要素有序自由流动、主体功能约束有效、基本公共服务均等、资源环境可承载的区域协调发展示范区，为京津冀建设世界级城市群提供支撑。

以雄安新区为引领优化京津冀空间布局。长期以来，河北中部由于缺乏大城市，促使该区域人口与生产要素大量流向北京、天津两个城市，在加剧两个特大城市“大城市病”的同时，也削弱了河北内生发展的能力。通过打造雄安新区这一新的区域增长极，使之成为北京的“反磁力中心”，可以改变河北大中城市不足的弊端，促进周边人口、技术与资金等生产要素资源向雄安新区集聚，扭转河北资源要素向京津集聚的整体态势，并有效带动雄安新区周边区县的发展，进一步壮大保定的城市规模，减轻首都北京的人口压力，进而推进京津冀空间格局的优化。

以雄安新区为引领优化城市功能分工。河北各市在京津冀产业垂直分工中处于低端的位置，由于城市功能的不完善，很难集聚高端产业以促进整个区域产业的转型升级。应以雄安新区为抓手，通过集中承接北京非首都功能，通过绿色宜居城市建设，吸引企业总部、研发机构、事业单位等高端机构入住，为有效缓解北京“大城市病”创造空间，为京津冀建设世界级城市群提供支撑，并发挥在全国区域协调发展中的示范带动作用。通过创新引领区建设，塑造世界一流的政务环境、开放环境和创新创业环境，进一步吸纳各种创新载体，集聚京津及全国创新要素资源，逐步培育发展自身高端高新产业，吸引高新技术企业集聚，推动河北传统产业向高端转型；通过开放发展先行区建设，打造与国际投资贸易通行规则相衔接的制度创新体系和开放载体，有助于提升河北省的开放水平和市场化水平，进而改善营商环境，为京津冀培育区域开放合作竞争新优势创造新的条件。

（二）提升京津双引擎对河北的辐射带动力

《京津冀协同发展规划纲要》指出，北京、天津是京津冀协同发展的主要引擎。应进一步强化京津联动，全方位拓展合作广度与深度，加快实现同城化发展，共同发挥高端引领和辐射带动作用。我们认为，北京应主要通过分散疏解来实现对河北各市的高端引领和辐射带动；而天津应主要通过产业链条的延伸和创新、改革、开放功能的延伸来

发挥其对河北周边地区的带动作用。

通过集中疏解与分散疏解的方式提升北京对河北各市的辐射带动能力。《京津冀协同发展规划纲要》指出，集中疏解与分散疏解相结合。对于集聚发展要求较高的产业或生产环节，主要采取集中疏解方式，发挥规模效益和集约效益。对于集聚发展要求相对较低的产业和部分公共服务功能，采取分散疏解方式，优化空间结构，规划建设特色小镇，打造“微中心”，推动构建“一城多点、老城重组”的疏解格局，有序疏解北京非首都功能。《京津冀协同发展规划纲要》要求，北京未来重点疏解的产业为一般性制造业、区域性物流基地、区域性专业市场等部分第三产业，部分教育、医疗、培训机构等社会公共服务功能，部分行政性、事业性服务机构和企业总部。部分行政性、事业性服务机构和企业总部对集聚的要求性较高，未来有望重点疏解；教育、医疗、培训机构等社会公共服务功能有望通过联合、共建、办分支机构、对口支援等方式分散疏解；一般性制造业、区域性物流基地、区域性专业市场等部分第三产业具有劳动密集型特点，有望采取分散的方式疏解。分散疏解的主要方向是唐山曹妃甸区、沧州渤海新区、正定新区、北戴河新区、邯郸冀南新区和京津周边的特色小镇。在疏解过程中与京津建立相应的市场关系。

通过推进天津高端产业链向河北各市延伸，提升其对河北经济的辐射带动力。天津应立足全国先进制造业研发基地、北方国际航运中心核心区、金融创新运营示范区、改革开放先行区的定位，推动产业链条向河北的延伸。在先进制造业上，天津要按照中心城市与周边地区实行垂直分工、中心城市之间实行水平分工的方式，采用放牌制造、设备参股等方式向河北周边地区转移传统产业项目，通过探讨企业专业化协作、集团化发展的路子，形成与河北各市相互依存、衔接紧密的产业链条；在北方航运中心建设上，天津应依托其定位推进港口合作，加强与曹妃甸港、黄骅港、秦皇岛港等港口的合作，通过相互参股、合作建设，使之成为利益共同体，在此基础上构建区域港口协调机制，共同打造区域港口产业群，提升港口经济竞争力。在金融创新上，天津应依托其金融创新的“先行先试”机遇，在基金、民间金融机构、外资金融机构、离岸金融业务服务、资本市场等方面打造京津冀合作平台，为河北各市产业发展提供相应的金融服务。在改革开放先行区上，推进天津自贸区向唐山曹妃甸和沧州黄骅的全面覆盖，并使之成为自贸区一部分，推动河北的市场化进程。

（三）扩大河北城市规模，优化城镇体系

《京津冀协同发展规划纲要》指出，京津冀地区城镇体系结构失衡，京津两市过于“肥胖”，周边中小城市过于“瘦弱”，城市群规模结构存在明显的“断层”。未来在疏解首都功能，提升京津双城高端引领、辐射带动的大背景下，应重点推动石家庄、唐山、保定、邯郸等交通沿线城市加快发展，使其成为京津冀的经济增长极，增强节点城市要素集聚能力。同时，着眼于优化城镇体系，对具备行政区划调整条件的县有序改市（区），培育中小城市和特色小镇，加快形成定位清晰、分工合理、功能完善、生态宜居的现代城镇体系。

优化城市规模等级结构。根据各城市的基础条件和发展水平，重构城市规模等级结构（见表16）。北京：优化空间布局和市政交通基础设施网络，缓解“大城市病”。天津：实现产业升级，与滨海新区形成双核结构。冀中南地区缺少承上启下的特大城市，作为河北省会的石家庄，区位交通优越，产业基础雄厚，发展潜力巨大，通过正定新区集聚产业和人口，可发展成为人口超500万人的特

表16 京津冀城市群城市规模等级重构设想

城市规模等级	数量	城市
超大城市（人口规模1000万人以上）	2	北京、天津
特大城市（人口规模500万-1000万人）	2	石家庄、保定（含雄安）
大城市（人口规模100万-500万人）	6	唐山、邯郸、沧州、廊坊、秦皇岛、邢台
中等城市（人口规模50万-100万人）	15	衡水、张家口、承德、定州、涿州、辛集、大名（魏县、馆陶）、黄骅、清河、任丘、香河、三河、曹妃甸、昌黎、南宫
小城市（人口规模50万人以下）	1286	其他县级城市、县城和小城镇（建制镇）

大城市。唐山、保定和邯郸的人口规模尽管都超过了100万人，但是作为京津冀城市群的三级城市来说，人口规模仍然偏小，需要进一步扩大人口规模，未来应发展成为人口超过300万人的大城市；沧州、廊坊、邢台、衡水和秦皇岛目前的人口规模不足100万人，但是三者的发展条件优越，拥有发展成为100万人以上大城市的潜力。中等城市：张家口、承德，与周边城市竞争处于劣势，且张承地区作为京津的生态屏障和水源地，不适宜大规模集聚产业和人口；定州、辛集、黄骅市，区位交通优越，都具备发展壮大的潜力，需要加大支持力度，使它们快速集聚更多的产业和人口，发展成为中等城市。小城市：其他县级市、县城和建制镇作为当地的经济中心应加以政策支持，使它们也能集聚更多的人口，发展成为服务农业、农村和农民的中心。

有序推进行政区划调整，设立新的地级城市。河北省地级城市太少，城市间距离太远，缺乏中小城市的支撑。打造城镇化与城乡统筹示范区，一个重要途径就是通过行政区划调整设立更多的地级市或县级市，这样才可以更加有效地推动城镇化与城乡统筹，也可以为疏解北京人口创造条件。一是定州市。从河北省来看，保定市域面积较大，对南部地区的带动性不强，因此建议设立地级定州市。二是辛集市。辛集已经成为省辖市，经济水平相对较高，可以在省辖市的基础上升格为地级市。三是黄骅市。将海兴、盐山与现有的黄骅市合并，成立新的地级黄骅市，与渤海新区一体化发展，突出黄骅市港口作用，集中力量推动涉港产业发展。四是任丘市。任丘市现隶属于沧州市，但距离沧州市中心、保定市中心和廊坊市中心均较远，难以获得现有地级市辐射，且经济发展基础较好，宜设立地级任丘市。五是大名市。大名市位于邯郸东部，与山东聊城冠县相邻，距离邯郸市中心较远，历史上大名府一直是山东、河南、河北三省交界的行政中心，为应对邯郸向东辐射带动不足的困境，可以整合大名县、魏县、馆陶县、广平县，设立地级大名市。

依托正定新区，提升石家庄对冀中南地区的辐射带动作用。将正定新区升格为国家级新区，是提高石家庄城市能级的重要举措。从京津冀城市群来看，北部有北京，东部沿海有天津，而河北省缺乏特大城市作为吸纳人口、产业的载体。从河北省的战略演进来看，始终关注环京津地区和沿海地区，对中南部区域的政策支持相对较弱，导致河北中南部地区的人口纷纷向北京、天津集聚，也使石家庄城市的规模始终难以扩大。不管从城市人口规模还是从建成区面积上看，石家庄均低于郑州、合肥、济南等省会城市。未来石家庄应顺应城市群发展态势，加快冀中南城镇化进程，提升经济发展水平，进一步做大做强。当前石家庄市已经制定了跨滹沱河发展的战略方针，并将正定新区作为城市功能拓展的重要载体。河北省政府在集中精力支持雄安新区建设的同时，也需要从区域平衡发展的角度重视正定新区建设，通过正定新区这一载体，引领整个冀中南地区的发展。

（四）打造沿海城市带，优化空间结构

《京津冀协同发展规划纲要》指出：按照“功能互补、区域联动、轴向集聚、节点支撑”的思路，以“一核、双城、三轴、四区、多节点”为骨架，推动有序疏解非首都功能，构建以重要城市为支点，以战略性功能区平台为载体，以交通干线、生态廊道为纽带的网络型空间格局。其中，一核为北京；双城为北京与天津；三轴为沿京津、京保石、京唐秦为主要通道的产业发展带；四区为中部核心功能区、东部滨海发展区、南部功能拓展区和西北部生态涵养区。

打造京津冀沿海城市带。依托秦皇岛北戴河新区、唐山曹妃甸新区、天津滨海新区、沧州渤海新区等重点功能区的开发建设，通过加强津冀沿海港口规划与建设的协调，优化配置区域港口资源。结合港口经济发展，加强港城之间的互动，促进临港开发区与城市建设的有效融合。围绕港口节点之间的交通网络建设，在严格保护自然岸线资源的基础上，重点推进战略性新兴产业、先进制造业以及生产性服务发展，形成以交通轴线、临港开发区、滨海休闲旅游地相结合的产业集聚与城镇发展带。

提升沿海城市带的开放发展水平。京津冀沿海地区对外开放优势明显，发展势头强劲、发展空间广阔，是引领区域全方位开放的重点区域。当前，天津自由贸易试验区及天津滨海新区在率先开放、改革方面已经积累了一系列值得推广的经验，可将天津滨海新区的先行先试政策和自贸区已经形成的经验向唐山、沧州、秦皇岛延伸，通过滨海新区的开放引领和河北沿海三市的相互支撑，提升整个沿海地区的对外开放水平。

推进天津滨海新区与唐山曹妃甸区的同城化发展。唐山产业结构与天津产业结构类似，港口存在激烈竞争。唐山作为河北工业第一大城市，通过与天津的同城化发展，一方面可以促进基础设施与城市功能的相互对接与配套；另一方面也可以促进产业之间的相互协作与产业链条的相互对接。尤其是在港口方面，曹妃甸具有深水港，而天津港限于自身条件，开挖深水港成本较高，曹妃甸与天津港的协作，可以促使各自规模水平和产业集聚能力的提升。

（五）优化京津冀城市群城市功能分工

《京津冀协同发展规划纲要》指出，战略定位缺乏统筹，功能布局不够合理是京津冀协同发展面临的主要问题。北京集聚了过多的非首都功能，三省市之间发展定位衔接不够，城市功能重叠交叉，存在一定程度的同质竞争，区域内城镇、交通、产业等布局不合理。着眼于优势互补、一体化发展，需要进一步明确京津冀各城市功能定位。《京津冀协同发展规划纲要》明确了京津冀整体定位和三省市的战略定位。其中，京津冀整体定位：以首都为核心的世界级城市群、区域整体协同发展改革引领区、全国创新驱动经济

增长新引擎、生态修复环境改善示范区；北京市的战略定位：全国政治中心、文化中心、国际交往中心、科技创新中心；天津市的战略定位：全国先进制造研发基地、北方国际航运核心区、金融创新运营示范区、改革开放先行区；河北省的战略定位：全国现代商贸物流重要基地、产业转型升级试验区、新型城镇化与城乡统筹示范区、京津冀生态环境支撑区。

京津冀三省市虽然有了清晰的定位，但《京津冀协同发展规划纲要》并没有对河北省各城市功能进行明确划分，《纲要》指出，位于中部核心功能区的河北廊坊市、保定市平原地区，重点是抓好非首都功能的疏解和承接工作，推动京津保地区率先联动发展，增强辐射带动能力；位于东部滨海发展区的河北沿海地区，重点发展战略性新兴产业、先进制造业以及生产性服务业；位于南部功能拓展区的河北省石家庄、邯郸、邢台市平原地区及衡水市，重点承担农副产品供给、科技成果产业化和高新技术产业发展功能；位于西北部生态涵养区的河北省张承地区则重点发挥生态保障、水源涵养、旅游休闲、绿色食品供给等功能。

为了提升京津冀城市群整体发展的经济效益和服务功能，避免城市间的无序竞争，实现城市间合理的功能分工和密切的协同合作，立足河北省各城市区位特征和发展基础，资源环境承载能力和发展潜力，统筹考虑长远发展需要和可能，我们对河北省11个地级城市和1个国家级新区进行功能定位（见表17）。

表17　京津冀城市群各城市的功能定位

城市	功能定位	定位依据
石家庄	交通枢纽、商贸物流中心、现代医药之都	石家庄作为河北省会城市，区位交通优越，产业基础雄厚，是河北的政治、科技和文化中心，发展潜力巨大。冀中南地区缺少承上启下的特大城市，由此作为京津冀城市群二级城市之一的特大城市首当其冲
唐山	世界钢铁城市、矿产品物流港口城市	唐山是以煤炭、电力、钢铁、水泥、陶瓷等为主的全国重要的能源、原材料工业基地。未来要培育壮大钢铁、建材、能源、机械、化工五大产业，使其成为世界性钢铁基地；依托海港优势，通过提升产业和产品档次，发展高加工度制造业和集仓储、运输、服务等为一体的临港产业，使其成为世界重要的能源、原材料基地和制造业基地
秦皇岛	粮食物流港口城市、装备制造基地、现代国际旅游城市	秦皇岛未来要依托生态资源优势，重点发展滨海旅游、文化教育、大健康服务业。在原有修造船及机械制造业基础上，推动海工制造业发展
邯郸	历史文化旅游城市、精钢制造基地、装备制造基地	邯郸是中原经济区与京津冀接壤区的最大城市，产业基础雄厚，未来要继续做大做强钢铁、电力、装备制造、医药等产业。同时依托其悠久的历史文化和西部太行山区的众多景观，积极推动文化、旅游等产业的发展
沧州	重化工业城市、能源物流港口城市	沧州有华北、大港两大油田，是河北外向型工业基地和重要港口城市。未来要重点发展以盐化工、石油和天然气化工、煤化工为主的三大化工产业链，发展电力、机械加工和其他临港产业
保定	历史文化旅游名城、汽车制造与新能源城市、现代制造业基地	保定历史文化悠久，人文历史资源众多，文化教育也相对发达。汽车和零部件产业有着较高基础，纺织服装、皮革箱包、电工器材等劳动密集型产业也较有优势，是承接北京一般性制造业转移的重要城市

续表

城市	功能定位	定位依据
廊坊	信息装备城市、高新技术制造基地	地处京津两大都市之间，是京津产业、人口转移的重要方向。今后在电子信息、新材料、新医药、先进制造的基础上，积极承接京津科技成果的转移，同时大力发展现代物流、会展旅游、食品等行业，做好京津两大都市的产业承接基地和服务基地
衡水	轻工业城市、农产品加工基地	衡水、邢台两市人口较少，与周边城市竞争处于相对劣势，未来应在集聚产业的基础上扩大人口规模
邢台	建材城市、机械装备制造基地	
张家口	休闲旅游城市、清洁能源装备制造基地	张家口和承德两市是京津的生态屏障和水源地，历史文化深厚，并有着独特的旅游景观资源，未来不适宜大规模集聚产业和人口
承德	生态旅游城市、绿色食品加工基地	

注：雄安新区由中央政府定位如下：绿色生态宜居新城区、创新驱动引领区、协调发展示范区、开放发展先行区。

（六）推进周边县市与京津同城化发展

《京津冀协同发展规划纲要》指出，北京、天津是京津冀协同发展的主要引擎。进一步强化京津联动，全方位拓展合作广度与深度，加快实现同城化发展，共同发挥高端引领和辐射带动作用。我们认为，京津同城化重视的不仅是两城之间的协同，还需要有效发挥双城的高端引领和辐射带动作用，进一步扩大空间范围，依据自身的发展条件，推进双城与邻近地区的同城化，以壮大双城的辐射带动力。

推进北京大兴、通州，天津武清与河北廊坊的同城化发展。一是依托北京城市副中心建设，推进北京通州、廊坊北三县（三河、香河、大厂）、天津宝坻区的同城化发展。北京市委、市政府迁往紧邻廊坊北三县的通州，为北三县与通州、宝坻区的同城化发展带来了契机，河北应与京津联合制定通州与廊坊北三县的同城化规划，推动道路与地铁等线路的建设与衔接，优化公共服务资源的跨区域配置，逐步提升同城化发展水平。二是依托二机场，推进北京市大兴区，河北廊坊市区、固安与天津武清区的同城化发展。应在城际铁路建设、临空产业差异化发展、城镇建设上进行有效的衔接，借鉴广州市与佛山市同城化案例，形成一体化的发展新格局。河北省应加大对廊坊与通州、大兴同城化的支持，促使同城化的顺利开展。通过同城化，北京南部、东部将与廊坊形成系统、配套的空间格局。河北省应支持廊坊、保定在全面放开外地人落户的同时，通过PPP模式，提升廊坊、保定等距离京津较近地区的教育、医疗等公共服务条件，为吸纳人口、产业向廊坊、保定转移打下基础。

（七）发挥政府的引导作用和市场的基础性作用

《京津冀协同发展规划纲要》指出，要加快完善市场机制，充分发挥市场在资源配置中的决定性作用，有序推动北京非首都功能疏解，促进生产要素在更大范围内有序流动和优化配置。切实转变政府职能，更好发挥统筹协调、规划引导和政策保障作用。就生产要素的流动规律而言，劳动力的流动方向必定是由欠发达地区向发达地区转移的，即在市场机制的作用下，必然会出现河北省优秀人才外流，低水平人口比重上升的情况，从而进一步加剧河北的落后；资本的流动方向必定是由低回报率向高回报率转移的，即在市场机制的作用下河北的资本必定会向京津两地流入，资本的流失会加速河北的落后。由此，河北各市由于自身的行政等级、发展水平、市场规模、专业化程度、公共服务水平等发展水平较差，使之很难在纯粹市场机制下谋求更大的发展，资源向京津转移成为必然趋势。处理好政府与市场之间的关系恰恰是助推京津冀产业协作的必由之路。缩小河北与京津两地的社会经济发展差距，必须使市场在资源配置中起基础性作用的同时，发挥中央政府的作用和三地政府的作用，因而必须要完善对京津冀三地的顶层设计。

河北地处东部沿海，环绕北京、天津两大直辖市，但长期以来其发展速度、规模和质量却不尽人意，其主要原因在于市场化的营商环境不高。河北各市的基层政府，行政效率较低；对企业的扶持力度不大；存在招商引资中“笑脸迎客，关门打狗”的现象。在这样的大环境下，导致企业的迁移意愿不强，即便由于成本的因素需要离开北京。因此，改善投资环境（也就是营商环境）是当务之急。一是发挥政府的引导性作用。通过制定政策对产业、城镇化、公共服务等方面进行引导。二是对市场进行有效监管。严厉打击假冒伪劣和地方保护，并在知识产权方面做好保护，防止本地企业对外地企业的侵权，当然也要维护好本地企业的利益，防止外地企业侵权。三是政府做好跨区域制度保障与衔接。京津冀各市应在多个方面及多个领域签订合作协议，如招商、交通、环保、规划、人才交流、市场准入、公共服务等方面，形成要素自由流动的保障机制。四是支持民营经济发展。京津冀地区国有企业比重较高，并与政府有着千丝万缕的关系，导致市场化程度不高，民营企业活力不足，市场相对不活跃，资源得不到优化配置。因此，京津冀各级政府应通过“大众创业、万众创新”机制积极支持和鼓励民营经济发展。五是加强招商引资方面的协调。有些地方为了追求短期的经济发展，一味地嫌“小”爱“大”，只关心企业规模，而不关心是否与当地产业龙头的配套适应；只见“优惠政策”而不见“产业集群”以及相关基础设施配套。京津冀产业协作应尽量避免出现京津两地转移出来的产业被河北省各市不顾自身的比较优势争相引进，反而会降低产业协作的效率。六是通过商事制度改革或与天津自贸区合作提升河北市场化水平。河北省应积极申请自贸区或商事制度改革，借鉴珠三角和长三角经验，构筑自身营商环境提升的倒逼机制，以提升自身的亲商、迎商的市场化环境。

（八）加强综合交通体系建设和市场一体化

加强综合交通体系建设。加快京津冀城际铁路的规划与建设，提升河北各市的通达能力。通过城际铁路，加强京津冀城市间的经济联系。强化多种交通运输方式的衔接互通和协调互动。

加强对河北产业转型升级的政策支持。一是需要国家出台针对河北各市的后续支持政策。河北的定位是全国现代商贸物流重要基地，商贸物流基地的形成依赖交通枢纽的建立，但国家层面的铁路中长期规划中并未将石家庄作为一个枢纽来定位。交通规划涉及未来线路、车辆班次的布局，因此需要中央层面加以政策支持。二是河北应重点打造产业发展的空间载体。针对某些重点领域的比较优势建设，河北应与北京共建产业转移园区，推进最新领域科技成果在河北产业园孵化。集中力量打造几个重点承接产业转移的园区，通过制定专门的承接产业转移与技术孵化政策，建设具有利益共享机制的平台，并赋予体制机制创新的权力。同时针对承接产业转移的园区，政府应实施负面清单制度，积极促进北京高端最新技术成果转化、高端产业向共建产业园区转移，围绕两三个重点转移园区，率先形成高端新兴产业的聚集地，使其部分行业能够在全世界具有竞争优势。

作者单位：中国宏观经济研究院、国家发展和改革委员会国土开发与地区经济研究所；中国宏观经济研究院、国家发展和改革委员会经济研究所；中国社会科学院工业经济研究所；郑州航空工业管理学院

参考文献

[1] Helsley R. W., and Strange W. C. Matching and agglomeration economies in a system of cities [J]. Journal of Urban Economics, 1990, (20): 189-212

[2] Marshall J. N., Damesick P. and Wood P. Understanding the location and role of producer services in the UK [J]. Environment & Planning, 1987, (19): 575-595

[3] Saskia Sassen. Megregions: Benefits Beyond Sharing Trains and Parking Lots? [J] .http: //www.america2050.org/upload/2011/12/Economic Geography of Megaregions2007

[4] 姚士谋，周春山，王德，修春亮，王成新，陈明星等著.中国城市群新论 [M].北京：科学出版社，2016年

[5] 倪鹏飞.全球城市竞争力报告（2011-2012）[M].北京：社会科学文献出版社，2012年

[6] 世界银行.2009年世界发展报告：重塑世界经济地理 [M].北京：清华大学出版社，2009年

[7] 齐讴歌，赵勇.城市群功能分工的时序演变与区域差异 [J].财经科学，2014，(7)：114-121

[8] 赵勇，魏后凯.政府干预、城市群空间功能分工与地区差距——兼论中国区域政策的有效性 [J].北京：管理世界，2015，(8)：14-29、187

[9] 申玉铭，邱灵，王茂军，任旺兵，尚于力.中国生产性服务业产业关联效应分析 [J].地理学报，2007，62 (8)：821-830

[10] 肖金成，袁朱等著.中国十大城市群 [M].北京：经济科学出版社，2009年

[11] 肖金成等著.京津冀区域合作论 [M].北京：经济科学出版社，2010年

[12] 安树伟，郁鹏，母爱英.基于污染物排放的京津冀大气污染治理研究 [J].城市与环境研究，2016，(2)：17-30

[13] 申现杰.中国世界级城市群发展研究 [D].中国人民大学博士学位论文，2016年

[14] 马燕坤.中国城市群内部产业功能分工研究 [D].中国人民大学博士学位论文，2017年

分报告二

河北产业升级研究

课题负责人：高　智

课题组成员：杨　华　吴　譞

在京津冀协同发展战略向纵深推进的背景下，探讨河北省产业升级，必须以国际化的视野并以提升京津冀整体产业竞争力和发展的可持续性为目标。按照《京津冀协同发展规划纲要》（以下简称《纲要》）的要求，京津冀协同发展最根本、最核心、最重要的目标就是建设具有国际竞争力和重要影响力的世界级城市群，打造环渤海地区创新发展的新引擎，辐射和带动全国发展。要实现这一目标，最为关键的是京津冀产业一体化，在更高层面整合京津冀产业发展，优化产业分工，推动京津冀产业整体升级，形成对周边地区的产业发展位势，引领其向更高水平迈进。

本研究将从分析河北省产业现状及在京津冀产业发展中的地位入手，站在京津冀协同发展的高度，以国际化视野，深入探讨河北在京津冀产业协同发展中的角色和目标，系统剖析河北产业升级面临的障碍；基于国际经验和案例，研究提出河北省产业升级的方向、路径和策略，并从河北自身政策改进、京津冀政策协调、国家政策支持三个层面向政府提出建议。

一、河北在京津冀地区的产业地位

（一）产业规模及地位

从总量看，2015年河北省实现地区生产总值29806.1亿元，占京津冀地区的比重达到43%，具有明显的规模优势。从三次产业看，第一产业增加值3439.4亿元，第二产业增加值14388.0亿元，第三产业增加值11978.7亿元，分别占京津冀地区的90.75%、54.01%和30.81%（见表1），一、二产业在京津冀地区处于绝对优势地位，第三产业虽不及一、二产业优势突出，但在总量规模上，仍可与京津三分天下。

表1　2015年京津冀三省市产业规模及地位比较

	京津冀	北京市		天津市		河北省	
	绝对值（亿元）	绝对值（亿元）	占比（%）	绝对值（亿元）	占比（%）	绝对值（亿元）	占比（%）
生产总值	69312.89	22968.6	33.14	16538.19	23.86	29806.1	43.00
一产增加值	3790.11	140.2	3.70	210.51	5.55	3439.4	90.75
二产增加值	26638	4526.4	16.99	7723.6	28.99	14388	54.01
三产增加值	38884.78	18302	47.07	8604.08	22.13	11978.7	30.81

数据来源：2015年北京市、天津市、河北省统计公报。

（二）产业结构及层次

从三次产业结构看，2015年河北省第一产业增加值占全省生产总值的比重为11.5%，第二产业增加值比重为48.3%，第三产业增加值比重为40.2%。同年，北京市和天津市的三次产业结构则分别为0.6：19.6：79.8和1.3：46.7：52.0（见表2）。可见，京津两市已形成三二一产业结构，在整体上已完成工业化过程，开始进入后工业化社会，而河北正由工业化中期向工业化后期过渡，工业和农业占有较高比重，在产业层次上与京津存在较大落差。

从工业[①]内部结构看，2015年河北省规模以上工业主营业务收入达到45648.1亿元，其中，资源型工业[②]主营业务收入达到22956.2亿元，占规模以上工业比重达到49.54%，黑色金属冶炼及压延加工业比重最高，占比达到规模以上工业的21.7%，是河北第一大资源型行业（见图1）；高技术制造业[③]主营业务收入仅为1381.0亿元，占规模以上工业比重不足3%，尤其是航空、航天器及设备和计算

表2　　2015年京津冀三省市产业结构比较

	京津冀		北京市		天津市		河北省	
	绝对值（亿元）	比重（%）	绝对值（亿元）	比重（%）	绝对值（亿元）	比重（%）	绝对值（亿元）	比重（%）
生产总值	69312.89	100	22968.6	100	16538.19	100	29806.1	100
一产增加值	3790.11	5.47	140.2	0.6	210.51	1.3	3439.4	11.5
二产增加值	26638	38.43	4526.4	19.6	7723.6	46.7	14388	48.3
三产增加值	38884.78	56.10	18302	79.8	8604.08	52.0	11978.7	40.2

数据来源：2015年北京市、天津市、河北省统计公报。

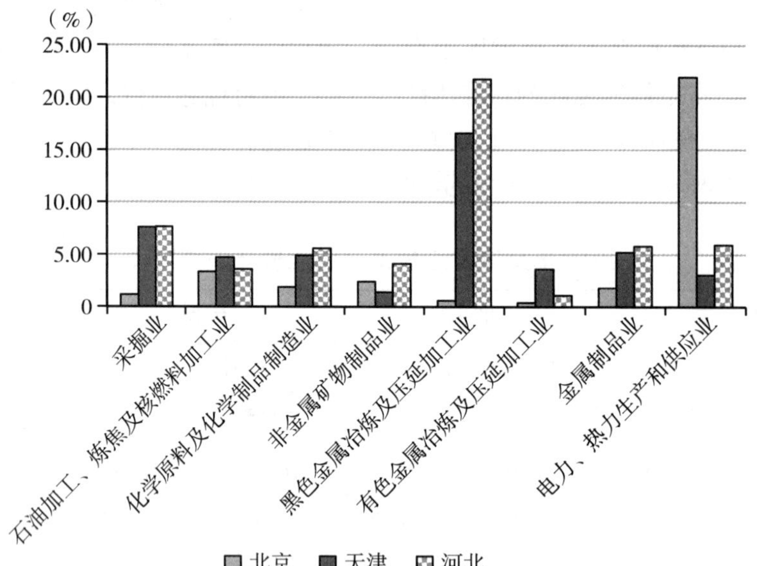

图1　京津冀资源型工业主营业务收入结构

数据来源：《北京统计年鉴》、《天津统计年鉴》、《河北经济年鉴》。

① 本文在分析工业内部结构时将以采掘业和制造业为重点，电力、热力、燃气和水的生产供应业等基础产业将不作为分析的重点。

② 文中资源型产业是指以矿产资源开采及初加工为主要内容的产业部门，在统计学上主要包括采矿业5个，即煤炭开采和洗选业、石油和天然气开采业、黑色金属矿采选业、有色金属矿采选业、非金属矿采选业；制造业6个，即石油加工、炼焦及核燃料加工业，化学原料及化学制品制造业，非金属矿物制品业，黑色金属冶炼及压延加工业，有色金属冶炼及压延加工业，金属制品业。

③ 按照《中国科技统计年鉴（2015）》中的分类，高技术制造业指医药制造业，航空、航天器及设备制造业，电子及通信设备制造业，计算机及办公设备制造业，医疗仪器设备及仪表制造业。

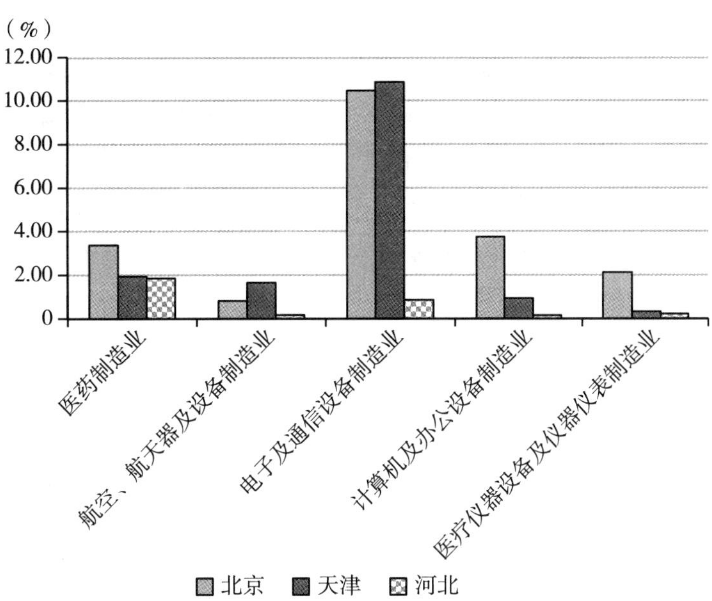

图2　京津冀高技术制造业主营业务收入结构

数据来源：《北京统计年鉴》、《天津统计年鉴》、《河北经济年鉴》。

机及办公设备制造业，两者之和占规模以上工业比重还不及0.1%（见图2），可见，河北省工业以资源型为主导，初级工业特征十分明显。同期，北京市资源型工业仅占规模以上工业的11.57%，而高技术制造业占规模以上工业比重则高达20.47%，是河北省高技术制造业占比的6.9倍，其中，计算机及办公设备制造业占其规模以上工业比重达到3.74%，远远高于河北省；天津市虽然资源型产业占比也较高，但其高技术制造业发展水平也较高，占规模以上工业比重达到15.67%，是河北省高技术制造业占比的5.3倍（见表3）。由此可知，河北仍处于工业化进程中，产业发展明显滞后，主要依靠自然资源和劳动力要素驱动，而北京已进入后工业化阶段，主要是由知识和技术要素驱动。

从工业在京津冀区域地位来看，2015年河北省规模以上工业主营业务收入占京津冀地区比重达到49.56%，其中，资源型工业主营业务收入占京津冀地区资源型工业比重达到61.98%，而高技术制造业主营业务收入仅占京津冀地区高技术制造业的14.61%；而同期，北京、天津两市资源型工业仅占京津冀地区的5.89%和32.19%，高技术制造业则占京津冀地区的40.49%和44.90%，远远高于河北省高技术制造业占比。可见，在京津冀地区，河北省是资源原材料的提供者，而北京市和天津市是高技术的提供者，双方在工业发展层次和水平方面存在巨大落差。

表3　2015年京津冀三省市资源型工业和高技术制造业比较

	京津冀		北京市		天津市		河北省	
	绝对值（亿元）	比重（%）	绝对值（亿元）	比重（%）	绝对值（亿元）	比重（%）	绝对值（亿元）	比重（%）
资源型工业	37040.5	40.21	2162.6	11.57	11921.6	44.03	22956.2	49.54
高技术制造业	9450.6	10.26	3826.2	20.47	4243.4	15.67	1381.0	2.98

数据来源：《北京统计年鉴》、《天津统计年鉴》、《河北经济年鉴》。

从服务业内部结构看，河北商贸流通行业较为发达，高端服务业发展相对滞后。按照服务业发展水平、技术层次不同，可将服务业分为商贸流通服务业、高端生产服务业和一般生产生活服务业①三大类。2015年，河北省服务业增加值达11820.79亿元，其中，商贸流通服务业5144.75亿元，占全部服务业增加值比重的43.52%；而高端生产服务业增加值规模较小，仅占全部服务业的8.83%。反观同期的北京市，2015年服务业增加值达到18199.3亿元，是河北服务业增加值总量的1.5倍。从服务业层次结构来看，北京市高端服务业比重较高，占全部服务业比重的32.81%，特别是信息传输、软件和信息技术服务业增加值达到2383.9亿元，占服务业比重达10%，远高于河北该行业比重。天津市2015年服务业增加值8604.71亿元，虽然总量规模不及河北，但其高端生产服务业增加值比重高达19.97%，比河北高11.14个百分点，结构层次明显优于河北（见表4、表5）。可见，河北省服务业内部结构不合理，高端服务业发展严重不足，服务业整体发展水平与京津有较大差距。

从服务业在京津冀区域的地位来看，河北拥有全国现代商贸物流重要基地的定位，在商贸流通服务业领域具有突出优势。2015年，河北省商贸流通服务业增加值占京津冀地区的比重达到43.14%，其中，运输、仓储和邮政业实现增加值2359.09亿元，占京津冀该行业的半壁江山；而高端生产服务业和一般生产生活服务业在京津冀地区的比重较低，特别是信息传输、软件和信息技术服务，租

表4　　2015年京津冀三省市服务业层次结构比较

	北京		天津		河北	
	增加值（亿元）	占比（%）	增加值（亿元）	占比（%）	增加值（亿元）	占比（%）
商贸流通服务业	3733.80	20.52	3047.14	35.41	5144.75	43.52
高端生产服务业	5971.30	32.81	1718.74	19.97	1043.21	8.83
一般生产生活服务业	8494.20	46.67	3838.83	44.61	5632.83	47.65

数据来源：根据2016年《北京统计年鉴》、《天津统计年鉴》、《河北经济年鉴》的有关数据计算得出。

表5　　2015年京津冀三省市服务业内部结构比较　　（单位：%）

	北京市	天津市	河北省	京津冀合计
批发和零售业	12.93	24.06	20.14	17.61
运输、仓储和邮政业	5.41	8.47	19.96	10.54
住宿和餐饮业	2.18	2.88	3.42	2.72
信息传输、软件和信息技术服务业	13.10	3.12	3.73	8.01
金融业	21.57	18.63	12.53	18.15
房地产业	7.90	7.19	11.11	8.73

① 商贸流通服务业包括批发和零售业，运输、仓储和邮政业，住宿和餐饮业；高端生产服务业包括信息传输、软件和信息技术服务业，租赁和商务服务业，科学研究和技术服务业；其他为一般性生产生活服务业。

续表

	北京市	天津市	河北省	京津冀合计
租赁和商务服务业	9.71	8.55	2.06	7.11
科学研究和技术服务业	10.00	8.30	3.03	7.49
水利、环境和公共设施管理业	0.99	2.03	1.20	1.29
居民服务、修理和其他服务业	0.78	5.15	5.27	3.13
教育	5.31	3.98	4.45	4.75
卫生和社会工作	3.17	2.14	4.59	3.38
文化、体育和娱乐业	2.90	1.14	0.90	1.90
公共管理、社会保障和社会组织	4.04	4.36	7.60	5.20

数据来源：2016年《北京统计年鉴》、《天津统计年鉴》及2015年河北省统计提要。

赁和商务服务，科学研究和技术服务，文化、体育和娱乐等服务于人民生产生活的高端服务业占京津冀地区的比重均较低，均不足京津冀地区的1/6。反观同期的北京市，各层次服务业占京津冀地区的比重均较高，特别是高端生产服务业在京津冀地区具有绝对优势，占京津冀地区的比重达到68.37%，其中，信息传输、软件和信息技术服务业增加值占京津冀该行业的比重高达77.06%。天津市在高端生产服务业上也具有一定优势，占京津冀地区的比重高于河北7.73个百分点（见表6、图3）。可见，河北省服务业发展层次较低，是京津冀地区商贸流通服务的提供者，而京津两市服务业发展水平较高，是京津冀地区高端服务的提供者。

表6 2015年京津冀三省市分层次服务业地位比较 （单位：%）

	北京	天津	河北
商贸流通服务业	31.31	25.55	43.14
高端生产服务业	68.37	19.68	11.95
一般生产生活服务业	47.28	21.37	31.35

数据来源：根据2016年《北京统计年鉴》、《天津统计年鉴》、《河北经济年鉴》有关数据计算得出。

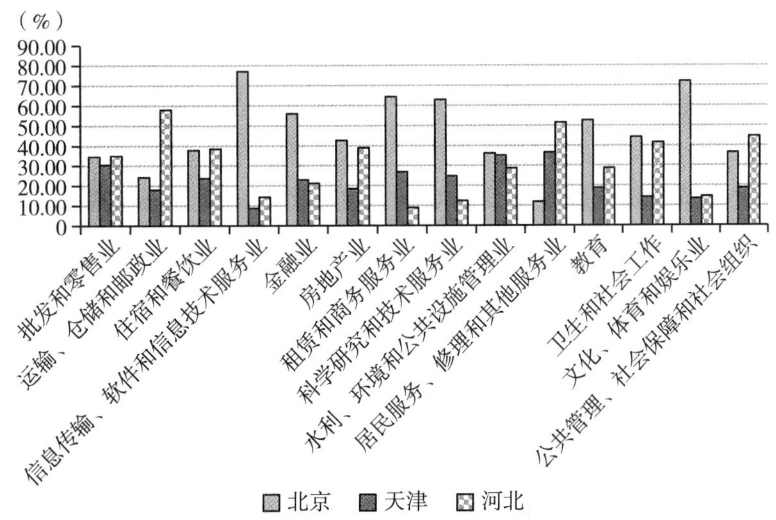

图3 2015年京津冀地区分行业服务业增加值结构

（三）产业分工及特点

本节将按照产业链的企业总部、研发设计、加工制造和营销服务四个环节划分，对京津冀三地在各环节的生产力布局情况进行分析，进而总结出京津冀产业分工的特点及河北承担的地位作用。

企业总部环节。总部是企业的最高决策中心和神经中枢，负责企业发展战略的研究、组织实施、交易的协调和资源配置。通常企业总部布局在高端服务业发达、交通通信条件优越、科技资源和高素质人才丰富的地区。通过对世界500强、中国500强、民营500强和金融500强企业总部在京津冀地区的布局进行分析可知，截至2015年底，落户河北的民营500强企业总部共有18家，占京津冀地区民营500强企业总部的43.9%；而其他500强企业总部落户河北的相对较少。可见，河北除民营企业发展水平相对较高，具有一定的民企总部优势外，在其他企业总部环节优势并不突出。同期，在北京市落户的世界500强、中国500强和金融500强企业总部分别达到134家、99家和83家，分别占京津冀企业总部的96.40%、70.71%和76.15%。北京凭借全国政治、文化、经济、对外交流合作中心地位，在企业总部环节上拥有津冀无可比拟的优势（见图4）。

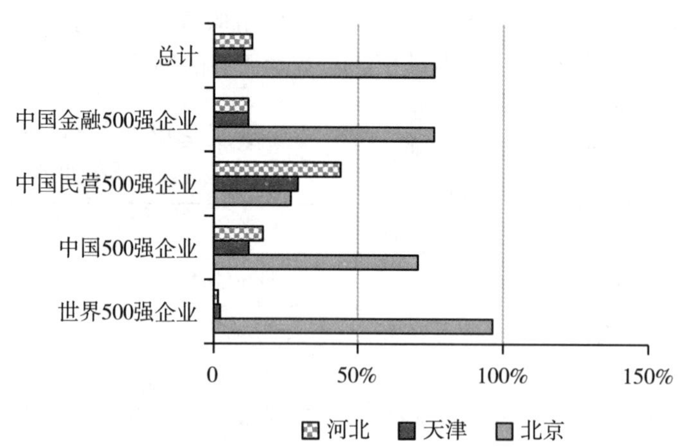

图4　京津冀地区500强企业总部分布情况

数据来源：世界500强、中国500强、民营500强和金融500强企业数据分别由《财富》世界500强排行榜、中国企业联合会和中国企业家协会、全国工商联、网易财经等发布数据筛选汇总得出。

研发设计环节。研发设计环节处于产业价值链分配的高端，是技术要求最高的环节。研发设计环节一般布局在研发资源密集、基础和配套设施便利、生活服务机构健全的区域。通过对京津冀研发机构、高等院校、重点实验室等创新资源的布局进行分析，可以看出，河北在研发设计环节处于明显的弱势地位，研发机构数量少，层次低；全域内至今没有一所985工程院校，唯一一所211工程院校还坐落在天津市内；仅拥有9家国家重点实验室，不仅数量少，而且基础和前沿技术国家重点实验室资源稀缺。而北京作为全国资本流、信息流、人才流汇集和分配的枢纽，在研发设计环节上拥有津冀难以企及的优势。2014年北京拥有的各类科研机构、高等院校和重点实验室分别达到405家、76个和192个，分别占京津冀创新资源的66.27%、30.52%和41.56%。在高等院校数量上北京虽然不及河北，但高等院校普遍层次高、科研实力强，其拥有的985、211工程院校占比分别达到京津冀的80.0%和85.71%（见表7）。北京还集中了大批国内顶尖的国家重点实验室，在基础医学和生物医药、航空航天、节能环保、新一代信息技术、新能源、新材料、智能制造等领域具有核心技术优势，发挥着高端引领作用。天津作为北方最大的沿海开放城市，在经济实力、科研水平等方面均具有一定的优势，其教育、科技基础较好，在全国范围内处于前列，在京津冀地区明显优于河北，但次于北京（见表7）。

表7　京津冀分地区科研资源布局结构　（单位：%）

	研发机构	高等院校				重点实验室		
		985院校	211院校	其他院校	小计	国家级	省市级	小计
北京	61.27	80.00	85.71	20.85	30.52	65.85	22.18	41.56
天津	22.39	20.00	10.71	23.70	22.09	29.76	41.63	36.36
河北	16.34	0.00	3.57	55.45	47.39	4.39	36.19	22.08

数据来源：由《构建京津冀创新共同体　推动京津冀协同发展重大问题研究》项目数据汇总得出。

加工制造环节。通过分析一般加工制造和高技术制造①行业企业的数量和营业收入，可以看出，京津冀地区一般加工制造业在河北省布局较为集中。无论是企业数量还是主营业务收入水平，河北的一般加工制造业占比均超过50%；其次为天津，一般加工制造业企业数量和主营业务收入水平分别达到京津冀的22.96%和30.93%（见图5）。从高技术制造业来看，无论是高技术制造业企业数量，还是收入水平和盈利能力，河北均处于劣势地位，尤其是收入水平，2015年河北高技术制造业主营业务收入仅占京津冀地区的15.17%。同期，北京、天津的高技术制造业发展水平明显高于河北（见图6）。一般加工制造环节在产业链上技术需求相对较低，对土地、矿产、水、劳动力等资源的需求较高，在产业链中处于价值分配低端。而高技术制造环节则对人才、技术、资本等要素需求相对较高，处于价值链高端。长期以来，河北省依靠资源禀赋条件和低廉的要素成本优势，在一般加工制造业获得了较大发展，居于制造业价值链的低端；而北京和天津则凭借良好的人才、技术、交通区位和产业基础优势，占据了制造业价值链的高端。

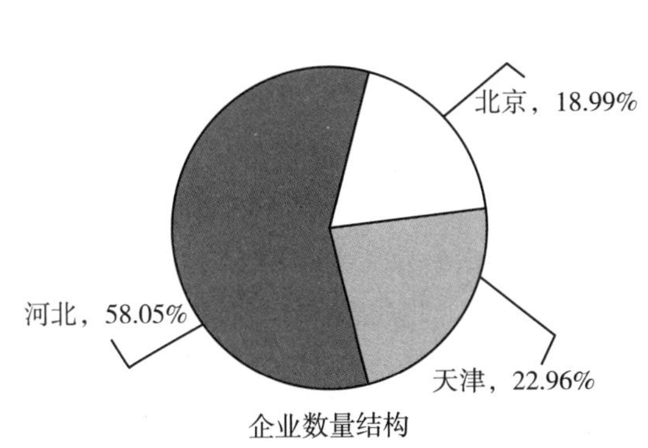

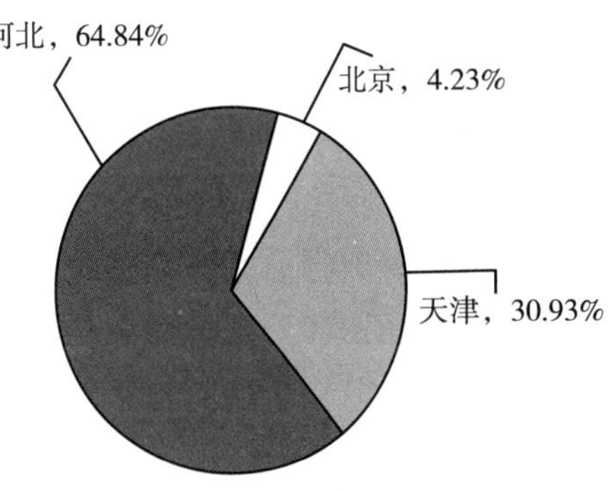

图5　京津冀地区一般加工制造业企业数量和主营业务收入结构

数据来源：由京津冀第三次经济普查数据计算得出。

① 一般加工制造业是制造业中除去装备制造业、其他制造业、医药制造业、废弃资源综合利用业、机械和设备修理业以外的制造业行业。高技术制造如前所述。

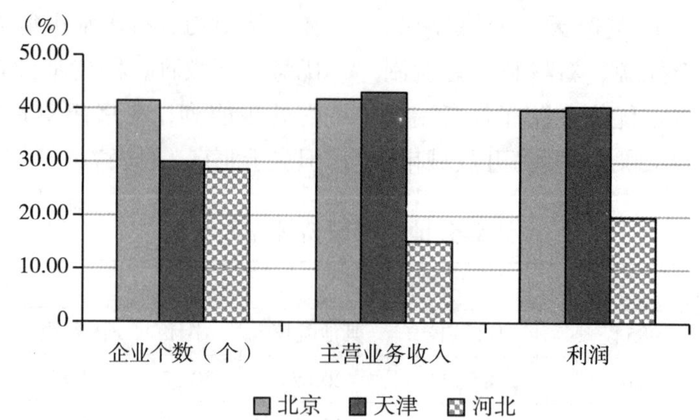

图6　京津冀分地区高技术制造业占京津冀地区比重

数据来源：由《中国科技统计年鉴（2015）》数据计算得出。

营销和服务环节。营销与服务环节是产业链的末端环节，包括的行业众多，技术水平差异较大。营销和服务大体可以划分为销售和一般服务业环节，以及知识或技术密集型的高端服务环节①两类。从销售和一般服务环节来看，河北从业人数较多，达到562.39万人，占京津冀销售和一般服务业从业人员的61.32%，是京津冀销售和一般服务业的提供者。而北京、天津的销售和一般服务业从业人员比重相对较低（见图7）。从高

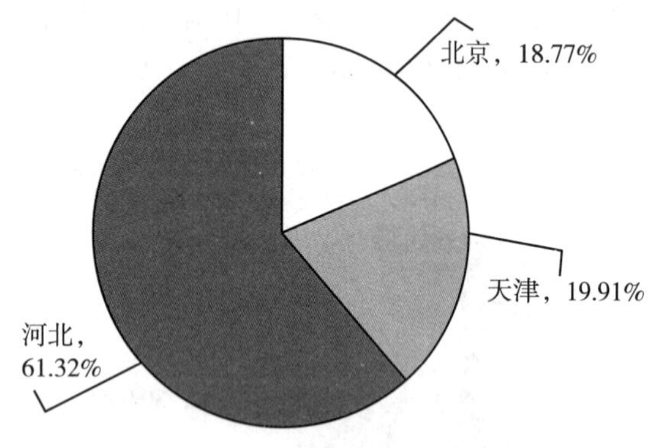

图7　2015年京津冀销售和一般服务业行业从业人员

数据来源：根据《北京统计年鉴》、《天津统计年鉴》、《河北经济年鉴》计算得出。

端服务环节来看，河北高端服务业从业人员数量为130.8万人，占京津冀地区高端服务业从业人员的21.11%，而北京高端服务业从业人员接近河北省的3倍，占京津冀地区的比重达到60.47%（见图8）。可见，京津冀地区营销和服务环节存在明显分工，北京在金融、信息、科技服务等方面优势明显，控制着产业价值链分配的又一高端，而河北省则处于劣势地位。

概括起来，京津冀产业分工呈现以下特征：

1.京津冀地区产业垂直分工特征明显。京津冀由于各自的发展阶段、条件、要素禀赋特点，已经形成了垂直化的产业分工格局。北京、天津依托优势科研资源与工业基础，实现了以高新技术产业为主的产业结构，处于垂直产业分工的高端环节。河北经济相对落后，产业虽然总量大，但层次较低，主要是资源深加工产业和农业，处于产业价值链的末端（如图9）。

2.北京在京津冀产业分工中居于核心地位。北京是我国的政治、经济、教育、科技、文化、金融中心，聚集了大量的生产要素。北京地区拥有清华、北大等90多所高校和中科院

① 为了统计方便，本研究中的销售和一般服务业主要指批发和零售业、住宿和餐饮业；高端服务业主要指信息传输、软件和信息技术服务业、金融业、租赁和商务服务业、科学研究和技术服务业。同时，以从业人员来近似度量京津冀地区营销与服务环节发展情况。

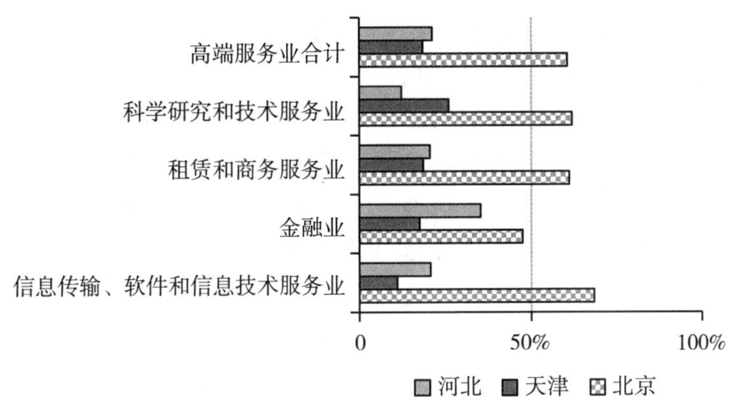

图8　京津冀分地区分行业高端服务业行业从业人员

数据来源：根据《北京统计年鉴》、《天津统计年鉴》、《河北经济年鉴》计算得出。

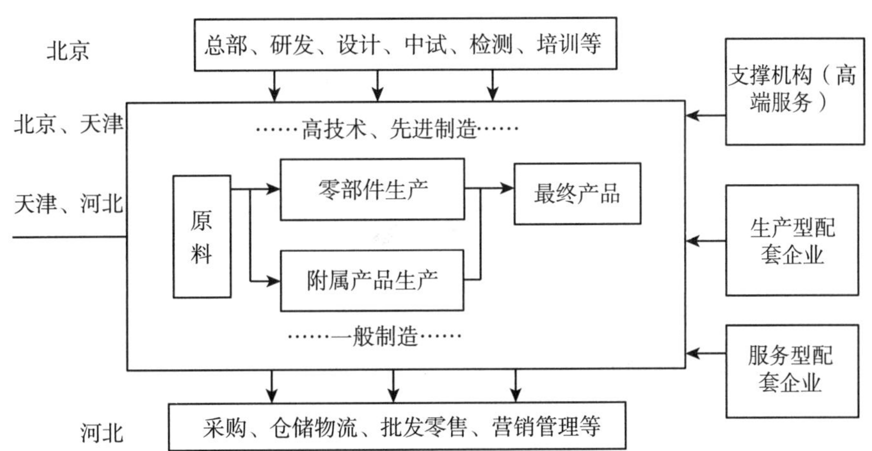

图9　京津冀地区的产业分工体系示意图

等230多家独立的研究机构，还有29家世界知名跨国公司的研发机构[①]，是企业总部和研发机构聚集的核心区域。丰富的创新资源、明显的人才聚集和高技术产业优势，使得北京成为产业链研发设计“新高地”，在京津冀协同发展进程中，发挥“领头羊”的作用。

3.河北与天津产业分工有错位也有交叉。天津作为京津冀地区的次级城市，在京津冀产业分工中整体上处于第二层次。天津依托良好的制造业基础和优越的港口航运条件，在制造业特别是先进制造业领域取得了较大发展，而河北由于产业基础和各项设施条件相对薄弱，难以与天津比拟，制造业与天津存在较大落差。与此同时，河北与天津在黑色金属冶炼及压延、化学原料及化学制品和金属制品等行业也存在产业结构雷同和同质化竞争问题，京津之间没有形成层次分明的产业分工和有效的区域竞争合力。

4.河北处在京津冀产业分工的底端。在京津冀地区中，河北一直是北京的战略腹地，处在核心区外围。河北在农业、资源型工业和一般服务业上拥有较大优势，但这些环节大多处于产业链价值分配的低端环节，产品附加值较低，因此，河北在京津冀产业分工中处于从属地位。

5.河北与京津没有形成高效的产业链条。一方面，河北省的主导产业主要是煤炭、冶金、石化、建材等资源型行业，这些行业本

① 张燕：“以产业链垂直整合为突破口推进京津冀一体化”，《经济研究参考》，2014年第4期。

身产业关联效应不大，不容易形成较长的产业链；另一方面，在装备制造、电子信息、生物医药等有可能建立较长产业链条的行业内，河北与京津之间也没有建立起有效对接的产业链。京津冀三地产业各成体系，行业内联系不紧密，分工不明确，零配件支撑供应体系尚未建立，产业配套环境远不及“长三角”和“珠三角”，很多企业不得不舍近求远，到京津冀区域外寻求合作，如北京的IT制造企业更多是到广东、江苏等地采购零部件或直接代工生产。

6.京津冀地区产业链与创新链难以融合对接。北京市聚集了众多层次高端、领域多样的国家重点实验室、工程技术中心、研究机构等创新资源，拥有大量先进技术和众多前沿成果，科研成果转化应用需求十分迫切，与此同时，河北加工制造业基础较好，产业转型升级需求强烈，亟需通过技术成果转化应用来推动传统产业转型升级。表面看，河北省与北京市创新链与产业链融合对接，既符合双方需求，又具有现实意义。但是，实际上两者之间的产业链与创新链融合对接很难实现。这主要是由于双方在实际需求上存在错位，北京的研究成果多为前沿、高端的，而河北的制造业发展层次较低，难以满足北京成果转化的条件。此外，京冀之间存在的创新要素横向流动的隐形壁垒难以打破。2015年，河北承接北京技术转移仅占其输出总量的2.81%[①]，北京大部分科技成果都到京津冀区域外实现转移转化。

二、河北产业升级面临的宏观背景

经验表明，在中国现行体制和发展环境下，一个地区产业发展的方向和目标，既受到一定时期国家产业发展战略取向的强烈影响，也取决于国家对该地区产业功能的确认和重大生产力布局的安排，同时受到特定发展阶段资源环境和要素供给状况的约束，是多种内外环境因素互动和博弈的结果。就现阶段的河北而言，其产业升级主要面临全国产业转型升级的基本方向、京津冀协同发展对河北省产业转型升级的要求以及生态环境保护对河北产业发展可持续性的要求三个方面的宏观背景。

（一）中国产业转型升级的基本方向

当前，世界经济正处于大变革大调整之中，新一轮科技革命和产业变革正孕育重大突破。为抢占产业发展制高点，欧美发达国家“再工业化”和新兴经济体工业化进程明显加快，中国面临发达国家高端回流和新兴经济体低端分流的“双重挤压”。基于国际产业分工格局和贸易环境的新变化、世界科技革命和产业变革的新形势、人民群众追求更有品质生活和更高质量生存环境的新需求，中国政府相继提出深入实施创新驱动发展战略、“中国制造2025”、“互联网+”行动计划等战略举措。中国共产党第十九次全国代表大会明确提出：贯彻新发展理念，建设现代化经济体系，着力转变经济发展方式，加快产业转型升级，力促产业向中高端迈进。

到目前为止，从中国政府出台的有关产业发展的政策文件和规划部署看，当前中国产业转型升级的方向集中体现为“六化”，即高端化、智能化、融合化、生态化、集群化、国际化。所谓高端化，即通过强化研发、设计、核心技术、软件、关键零部件、关键设备和模具、供应链管理、营销和品牌等关键

① 数据来源于：http://news.ifeng.com/a/20170308/50763004_0.shtml。

环节，推动产业链和价值链由低端环节向高端产品、高端要素、高端服务、高端平台等高端环节深化延伸，抢占价值链高端，实现产业高端化。智能化，即运用互联网、大数据、人工智能等现代技术，构建网络化、智能化、服务化、协同化的“互联网+”产业生态系统，推动生产、管理和营销模式变革，实现从用户需求端到产品供给端全链条的智慧化。融合化，即通过加快新一代信息技术向各领域的交叉渗透融合，推动基于网络化、智慧化的多元产业“跨界融合”，催生多元化、多层次、多形式、多渠道产业融合发展的新模式。生态化，即把“生态化”理念融入产业转型升级全过程和各个环节中，加快发展绿色低碳循环经济，积极推广生态工程、生态设计、工艺设计等技术生态化创新，大力促进农业绿色化、工业循环低碳化、服务业环保化，构建资源消耗低、环境污染少的产业结构，形成产业发展与资源环境相协调的局面。集群化，即通过制度创新，优化产业集群内部上下游、内外围企业布局和专业化分工协作，推动集群内部由“诸侯混战”向“异质互补”转变，形成集聚效应，增强创新能力，塑造核心产业，打造出具有创新能力强、关联度大、带动力强、辐射面广、集约化高的优势产业集群。国际化，即通过全球资源利用、业务流程再造、产业链整合、资本市场运作等方式，在世界范围内寻求要素的最佳组合和资源的最优利用，整合和集成世界性的创新资源，推动产业国际合作由加工制造环节为主，向合作研发、联合设计、市场营销、品牌培育等高端环节延伸，在合作中提升产业自主发展能力与核心竞争力。

综上所述，产业高端化、智能化、集群化、融合化、生态化、国际化是中国政府为适应国际经济新特征和新变化，基于现实基础和未来需求，从产业内在发展规律出发，对当前和今后一个时期全国产业发展提出的前瞻性和导向性要求，既是新时期中国产业转型升级的基本方向，也符合当今全球产业转型升级的主流趋势，是地方政府制定产业发展战略的基本遵循。因此，河北产业升级必须顺应这一基本方向和发展潮流。

（二）《纲要》对河北的功能定位和产业转型升级要求

在京津冀协同发展的背景下，河北产业升级的目标和方向首先受到来自《纲要》的约束和影响。就整体而言，中共中央政治局2015年4月30日审议通过的《京津冀协同发展规划纲要》着眼优化和提升京津冀区域整体功能、立足区位特点和比较优势，统筹考虑长远发展的需要和可能、体现在发展大局中的战略地位和独特作用，明确提出京津冀区域的整体功能定位：即以首都为核心的世界级城市群、区域整体协同发展改革引领区、全国创新驱动经济增长新引擎、生态修复环境改善示范区。在此之下，提出三省市的功能定位分别是：北京重点建设全国政治中心、文化中心、国际交往中心和科技创新中心；天津重点建设全国先进制造研发基地、北方国际航运核心区、金融创新运营示范区、改革开放先行区；河北重点建设全国现代商贸物流重要基地、产业转型升级试验区、新型城镇化与城乡统筹示范区、京津冀生态环境支撑区。

从产业发展部署看，《纲要》明确要求，北京要在疏解四类功能（一般性产业特别是高消耗产业；区域性物流基地、专业市场等部分第三产业；部分教育、医疗、培训机构等社会公共服务功能；部分行政性、事业性服务机构和企业总部）的基础上，优化三次产业结构，发挥科技创新中心作用，突出高端化、服务化、集聚化、融合化、低碳化，大力发展服务经济、知识经济、绿色经济，加快构建高精尖经济结构；天津要优化发展高端装备、电子信息等先进制造业，大力发展航空航天、生物医药、节能环保等战略性新兴产业和金融、航空物流、服务外包等现代服务业，打造全国先进制造研发基地和生产性服务业集聚区；河北要积极承接首都产业功能转移和京津科技成果转化，改造提升传统优势产业，推动产业转型升级，大力发展先进制造业、现代服务业和战略性新兴产业，建设新型工业化基地和产业转型升级试验区。目标是建立区域产业定位清晰、布局和分工合理、上下游联动发展的合作机制，形成区域间要素流动更加顺畅，产业布局更加合理，优势互补、分工协作、协调发展的产业格局。

从上述定位中可以清晰地看到以下三点：（1）中央政府和京津都希望河北在京津冀协同发展中从产业发展、城镇建设、生态环境等方面全面发挥基础性支撑作用。（2）对北京和天津的功能定位更加明晰，而对河北的定位，除“全国现代商贸物流重要基地”和“京津冀生态环境支撑区”外，产业发展定位相对模糊，“全国产业转型升级试验区”的定位给了河北巨大的想象和操作空间。（3）京津冀产业定位明显带有梯度分工的痕迹和意图，即在整体上形成北京知识创新—天津研发设计—河北加工制造的纵向梯度分工体系。在这种分工体系框架下，河北如何确立产业升级的目标和方向，并实现国家对河北的功能定位将面临挑战。例如，随着北京新机场的建设，北京作为中国北方空港门户的地位将不可撼动，而“北方国际航运核心区”建设将使天津成为北方海港门户，在此背景下，河北如何建设“全国现代商贸物流重要基地”？

（三）生态环境保护对河北产业可持续性要求

对于河北来说，其产业发展还面临另一个重要宏观背景——环境，这也是京津冀协同发展战略提出的重要起因之一。目前，京津冀地区已成为中国环境污染最为严重的地区之一（见表8）。2015年，京津冀及周边地区（含山西、山东、内蒙古和河南）70个地级以上城市共发生重度及以上污染1710天次，占全国的44.1%。其中，河北对京津冀地区污染物排放的贡献最大，2011年以来，二氧化硫和化学需氧量排放量分别占到京津冀地区的76%和80%以上（见表9），分别比其GDP在京津冀地区的份额高出32.5个百分点和36.2个百分点（2014年），而贡献最大的无疑是其火力发电、钢铁、化工、建材等传统工业。基于此，国家相继出台《大气污染防治行动计划》（国发〔2013〕37号，俗称“大气十条”）、《水污染防治行动计划》（国发〔2015〕17号，俗称“水十条”）等史上最为严厉的环境政策，并明确要求河北压减钢铁、水泥、玻璃等行业过剩产能和煤炭消费总量，推动造纸、焦化、氮肥、石油化工、印染、农副产品加工、原料药制造、制革、农药、电镀

表8　京津冀地区空气质量状况

年份	京津冀PM2.5平均浓度（微克/米^3）	京津冀相当于全国（%）	河北相当于京津冀（%）	河北在全国排名后10位的城市
2013	106	147	145	邢台、石家庄、邯郸、唐山、保定、衡水、廊坊
2014	93	145	110	保定、邢台、石家庄、唐山、邯郸、衡水、廊坊
2015	77	154		保定、邢台、衡水、唐山、邯郸、石家庄、廊坊

注：①数据来源：2013-2015年《中国环境公报》；②京津冀及周边地区含山西、山东、内蒙古和河南；③全国排名指74个新标准第一阶段监测实施城市空气质量综合指数排名。

表9　京津冀主要污染物排放量及河北的影响

年份	化学需氧量		二氧化硫	
	京津冀合计（万吨）	河北占京津冀（%）	京津冀合计（万吨）	河北占京津冀（%）
2011	181.8	76.4	174.1	81.1
2012	176.5	76.4	165.9	80.8
2013	171.0	76.4	158.9	80.9
2014	165.2	76.8	147.8	80.5
2015	157.9	76.5	136.5	81.2

数据来源：《河北经济年鉴（2016）》。

等水污染严重行业落后产能退出市场。为此，2013年以来，河北省按照中央政府部署，相继实施“6643”过剩产能压减计划（即到2017年削减6000万吨钢铁、6100万吨水泥、4000万吨标煤、3600万重量箱玻璃产能）、大气污染特别排放限值、污染物排放总量和强度“双控”等一系列严厉的环境政策。在此背景下，河北的产业发展已不可能沿着原有的发展路径进行规模扩张，未来的产业升级也必须有助于减少污染物排放，改善区域环境质量。事实上，2013年以来河北经济特别是工业增长已明显感受到来自环境政策的强烈约束。

三、河北产业升级面临的瓶颈制约

当前，河北产业升级面临的瓶颈制约主要来自以下四个方面：

（一）缺乏高水平产业发展载体

经验表明，城市和开发区是支撑和引领一个地区经济发展的重要载体。从产业发展的基础条件角度观察，河北中心城市发展不足，城市新区建设滞后，开发区整体水平不高，缺乏支撑和引领产业升级的高水平平台。

在城市化时代，城市是要素和产业集聚的平台，更是区域产业竞争的载体，没有城市的发展就没有产业的发展和区域竞争力的提升。但在河北，人口规模超100万人的城市只有石家庄、唐山、保定、邯郸4个，而且即使是作为省会的石家庄，算上行政区划调整后新划入的鹿泉、藁城、栾城三区，人口规模也只有465万人（2014年）。城市规模的不足，严重制约了要素集聚、产业配套和综合服务能力的提升。据中国社科院发布的2015年《城市竞争力蓝皮书》，石家庄的城市综合竞争力仅排在全国第42位，城市可持续竞争力则没有进入全国前50位。

从未来发展看，国家中心城市是全国城镇体系的核心城市，在金融、管理、文化和交通等方面都发挥着重要的中心和枢纽作用，在推动国际经济发展和文化交流方面也发挥着重要的门户作用[①]。进入到2016年，国家中心城市的批复加快，截至2016年底经国务院正式批复的国家中心城市已达8个，分别是北京、天津、上海、广州、重庆、成都、武汉、郑州。进入国家中心城市行列意味着更

① 《全国城镇体系规划（2006-2020年）》。

大的资源配置权力，也意味着对周边地区更大的引领、辐射和带动作用，因此成为全国各大城市竞争的焦点。目前，西安、沈阳、南京、杭州、长沙、深圳、厦门、青岛等城市都在争列国家中心城市。从区位条件、城市规模、产业基础、区域影响力等方面综合观察，河北石家庄恐将与这一国家定位无缘。

在国家级金字招牌方面，国家级新区、自由贸易试验区、综合配套改革试验区、自主创新示范区等，是由国务院批准设立，承担国家重大发展和改革开放战略任务的综合功能区，具有政策创新和体制机制改革等众多先行先试优势，已成为引领全国有关省市和城市改革发展、创新发展、开放发展的重要引擎。截至2016年底，全国国家级新区已达18个，自由贸易试验区已设立11个，国家综合配套改革试验区已达12个，国家自主创新示范区已达17个，但河北仅有一个刚刚成立，尚未形成规模和带动作用的雄安新区，其他金字招牌一个都没有。在国家级产业集聚平台方面，河北省分别拥有国家级高新区5个、国家级经济技术开发区6个、综合保税区2个（见表10），虽然仅就数量而言在全国并不落后，但在规模体量和发展水平上与先进省市存在巨大差距。2014年，河北省5个国家级高新区合计企业数量和工业总产值仅为北京中关村的7.7%和28.8%、天津滨海高新区的35%和73%（见表11），甚至其总收入合计不足湖北的1/4、四川和湖南的1/2，只有河南的一半，总体发展水平还不如4个中西部省份（见表12）。从国家级经济技术开发区来看，2015年河北省全部6个国家级经济开发区实现地区生产总值1348.4亿元，仅占全省地区生产总值的3.5%，不及天津经济技术开发区一家的1/2。

表10　河北省国家级重要功能区情况

功能区名称	全国数量（个）	河北数量（个）
国家级新区	18	1
中国自由贸易试验区	11	0
国家综合配套改革试验区	12	0
国家自主创新示范区	17	0
综合保税区	46	2
国家级高新技术产业开发区	145	5
国家级经济技术开发区	215	6

表11　京津冀国家级高新区比较（2014年）

高新区名称	企业数量（个）	高新技术企业数量（个）	工业总产值（亿元）	净利润（亿元）	上缴税费（亿元）
北京中关村	15645	7292	9289	2582	1857.6
天津滨海高新区	3437	479	3665.9	603.5	208.4
河北合计	1204	310	2674.9	212.5	194.22
石家庄高新区	626	162	970	97.1	81.9
保定高新区	192	65	960.2	80.2	68.4
唐山高新区	152	48	133.4	9.1	8.03
燕郊高新区	200	27	465.8	19.6	27.57
承德高新区	34	8	145.5	6.5	8.32

数据来源：《中国火炬统计年鉴（2015）》。

表12　冀豫川鄂湘国家级高新区比较（2014年）

省份	国家级高新区数量（个）	总收入合计（亿元）	河北总收入相当于其他各省（%）
河北	5	3515	—
河南	5	6936	50.68
四川	4	7381	47.62
湖北	5	14900	23.59
湖南	5	7843	44.82

数据来源：《中国高新技术产业开发区年鉴（2015）》。

在开发区的建设方面，普遍存在着“三有三缺”问题，即“有载体、缺内容，有政策、缺落实，有项目、缺效率”。河北省的开发区数量不可谓不多，截至目前，全省省级以上开发区184个，其中经济开发区150个、高新技术产业开发区30个、海关特殊监管区4个。但是，在这些开发区中，普遍缺少有支撑、有带动的大项目、好项目，即使有项目，推进效率也较低。如曹妃甸综合保税区，作为河北省首个综合保税区，本应是全省沿海地区对外开放的标志、进一步走向世界的“金字招牌”和京津冀国际出海的重要窗口，但是开发建设5年来，并未取得应有效果，战略性支撑项目偏少，平台引领带动作用还有待进一步发挥。曹妃甸已签约的中石化百万吨炼油等大项目进展不顺，推进落实较慢，全区支柱性产业尚未发展确立。

（二）缺乏高层次人才资源支撑

长期以来河北省一直是全国人才洼地，就人口受教育程度而言，按照国家统计局人口1%抽样调查，2015年河北省每万人口中仅1021人拥有大专及以上学历，不及全国平均水平，仅略高于云南、广西、河南、贵州、西藏5个省区（见表13），只有全国平均水平的91.1%、天津的43.8%、北京的24.1%。而且，随着人才层次的升高，河北的人才缺乏状况越明显（见图10），其中每万人口中拥有本科学历人数为371人，仅略高于河南和西藏，只有全国平均水平的62.6%、天津的31.7%、北京的16.8%；每万人口中拥有研究生学历人数为

表13　2015年全国分地区万人拥有大专及以上学历人数

地区	人数	地区	人数	地区	人数	地区	人数
全国	1333	黑龙江	1328	河南	874	贵州	845
北京	4234	上海	2870	湖北	1499	云南	948
天津	2333	江苏	1642	湖南	1189	西藏	711
河北	1021	浙江	1466	广东	1199	陕西	1774
山西	1374	安徽	1173	广西	921	甘肃	1252
内蒙古	1614	福建	1300	海南	1085	青海	1045
辽宁	1693	江西	1057	重庆	1256	宁夏	1524
吉林	1317	山东	1263	四川	1099	新疆	1455

数据来源：《中国统计年鉴（2016）》。

29人，略高于江西、河南、广西、海南、四川、贵州和西藏7个省区，只有全国平均水平的49.2%、天津的24%、北京的4.3%。而更高层次人才如享受国务院政府特殊津贴专家（含高技能人才）、国家百千万人才专家、两院院士则更为缺乏。截至2015年，河北省每万人口中拥有上述三类高层次人才数量仅相当于全国平均水平的25%、14%和6.8%（见图11）。

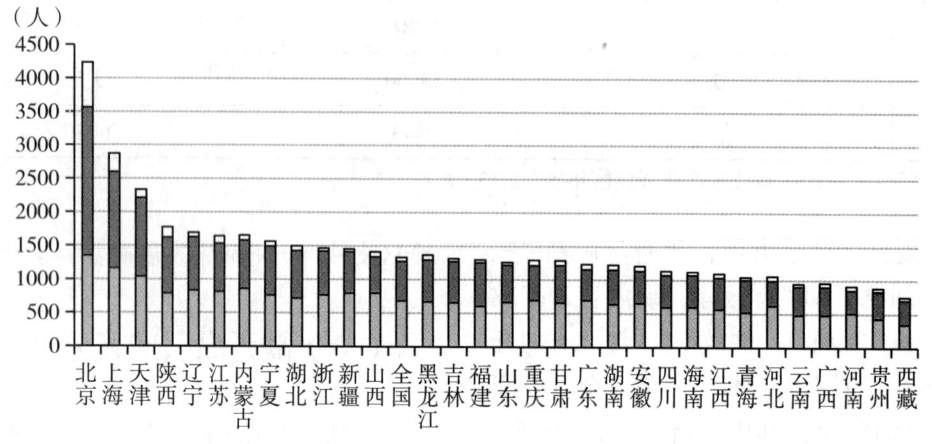

图10　全国分地区人口受教育程度比较

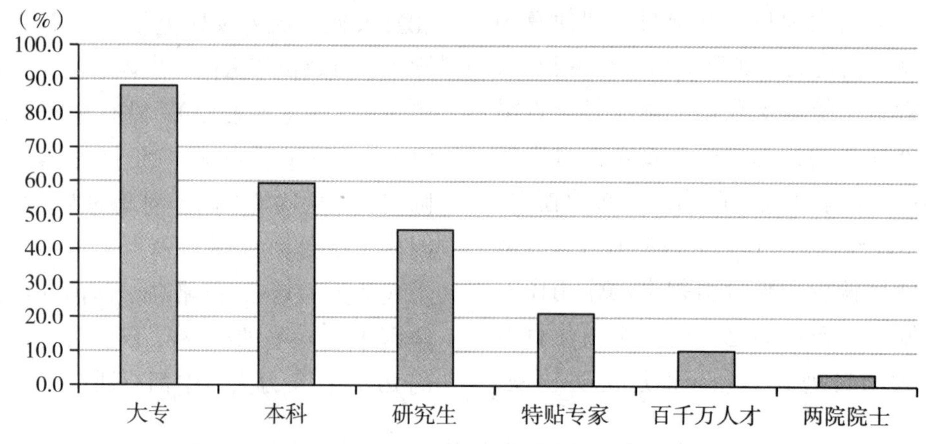

图11　河北省每万人拥有各层次人才相当于全国平均的水平

与此同时，既有人才存在明显的错配。据《中国科技年鉴》统计，2014年在河北省117.5万专业技术人员中产业发展急需的工程技术人才占11%，仅为全国平均水平的1/2左右，在全国排第21位；科学研究人员占全部专业技术人员比重更是只有0.35%，不及全国平均水平的1/4，全国倒数第一（见图12、图13）。不仅如此，近10年来虽然河北省着眼产业发展需求，持续加大高技能人才队伍建设，截至2013年底，全省技能人才总量达430万人，高技能人才占技能人才总量的26.7%，但人才流失极为严重，2004年以来河北省在全国数控技能大赛获奖的40多个“金牌蓝领”已有至少1/4流向省外①。

（三）要素导入面临制度性障碍

国内外经验表明，一个地区产业升级的快慢，很大程度上取决于先进生产要素能否

① 《河北日报》，2014年12月29日。

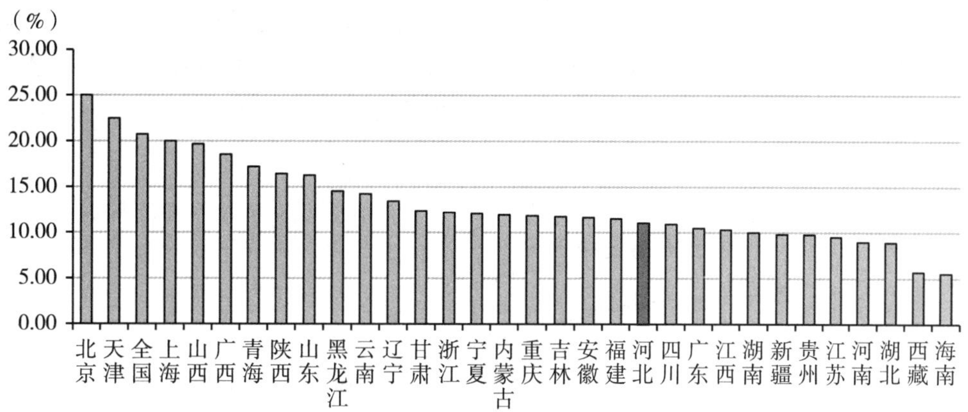

图12　全国各地区工程技术人员占全部专业技术人员比重

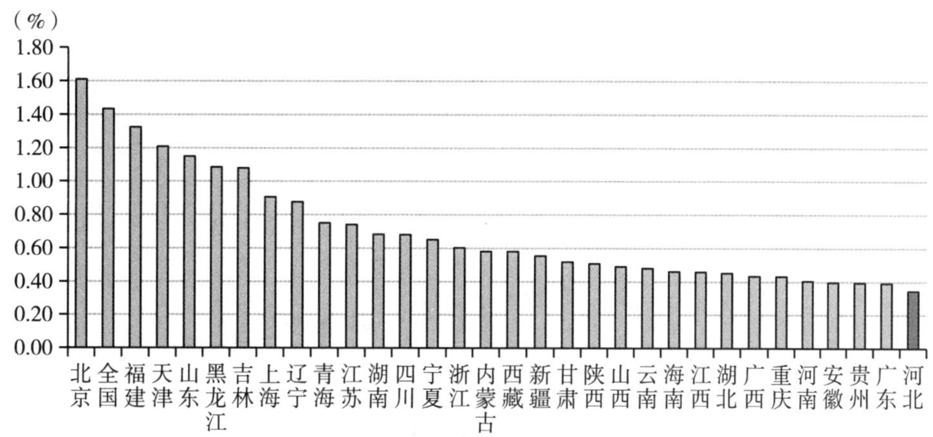

图13　全国各地区科学研究人员占全部专业技术人员比重

顺利导入，以及这种要素的导入速度和规模。多年来，河北在先进生产要素导入上始终面临诸多制度障碍。京津冀协同发展三年来，北京累计向京外调整疏解动物园、大红门、天意等批发市场370余个[①]，仅2016年河北就从京津引进项目4100个、资金3825亿元，分别占全省的42%和51%[②]，但产业转移并未同步带动人口和企业向河北流动。

从人口方面看，近五年来北京市常住人口和外来常住人口增量均持续下降（见图14），2016年北京常住外来人口807.5万人，比2015年下降了15.1万人，成为继上海之后全国又一个出现外来常住人口负增长的超大城市；天津市近五年同样出现常住人口和常住外来人口增量下降趋势，2016年天津外来人口为507.54万人，虽仍比上一年增加7.19万人，但大幅低于2015年的新增24.17万人、2014年的新增35.27万人、2013年的新增47.95万人（见图15）。但京津减少的外来常住人口并未流向河北，因为同年河北全省常住总人口7470.05万人，比上年末增加45.13万人，其中出生人口92.50万人、死亡人口47.37万人[③]，河北的人口增长主要来自新出生人口增加。

从企业方面看，据我们与中关村部分企业座谈中了解，由于高昂的房屋租金、人员

① 中国网http：//media.china.com.cn/jrtt/2017-02-21/982038.html。

② 北京参考网http：//www.bjcankao.com/html/dianzibao/kr/2017/0224/128670.html。

③ 2013－2015年北京市、天津市、河北省《统计公报》。

工资等运营成本，北京约有超过30%的中小企业特别是科技型中小企业有意转移到其他城市发展，但在选择新的城市时，多数企业更愿意选择其他条件相当但生态环境更好的南方城市，只有不足10%的企业愿意转移到北京周边的河北城市。

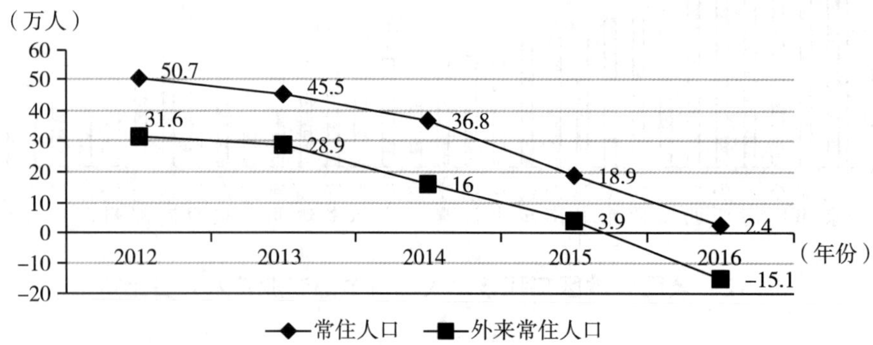

图14　近五年北京市常住人口及常住外来人口增量变化

数据来源：《北京统计年鉴（2016）》。

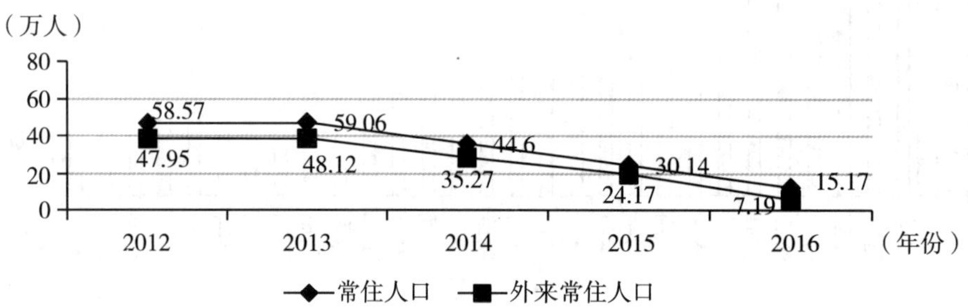

图15　近五年天津市常住人口及常住外来人口增量变化

数据来源：《天津统计年鉴（2016）》。

尽管造成这一结果的因素是多方面的，但不可否认，“分灶吃饭”的财税体制、落差巨大的公共服务政策以及与京津同样甚至更为严重的雾霾，是重要因素。

财税体制方面，主要是“分灶吃饭”的财税体制导致的地方利益纠葛，影响了企业按照市场逻辑在区域内的自由布局。由于中国目前实行的是“分灶吃饭”的财税体制，各地方政府都愿意把尽可能多的企业留在当地，以保证自身财政拥有足够的税源，因而对企业在地区间转移设置了种种行政障碍，造成了地区间的行政分割，这是长期以来京津冀难以协同发展的重要症结之一。尽管京津冀协同发展战略提出以来，在中央政府主导下，制定了京津冀三地政府关于产业转移项目及园区共建财税分享办法（且不论这种分享办法的合理性），但实践中，转移企业仍面临许多无形的障碍。例如，部分京津企业以设立分公司方式在河北实施产业转移项目，由于分公司并非独立公司法人，按照现行《公司法》和《税法》，其税收自然与总公司合并向总公司注册地缴纳。但对于河北来说，为项目提供了土地、能源、环境容量等资源和公共服务却无法获得税收，因此要求企业必须在当地注册为具有独立法人的子公司，但这又带来另一个问题——企业原有的各种资质、资格，如高新技术企业等身份丢失，需要重新注册或审批，不仅增加时间和运营成本，而且影响企业业务开展，同时也难以享受两地政府相关的优惠政策。这些问题在很大程度上影响着京津企业向河北的转移意愿。

公共政策方面，主要是区域分割的公共政策导致的巨大公共服务落差，阻碍了人口特别是高素质人口等要素在区域内自由流动。京津冀人均高等教育资源、人均公共教育投入、人均公共医疗卫生资源、社会保障水平差异见表14、表15和表16。

表14　京津冀公共教育经费支出情况比较（2015年）

	每百万人口拥有高校数（所）	人均公共财政教育支出（元）	各级教育生均公共财政预算教育事业费（元）				
			普通小学	普通初中	普通高中	中等职业学校	普通高等学校
全　国	1.86	1781	8838	12105	10821	10961	18144
北京市	4.19	3904	23757	40444	42193	34433	61344
天津市	3.56	3001	18128	28209	32848	26481	20415
河北省	1.59	1348	6753	9558	9992	12008	13829

数据来源：财政部2015年全国教育经费执行情况统计表。

表15　京津冀公共医疗卫生资源情况比较（2015年）

	每百万人拥有医院数（家）	每万人拥有医院床位数（张）	每万人拥有卫生技术人员数（人）
全　国	20	39	58
北京市	29	48	104
天津市	26	36	59
河北省	21	34	50

数据来源：根据《中国统计年鉴（2016）》相关数据计算得出。

表16　京津冀人均工资及社会保障情况比较（2015年）　（单位：元）

	城镇单位就业人员年平均工资	城镇离退休人员月人均领取养老金	城乡居民月人均领取社会养老金	失业人员月领取失业保险金额
全　国	62029	2354	119	2706
北京市	111390	3398	559	10579
天津市	80090	2577	299	3715
河北省	50921	2572	89	2900

数据来源：根据《中国统计年鉴（2016）》相关数据计算得出。

（四）营商环境尚未根本性改善

良好的营商环境是要素聚集和产业发展的重要前提。对一个地方而言，良好的营商环境像空气、阳光一样，须臾不可缺少，片刻不能忽视，可以说，良好的营商环境已成为一个地区、一个城市发展的核心竞争力，谁拥有良好的营商环境，谁就拥有产业的未来、城市的未来、地区的未来。当前，世界各国和地区无不高度重视营商环境建设，河北省为了改善营商环境，营造良好的产业发展氛围，采取了一系列措施，出台了《关于大力改善营商环境的若干意见》等政策文件，营商环境得到前所未有的改善。但总体而言，与京津及全国发达省区相比，河北的营商环境还不够宽松，影响了投资环境，制约了产业转型升级步伐。主要表现在以下四个方面：

第一，资本市场发育程度较低。从理论上讲，产业结构优化调整和升级转换，离不开资本市场的有效支持和协同发展。从国际经验看，越是发展活跃的地区，资本市场也越活跃。河北的资本市场发育程度较低，活跃性不高，这与其本身发展的阶段和状态有直接关系，同时，也与整个国家资本市场发育的水平直接相关，中国的资本市场发育本就不健全，只有场内市场，场外市场发育不良，市场交易规模也十分有限。目前，A股市场总市值仅相当于GDP的70%左右，不仅远远低于著名投资人巴菲特所说的资本市场与实体经济1∶1到1∶2的对应关系，也远远低于成熟市场150%的水平。

就河北而言，结构合理、功能完善、规范透明、稳健高效的多层次资本市场体系远未形成，对产业升级的支撑能力严重不足。以A股市场上市公司募集到的资金为例，北京市最高，是河北省人均值的14倍，天津市虽然不如北京市人均值高，但是也是河北省人均值的1.48倍（见图16、图17）。截至2015年12月31日，河北上市公司53家，占全国上市公司总数的1.87%，排在全国第14位；上市公司总市值8038.34亿元，占全国的1.51%，排在全国第14位；河北省已登记私募基金管理人239家，全国排名16位，资本市场发展规模和质量还不能与经济发展程度相匹配（经济规模在全国排第7位），资本市场对经济发展的支撑作用尚未得到有效发挥。河北唯一一家区域股权交易所——石家庄股权交

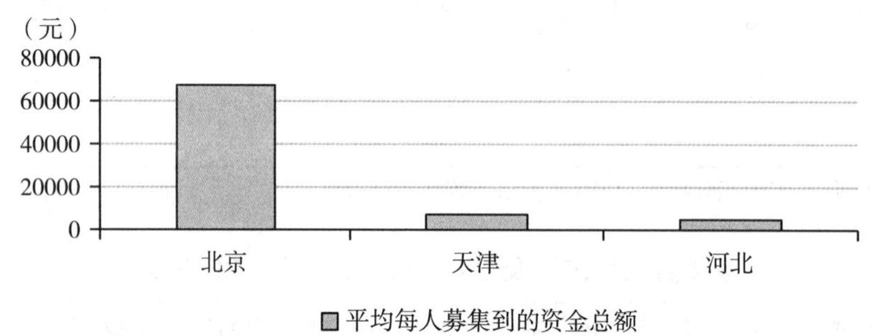

图16　1990-2015年京津冀三省市通过股票人均募集的资金量比较（一）

数据来源：http：//blog.sina.com.cn/s/blog_51bfd7ca0102w57m.html。

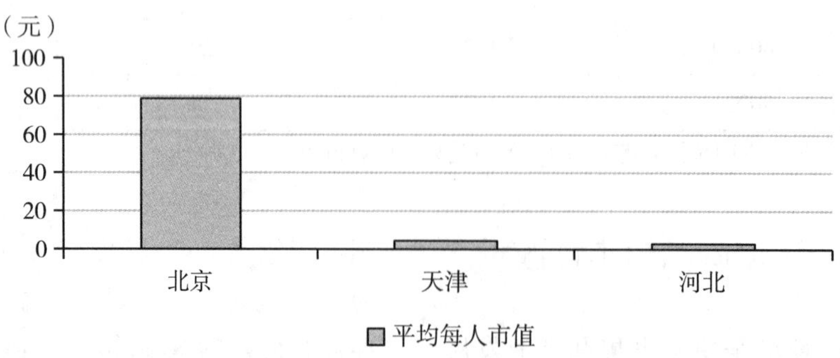

图17　1990-2015年京津冀三省市通过股票人均募集的资金量比较（二）

数据来源：同上。

易所，无论从挂牌企业数量，还是资本服务功能来看，与北京股权交易中心和天津股权交易所相比，都存在较大差距。

第二，诚信体系建设还不完善。诚信作为一种经济、文化、社会理念，现在已经成为市场经济社会中的核心理念之一。良好的社会信用体系是建立和规范市场经济秩序的重要保证，也是建设经济强省、美丽河北的重要先决条件。当前，河北正处于产业升级的关键时期，越是在这个时候，越需要加快推进市场诚信体系建设。自党的十八大提出“加强政务诚信、商务诚信、社会诚信和司法公信建设”以来，河北积极推进，社会信用体系建设取得了一定进展，但是，河北社会信用体系与经济发展水平和社会发展阶段不匹配、不协调、不适应的矛盾仍然突出。问题主要表现在：一是信用信息平台建设和共享滞后。据国家信息中心对各省区市信用信息平台建设和共享工作考核结果显示，截至2016年5月底，河北的信用信息平台建设考核结果为不合格，信息系统建设未能实现各单位各部门间的信息互通互联和资源共享。二是覆盖全社会的征信系统尚未形成，企业信用记录缺失，守信激励和失信惩戒机制尚不健全。三是信用服务市场不发达，服务体系不成熟，服务行为不规范，信用信息主体权益保护机制缺失。四是社会诚信意识和信用水平偏低，履约践诺、诚实守信的社会氛围尚未形成。

第三，缺少公平的市场环境。公平竞争的市场环境是区域经济行稳致远的必要条件。建设公平竞争有序的市场，将有效降低市场准入门槛和企业运营成本，激发市场主体活力，充分释放经济增长动能。长期以来，中国政府在建设公平、透明、可预期的市场环境方面，做出了巨大努力，不断降低民间投资准入门槛，创造公平竞争条件；出台市场监管规划，推动营造公平法治便捷市场环境等，市场环境明显改善。国内国际也有许多建设公平市场环境的先进经验，如中国香港开展成本低廉税制试点、制定培育扶持专业服务机构的政策；美国建立了统一的企业和个人信用信息公共数据库等。于河北省而言，公平的市场环境建设相对滞后，市场准入制约较多，许多行业存在的显性或者隐性市场壁垒尚未打破，一些创新型的民营企业和中小企业难以进入；公共领域对民营资本开放度不高、竞争性领域经营成本居高不下，企业投资和经营成本较高；企业和个人在资源获取方面还有一些不公平的问题，存在不公平竞争；金融市场环境不优，在全国金融生态环境评价中，仅得394分，居全国第12位，为东部沿海得分的74.1%，比全国平均水平（429）还要低35分。河北在营造公平、透明、可预期的市场环境方面，还有很长的路要走。

第四，缺少高效的政务环境。政务环境是一个区域经济社会最重要的发展环境之一。良好的政务服务环境、高效的行政效能，能够最大限度地吸引各种资金、技术、人才等资源汇聚当地，进而促进当地经济社会加快转型发展。近年来，河北贯彻落实国家决策部署，加快推进“放管服”改革，简政放权持续加力，政务环境得到大大改善。但总体而言，“放管服”改革推进还不够深入，政务环境尚未得到根本优化。如对某些领域下放的审批事项“含金量”不够高，存在放权不充分、不同步、不衔接的问题；政府审批效率低、周期长，“倒逼”企业采取不规范手段绕开各种审批或监管；当前“谁审批谁监管、谁主管谁监管”的体制，不适用于审管分离、集中审批的改革要求，特别是审批局与监管部门的责任边界不清，缺乏法律保障；政府严格执法力度不足，导致一些企业违法违规生产经营（安丰钢铁事件）；一些县市还存在慢作为、不作为、乱作为，吃拿卡要报甚至徇私舞弊的现象等。

四、河北产业升级的目标和路径

（一）河北基于协同发展的产业分工目标

一个地区在区域产业分工中的角色定位和目标决定着该地区的产业发展方向，进而深刻影响其产业升级的政策和行动，对该地区促进产业升级的效果具有决定性的影响。确立河北的产业升级目标，首先必须确立河北在京津冀产业分工中的角色定位，从而为河北确立更为合理和有效的产业升级方向和路径提供依据。

1.京津冀产业分工的历史演进及趋势

改革开放以来，京津冀地区的产业分工演进过程大体分为两个阶段。20世纪90年代中期以前，京津冀基本上是一种低水平的水平分工，三地产业同构化较为严重，区域间同质化竞争激烈。1994年，在三省市排前10位的工业行业中有7个行业是相同的，且排第一的均为黑色金属冶炼及压延加工业；在排前5位的服务业行业中有3个行业是相同的，均为批发零售、金融保险和交通运输业，三个产业合计占各自服务业的比重均超过60%（见图18至图23）。

之后，京津冀三地政府都意识到这种低水平分工下的同构同质竞争的弊端，相继开始产业结构调整。北京市于1997年在第八次党代会上首次提出发展以知识经济为本质，以高新技术为先导，第三产业发达，产业结构合理、高效益、高素质的适合首都特点的首都经济，开始“去工业化”进程。进入21世纪，2001年北京市“十五”规划提出发展科技型、服务型、文化型和开放型首都经济，加快了由制造型经济向服务型经济的转型。2006年，北京市“十一五”规划进一步提出，

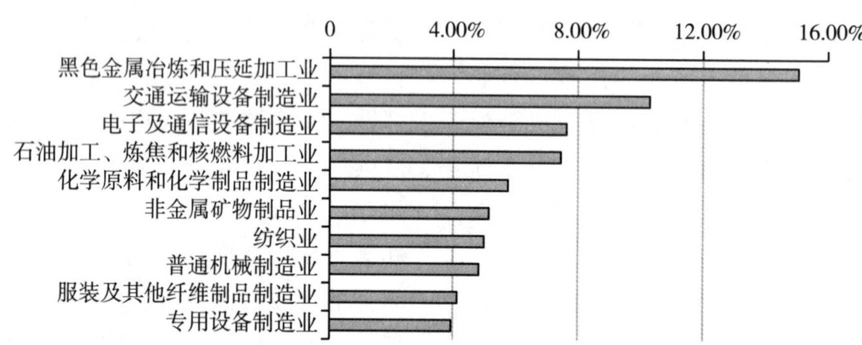

图18　1994年北京市排行前10位的工业行业工业总产值比重

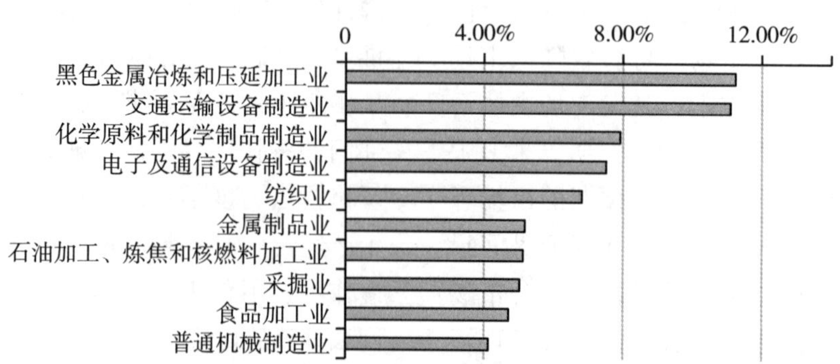

图19　1994年天津市排行前10位的工业行业工业总产值比重

充分挖掘、整合、利用首都优势资源，大力发展以生产性服务业和文化创意产业为主的第三产业，“走高端、高效、高辐射力”的产业发展之路。经过近20年的调整，到2015年，北京第三产业增加值占地区生产总值比重达到79.8%，占京津冀地区第三产业增加值比重接近50%，不可撼动地站上了区域产业价值链的最高端。

同期，1994年天津提出用十年左右时间基本建成滨海新区，1997年国家将天津定位为环渤海地区的经济中心，天津工业得到快速发展，经济发展开启高速模式。2005年，中央将天津滨海新区开发开放纳入国家战略，成为继深圳特区、浦东新区之后的新的经济增长极。2006年，国家将天津定位为国际港口城市、北方经济中心和生态城市。“十二五”时期，天津进一步提出要大力发展结构优化、技术先进、清洁安全、附加值

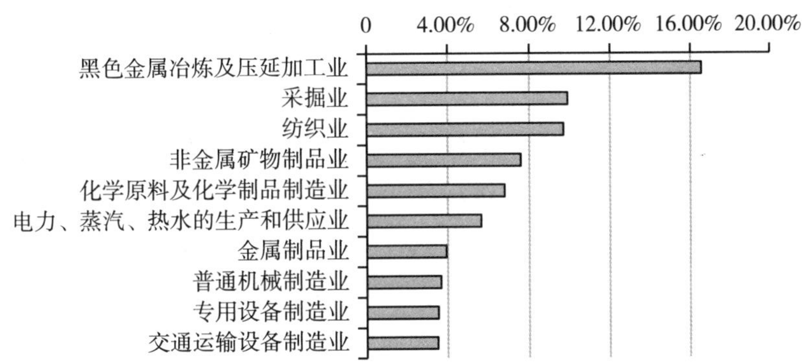

图20　1994年河北省排行前10位的工业行业工业总产值比重

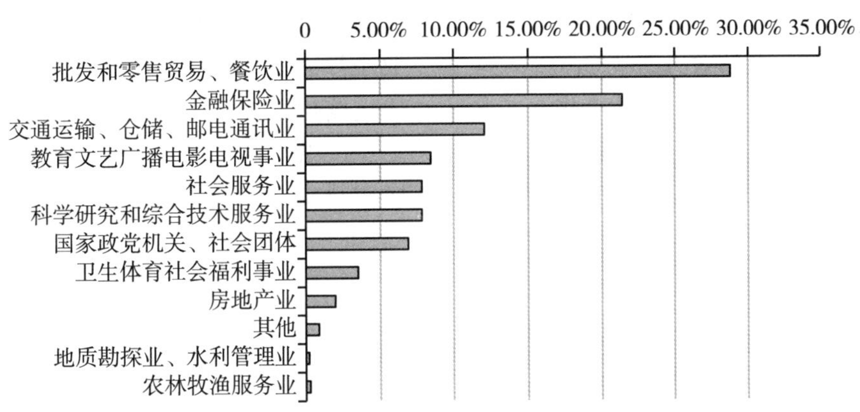

图21　1994年北京市分行业第三产业增加值占比排序

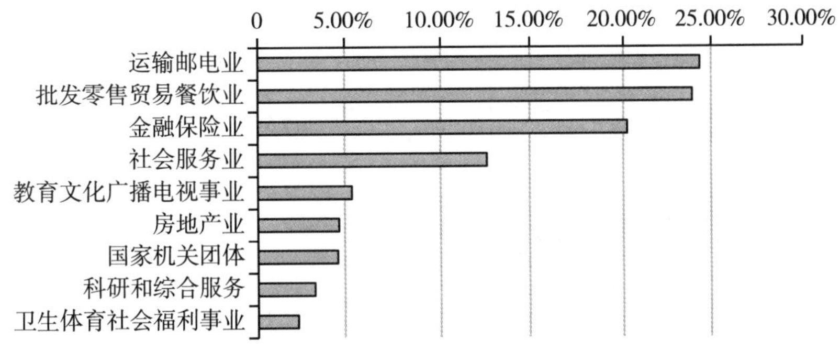

图22　1994年天津市分行业第三产业增加值占比排序

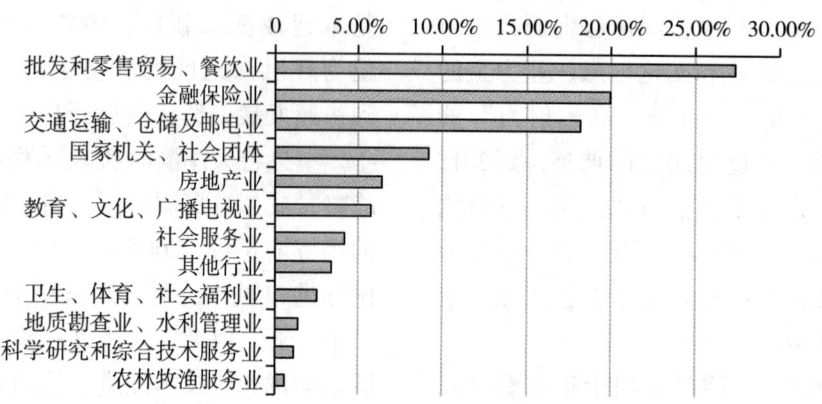

图23　1994年河北省分行业第三产业增加值占比排序

数据来源：图18-图23数据分别来源于《北京统计年鉴（2015）》、《天津统计年鉴（2015）》、《河北经济年鉴（2015）》。

高、吸纳就业能力强的现代产业体系，形成高端化、高质化、高新化产业结构，构筑高端产业高地。2014年，国家在天津设立自由贸易试验区，并提出将自贸区打造成为京津冀协同发展高水平对外开放平台、中国改革开放先行区和制度创新试验田、面向世界的高水平自由贸易园区。在此期间，天津服务业发展取得了重要突破，2014年其第三产业增加值超过50%，实现了产业结构的转折性改变。

而这一时期的河北，也逐渐意识到了经济结构不合理、增长方式粗放、科技总体实力不强等突出问题，相继在“十五”规划中提出加速推进经济结构战略性调整，以优势工业为主导，壮大和提高冶金、能源、医药、化工、机械、建材、建筑、食品、纺织等行业，建设一批特色产品生产基地。“十一五”时期，进一步提出把经济结构战略性调整，特别是产业结构优化升级作为经济发展的首要任务，重点发展钢铁、装备制造、石油化工、食品、医药、建材建筑、纺织服装、电子信息、现代物流、旅游等十大主导产业。“十二五”时期，再次提出加快转变经济发展方式，促进产业转型升级，推动三次产业协调发展，强调提升传统产业，加快发展战略性新兴产业，做大三产。但到2015年，工业主导、结构偏重、资源依赖、原材料产业比重偏高的产业发展局面仍未根本改变。

从纵向看，与十年前相比，2015年在三省市排前10位的工业行业仅有2个行业是相同的，在排前5位的服务业行业中也仅2个行业相同，产业低水平同构已得到明显改善（见图24-图29）。

从宏观层面看，经过近20年的互动调整，目前京津冀基本形成了“北京知识创新和高

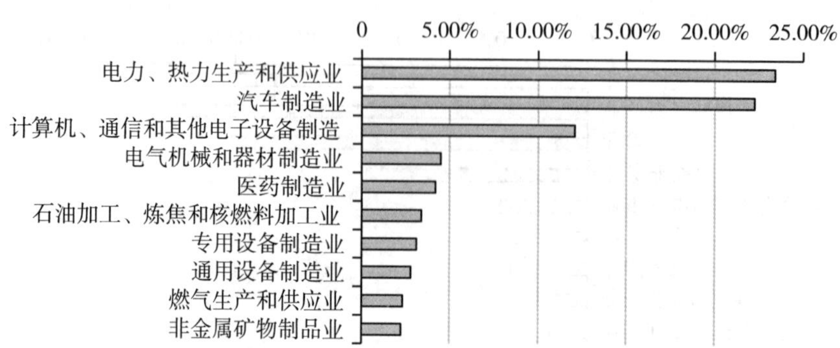

图24　2015年北京市排行前10位的工业行业工业总产值比重

端服务—天津研发设计和高端制造—河北一般加工制造和服务”的低水平纵向垂直分工格局。这种分工模式相对于之前的低水平同构有所进步，在短期内使各地的比较优势得到一定发挥，实现了区域资源和优势互补。

从产业价值链分工规律视角观察，目前京津冀之间的产业分工尚停留在较为原始的部门垂直分工状态，是典型的发达地区与欠发达地区的分工方式，仍是区域产业分工的初级形态，从长期来看存在较强的依附性，如果因某种原因被固化，欠发达地区产业将长期处于产业链底端，始终受到处于产业链高端的发达地区的压制，容易形成产业低端化锁定倾向，不利于整个区域产业的升级。

2.河北在京津冀产业分工中的角色定位

按照《纲要》，京津冀协同发展的目标主

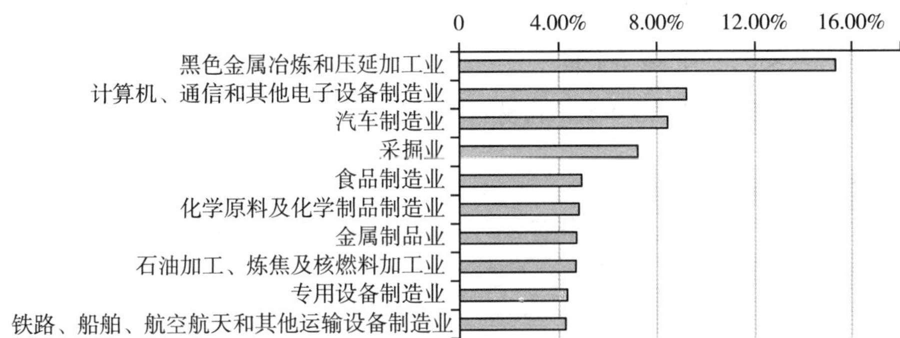

图25　2015年天津市排行前10位的工业行业工业总产值比重

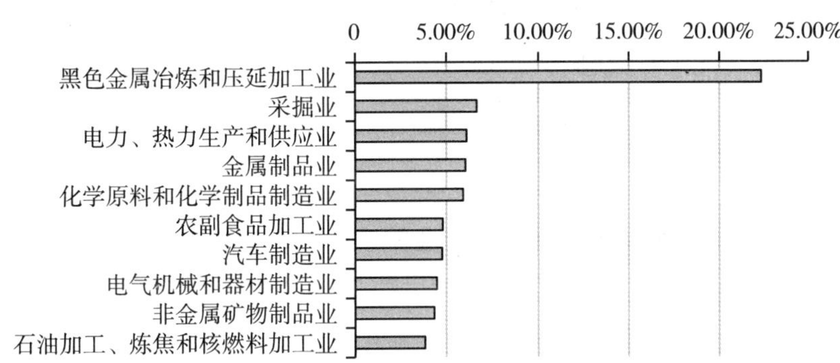

图26　2015年河北省排行前10位的工业行业工业销售产值比重

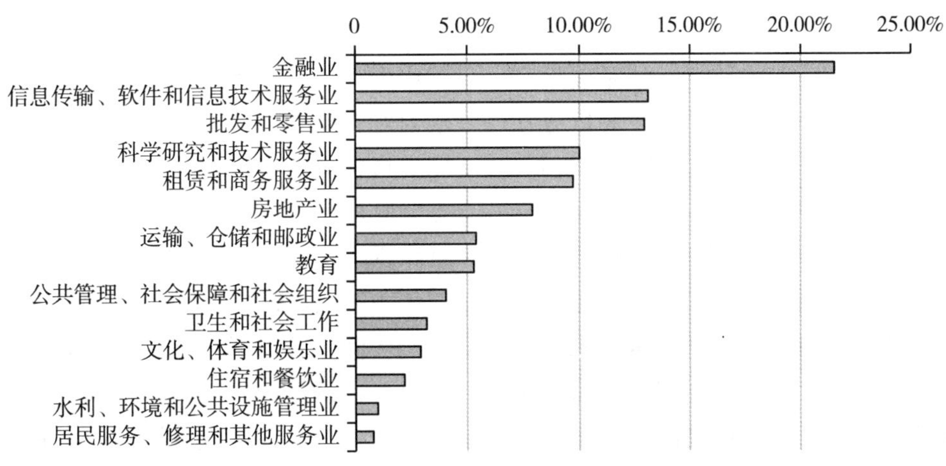

图27　2015年北京市分行业第三产业增加值占比排序

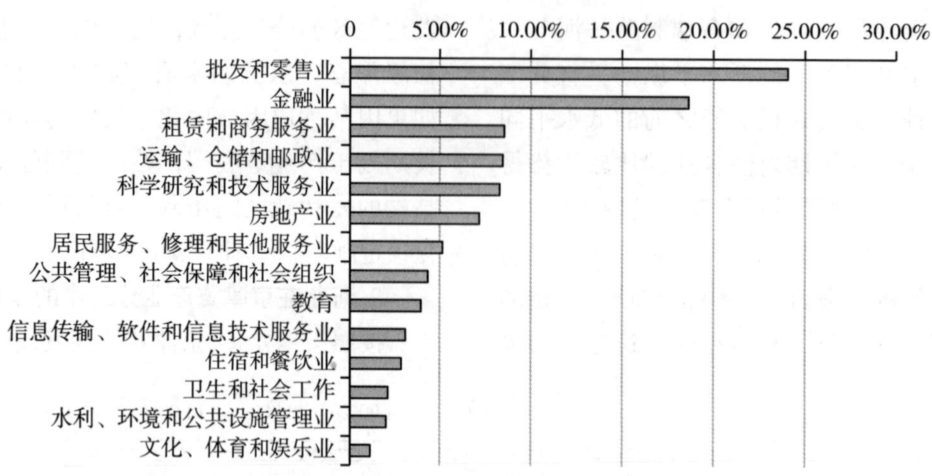

图28　2015年天津市分行业第三产业增加值占比排序

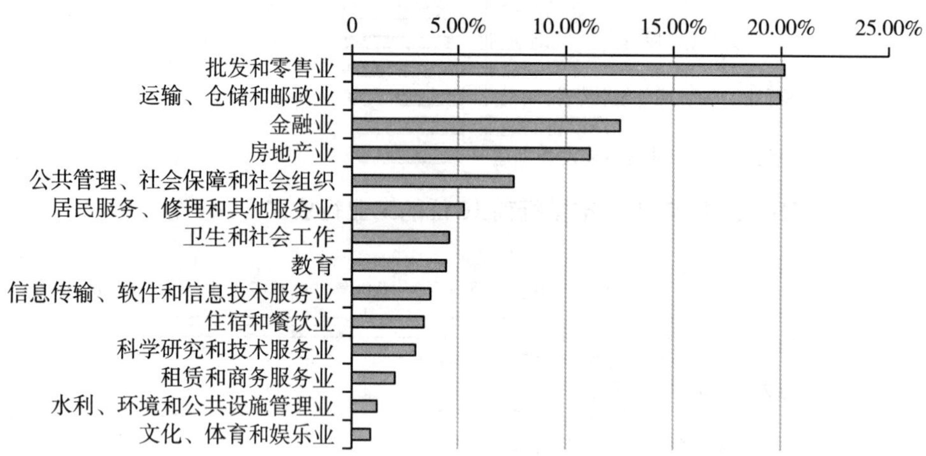

图29　2015年河北省分行业第三产业增加值占比排序

数据来源：图24-图29数据分别来源于《北京统计年鉴（2016）》、《天津统计年鉴（2016）》、《河北经济年鉴（2016）》。

要是五个方面：一是破解首都发展面临的突出问题，优化提升首都核心功能，探索人口经济密集地区优化开发模式，走出一条中国特色解决“大城市病”的路子；二是破除隐形壁垒，打破行政分割，推动京津冀优势互补、一体化发展，探索区域协调发展新机制；三是完善城市群形态，优化生产力布局和空间结构，打造有较强竞争力的世界级城市群；四是加强生态建设和环境保护，促进经济社会与人口资源环境协调发展，探索区域可持续发展的有效途径；五是增强京津冀综合实力和整体竞争力，提高对环渤海地区和北方腹地的辐射带动能力，为全国转型发展和全方位对外开放做出更大贡献。上述目标概括起来，最根本、最核心、最重要的目标就是建设具有国际竞争力和重要影响力的世界级城市群，打造环渤海地区创新发展的新引擎，辐射和带动全国发展。这是中央把京津冀协同发展提升到重大国家战略高度的根本出发点。但要实现上述目标，必须在更高层面整合京津冀产业发展，优化产业分工协作。只有这样才能实现京津冀产业发展水平的整体提升。

从世界城市群发展的经验看，首先，各城市群在发展中虽然都注重内部各城市间的功能分工，但在产业发展的门类和层次上并无明显的梯度差，这成为城市群发挥其巨大整体效应并保持竞争力的重要基础。其次，二级城市虽然注重与核心城市错位发展，但更多的是水平错位或产业价值链上的错位而非简单的产业部门间错位，从而使二级城市在与核心城市优势互补、联动发展中获得了巨大的升级空间，并在全球产业价值链分工中扮演重要角色。如美国东北部大西洋沿岸城市群，在金融发展上，纽约虽是全球金融中心，但波士顿的金融业同样发达，拥有Fidelity Management & Research Corp、State Street Corporation等著名的资产管理公司，互助基金和风险投资基金在全美有重要地位；费城不仅拥有证券交易所，还有保险公司CIGNA、林肯金融集团、美国最大的基金公司Vanguard Group等金融服务商；而华盛顿则拥有纳斯达克证券市场总部，世界银行、国际货币基金等国际金融机构总部，以及博思艾伦咨询公司、房地美、房利美、Pepco等金融相关的世界500强公司。又如在港口发展上，纽约港重点发展集装箱运输，费城港主要从事近海货运，巴尔的摩是矿石、煤和谷物转运港，而波士顿则是以转运地方产品为主的商港同时兼具渔港性质，因而叠加在一起形成了"1+1>2"的整体功能效果。最后，城市群内各城市虽然都有自己的特殊职能和占优势的产业部门，但彼此间并不是割裂的，而是在共同市场的基础上，各种生产要素在城市群中流动，促使人口和经济活动更大规模地集聚，形成了城市群巨大的整体效应。

国内外产业发展规律表明，随着经济社会的不断发展，不同地区之间产业结构相似系数将日益提高，即出现产业趋同现象。但产业结构趋同并非在完全意义上意味着产业分工和专业化的弱化，恰恰相反，产业趋同和区域分工深化是可以并存的。最近的研究表明，近几年在产业趋同的大背景下，产业分工出现新特点，即向产业内分工和产业链分工方向发展，这是一种更为细致和发达的产业分工形态。例如，近年来美国城市的部门专业化在不断弱化，但其功能专业化则在逐步提高，城市间产业分工在进一步深化，即大城市的经营管理职能在不断加强，而中小城市的生产制造功能在逐步强化（Duranton和Puga，2002）。又如中国长三角地区，很多跨国公司和江浙企业把公司总部、区域总部和研发机构建在上海市中心区，而把生产制造基地建在上海郊区和江浙地区，由此形成一个按产业链不同环节和阶段进行分工的格局。再如中国浙江省的绍兴、宁波、杭州、温州、湖州等城市都在发展服装工业，但其产品差异较大，部门内产品间专业化分工明确，宁波侧重男装、温州侧重休闲服、杭州侧重女装、湖州侧重童装、嵊州侧重领带，面料则在绍兴，区域分工的深化使浙江成为全球最重要的服装生产销售基地之一[①]。

反观京津冀地区，一是京津冀城市群之所以整体功能效应不佳，最根本的问题在于河北在产业层次和水平上与京津形成了巨大的发展落差，河北大量存在的低端产业成为京津冀城市群发挥其影响力和竞争力的巨大拖累。二是京津冀最大的问题在于河北在众多产业发展上与京津已经形成了初级状态的部门垂直分工格局，京津特别是北京在众多产业领域占据附加值更高的产业部门，使河北众多产业的升级在区域内面临巨大压制。三是京津冀城市群整体功能发挥的最大障碍在于行政分割、体制障碍和政策差异，造成了人为的市场分割，导致生产要素难以在区内实现有效流动和高效配置。

城市群本身并不是一个封闭的系统，而是一个开放的城市地域分工系统，其内部产业分工应立足于参与全球产业价值链分工，努力在全球产业价值链分工中争取更加突出的影响力和竞争力。未来京津冀要打造具有

① 魏后凯："大都市区新型产业分工与冲突管理——基于产业链分工的视角"，《中国工业经济》，2007年第2期。

国际竞争力和重要影响力的世界级城市群，必须推动现有的以部门垂直分工为主的区域产业分工向更加精细的水平分工和产业价值链分工转变。对河北而言，产业升级在区域角色视角的目标，应是打破京津冀既有的部门垂直分工格局，推动产业分工向水平分工和产业价值链分工过渡，最终与京津形成以水平分工和产业价值链分工为主的区域分工格局。只有这样，河北产业才能尽快向更高水平迈进，京津冀也才能实现更高水平的协同发展。

（二）河北基于协同发展的产业升级目标

1.河北基于协同发展的产业升级方向

2016年初以来，河北省陆续公布了《河北省国民经济和社会发展第十三个五年规划纲要》《河北省推进京津冀协同发展规划》《河北省全国产业转型升级试验区规划》等规划文件，明确提出要“加快形成先进制造业和现代服务业共同主导、传统产业与新兴产业双轮驱动的发展格局，推动产业向中高端迈进”。

制造业，在坚决化解过剩产能的同时，加快改造升级装备制造、钢铁、石化、纺织服装、食品、建材等传统优势产业，大力发展高端装备、电子信息、生物医药、新能源、新材料、节能环保、新能源汽车等新兴产业，不断提高制造业数字化、网络化、智能化、服务化、绿色化水平。

服务业，优先发展现代商贸物流、金融服务、信息服务、科技服务、商务服务等生产性服务业，大力发展文化、旅游、健康养老等生活性服务业，鼓励跨界竞争、跨界融合，推动生产性服务业向专业化和价值链高端延伸，生活性服务业向便利化、精细化和高品质转变，并相应提出了重点产业的发展方向和重点产品（服务），见表17。

表17　　河北省产业分类发展方向及重点

分类	产业	方向	发展重点
传统优势产业	装备	高端化、智能化、服务化	交通运输装备、能源装备、工程及专用装备、基础零部件
	钢铁	装备大型化、生产智能化、产品高端化、服务信息化	高铁用钢、汽车用钢、造船用钢、模具钢、高速工具钢、电工钢、高钢级管线钢等高端产品，大力发展高强、耐腐、耐候、长寿命等钢材品种和钢铁新材料
	石化	基地化、精细化、绿色化、循环化	做大炼油规模并向精细高端延伸，提升煤化、盐化、化工新材料、高端精细化学品发展水平
	纺织服装	高端化、品牌化、差别化、集约化	高性能纤维及复合材料、高端纺织品、自主品牌服装等
	食品	突出特色、集约集聚、精深加工、品牌塑造、质量安全	粮油加工、方便食品、肉制品、乳制品、酒类及饮料等
	建材	布局优化、产品新型、绿色低碳	水泥基制品、玻璃深加工、新型建材等
战略新兴产业	高端装备	设计、研发、制造、服务一体化	高铁动车组、数控机床、工业机器人、海洋工程装备、航空装备、新能源汽车等
	电子信息	延伸链条、强化基础、应用驱动	大数据、云计算、集成电路、卫星导航及位置服务等

续表

分类	产业	方向	发展重点
战略新兴产业	生物医药	原料药绿色化、制剂化、高端化和中药标准化	生物制药、现代中药、高端医疗器械等
	新能源	提升产品技术水平和市场竞争力	光伏、风电、核电、地热、储能电池、智能电网等
	新材料	产业链高端化	液晶显示、钒钛制品、碳纤维、高品质特种钢、石墨烯等
	节能环保	节能环保技术装备系列化、规模化	环境监测装备、烟气治理装备、污水处理设备、大宗固废利用
生产性服务业	商贸物流	专业化、高端化	煤炭、铁矿石、钢材、建材、精细化工、农产品等大宗原材料，汽车、管道装备、金属制品、食品等制成品，箱包皮具、服装服饰、家居用品、中药材等特色产品
	金融服务		银行业、金融租赁、消费金融、基金债券、互联网金融、普惠金融、创业金融等
	信息服务		软件服务、互联网接入服务、互联网内容服务、网络应用服务等增值业务，移动网游、移动商务、移动支付和位置服务等新型移动互联网信息服务，可视电话、手机视频、数字家庭、移动办公、移动商务等网络通信增值服务
	科技服务		研究开发、技术转移、创新创业、科技金融、知识产权和检验检测认证等
	商务服务		大宗商品电子商务交易平台、县域特色电商平台、跨境电子商务、商务会展、法律咨询、会计审计、工程咨询、信用评估、租赁等
生活性服务业	文化	便利化、精细化、高品质	扶持传统文化产业做大做强，大力发展新兴业态，加快新媒体融合发展，实施文化品牌战略，推动创意设计服务发展
	旅游		红色游、皇家游、滨海游、草原游、冰雪游、乡村游等特色旅游；休闲、度假、养生、研学、购物等旅游业态
	健康养老		以医疗服务机构为主体的医疗产业，以药品、医疗器械以及其他医疗耗材产销为主体的医药产业，以保健食品、健康产品产销为主体的保健品产业，以个性化健康检测评估、咨询服务、调理康复和保障促进等为主体的健康管理服务产业

数据来源：根据河北省相关经济社会发展规划整理得出。

2.河北产业升级方向的合理性评价

从上述规划部署可以看出，尽管河北省对于未来在京津冀乃至全球产业竞争中究竟应该和能够扮演何种角色并没有清晰的界定，但一直试图确立自己在京津冀产业发展中的优势地位，即进一步提升装备制造、钢铁、石化、纺织服装、食品、建材等传统产业制造水平，迅速壮大高端装备、电子信息、生物医药、新能源、新材料、节能环保等新兴制造业规模，围绕制造业需求、着眼服务京津冀乃至全国，发展与之相关联的商贸物流、研发设计、金融服务、信息服务等生产性服务业，力图成为京津冀乃至全国先进制造业基地和生产性服务业基地。

从理论上讲，产业升级的基本方向主要有三个：一是依托传统优势产业，沿产业链向附加值更高或更利于发挥其比较优势的环节爬升；二是根据比较优势和市场需求的新变化，基于塑造新的区域优势而发展新的替代产业；三是上述两者的结合，即改造升级传统产业与发展新兴产业相结合。从实践看，国际上产业升级成功的国家和地区大多数都采取了第三种方式，因为相比较而言，这样的方式对既有经济社会、就业结构以及与产业相关的基础设施冲击和影响较小，因而也相对平稳，同时也兼顾了跟随世界技术进步和产业变革趋势的需要。从宏观上看，河北省提出的产业发展方向和路径是符合产业升级基本规律的，也较好地回应了京津冀地区改善环境的需求。

经验表明，一个地区的产业升级绝不是颠覆其产业发展历史和基础的全新创造过程，而是在承袭已有资源条件、能力的基础上，不断适应新的产业发展要求，创造新的资源条件和能力的过程[①]。就河北而言，在京津冀协同发展中最大的优势在于庞大的制造业基础，尽管这种基础更多的是附加值较低的原材料产业，但完全抛弃这一基础而发展新的产业无疑将面临巨大挑战和风险。服务业特别是生产性服务业尽管发展相对滞后，但同时也意味着巨大的发展潜力。事实上，近年来河北服务业特别是生产性服务业发展潜能正在释放，2014-2016年河北服务业一直在以其工业约两倍的速度增长（见表18），在整体经济中的比重及对整体经济增长的贡献率因此得到快速提升，从而带动了整体经济结构的改善。基于此，河北省确立“先进制造业和现代服务业共同主导”的产业升级方向，至少在现阶段是较为务实和可行的选择。

在制造业层面，无论从专业化程度（区位熵）还是从要素效率（总资产产出率和劳动生产率）角度观察，河北的优势主要集中在相对低端的资源加工型原材料产业。但同时，近年来河北省装备制造业及包括生物产业、电子信息、新材料、高端技术装备、航空航天、新能源、环保产业在内的高新技术产业表现出较大的增长潜力（见表19）。因此，河北在制造业发展上提出“传统产业与新兴产业双轮驱动”的产业升级方向是合理的。所欠缺的是，对于如何实现制造业的数字化、网络化、智能化、服务化、绿色化，在路径上并不清晰。与此同时，需要在注重提升生产技术、工艺装备和产品质量的同时，对产业升级所需要的要素及环境条件给予更多的关注和更加清晰的部署。

表18　2014-2016年河北省三次产业增速比较　（单位：%）

	2014年		2015年		2016年	
	增速	贡献率	增速	贡献率	增速	贡献率
生产总值	6.5	100	6.8	100	6.8	100
一产增加值	3.7	5.8	2.5	3.7	3.5	6.0
二产增加值	5.0	42.1	4.7	37.3	4.9	34.9
三产增加值	9.7	52.1	11.2	59.0	9.9	59.1

数据来源：2014-2016年河北省《统计公报》。

① 王宏伟.世界代表性城市产业结构升级案例及其启示.《港口经济》，2009（9）。

表19　2014–2016年河北省高新技术、装备制造业增速及结构变化（单位：%）

	2014年		2015年		2016年	
	增速	占规模以上工业	增速	占规模以上工业	增速	占规模以上工业
高新技术产业	13.2	13.1	11.6	16.0	13.0	18.4
装备制造业	8.8	20.6	7.0	23.7	10.2	26.0
规模以上工业	5.1	—	4.4	—	4.8	—

数据来源：2014–2016年《河北经济年鉴》。

（三）分类制定河北产业升级路径

由于河北不同产业的发展基础、发展阶段、区域地位并不相同，因此对河北产业升级路径的分析不能一概而论。本节将根据河北产业升级目标的不同，按照制造业和服务业进行分类，以河北比较优势明显、发展基础较好、要素禀赋优越、发展潜力较大、转型升级迫切的钢铁、建材、化工等制造业，以及健康养老、金融等服务业为例进行分析，探索河北产业升级的可能和必要路径，为实现河北产业升级寻求突破。

1.制造业升级路径

传统制造业。未来河北传统制造业升级的目标即实现产业发展的数字化、网络化、智能化、服务化和绿色化，并与京津实现产业链对接。就基础而言，河北庞大的传统制造业基础和以原材料工业为主体的产业特色，决定了其产业升级必须立足于对传统产业的改造提升。在路径上，充分发挥河北的加工制造业优势，加强与京津的产业链对接合作，积极承接和转化京津先进制造业科技成果，为北京和天津的相关高新技术研发做产业配套；对钢铁、化工、建材等原材料产业，要以唐山、邯郸等重点城市为依托，借鉴美国匹兹堡等城市钢铁产业转型升级的经验，在进一步压减生产制造环节产能，推动保留产能链群化、循环化，以适应不断强化的环境约束的同时，充分利用新一代信息技术，以智能车间、智能工厂建设为重点，推进生产制造端智能化，加快提升生产制造效率；适应现代工业和建筑业对新材料的需求，推动钢铁、化工、建材等产业向高档金属材料、金属基复合材料、精细化学品材料、新型建筑材料等新材料产业拓展；加快发展机械装备、汽车及零部件等下游产业，延伸产业链条，实现材料供应商向产成品提供商转变；引进培育与钢铁、化工、建材等产业相关联的研发设计机构和营销、服务网络，在区域产业分工及全球价值链中争取更重要角色（见图30）。

在企业层面，以行业前10强企业为重点，推广河北钢铁集团经验，推动钢铁、化工、建材等优势企业由单纯的钢铁、化工和建筑材料制造商向全产业链综合服务商转变。

对纺织服装等产业，可借鉴美国纽约、意大利米兰等城市转型经验，转变产业发展理念，推动服装产业从价值链的中间环节向研发设计、市场营销、物流、服务等上下游延伸，鼓励服装企业向多品牌、多品类、产品+服务式的生活方式品牌转化，积极发展集购物和休闲为一体的购物中心，以及把产品和服务结合在一起的大店模式，推动服装加工制造业向时尚服务产业转变。

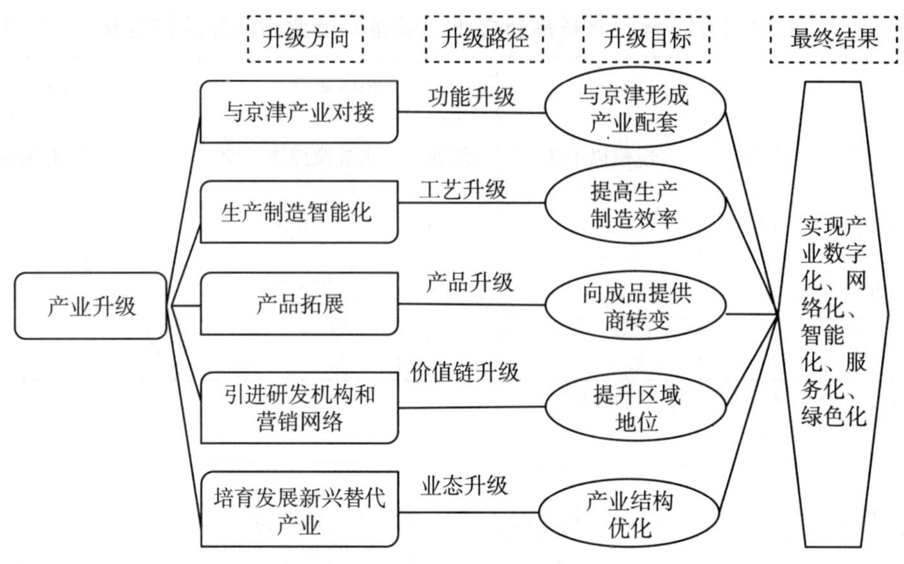

图30　河北省制造业升级路径示意图

案例：河北钢铁集团从钢材制造商向综合服务商的嬗变

河北钢铁集团有限公司（简称河北钢铁集团）是于2008年6月30日，由原唐钢集团和邯钢集团联合组建而成的特大型钢铁企业，现拥有一级子公司20余家，以钢铁为主业，横跨钢铁、装备制造、金融服务、现代物流四大板块，在册员工12万余人。2015年，营业收入2845亿元，年末资产总额3488亿元。

组建以来，河北钢铁集团在做强做优钢铁主业的同时，以全球、全产业链的视野，谋求"纵向更深、横向更宽"的战略转型，实施全产业链的垂直延伸和全资源链的宽化利用。①引入"大客户经理制"，组建集团客户服务中心，把客户需求放到优先位置，对重点客户一对一、点对点服务，"像卖家电一样卖钢材"，建立以客户为核心、全面参与的用户导向型钢材营销模式，彻底颠覆传统的钢材营销模式。②开启"以产线为独立市场单元"的组织结构扁平化改革，将每一条生产线都打造成直面终端用户的经营单元，把企业最优秀的研发、营销和技术人员通过产线与高端客户建立密切联系，构建起"大公司管理、小微化经营"的需求驱动型生产运行模式，形成产线快速响应终端用户需求的运行机制和供给端到需求端的最短流程。③控股海尔特钢，与西门子中国签署战略合作框架协议，嵌入全球最大的家电企业供应渠道，融入钢铁下游制造环节，开启与下游产业营销合作新模式，实现产业链有效延伸。④收购南非最大的铜冶炼企业——PMC公司、塞尔维亚斯梅代雷沃钢厂，布局全球钢铁制造平台。⑤控股收购全球最大钢材贸易商——瑞士德高公司，将产业链向海内外高端用户延伸并嵌入终端用户供应链，开启"钢企+钢贸"新模式。⑥整合产业链上下游资源，积极发展装备制造、新材料、新能源、金融证券、现代物流、资源综合利用、工程技术、医疗健康、社会服务等非钢板块，拓展企业发展新空间。⑦与宝钢集团共同打造"中国钢铁电商联盟"，借力"互联网+"提升运营效率。

2016年，河北钢铁集团品种钢比例达到54%，汽车板、家电板、管线钢、海洋用钢等高端产品年销量达到1200万吨，企业综合竞争力和国际影响力持续增强，连续五年跻身世界企业500强，先后入选"世界著名品牌500强""全球最受尊敬的公司"。

新兴战略产业。改革开放以来，靠着传统优势产业的有力支撑，河北省经济实现了长达30多年的快速增长，钢铁、化工、建材等产业成为河北省名副其实的战略产业。但近年来，随着世界经济的深刻调整、消费结构的快速升级、新一轮科技革命的强烈冲击，传统产业的发展空间被大大压缩，增长动能快速滑落。与此同时，作为增长新动能的新兴产业，虽经多年培育但规模体量依然较小，没能成为支撑经济发展的中坚力量。

2010年以来，相对于传统产业，河北高新技术产业增长较快，年均增速达到15.7%，但远不及湖北的21.9%、湖南的23.3%。再加上基础弱、规模小，到2016年全省高新技术产业增加值占规模以上工业的比重仅为18.4%，远不及山东的33.8%、江苏的41.5%、湖北的43%和湖南的66%。造成这种状况的原因，主要是对产业成长规律认识不深，在新兴产业发展上长期采取"撒胡椒面"方式进行"撒网式"培育，对潜在战略产业缺乏精准选择和聚焦支持。

因此，在新兴产业发展上，必须以打造新的战略产业、实现与京津水平分工、建立产业发展局部优势为目标，主动适应产业发展规律，精准选择若干产业链长、关联度高、具有比较优势和市场潜力、能够实现指数化增长的重大战略产品，瞄准产业发展的关键环节，集中有限的战略要素和政策资源，实施精准配套、聚焦支持。一方面，可围绕"大智移云"、生物工程、智能装备、新能源、新材料等当前全球产业竞争的焦点领域，筛选锁定3–5个未来可能在全国甚至全球形成优势、能与京津有效互动的细分行业，着力引进重大产品和战略项目，进行精准培育，努力将其打造成为引领河北发展的新兴战略产业。另一方面，要超前布局未来产业，密切跟踪全球技术革命突破、产业模式创新、业态领域融合的新动态，站在河北长远发展的高度，前瞻性地谋划太赫兹、亚稳材料、人工智能、人工蛋白等战略性产业，培育产业发展的"潜力股"。

2.服务业升级路径

当前，产业结构高端化的重要标志之一就是服务业对经济的拉动作用超过工业，而作为服务业的重要组成部分，现代服务业已成为地方经济发展的主要增长点和衡量地方经济社会综合发展水平的重要标志。长期以来，河北现代服务业发展水平较低，一直滞后于京津，特别是北京。近年来，随着京津冀协同发展的深入推进，河北服务业逐步进入快速发展的轨道，服务业在地方经济中所占的比重呈逐年上升的趋势，2014年，河北省服务业对全省经济增长的贡献率首次超过50%。虽然河北省在服务业的诸多领域与北京存在较大梯度差，很难平起平坐，但是凭借良好的交通区位、优良的生态环境和广阔的市场空间等优势，河北省健康养老、金融服务等服务业领域完全有可能与京津形成更加合理的水平分工格局。

（1）健康养老服务业。健康养老服务业既是关系亿万群众福祉的民生事业，也是具有巨大发展潜力的朝阳产业。随着老龄化趋势加快、亚健康状态日益普遍，养老健康服务产业将逐渐成为经济发展强有力的新支撑，并将带动制造、服务、旅游、医疗、保健等相关产业发展。积极推动养老服务业发展，对促进河北经济社会持续健康发展具有重要意义。河北具有发展健康养老产业的广阔市场条件。当前，京津冀地区人口老龄化日益严重，全国1%人口抽样调查数据显示，2015年北京、天津、河北65岁及以上老年人口比重已经达到10.65%、9.91%和10.23%（见表20），且高龄化、空巢化、失能化的老年群体日益增多。巨大的老年人口，导致京津冀地区养老服务需求呈现"爆炸式"增长，为健康养老服务产业消费提供了强劲的支撑。

表20　京津冀地区65岁以上老年人口规模及比重　（单位：万人，%）

	2010年		2015年	
	65岁以上人口数	占总人口比重	65岁以上人口数	占总人口比重
北京	170.90	8.70	231.26	10.65
天津	110.70	8.52	153.25	9.91
河北	592.79	8.24	755.42	10.17
京津冀合计	874.39	8.36	1139.93	10.23

数据来源：2015年全国1%人口抽样调查数据、2011年《北京统计年鉴》、《天津统计年鉴》、《河北经济年鉴》。

与此同时，京津两大城市人口的郊区化趋势明显。特别是北京市人口由城市中心区向郊区、远郊区分散趋势日益明显。2014年人口抽样调查结果显示，北京市三环至六环间，聚集了1228.4万常住人口，占全市的57.1%；其中，四环至六环间聚集了941万常住人口，占全市的43.8%；五环以外有1098万常住人口，占全市的51.1%，环路人口分布呈圈层向外拓展，即由二、三环内向四环外疏散。从北京近30年人口分布变化也可以看出，近郊区和远郊区人口数量逐年递增，且远郊区的人口增长率上升态势明显（见图31、图32）。

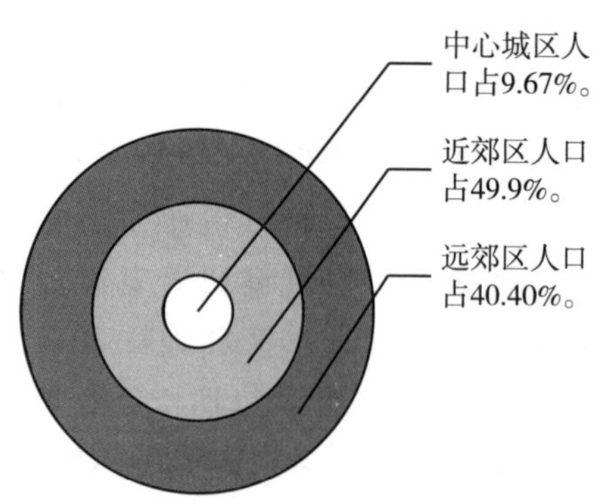

图31　北京市三个圈层人口分布结构示意图

注：在进行人口分布研究时，北京通常被划分为中心城区、近郊区和远郊区三个圈层，中心城区包括东城区、西城区，近郊区包括石景山、海淀、朝阳和丰台区，剩下的通州、昌平等10个区县则为远郊区。

京津两地人口的老龄化和郊区化发展态势，给河北省养老产业发展带来了巨大契机。从世界范围看，东京都市圈作为全球屈指可数的世界级大都市圈，其人口按年龄的空间布局表明，越远离中心城市人口的年龄层次越大，即老龄人口呈郊区化分布态势，都市圈外围区域健康养老产业发展水平较高。其多年形成的都市圈发展模式对京津冀都市圈建设具有较强借鉴意义。虽然现阶段由于高端医疗资源仍集中在北京中心城区，高龄人口还未呈现向周边扩散的态势，但是，按照国际惯例和东京都市圈发展经验，未来随着北京非首都功能向周边区域疏解，高端医疗资源向河北辐射，高龄人口必将逐步向周边适宜养老休闲的区域迁移。河北环京津的张、承、秦、保、廊等地交通条件优越、自然环境优美、旅游资源丰富，十分适合发展养老院、疗养院、老年度假村以及其他依托旅游业的养老服务业，特别是秦皇岛北戴河地区，生态环境优良、区位优势明显、养生资源丰富，发展健康养老产业具有得天独厚的优势。

目前，河北健康养老产业发展面临的最大困难即是医疗服务资源的匮乏，高端医疗机构建设滞后。未来河北要加强自身三甲医院、康复机构、疗养中心、健康产业园等养老服务资源建设，着力打造绿色生

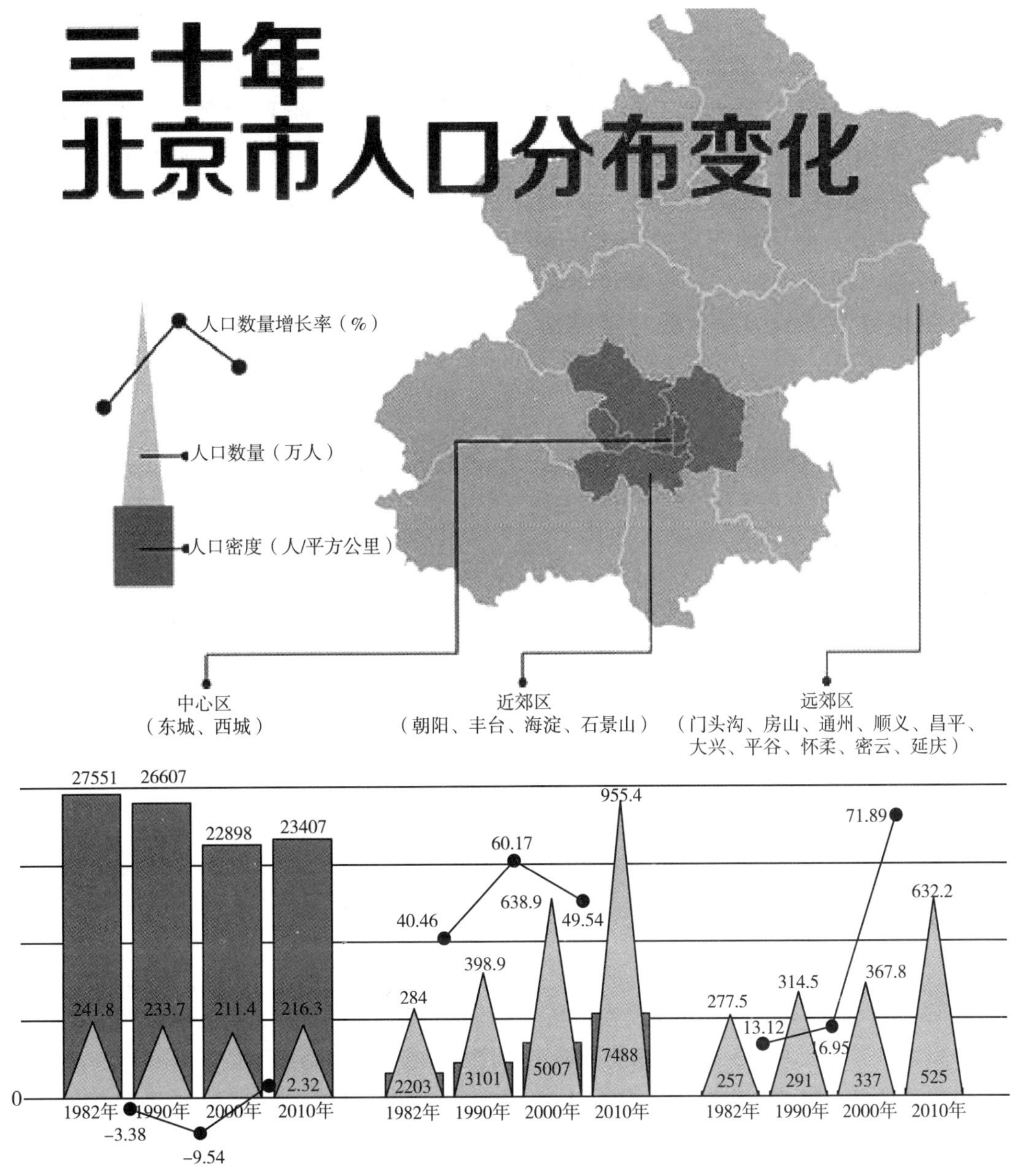

图32　北京市近年来人口分布变化示意图

态医疗健康和老年养护基地，重点打造秦皇岛国际健康城、廊坊燕达国际健康城、保定涿州码头国际健康产业园等一批环首都大健康产业聚集区。与此同时，积极争取北京中心城区医疗服务资源的辐射和转移，采取多种方式引进北京优质医疗服务资源，加快推进环京津医养结合养老示范基地建设，打造北京异地养老首选地和京津冀养老服务产业聚集地。

（2）金融服务业。《纲要》明确要强化北京金融管理、天津金融创新运营、河北金融后台服务功能。这是从京津冀三地金融行业发展的基础现状出发进行的分工定位。然而对于河北而言，仅仅做京津冀城市群的金融后台服务基地是远远不够的。河北要建设产业转型升级试验区，实现同京津的产业协同，提升产业整体竞争力，就离不开强大的金融体系的支持，如果只做金融后台服务基地，就难以实现金融体系与实体经济耦合发展，亦难以满足产业结构转型升级的需要。

经验表明，世界级城市群内部各城市之间在金融发展上往往不是垂直分工的，而是按照自身优势和产业需求，发展类型不同的金融业态，以达到整个区域金融一体化均衡发展的目的。如美国东北部城市群，作为核心城市，纽约主要发展金融和商贸服务业，是世界经济和国际金融的神经中枢。波士顿的优势在于高科技产业，形成了与“硅谷”齐名的高科技聚集地，其金融侧重于发展资产管理、互助基金和风险投资基金等与高科技产业相耦合的金融业态。费城是全美重要的制造业基地，其证券交易、保险和基金等较为发达。华盛顿作为全美政治中心，集中了大量国际金融机构总部（见图33）。

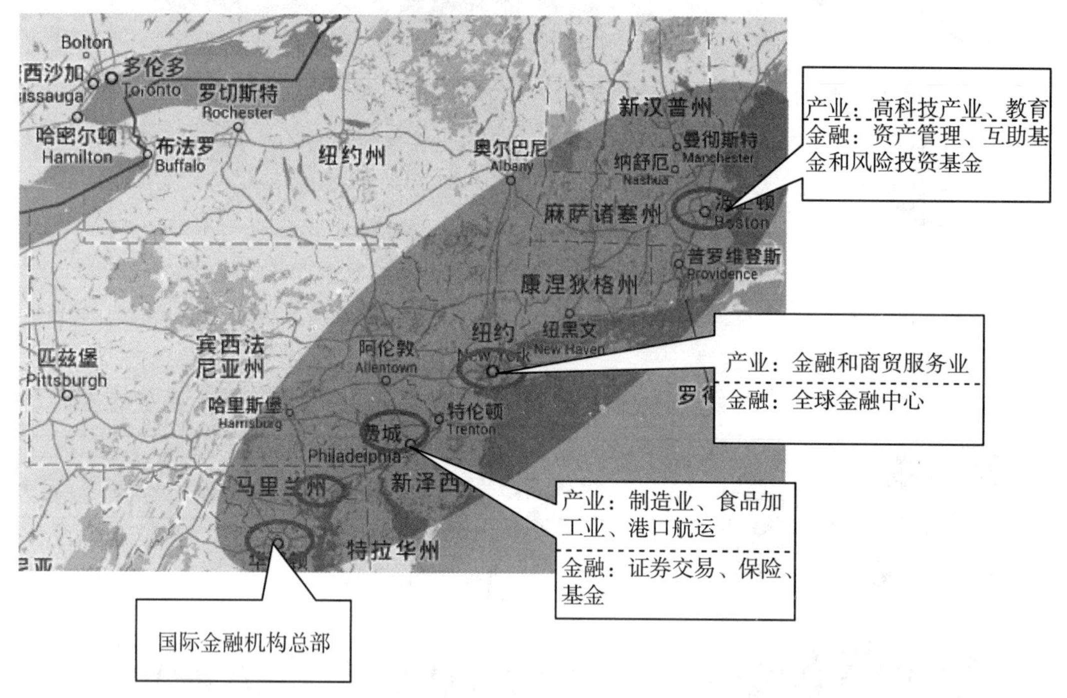

图33　美国东北部城市群产业和金融分工示意图

河北的金融体系必须服务于传统制造业的改造升级和新兴制造业的集聚发展，即推动制造业与金融业的“产融结合”。综合考虑河北产业转型升级对金融业发展的需要，以及河北在京津冀区域金融业发展中应承担的角色地位，河北金融业发展应侧重产业基金、保险、互联网金融和物流金融等业态。一是大力发展产业投资基金、股权投资基金、创业投资基金和基金管理企业等股权投资机构，吸引更多社会资本投资制造业企业，拓宽企业融资渠道。在雄安新区开展产业投资基金建设试验，培育基金管理人和基金管理公司，切实将金融与产业发展耦合在一起，充分发挥金融对实体经济建设的支撑作用。二是创新保险资金运用方式，支持产业转型升级，鼓励保险资金设立成长基金、并购基金、战略新兴产业基金、产业投资基金等私募股权投资基金。三是鼓励金融创新，充分利用网络平台贷款额度大、速度快的优势，发展和完善互联网金融。四是围绕全国现代商贸物流重要基地的定位，充分利用交通便利的条件，重点发展物流金融，努力建设成为全国物流金融发展示范基地（见图34）。

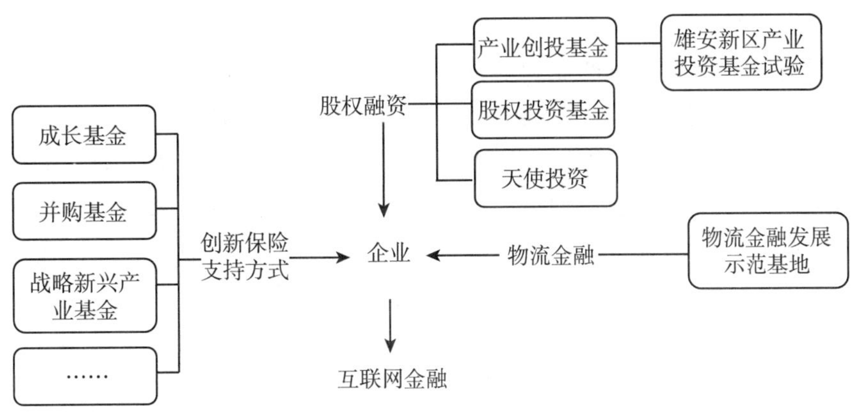

图34　河北省金融与支持产业发展示意图

五、河北产业升级的支撑条件建设

（一）着力打造产业升级支撑平台

如前所述，河北产业升级的主要障碍之一就是缺乏高水平的产业发展载体平台。尽管雄安新区的设立实现了河北国家级新区零的突破，但在整体和更广泛区域上，产业发展载体平台不足、水平不高的问题依然突出。因此，从更广泛意义上，推动河北产业升级必须着力打造新区、城市、园区、特色小镇四级支撑平台。

1.建设智慧高端、国际一流的雄安新区，打造引领示范平台

坚持“世界眼光、国际标准、中国特色、高点定位”的理念，高起点、高标准开发建设绿色生态宜居新城区、创新驱动发展引领区、协调发展示范区、开放发展先行区，努力将雄安新区打造成为贯彻落实新发展理念的创新发展引领示范平台。借鉴国际经验，组织国内一流规划人才进行城市设计，高标准编制新区总体规划，完善经济社会发展、交通体系、新型城镇化、土地利用等专项规划，开展“多规合一”。因地制宜制定产业政策，推动现有传统产业整合升级，制定产业培育承接负面清单，有针对性地培育发展高端高新产业，打造带动河北产业发展的新引擎、新动力源。加强生态建设，推进白洋淀生态功能修复，规划建设带状森林绿色屏障和生态绿廊，打造蓝绿交织、清新明亮、水城共融的生态城市。推进与京津协同发展，加强与北京城市副中心协调互动、错位发展，建设完善新区基础和公共服务设施，开展公共服务均等化试点，为新区建设发展营造良好环境。加快体制机制改革创新，探索新区管理新模式，深化行政管理体制改革，整合行政资源，建立精简、高效、统一的新区管理机构；探索新区投融资体制改革，建立长期稳定的资金投入机制，广泛吸引央企和社会资本参与新区建设。

2.建设功能完善、宜居宜业的现代城市，打造要素集聚平台

在积极推进已调整行政区划的石家庄、唐山、保定、秦皇岛、张家口、邯郸、衡水7个城市组团发展的同时，加快沧州、邢台、承德、廊坊4个城市的行政区划调整，提升中心城市对产业、人口的吸纳力和承载力；坚定支持石家庄正定新区、秦皇岛北戴河新区、沧州渤海新区、邯郸冀南新区、张家口洋河新区、邢台邢东新区、衡水滨湖新区建设，通过新区的开发建设，带动整个城市布局优化和功能提升，提高城市对产业和要素的集聚能力；选择一批区位适中、规模较大、建设基础较好、真正具有建成中等城市潜力的县（市），继续推进“省直管县”改革，给予相应的发展权限，加快培育发展成为中等城市；继续推进“大县城战略”，按照产城融合、产教城一体的思路，加快县城扩容提质，培育打造一批精品小城市。按照生态、智慧、文明城市的建设理念，实施城市精细化建设、管理和公共服务提升工程，全面提升城市公共服务能力和水平，使城市成为优秀人才和优质资本的汇聚之地。

3.建设定位高端、运行高效的产业园区，打造产业承载平台

在推进石保廊全面创新改革试验区、京南科技成果转化示范区、京冀曹妃甸协同发展示范区、津冀芦台汉沽协同发展示范区、北戴河生命健康城建设的基础上，再谋划若干层次高、影响大的高端产业发展平台，形成一批定位高端、协同发展的标志性载体。结合“微中心”布局和建设，谋划建设一批专业性园区，努力使“微中心”成为相关领域高端要素集聚的核心、高端产业发展的载体。实施开发区转型升级工程，以现有省级高新区、经开区为重点，以高端化、生态化为方向，以“腾笼换鸟”、提升水平为内容，加快健全孵化器、加速器等功能设施，完善招商引资引智和知识产权保护、产权转让、投资融资等体制机制，全面提升开发区产业层次、要素层次和服务层次，推动若干开发区升级为国家级开发区。实施开发区管理创新工程，以择优扶持的100个开发区为重点，按照“一区一制”“一区一策”原则，推行“公司化运营”“整体托管”等运营管理新模式，探索人员身份、岗位管理和收入分配新机制，实现开发区高效运行。加快制定曹妃甸和石家庄两个综合保税区发展支持政策，积极推动沧州渤海新区申报综合保税区，打造形成三个外向型产业发展引领平台。

4.建设特色鲜明、服务配套的特色小镇，打造创新创业平台

抓住北京非首都功能疏解机遇，顺应京津特别是北京城市郊区化加速的新形势，结合“微中心”建设和布局，在环首都地区选择交通便捷、生态良好、环境宜人的区域，规划建设一批以创新、创业、创意为主题，特色鲜明、职住合一、功能完善、规模适度的特色小镇，打造支撑产业升级的创新创业平台。具体可考虑：（1）结合北京教育资源疏解，按照“小镇+高校+科技园”的模式，规划建设若干高教小镇；（2）适应北京科研院所成果转化基地建设需求，按照“小镇+院所+孵化器+生产基地”的模式，规划建设若干具有研发、孵化、成果转化及科普功能的创新创业小镇，如怀来东花园航天小镇、香河机器人小镇等；（3）适应京津冀老龄化加速趋势，结合北京医疗康复资源疏解，规划建设若干集养老、疗养、康复、健康医学研究为一体的康养小镇，如北戴河新区医疗康养小镇、涞水健康谷小镇等；（4）适应文化创意产业发展需求，着眼服务北京文化创意产品前期制作，规划建设若干文创小镇，如大厂影视创意小镇；（5）适应休闲运动健康需求升级新趋势，结合冬奥会筹办，规划建设若干集户外运动和赛事服务、运动医学及装备研究于一体的运动健康小镇，如崇礼太子城冰雪小镇；（6）着眼推动传统特色产业和技艺创新发展，规划建设若干以特色产品制作、传统工艺恢复和创新为特色的小镇，如昌黎干红小镇、唐山路北区陶瓷小镇、涞水京作古典家具小镇等。

（二）有效截留京津外溢优质要素

理论和经验均表明，后进地区实施追赶型发展，特别是与发达地区或核心城市产业落差较大且要素支撑薄弱的情况下，其基本路径就是引入产业及人才、技术、资本等要素，逐步积累并形成其产业发展的内生动力和优势。就河北而言，无论是当前还是未来，要提升在京津冀产业分工中的地位，仅靠传统产业的升级是远远不够的，必须充分利用北京非首都功能疏解和产业转移的机遇，积极承接非首都功能、产业和要素外溢，以更加开放的姿态，大力招商引资引智，加快培育新产业、新动能。

要做到这一点，必须高度重视并利用好京津特别是北京的郊区化趋势。按照城市化的基本规律，当城市人口超过70%之后，将进入郊区化阶段，人口从大城市城区迁入大城市郊区成为普遍趋势，同时带动工商业向郊区和周边中小城市转移，从而带动郊区和周边中小城市发展。当前，京津冀整体城市化率已超过60%，其中京津更是分别超过85%和80%，整体上已进入郊区化阶段。事实上，截至2016年末，北京市常住人口为2172.9万人，同比增加2.4万人，增量同比减少16.5万人，增速同比下降0.8个百分点，其中城六区常住人口实现由升到降的拐点，比2015年下降3%（见图35），而且持续攀升的生活成本、交通成本等因素必将加速这一进程。可以预期，未来几年京津两个特大城市的郊区化进程必将加快。

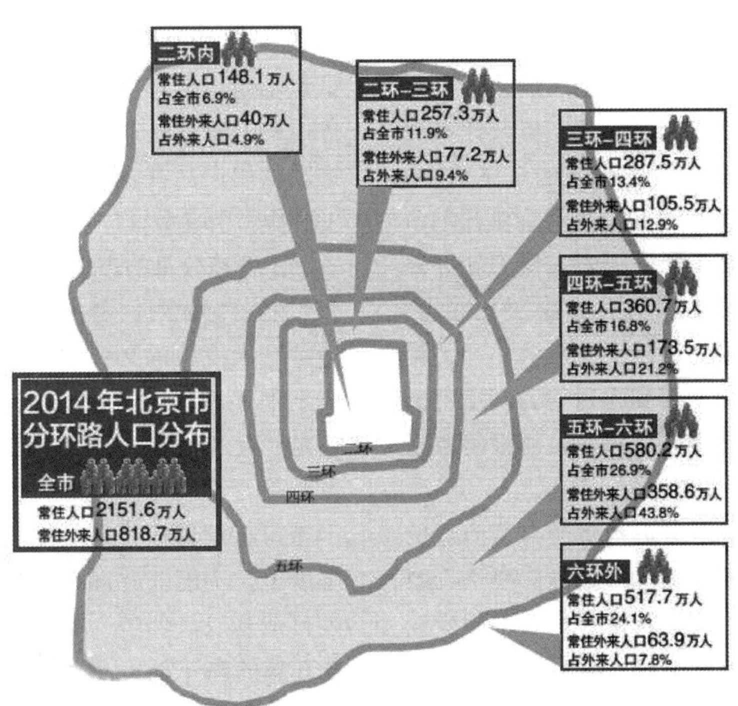

图35 北京市常住人口环线分布

面对这一形势，河北应发挥区位和天时之利，通过制定和实施更加清晰透明、更有吸引力的人才政策，打造更高水平的产业发展和创新创业平台，提供更加完善配套和更高质量的公共服务，建设更加完善、便捷、高效的通勤设施，营造更加良好的营商环境和生态环境，努力将京津特别是北京外溢的人才、技术、资本等要素引入河北，为产业升级提供充分的要素支撑。

（三）营造有利于升级的营商环境

产业发展离不开良好的营商环境。世界各国都十分注重营商环境的改善，《2017年营商环境报告：人人机会平等》指出，2015年全世界有137个经济体实行了关键性的营商改革[①]。当前，京津冀产业深度融合发展已经进入了“真金白银”时代，河北产业升级也已进入攻坚克难的“深水区”，营造有利于产业升级的营商环境既是河北现阶段经济改革发展的重要内容，也是京津冀产业协同发展的现实要求。未来河北省必须从资本市场环境、社会信用环境、市场环境、政务环境四个方面着手，努力营造良好的营商环境，为产业升级提供强有力支撑。

1.培育活跃的资本市场

活跃的资本市场具有为经济持续快速发展提供强有力支撑和注血的功能。河北要充分利用建设产业转型升级试验区的机遇，开展资本市场培育试验。探索创建股票场外交易市场和跨地区产权交易市场，以及代办股份转让市场等多层次、多元化的资本市场，为高成长的中小企业尤其是民营企业开创多种形式的直接融资渠道，探索在雄安新区开展股票场外交易试点。强化金融服务能力，加快建设完善石家庄区域金融服务中心，提升资本市场的资源配置和辐射能力，培育大宗商品交易所等金融要素市场，积极争取石家庄正定离岸金融实验区先行先试。

此外，与西方国家资本市场自我演进的发展路径不同，中国资本市场发展离不开政府的推动作用，因此，省内各级各部门要充分发挥能动性，金融业务主管部门要加大组织金融知识培训和引进金融专业人才的力度，努力建设一支懂得资本市场、善于运用资本市场的干部队伍。

2.建设完善的诚信体系

诚信是文明社会的根基，也是营商环境的重要组成部分。完善的社会诚信体系是一个区域经济社会发展软实力的象征。河北省制度与诚信文化建设较为滞后，在2013年全国省会城市制度与诚信文化指标排名中，仅位列第20名，与其经济规模实力排名不相匹配，对营商环境的伤害很大。未来应加快推进包括政务诚信、商务诚信、社会诚信等在内的社会诚信建设，把社会诚信建设作为改善河北营商环境的引爆点和突破口。加快信用信息平台建设，推进公共信用信息记录、归集，建设完善包括省工程建设监管和信用管理平台、企业质量信用平台、统计严重失信企业信息公示平台、省企业信用信息公示系统等在内的各类信息平台，提高行政管理部门间信用信息共享水平。推进信用试点示范，以石家庄、雄安新区等符合条件的市（区）为重点，积极申报创建国家社会信用体系建设示范城市（城区），开展行业和重点领域信用体系建设试点示范。培育信用服务市场，设立信用服务机构，加快成立河北省征信股份有限公司，推动信用产品开发创新和信用信息大数据开发利用，引导和推进信用服务市场发展。

3.营造公平的市场环境

公平、透明、可预期的市场环境是经济持续健康发展的必要条件。从一座城市的开放发展来看，对待投资者不能看其“姓内”还是“姓外”，“姓国”还是“姓民”，而是要看其是否有利于产业的转型升级，是否有利于城市持续健康发展。河北在对待投资者的态度上，不能非此即彼、厚此薄彼，而要通过打造开放、公平、可预期的市场环境，推动在冀的内外资和民营经济“百家齐放”“百家争鸣”，进而带动河北产业加快升级，经济平稳、快速、健康发展。这就要进一步完善市场准入制度，清理各种影响市场主体发育发展的“门槛因素”，推广“负面清单”管理方式，除《河北省禁止投资的产业目录》和《河北省政府核准的投资项目目录》禁止涉足的项目外，允许各类市场主体平等进入，合理引导产业发展方向和市场主体投资预期。

① Word Bank Group Doing Business 2017：Equal Opportunity for All［R］. The World Bank，2016.

消除基础设施和公用事业领域的市场壁垒，在医疗、养老、教育等民生领域出台更有效的举措，使得民营投资能够公平参与。深化对外开放合作，在用地审批、环境评价、产业扶持和市场调控等政策环节无差别地对待内外资企业，打造公平开放的竞争环境。

4.打造高效的政务环境

政务环境是经济社会发展的重要内容和有力保障。实践证明，优质高效的政务环境将为区域经济发展创造不可估量的“政策财富”。对河北而言，政务环境因审批程序烦琐、流程复杂、政府服务意识不强、办事效率不高等问题饱受诟病，未来必须深入推进“放管服”改革，力求在放权上求实效，在监管上求创新，在服务上求提升，提高行政效能，营造优质高效的政务环境。一是加大简政放权力度，继续取消、下放一批制约经济发展、束缚企业活力、腐败寻租易发多发的审批事项，最大限度地释放市场活力。二是深化行政审批流程再造，在市、县两级全面建立行政审批局，全力打造“一站式审批、一条龙服务”政务服务新平台。建立和完善市县政府部门行政权力清单、责任清单、负面清单、收费清单、行政许可中介服务清单、监管清单等清单管理制度。三是加强综合监管，加快推进“多证合一、一照一码”改革，全面推行“双随机、一公开”监管新模式，加快市县跨部门、跨行业综合执法全覆盖。四是创新服务方式，全面推行网上审批，建立整体联动、部门协同、省级统筹、一网办理的“互联网+政务服务”体系，形成覆盖全省的互通共享网上服务平台。

六、加快河北产业升级的政策建议

河北产业升级面临的种种障碍和问题是长期以来多种内外因素共同作用的结果，尽管并非全部由政策原因导致，但在政府主导的产业发展环境下，探讨既往政策得失、提出改进建议仍极其必要。因此，应站在京津冀协同发展的高度，以促进区域科学分工为总体目标，从优化河北自身产业政策、促进京津冀三方产业政策协同和完善国家产业政策顶层设计三个维度系统性提出政策建议。

河北产业政策改进应以实现京津冀区域水平分工、帮助河北规避“低端锁定”陷阱为核心诉求，加大政策力度，丰富政策手段，完善决策机制；在帮助河北“苦修内功”的基础上，着力推进河北与京津产业政策协同，破解河北与京津实现产业水平分工的制度性壁垒，促进整个京津冀区域的产业布局重构、要素自由流动和监管标准及政策对接；最后，争取国家在国土空间开发及土地供给、财税政策、货币信贷等领域对河北适度放权，鼓励河北开展产业政策改革试点示范，促进国家产业政策顶层设计的进一步完善。

（一）河北自身的政策改进

1.明确政策目标——摆脱低端、延链补环、区域协同

河北既往产业政策在导向上紧跟国家产业政策指挥棒，总体上符合阶段特征和发展需求，但是对京津冀地区应建立何种可持续的产业分工模式认识不清，对河北通过何种路径与京津开展产业合作、共同实现产业升级分析不明，对河北将面临的产业“低端锁定”风险研判不足。为此，我们建议：河北产业政策应将河北与京津开展高质量产业内协作、实现总体水平分工作为产业升级的总体目标。该目标应是河北产业政策调整的首要着眼点和真正实现京津冀产业协同的基石。建议河北今后涉及产业发展的规划、指导意见、实施方案、扶持及调控措施均应以此目标作为指针。该目标包括以下几个政策意涵：

——规避“低端锁定”是河北政策改进的根本出发点。长期累积的政策、市场和产业基础等多种因素使京津两地在产业层次、技术水平和效益结构上明显优于河北。河北应正视并承认这一现实，但河北自身产业政策不应认可这种分工格局长期存在。因此，河北产业政策应引导河北摆脱以低端资源型产业为主的窘境，避免长期处于京津冀区域产业链低端，加快实现与京津两地总体上的水平分工，如此才能真正实现河北产业升级和京津冀产业协同。

——将“延链补环”、促进产业链与价值链融合作为产业升级的实现形式。河北产业政策应将“高端化、智能化、融合化、生态化、集群化、国际化”作为产业升级的基本方向，引导河北现有传统产业向产业链高端延伸，提升工艺装备智能化水平，利用新技术促进多业态融合发展，减少产业发展生态负外部性，打造若干优势产业集群，促进企业由单纯产品制造商向全产业链解决方案提供商转变。在延长产业链的同时，更应注重借助京津创新和市场等方面优势，补足自身在原始研发、集成创新和市场推广等环节短板，大力发展战略性新兴产业和现代服务业，通过培育新兴高附加值行业占据区域价值链高端，通过环节附加值的提升实现产业升级。

——实现“区域协同”，与京津建立分工合理的“竞合关系”。河北与京津实现产业水平分工并非消除区域内市场竞争，而是引导三地进一步明确自身定位，发挥各自优势，消除因三方在区域分工角色相对固化而导致的市场扭曲和竞争不充分。与北京产业协同方面，河北应明确在传统产业疏解与承接、高端要素流动和新兴产业培育等领域的具体政策目标，利用北京创新中心优势，通过产业疏解与高端要素外溢逐步培育部分具备核心技术和竞争优势的行业，与北京共同占据产业链与价值链较高环节，实现与北京产业内水平分工；与天津产业协同方面，鉴于天津制造业基础与升级方向与河北相对接近，河北应与天津在抑制过剩产能、打破市场壁垒和促进要素流动等领域加强协作，培育部分基础好、有潜力的行业或细分产品与天津展开错位竞争，以期在津冀产业分工水平相对接近的情况下实现产业协同。

2.加大政策力度——政策配套、方向一致、协调同步

尽管河北既往政策相对全面而系统，但政策力度并不尽如人意：政策文件以导向性的规划、指导意见为主，约束性差、引导力弱、配套措施往往缺位；配套政策及措施与政策目标的调控方向不符，政策导向与配套举措经常错位；政策导向性文件先行，而配套政策及措施“掉队”，致使政策实施与政策目标的时间节点不符，造成政策效果迟滞。为此，我们建议：

——做到“政策配套”，产业政策应辅之以完备的配套政策及措施。产业政策文件在明确政策导向的基础上，必须出台完备的配套政策及措施。建议今后在颁布国民经济和社会发展五年规划、产业发展专项规划、产业发展指导意见等政策的同时，应同时明确财税、土地供应、人才资源、技术标准及市场监管等可能实质性影响政策效果的配套措施，确保产业政策真正落到实处。

——做到“方向一致”，配套政策与措施同政策导向完全一致。在促进河北产业升级、推动京津冀区域实现水平分工的产业政策导向下，应将战略性新兴产业、现代服务业和传统产业改造提升作为重点领域给予政策倾斜，在重点项目申报、要素供给、市场调控等行政许可领域，应避免设置与政策目标相悖的评价标准（如对投资规模较小的新兴产业设置过高的投资总额要求），导致配套措施与政策目标“错配”。

——做到“协调同步”，产业政策配套措

施应与政策目标同步实施。河北产业政策改进在解决配套措施“缺位”“错配”问题的基础上，更应注意配套政策与措施滞后于政策目标的“掉队”问题。在支持战略性新兴产业、现代服务业和传统优势产业改造提升过程中，配套政策及措施应完全符合产业政策导向及发展目标，按政策设计同步投放政策资源，避免因配套举措与政策目标不同步造成政策效果迟滞。

3.丰富宏观调控手段——完善立法、突出市场、优化行政

长期以来，受政府主导产业发展的政策惯性影响，河北产业调控手段明显偏重于行政命令，致使政策执行过程中存在“撒芝麻”或“一刀切”等现象，对产业政策效果发挥、市场机制的培育具有不可忽视的负面作用。基于此，我们认为河北政策手段的优化与改进应坚持以法律手段为基础，以市场手段为核心，以行政手段为保障，多管齐下，打造激发市场活力、符合产业发展规律、协同保障有力的产业政策“工具包”：

——以立法手段为基础，明确产业政策调控边界。建议颁布《河北省产业升级促进条例》、《河北省传统产业振兴条例》、《河北省战略性新兴产业和现代服务业促进条例》等地方性法规，以法律形式规定产业政策调控范围、政策形式、制定和修正机制以及配套措施，明确政府产业调控权力边界，促进市场机制作用的发挥，保障市场主体合法权益。

——丰富市场调控手段，从需求侧推动产业升级。河北产业政策应按照供给侧与需求侧同步调控的思路，在需求侧制定相应政策对产业升级进行引导。如制定优势产业市场培育政策，通过民生建设项目和消费补贴等措施扩大生物医药、轨道交通装备、汽车、高端钢材、绿色建材、光伏等河北优势产品需求，以市场力量引导传统行业向高端化、绿色化、低碳化方向发展，有效通过市场需求策应供给侧升级。

——优化行政手段实现形式，以差异化及引导性措施为主导。行政手段亟须跳出简单的财税直补、要素调控和强制关停的窠臼。建议政府采取更多差异化、柔性化措施，在化解过剩产能行政执法中，应避免采取硬性摊派、拉闸限电等简单粗暴的“一刀切”措施，应依据企业升级前景及实际进度有区别地采取差异化措施。同时，应更多以行政政策资源培育市场需求或提供公共产品，引导产业升级方向，普惠性地降低市场主体运营成本。如利用财税措施在消费端对河北优势产品进行补贴，以需求侧推动供给侧改革；以财税直接奖补和PPP等模式引导社会资本投资办公空间、研发设备、试验场地、试制车间等创新基础设施，通过市场化手段补充新兴产业发展所需公共产品。

4.强化政策落实——建立坐标、强化考核

强化政策落实、加强监督考核是河北产业政策改进的另一大目标。河北应建立产业政策落实评价体系，科学设定评估指标，对产业政策落实情况进行量化评估；将产业政策落实情况纳入干部考核体系，将其作为干部能力考核的重要组成部分。

——进一步完善产业政策落实考核指标体系。建立“河北省产业政策效果综合评价机制”，在规划、指导意见等政策文件设定政策目标时，明确政策落实及考核节点，从政策目标科学性与可行性、配套政策资源投入进度、土地供给政策、建设进度、市场销售、企业效益、产业链构建、集群效应、就业带动和财税贡献等多个维度设定考核指标，依托科学的评估“坐标系”对政策效果进行量化评估，以期增强政策落实效果。

——将产业政策制定及执行情况纳入干部考核体系。基于前文提到的“河北省产业政策效果综合评价机制”，建议组织人事部门考察干部时，将产业政策效果作为被考察对象能力考核的重要组成部分，尤其是作为考察地方党政“一把手”和经济管理干部候选人的重要参考内容，以期进一步增强政策制定者的科学决策意识。

（二）与京津的政策协调

1.协同京津冀产业发展政策——规划协同、项目协同、招商协同

京津冀三地应站在协同发展的高度，将实现区域产业水平分工作为产业协同的总体目标。为此，河北应推动京津冀三方落实《京津冀地区产业发展规划》并明确配套措施；围绕产业疏解开展项目合作，共同建立“京津冀产业发展重点项目库”，重点安排产业疏解与落地，推进项目协同；协调招商政策，避免区域内部恶性竞争，破坏整体投资环境。

——落实京津冀产业发展规划，推进规划协同。建议京津冀三方明确将实现区域水平分工作为共同的产业升级目标，加紧落实共同编制的《京津冀地区产业发展规划》，详细谋划本区域产业升级的重点领域、发展方向、升级路径及布局重构，明确三地协同推进区域产业升级的配套政策及措施工具，特别是将服务首都产业功能疏解和雄安新区产业替代接续作为当前重点任务之一，将区域产业布局重构作为重要内容，为尽早实现区域产业水平分工和协同发展制定并完善一整套科学详尽的政策方案。

——共建重点项目库，加紧推动项目协同。在共同编制产业升级规划的基础上，以服务于京津冀产业水平分工、促进区域产业转型升级为目标，设立涵盖战略性新兴产业、现代服务业及传统产业改造提升项目的“京津冀区域产业发展重点项目库”。科学设定入库项目评价指标体系，储备梯度合理的重点项目，明确合理、有效、全方位的优惠措施，重点服务首都产业疏解及雄安新区重大产业发展项目，并以项目库建设为基础由三地共同向国家申请“京津冀产业协同专项建设用地指标”和“京津冀产业发展财政专项”等政策资源。

——协调产业招商政策，推进招商协同。河北应积极与京津对接招商引资政策，按照《京津冀地区产业发展规划》中对区域产业布局重构的总体要求，将战略性新兴产业、现代服务业、传统产业三大门类中的细分行业划分为“协同招商”和“自由招商”两大类，商定“协同招商”行业项目在三地落地优先顺序，避免恶性竞争；自由招商行业不受落地顺序限制，三方应商定针对各行业、不同规模项目的统一优惠措施，尽可能缩小招商政策差异，避免区域内恶性竞争，维护京津冀整体投资环境。

2.促进区域互联互通——资质互认、联合监管、利益共享

技术标准资质不互认、市场监管割裂、利益共享机制不理顺是京津冀地区实现产业协同的一大障碍。因此，京津冀三地应立即就规范、标准、资质进行互认，打破区域间隐性技术壁垒；以承接京津产业疏解为重点，开展三地跨区域联合监管；鉴于“分灶吃饭”财税体制和地方保护主义对企业跨地区迁移的阻碍，进一步完善产业转移税收共享机制，为京津冀区域要素自由流动破除机制障碍。

——促进资质互认、打破技术壁垒。建立京津冀区域资质互认机制，河北应积极与京津商定“资质互认清单”，推动与产业升级最为密切的高新技术企业资质、工程资质、税收资质、人才技能资质、从业资质和信用资质等实施京津冀区域内互认，确保资质持有者在京津冀域内迁移时，无须在迁入地重复认证，落地后继续享受资质原有待遇，打破京津冀区域内的隐性技术壁垒。

——推动联合执法、打破监管壁垒。河北应主动与京津就建立“京津冀市场联合监管机制”进行商讨，推动三地依据有关法律法规，统一监管标准及执法尺度，建立实时监测、应急处置及跨地区纠纷调处相关机制。

重点在知识产权保护、商事登记、信用状况、网络交易、消费者权益保护、食品药品质量等领域开展联合执法，打造公平、透明、无障碍的京津冀产业监管环境。

——完善税收共享机制、打破地方保护。建议京津冀三地以财政部和国家税务总局联合发布的《京津冀协同发展产业转移对接企业税收收入分享办法》（财预〔2015〕92号）为基础，采取“总量不变、增量分成”的原则，以企业迁入前三年平均增值税和企业所得税[①]上缴总额为存量上限，低于或等于上限部分全部归迁出地所有；而高于存量部分由迁出地和迁入地协商分成，以期更好调动迁出地特别是北京和天津政府部门积极参与产业疏解与企业搬迁，更好地服务于京津冀区域产业布局重构。

3.促进区域要素自由流动——人才外溢、金融合作、技术共享

除政策协同外，河北与京津应着力打破要素流动制度性障碍，借助功能疏解促进高端人才由京津向河北外溢，促进高端人力资源在区域内均衡分布；尽快搭建区域性产业发展政策性金融平台，为产业疏解及转型提供融资支持；完善区域性技术要素交易平台，提升科技成果转化对产业升级的支撑作用。

——建设京津冀人力资源共同市场。利用京津冀三地人社部门现有的省级人才市场平台，整合组建“京津冀人才服务中心”，完善三地间跨区域求职招聘服务、落户（居住证）服务、档案存管、职称评定、从业资质认定、流动人口服务等人力资源基础服务，打造服务于产业功能疏解及人才跨区域流动的“一站式”综合服务平台。面向战略性新兴产业创新人才、现代服务业高端管理人才和传统产业实用技能型人才，建立“京津冀产业高端人才服务绿色通道”，依托“京津冀人才服务中心”，集中发布高端人才求职招聘信息，破除人才自由流动的信息壁垒。完善落实京津冀地区“体制内”人才创新创业激励机制，加大力度支持院校、科研机构、国企及政府部门高端人才开展自主创新和创业活动，延长其“体制内”身份和基本待遇保留年限，同时给予其各种创新创业优惠政策及相应人力资源服务，破除人才流动的机制障碍。

——完善京津冀产业金融合作机制。由京津冀三地城市商业银行及农信系统共同组建“京津冀产业发展银团”，重点服务“京津冀产业重点项目库”入库项目以及与之配套的基础设施项目和生态保护项目，打造区域性产业金融服务基础设施。由三地政府共同担负启动资金，委托实力信誉俱佳的保险、信托、证券、金融租赁和风投等金融机构主导开展多样化、市场化和专业化的产业金融创新，进一步促进金融要素在京津冀区域内自由流动，以期充分满足本区域产业升级的金融服务需求。

——完善京津冀区域技术交易市场。在中国技术交易所“京津冀技术交易河北平台”基础上，河北与中国技术交易所应主动联合京津两地建立京津冀技术交易北京平台和天津平台，利用中国技术交易所现有交易机制构建更加完善的“京津冀区域技术交易市场”，促进三地交易平台对接融合，打造集信息发布、技术交流、成果转化、人才培养及创业孵化等多功能于一体的跨区域技术交易服务平台，促进技术要素更好地服务京津冀产业转型升级。

4.推动京津冀社会公共服务均等化——直接结算、养老疏解、教育均衡

尽管社会公共服务不属于产业升级研究的核心内容，但其密切关系居民健康及日常生活，是区域发展软环境的重要内容，是产业转移不可不虑及的“隐性因素”，对于人

① 相关文件详见财政部网站http：//yss.mof.gov.cn/zhengwuxinxi/zhengceguizhang/201506/t20150623_1259817.html。

才、技术和资本跨区域流动具有十分重要的意义。当前，京津冀三方应以实现区域社会公共服务均等化为目标，围绕产业疏解涉及的流动人口公共服务需求，做好跨地区转移接续，进一步破除要素跨区域流动的“隐性”障碍。

——进一步完善医疗保险跨省结算相关机制。逐步将京津冀三地医疗保险基金整合为统一的“京津冀医疗保险基金”，统一报销目录、标准及政策，打造“资金整合、标准一致、互认互通”京津冀医保异地结算机制。而针对目前最为迫切的异地就医直接结算问题，建议在京津冀地区47家医院实现医保异地直接结算的基础上，增加异地就医直接结算医院数量，由三甲医院延伸至社区卫生机构和养老服务机构，尽早实现京津冀医疗机构跨省就医直接结算全覆盖。进一步简化异地就医直接结算相关程序，由“事先备案登记制”尽快过渡为“无障碍结算制”，更好满足京津冀居民跨省流动产生的就医需求。

——完善跨省养老服务相关机制。在京津冀三省市各自出台的养老保险跨区域转移接续办法实施细则基础上，针对区域间养老金领取标准差异，建议京津冀三地共同出资设立“京津冀养老保险转移接续过渡基金”，弥补京津养老关系转入河北造成的养老金领取额减少问题。鉴于河北与京津的养老机构扶持政策存在差异，建议京津两地适度延伸相关优惠政策，使接纳京津籍老人的河北养老服务机构或京津养老服务机构在冀分支同等享有京津优惠政策，河北仍同时给予上述机构本地政策优惠，以便鼓励京津优质养老服务资源外溢至河北。京津冀三地应尽快就养老服务机构的医疗机构资质实现异地互认，并享受医保异地直接结算服务。

——完善教育一体化相关机制。在基础教育阶段，鉴于京津冀三地基础教育阶段投入水平的差异，建议京津冀三地政府共同出资设立“京津冀基础教育建设基金”，重点扶持京津中小学来冀办学和河北贫困地区基础教育条件改善；三地教育主管部门共同拟定本区域内基础教育阶段教材选用目录、教学大纲及教学评价标准。在高等教育阶段，建议三地政府现阶段推动京津高校在冀开办分校或整体迁入，增加优质高等教育资源在冀投放规模，优化高等教育资源区域布局；实质性推动京津冀高等教育阶段统考统招，实现京津冀地区“一张卷、一个线”。

（三）国家层面的政策支持

1. 在国土空间开发及建设用地领域给予政策倾斜——增加供给、政策试点、精细开发

河北省虽然地处华北平原，但山地面积广、地质条件复杂、生态区域敏感，建设开发的基础空间较为紧张，而河北又面临转型发展的艰巨任务，亟须扩大建设用地供给规模。因此，建议国家在现行体制下适度增加河北建设用地指标，定向支持河北产业升级；允许河北开展土地政策改革试点，盘活农村建设用地，增加产业建设用地供给；允许河北依据区域功能布局和土地利用现状，适度调整主体功能区规划，推动国土空间精细化开发。

——在建设用地供给上给予适度倾斜。建议国家在现行土地供给政策下，允许河北适度提高年度建设用地规模及产业用地比重，以期更好满足产业转型升级项目用地需求。针对前文建议的“京津冀产业重点项目库”，探索建立独立于三地建设用地指标的“京津冀产业协同专项建设用地指标”，将建设用地指标单独赋予入库重点项目，服务于产业疏解重点项目、雄安新区建设、重大交通基础设施项目和生态治理项目。

——允许河北开展土地管理新机制试点试验。允许土地占补平衡政策在河北全省范围内调剂使用。简化用地审批流程，提高建设用地审批效率，对经国家批准的基础设施项目的控制性工程，经报审国土资源部同意后，可以先行用地；属单独选址的重点建设项目用地，涉及补充耕地的可以依据经审查批准的补充耕地方案边占边补。允许河北开展“农村建设用地直接入市”试点试验，将农村闲置建设用地在不变更性质的情况下直接进入一级市场交易，缓解产业用地供需紧张的问题。

——允许河北适度提高国土开发强度，提升国土空间开发的精细化水平。鉴于京津冀地区气候及地表径流情况已发生显著变化，建议国家允许河北合理调整主体功能区规划，特别是对原有行洪泄洪区开展全面勘察及功能修正，对已失去防洪功能的区域适度提高开发强度，提高土地利用效率，增加建设用地供给。

2.加强财政、金融政策的针对性和灵活性——信贷政策、政策性金融、财政政策

河北产业升级离不开国家财政、金融政策的支持。河北应争取央行给予信贷政策支持，实行符合河北产业升级需求的“定制化”信贷政策；争取国开行及四大资产管理公司给予河北产业升级政策性融资支持；争取财政部就河北产业升级给予财政专项支持。

——适度增加河北地方信贷政策的灵活性。争取人民银行总行将河北及雄安新区列为重点支持区域，为河北产业升级、京津冀产业协同及雄安新区建设单独编列信贷计划，对产业发展重点项目予以融资倾斜，指导在冀商业银行增加对战略性新兴产业和传统产业升级项目的信贷支持，避免银行金融机构“一刀切”式惜贷、减贷、抽贷，增强信贷政策与产业政策协同性。

——争取国家政策性金融机构给予河北产业升级融资支持。争取国家开发银行、中国农业发展银行和中国进出口银行就河北产业升级、农业改造提升和国际产能合作进行整体授信，对重点产业项目发放优惠性政策贷款。主动与东方、信达、华融和长城等四大资产管理公司沟通对接，建立“河北实体经济不良资产处置协同合作机制”，妥善处理由于市场变化、产能压减、技术改造等原因导致的不良资产，完善市场化的不良资产管理和处置机制。

——给予财政政策倾斜。建议财政部编列“京津冀产业发展财政专项”，用以支持京津冀地区重大产业新建项目及升级改造项目，特别是对河北传统产业化解过剩产能、京津高技术成果来冀转化重大项目进行重点支持。基于京津冀产业协同的目标，柔性延展既有优惠政策应用范围，特别是允许中关村和天津滨海新区优惠政策延伸至河北，进一步破除京津冀区域产业转移及功能疏解的制度性障碍。

3.支持河北建立开放平台和参与“一带一路”建设

河北产业发展始终存在较为明显的内生性特征，既不符合产业发展规律，也不适应京津冀产业协同的发展要求。河北作为沿海省份却在对外经济合作和产业国际化发展方面相对滞后。因此，建议国家在河北设立国家级自贸区，促进河北进一步利用国际、国内两个市场、两种资源，打造产业升级和国际化发展高地；同时支持河北企业“走出去”，充分发挥自身优势参与“一带一路”建设，通过国际产能合作输出优势产能，促进产业转型升级。

——支持河北建设国家级对外开放平台。建议商务部等部门支持河北建设国家级产业发展平台，在京津冀协同发展背景下，将曹妃甸综合保税区、渤海新区和北戴河新区整合设立“中国（河北）自由贸易区”，比照天津自贸区和上海自贸区相关政策，进一步降低市场准入门槛，开展国际贸易、金融、航运等领域深度改革和试点试验，建立体现河北产业特色和发展需求的对外合作窗口。

——支持河北参与“一带一路”建设。建议国家发展改革委和商务部等部委支持河北发挥自身优势，深度参与“一带一路”建设，在“一带一路”沿线国家招商推广、基建项目承揽、国际产能合作等领域向河北适度倾斜，促进河北钢铁、建材、纺织服装和轨道交通装备等优势产能向境外输出，促进企业国际化和外向型发展，特别是促进传统产业由单一产品制造商向大型跨国全产业链生产服务解决方案供应商转变。

作者单位：河北省发展和改革委员会宏观经济研究所

参考文献

［1］李靖.新型产业分工：重塑区域发展格局［M］.北京：社会科学文献出版社，2012

［2］伍长南，林昌华.福建省产业转型升级研究［M］.北京：中国经济出版社，2012

［3］马晓河.结构转型与经济可持续发展［M］.北京：中国计划出版社，2014

［4］陈政.泛珠三角区域产业分工与协作机制研究［M］.成都：西南财经大学出版社，2013

［5］杜传忠，刘英基.区际产业分工与产业转移研究［M］.北京：经济科学出版社，2013

［6］许继琴.产业集群与区域创新系统［M］.北京：经济科学出版社，2006

［7］魏然，李国梁.京津冀区域一体化可行性分析［J］.经济问题探索，2006（12）

［8］朱云飞.新型工业化过程中河北主导产业的选择、转型与升级研究［J］.经济研究参考，2014（44）

［9］谢恒，周雯珺，王斌.京津冀一体化背景下的河北产业升级［J］.宏观经济管理，2015（9）

［10］刘友金，王玮.世界典型城市群发展经验及对我国的启示［J］.湖南科技大学学报（社会科学版），2009（1）

［11］杜曙光.横向产业分工研究［J］.中国经济问题，2008（6）

［12］陈永国.技术转移与京津冀产业分工协作［J］.经济与管理，2007（10）

［13］陈耀.京津冀一体化背景下的产业格局重塑［J］.天津师范大学学报（社会科学版），2014（6）

［14］王爱兰.借鉴国际经验加快京津冀都市圈发展［J］.天津行政学院学报，2006（2）

［15］石林.京津冀地区产业转移与协同发展研究［J］.当代经济管理，2015（5）

［16］邢子政.京津冀区域产业结构趋同倾向与协同调整之策［J］.现代财经，2009（9）

［17］徐永利.京津冀协同发展：河北省产业逆梯度推移策略［J］.河北学刊，2014（7）

［18］孙久文.京津冀一体化中的产业协同发展研究［J］.河北工业大学学报（社会科学版），2014（9）

［19］秦尊文.美国城市群考察及对中国的启示［J］.湖北社会科学，2008（12）

［20］高相铎.美国五大湖工业区产业结构演变的城市化响应机理辨析［J］.世界地理研究，2006（3）

［21］张明艳，孙晓飞，贾巳梦.京津冀经济圈产业结构与分工测度研究［J］.经济研究参考，2015（8）

［22］郑健壮，徐寅杰.产业转型升级及其路径研究［J］.浙江树人大学学报，2012（7）

［23］张腾扬.京津冀这三年不寻常［N］.人民日报

分报告三

促进京津冀基本公共服务均等化研究

课题负责人： 陈志国

课题组成员： 周稳海　户艳领　孙春生　王朋岗　袁清川　席增雷

《京津冀协同发展规划纲要》指出“促进基本公共服务均等化是有序疏解北京非首都功能的重要前提和京津冀协同发展的本质要求”，同时提出“到2020年，河北与京津的公共服务差距明显缩小，区域基本公共服务均等化水平明显提高，公共服务共建共享体制机制初步形成”的战略目标，并在建立统一规范灵活的人力资源市场、统筹教育事业发展、加强医疗卫生联动协作、推动社会保险顺畅衔接等方面做出了明确部署。公共服务均等化作为京津冀协同发展的目标之一，是实现京津冀协同发展的关键所在。要明显缩小目前河北省公共服务水平和质量与京津地区的差距，必须把握新的发展机遇，加快推进京津冀公共服务均等化进程。

基本公共服务一般包括保障基本民生需求的教育服务、医疗卫生、养老服务、社会保障、就业服务、计划生育、住房保障、公共文化等领域的公共服务。鉴于教育、医疗卫生、养老服务、社会保险四个公共服务领域对京津冀区域生产要素流动、产业转移、疏解非首都核心功能等具有关键性的影响，本研究将主要围绕这四个领域展开。

一、京津冀基本公共服务的现状、差异及原因分析

（一）京津冀基本公共服务现状及差异分析

相比珠三角和长三角，京津冀三地之间基本公共服务水平差异较大，矛盾突出。基本公共服务地区差异已成为制约京津冀协同发展的关键。缩小京津冀公共服务差异，实现基本公共服务均等化迫在眉睫（具体分析过程见本报告最后附件部分）。为此，本部分将从基本教育公共服务、基本医疗公共服务、养老公共服务、社会保险等方面具体分析三地之间的现状和差异。

1.基本教育公共服务现状及差异分析

（1）教育公共服务发展现状。

——教育经费投入状况。京津冀三地教育经费分别由2006年的337.4亿元、142.9亿元、355.4亿元，增加到2014年的1093.7亿元、632.6亿元、1086.2亿元（见表1），年均增长率分别为15.7%、21.85%、16.8%。但人均教育经费投入，2014年北京市为5082.24元，天津市为4089.2元，而河北省只有1462.9元。

——单位人口各级学校平均在校生数状况。2015年，京津冀三地每十万人口小学阶段平均在校生数分别为3951人、3969人和8075人，相比2008年京津分别下降了2.2%、15.1%，河北省增长18.87%。三地每十万人口初中阶段平均在校生数为1317人、1724人和3198人，比2008年分别下降了33.85%、36.66%和19.02%。三地每十万人口高等学校平均在校生数分别为5218人、4185人和2141

表1　2014年京津冀教育经费来源情况　（单位：亿元）

区域 项目	北京	天津	河北
教育经费	1093.74	632.63	1086.17
国家财政性教育经费	968.36	55.33	892.65
民办学校办学经费	1.05	0.29	4.09
教育经费社会捐赠经费	1.04	0.49	1.21

续表

项目 \ 区域	北京	天津	河北
教育经费事业收入	104.90	70.10	179.65
教育经费学杂费	83.38	56.29	151.75
其他教育经费	18.38	8.47	8.56

人，京津两地相比2008年分别下降了22.7%和7.7%，河北省则增加了18.22%（见图1）。

——教育从业人数状况。2015年京津冀地区教育从业人员为221.65万人，占从业人员总体的3.69%，河北省教育从业人员125.56万人，占本省从业人员总体的3%。2015年京津冀小学生师比（教师人数=1）分别为14.35、14.98和17.59；初中生师比（教师人数=1）分别为8.62、9.92和13.58。

——区域内学校空间布局状况。2015年京津冀每百万人拥有普通高校（机构）数分别为4.19所、3.56所、1.59所。“211工程”高校中北京有27所，天津、河北分别有3所、1所，其中河北工业大学办学地点在天津，事实上河北省省内没有1所“211院校”；“985工程”高校中北京有8所，天津有2所，河北省没有1所。

（2）京津冀教育公共服务发展差异分析。

——河北省人均教育经费投入劣势明显。在人均教育经费投入方面，2014年河北省人均教育经费为1462.9元，分别只是京津的28.78%和35.8%，且低于2398.45元/人的国家平均水平。在生均公共财政预算事业费方面，河北省与京津两地也存在不小的差距。2014年，北京市普通小学生均公共财政预算事业费为23441.78元，是河北的4.4倍；北京市普通初中生均公共财政预算事业费为36507.21元，是河北的4.7倍。

——河北省教育投入主要依赖公共财政教育投入。北京市、天津市财政性教育经费占总的教育经费的比例分别为68.96%和78.21%，而河北省财政性教育经费占总的教育经费的95.92%。河北省教育投入资金主要依赖财政投入，在教育投入来源的多样化方面与京津两市相比差距很大。

——河北省教育资源承受压力大。2015

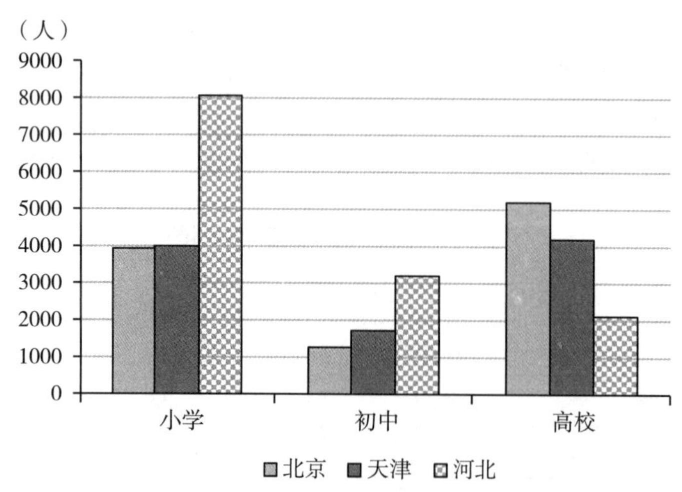

图1　2015年京津冀每十万人口各级学校平均在校生人数

年每十万人口小学平均在校生人数河北是京津的2倍，十万人口初中在校生平均人数是京津的2.4倍和1.9倍，而十万人口高等学校平均在校生数是京津的41%和51%。在生师比方面，2015年京津冀小学生师比（教师人数=1）分别为14.35、14.98和17.59；初中生师比（教师人数=1）分别为8.62、9.92和13.58。河北省基础教育相比京津承担着艰巨的任务，再考虑到师资和教育经费等因素，河北的基础教育与京津相比面临人多、面广、压力大等问题，而京津高等学校在校生人数远高于河北。

综上所述，京津冀三地十分重视教育事业的发展，都加大了在教育领域的投入。但是河北省在人均教育投入、教育投入资金来源结构、师资力量以及满足域内居民基本教育公共服务能力等方面与北京市、天津市存在较大差距。

2.基本医疗卫生公共服务现状及差异分析

（1）基本医疗卫生公共服务发展现状。

——万人医疗卫生机构数状况。2015年，京津冀三地万人医疗卫生机构数分别为4.50个、3.38个和10.59个，相比2010年分别减少了6.25%、3.43%和6.45%。

——每万人拥有卫生技术人员状况。2015年，京津冀三地每万人拥有卫生技术人员的数量分别为104人、59人和50人，京津两地相比2010年下降了23.53%、16.90%，河北省增长了25%（见图2）。

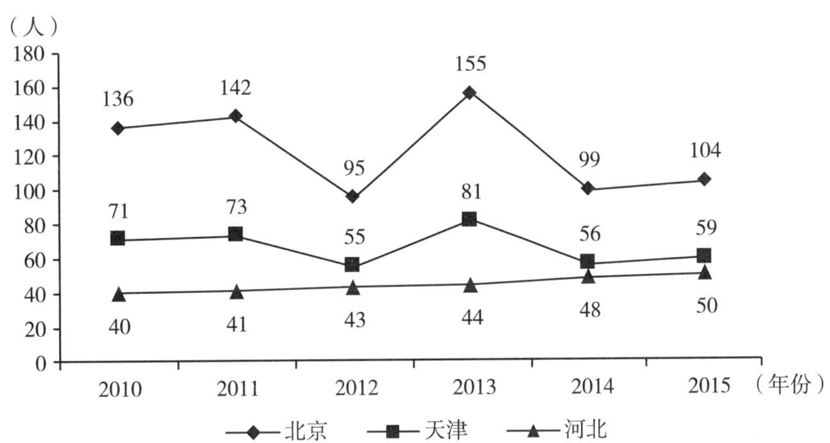

图2　2010-2015年京津冀每万人拥有卫生技术人员数情况

——每千人口医疗卫生机构床位状况。2015年，京津冀三地每千人口医疗卫生机构床位分别为5.14张、4.12张、4.61张，相比2010年京津两地分别下降了30.07%、16.43%，河北省增长了34.80%。

——医疗卫生机构急诊病死率状况。2010-2015年，京津两地医疗卫生机构急诊病死率变化相对不大，北京市大体维持在0.08%的水平，天津市维持在0.07%-0.09%的水平。河北省医疗卫生机构急诊病死率则由2010年的0.24%下降到2015年的0.18%，但仍高于同期京津两地水平（见图3）。

——围产儿死亡率状况。2015年，京津冀三地围产儿死亡率分别为3.25‰、6.72‰和4.11‰，相比2010年分别下降了26.64%、21.5%和34.55%（见图4）。

——社区服务机构覆盖率状况。2015年，京津冀三地社区服务设施覆盖率分别为166.8%、38.7%和70.1%，2010年只有64.6%、24.2%、10.5%，分别增长了158.20%、59.92%和567.62%（见图5）。

（2）京津冀基本医疗卫生公共服务差异分析。

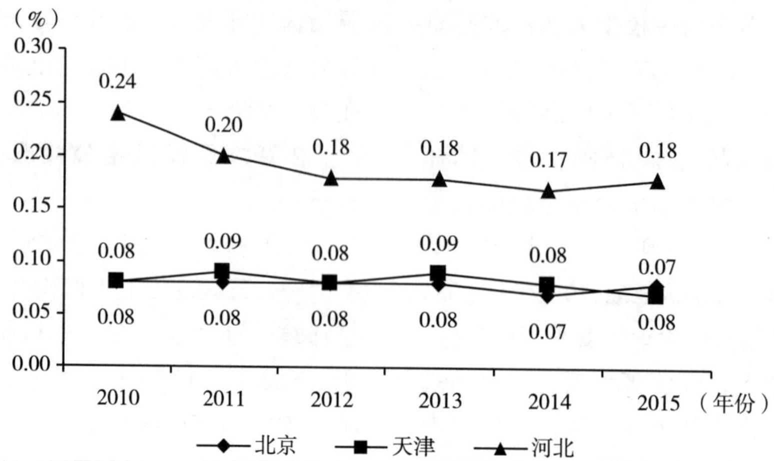

图3　2010-2015年京津冀医疗卫生机构急诊病死率情况

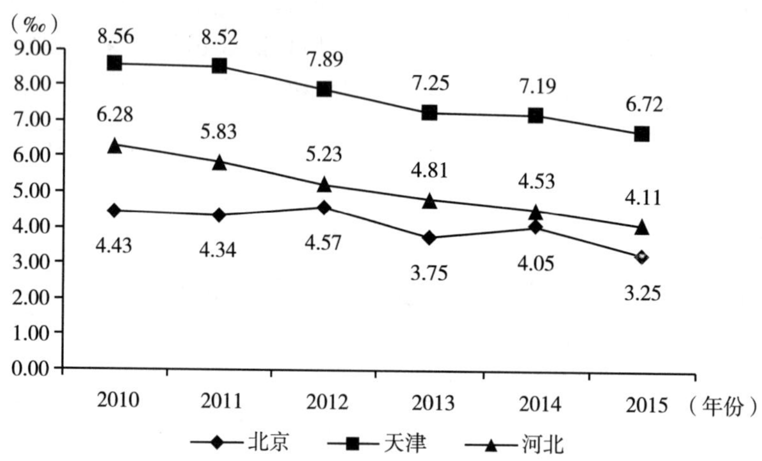

图4　2010-2015年京津冀围产儿死亡率情况

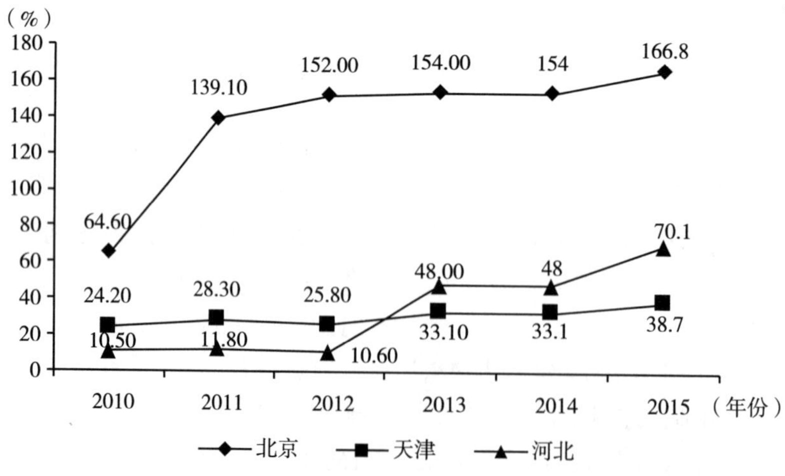

图5　2010-2015年京津冀社区服务机构覆盖率情况

——河北省医疗机构数量多，但规模较小，且医疗卫生服务能力偏弱。从万人医疗卫生机构上看，2015年京津分别为4.50个、3.38个，而河北省为10.59个。而从每万人拥有卫生技术人员上看，2015年北京市为104人，天津市为59人，而河北省仅有50人，不足北京的一半，差距明显。2015年北京市每千人口医疗卫生机构床位5.14张，天津市和河北省每千人口医疗卫生机构床位分别为4.12张、4.61张。

——北京妇幼保健综合水平高于津冀。从2015年京津冀三地的围产儿死亡率对比情况可以看出，北京市围产儿死亡率最低，2015年为3.25‰，天津在这一指标上数值最高，为6.72‰，河北居中，为4.11‰。

——北京市医疗保障综合水平高于津冀。社区服务机构覆盖率是衡量保障水平的代表性指标，2010年至2015年北京市社区服务机构覆盖率最高，优势明显，远高于河北省和天津市。

综上所述，京津冀三地基本医疗卫生公共服务差异明显，主要表现为：河北省医疗机构规模较小，每万人拥有卫生技术人员较少；北京市每千人口医疗卫生机构床位数高于津冀；北京市妇幼保健综合水平高于津冀；北京市医疗保障综合水平高于津冀。

3.养老公共服务发展的现状差异分析

（1）养老公共服务发展现状。

——养老服务需求状况。65岁以上的人口数量及相应的人口占比可以衡量京津冀三地对养老服务的需求。截止到2015年底，京津冀三地全市常住人口中65岁及以上人口分别为222.8万人、148.66万人、756.6万人，占比分别为10.3%、9.61%、10.19%，相比2010年末，老龄人口比重分别上升了1.6个百分点、1.09个百分点和1.95个百分点。

——养老服务投入状况。社会服务事业费、每千人口社会服务事业费可以衡量京津冀三地的养老服务投入状况。截止到2015年底，京津冀三地社会服务事业费支出分别为222.06亿元、76.91亿元和180.52亿元，与2010年相比分别增长了126.1%、145.1%、86.2%。三地每千人口社会服务事业费分别为102.3万元、49.7万元、24.3万元，与2012年相比分别增长了68.0%、58.3%、23.4%。

——城市社区服务中心（站）覆盖率状况。截止到2015年底，京津冀三地城市社区服务中心（站）覆盖率分别为98.7%、80.4%和58.5%，较2012年分别提高了3.6个百分点、19.7个百分点和6.7个百分点。

——农村特困老年人的供养标准状况。农村特困老年人的供养标准是反映一个地区基本养老服务保障的基础指标。2015年京津冀三地农村特困集中供养平均标准分别为1182元/人·月、1166元/人·月和465元/人·月，相比2012年分别增长了28.1%、91.5%和60.9%。三地农村分散集中供养平均标准分别为1121元/人·月、863元/人·月和311元/人·月，相比2012年分别增长了21.5%、75.4%和52.5%。

——养老机构建设与运营补贴状况。一次性建设补贴、运营补贴可以衡量京津冀三地的养老服务机构建设与运营补贴状况。一次性建设补贴方面，北京市从2014年对居养功能床位按照2万元/张进行补贴，对护养功能床位按照2.5万元/张进行补贴。天津市对政府投资新建或购置建设并形成产权的按床位3万元/张进行补贴；对政府投资改扩建的新增养老机构床位按1.2万元/张进行补贴；对社会力量投资新建或购置建设并形成产权的非营利性养老机构床位按1.5万元/张进行补贴；对社会力量投资改扩建的新增非营利性养老机构床位按0.6万元/张进行补贴。河北省不分床位功能，均按0.4万元/张进行补贴。

运营补贴方面。北京市按照月进行补贴，其中居养功能床位按照300元/月标准进行补贴；护养功能床位按照500元/月进行补贴。天津市对公建民营和社会力量投资建设的养老机构，根据收养的入住老年人护理等级不同给予差别化运营补贴：收养生活自理老年人的养老机构床位，每年给予每张床位补贴1050元（87.5元/月）；对收养生活不能自理（介护）和半自理（介助）老年人的养老机构床位，每年给予每张床位补贴2250元（187.5元/月）。河北省2015年养老机构运营补贴每月为100元。

（2）京津冀养老公共服务差异分析。

——河北省养老公共服务投入水平明显低于京津地区。截止到2015年底，京津冀65岁以上老人人均社会服务事业费分别为9966.94元、5173.45元、1016.50元，河北仅仅是北京、天津的10.20%、19.65%。从人均投入方面，京津冀每千人口社会服务事业费分别为102.3万元、49.7万元和24.3万元，河北仅是北京和天津的23.75%和48.89%。

——河北省城市社区服务中心（站）覆盖率差距明显。截止到2015年底，北京市的城市社区服务中心（站）覆盖率为98.7%，天津市的城市社区服务中心（站）覆盖率为80.4%，河北省的城市社区服务中心（站）覆盖率为58.5%。河北省的城市社区服务中心（站）覆盖率分别是北京与天津的59.27%、72.76%。从城市社区服务中心（站）覆盖率指标来看河北养老设施建设也明显不足。

——河北省农村特困老年人的供养标准低于京津地区。截止到2015年底，河北省的农村特困集中供养平均标准是京津的39.34%和40.02%，农村特困分散供养平均标准是京津的27.74%和36.04%，显然河北省农村特困老年人的供养标准低于京津。

——京津冀三地养老机构建设与运营补贴差异明显。一次性建设补贴方面，北京不但区分了不同的养老功能床位，而且每种功能床位的补贴标准均高于河北，且差距较为悬殊，河北省对每张养老床位补贴0.4万元/张，仅仅是北京的1/5。天津对养老床位也进行了较为详细的分类并给予了相应补贴，且补贴的标准也明显高于河北。在运营补贴方面，京津均对养老床位功能进行分类，并按照功能进行补贴，且补贴标准明显高于河北。

综上所述，京津冀在养老公共服务方面差异巨大。主要表现为：河北省养老公共服务投入水平明显低于京津；河北省城市社区服务中心（站）覆盖率差距明显；河北省农村特困老年人的供养标准低于京津地区；京津冀三地养老机构建设与运营补贴差异明显。

4.社会保险发展的现状及差异分析

（1）社会保险发展现状。

——社会养老保险状况。2015年，京津冀三地城镇职工基本养老保险参保人数分别为1424.3万人、565.2万人和1320.5万人，相比2012年分别增长了18.06%、15.28%和17.32%。城乡居民基本养老保险参保人数分别为187.6万人、121.1万人和3440.3万人，相比2012年分别增长了6.11%、35.61%和3.17%。

2015年，京津冀三地基本养老保险基金收入分别为1601.2亿元、594.3亿元和1073.9亿元，相比2012年分别增长了60.91%、41.33%和35.31%。基本养老保险基金支出分别为965.5亿元、559.5亿元和1137.0亿元，相比2012年分别增长了50.81%、53.29%和57.26%。全年基本养老保险累计结余分别为2796.6亿元、396.4亿元和755.8亿元，相比2012年分别增长了128.33%、41.98%和0.09%。

——职工基本医疗保险状况。2015年，京津冀三地城镇职工医疗保险参保人数分别为1475.7万人、522万人和957万人，相比2012年分别增长了15.32%、8.95%和5.54%。城镇职工医疗保险人均保费分别为5328元、4507元、3183元，相比2010年分别增长了90.97%、101%、85.06%；城镇职工医疗保险人均支出分别为4875元、3907元和2477元，较2010年分别增长了81.5%、94.57%和91.13%。

——城镇居民基本医疗保险状况。2015

年，京津冀三地城镇居民医疗保险参保人数分别为181.0万人、532.1万人和706.7万人，相比2012年分别增长了19. 16%、5.95%和-4.19%。三地城镇居民医疗总保险保费收入分别为25亿元、42.8亿元和32.8亿元，较2012年分别增长了163.16%、119.49%和53.27%。

2015年，京津冀三地城镇居民医疗保险人均保费分别为1381元、804元、464元，城镇居民医疗保险人均支出分别为807元、553元、351元。三地城镇居民医疗保险基金收支比分别为1.71、1.46和1.32。2012年收支比分别为1.1、1.2和1.6 。

（2）社会保险发展差异分析。

——京津冀基本养老保险基金支出差异明显。京津冀三地基本养老保险基金人均支出差异明显，主要体现在京津与河北省或者北京市与津冀两地的差异上，并且三者之间的差异有逐渐增大的趋势。从年人均支出来看，北京市和天津市的基本养老保险基金年人均支出较高，明显高于河北省，且增长迅速，而河北省基本养老保险基金人均支出增长缓慢，与京津存在明显差异。另外，从收支比的角度分析，近几年北京市的基本养老保险基金收支比指标数值逐渐增大，拉大了与天津市及河北省的差距，而天津市及河北省的收支比则呈现下降趋势，2015年河北省基本养老保险基金收支比甚至跌到了0.94，已经出现了收不抵支的情况。

——京津冀基本养老保险基金结余差别较大。从绝对数值来看，北京市的基本养老保险基金年人均结余从2010年开始迅速增长，明显拉大了与其他两地的差距，高于天津市和河北省人均结余，2015年其基本养老保险基金年人均结余分别为天津市的5.03倍、河北省的12.7倍。另外，余支比指标同样反映出了这一差距，天津市与河北省的基本养老保险基金余支比从2011年开始明显低于北京市，且差距越来越大。2015年北京市的基本养老保险基金余支比为2.90，同期天津市为0.71，河北省为0.66。

——京津冀城镇职工医疗保险存在较大差距。首先，就京津冀三地城镇职工医疗保险人均保费方面来看，北京市和天津市是河北省的1.67倍和1.42倍。其次，就京津冀三地城镇职工医疗保险人均支出方面来看，北京市和天津市是河北省的1.97倍、1.58倍。最后，就京津冀三地城镇职工医疗保险基金收支比和余支比方面来看，北京市和天津市的收支比基本平衡，支出增长幅度略低于收入增长幅度，余支比也都在0.55以下，但是河北省收支比和余支比这两个指标要远高于北京和天津。

——京津城镇居民医疗保险明显好于河北。首先，从人均缴费来看，2015年北京市1381元，是天津市的1.72倍，是河北省的2.96倍。其次，从人均支出来看，2015年北京市807元，是天津市的1.46倍，是河北省的2.30倍。从这两方面可以看出北京市的城镇居民医疗保障水平明显高于天津市和河北省，天津市又高于河北省，差距呈现出扩大趋势。最后，从收支比来看，2015年京津冀收支比分别为1.71、1.46、1.32，这意味着北京市城镇居民医疗保障水平最高。第四，从余支比来看，2015年京津冀余支比分别为1.75、1.09、1.97，这表明天津市资金使用效率最高。

综上所述，从社会养老保险方面来看，京津冀社会养老保险参保人数不断增加，覆盖面不断扩大，保险基金收入、支出、结余都不断保持着高速增长的趋势。但京津冀社会养老保险保障水平差异明显，京津社会养老保险基金人均支出和余支比较高，明显高于河北省。从社会医疗保险方面来看，京津冀社会医疗保险参保人数、人均保费、人均支出均呈现不断增长的态势，但北京市社会医疗保障水平高于天津市和河北省，天津市又高于河北省，并且该差距呈现出越来越大的趋势。

（二）京津冀基本公共服务存在差异的主要原因

京津冀基本公共服务存在差异的原因是多方面的，既有历史的因素，又有现实的制约；既有主要原因的掣肘，又有深层次原因的影响，主要表现在以下几个方面：

1.财政实力是造成京津冀基本公共服务差异的主要原因

一般而言，一个地区基本公共服务水平与该地区的地方财政收入水平密切相关，地方财政收入水平直接影响着地方政府在公共服务领域的支付能力，也直接影响着该地区的公共服务供给水平。2015年河北省人均地区生产总值分别仅为京津的37.80%和37.29%，河北省经济发展水平严重滞后。地方财政一般预算收入，京津冀分别为4723.86亿元、2667.11亿元、2649.18亿元，差距明显。在教育领域，河北省人均教育经费与北京市差距很大。在公共卫生领域，虽然河北省的公共卫生机构在规模上超过京津，但在软实力方面与京津差距很大。在社会保险领域，以养老保险金为例，2015年河北省基本养老保险基金收支比甚至跌到了0.94，已经出现了收不抵支的情况。另外，在人均公共财政服务支出方面，河北省分别仅占北京和天津的49.04%和58.81%，差距悬殊。受到经济发展水平的制约，公共预算投入的严重不足，是造成河北省成为京津冀基本公共服务均等化进程中短板的主要因素。

2.河北省城镇化水平是造成公共服务差异的现实原因

城镇化的过程就是在一个相对较小的地理区域内聚集大量的人口和社会经济资源，由横向发展变为纵向扩展，实现对各种社会经济资源的集约、节约利用。在同等条件下，公共服务作为向全体社会成员提供的公共产品，人口的集中程度越高，公共资源的集约、节约利用水平越高。京津两市作为以特大型城市为核心的都市型社会经济体，具有很高的城镇化水平。河北省人口众多，乡村人口比重大，地域广阔，城镇化的任务非常繁重。河北省的城镇化水平明显落后于京津两市，截至2015年末城镇人口占比仅为51.33%，在全国各省市中排名中后位，而同期北京为86.50%，天津为82.64%。这说明河北省利用相对有限的公共资源去满足分布较为分散的社会公众的公共服务需求的不利情况，导致了各项公共服务基础设施利用率与京津两市相比较低。在公共预算投入本就严重不足的客观条件下，这一情况不利于河北省提升基本公共服务质量，不利于基本公共服务跨越式发展的实现。城镇化水平的滞后，成为河北省在京津冀基本公共服务均等化进程中处于劣势地位的客观因素。

3.公共资源配置不合理是造成公共服务差异的历史原因

由于历史原因，大量的优质公共资源集中配置在京津两市，特别是北京市。在教育领域，京津两市名牌大学云集，北京市拥有8所世界一流大学建设高校，21所一流学科建设高校；天津市拥有2所世界一流大学建设高校，3所一流学科建设高校，而河北省目前没有世界一流大学建设高校，仅有1所一流学科建设高校，而其办学地点在天津。在医疗卫生领域，京津两市集中了大量知名综合性三甲医院，2015年北京市有53所三甲医院，天津市有31所三甲医院，而河北省仅有39所三甲医院，低于京津两市优质医疗资源的综合水平。这种情况，一方面使大量的人口和社会经济资源向京津两市聚集，超出了两市的承载能力；另一方面使河北省大量的高端人才和优质社会经济资源外流，河北省大部分的社会公众享受不到高水平的公共服务。这就成为使河北省在京津冀基本公共服务均等化过程中处于不利地位的历史因素。

4.制度壁垒是造成京津冀差距持续扩大的深层原因

京津冀基本上在所有基本公共服务领域都存在着制度错位的现象，这种现象既有现行行政体制的原因，也是三地相对独立发展现状的一个必然结果。倡导协同发展以前，京津冀作为相对独立的三个社会经济体系，在其发展过程中为了满足当地社会经济发展的需要，立足当地社会经济发展现状，在各个基本公共服务领域都制定了大量的地方性法规。在京津冀协同发展背景下，这些相互错位的、仍然在执行的地方性法规制约和阻碍着公共资源在京津冀区域内流动和配置。这些以自身利益最大化为出发点的制度壁垒，会阻碍教育、医疗、养老、社会保险等公共服务资源在地区间的自由流动，制约着京津冀基本公共服务均等化的实现。如医疗卫生方面，京津冀三地医保报销政策不一，尽管已在河北燕达医院开通了全国首家异地结算系统，但该系统未实现全面覆盖，这导致异地医保对接受限，异地就医有“保”难“报”问题突出，不利于优质医疗资源的共享。在其他领域，这种尴尬的局面也大量存在。三地基本公共服务领域广泛存在的制度壁垒，成为京津冀基本公共服务领域差距难以弥合的深层原因。

二、促进京津冀基本公共服务均等化的总体思路

（一）京津冀基本公共服务均等化面临的机遇

1.京津冀协同发展为公共服务资源的合理流动提供坚实基础

根据《京津冀协同发展规划纲要》，2017年要实现京津冀公共服务规划和政策统筹衔接，在教育、医疗、文化等方面开展改革试点，逐步推广；到2020年河北与京津的公共服务差距明显缩小，区域基本公共服务均等化水平明显提高，公共服务共建共享体制机制初步形成。目前，京津冀三地已经在产业、交通和环境保护方面做出了积极探索和有益尝试，并取得了明显成效。伴随京津冀协同发展工作的逐步深入，协同发展工作重点将逐步转向公共服务领域，三地也将逐步加大在教育、医疗卫生、社会保险、养老服务等领域的合作，这不仅有助于公共服务资源的合理高效利用，有助于疏解京津的发展压力并弥补河北省的公共服务短板，也有助于尽快实现京津冀基本公共服务均等化。

2.京津冀城市群建设为公共资源的合理布局提供空间承载基础

京津冀是我国人口最为集中、开发强度最大的区域之一，但相比长三角、珠三角地区，该地区存在经济发展整体水平有待提高，核心城市对区域发展的带动作用不明显等众多问题。而解决上述问题的有效途径，就是遵循城市发展规律，注重城市空间体系发育，在此区域探索建设世界级城市群。在21世纪初，北京市就提出了建设世界级城市群的倡议，《京津冀协同发展规划纲要》更是把该地区的功能定位为以首都为核心世界级城市群。京津冀世界级城市群的建设有助于在该地区形成合理的城市体系和分工合作体系，加速基本公共服务资源在空间上优化布局，弥补河北省基本公共服务短板，缩小基本公共服务区域差异、城乡差异和群体差异，提升京津冀城市群的可持续发展能力，助推基本公共服务均等化发展。

3.雄安新区的建设与发展为公共服务均等化的推进提供示范

在京津冀协同发展国家战略提出三年之

后，作为京津冀协同发展的又一项重大历史性决策，2017年4月1日中共中央、国务院决定设立雄安新区。雄安新区的规划建设重点任务之一就是提供优质公共服务、建设优质公共设施、创建城市管理新样本。可以预见，雄安新区按照高标准、高起点的规划建设要求，其教育、医疗、养老等配套指标将会与北京看齐乃至有所超越。而按照创新发展要求，雄安新区将在基本公共服务领域进行改革和创新，在基本公共服务均等化的关键领域、环节进行探索，先行先试，为全面实现京津冀基本公共服务均等化积累经验和提供示范，这是京津冀基本公共服务均等化的重大历史机遇。

4.河北省经济转型为加速公共服务均等化进程提供了动力基础

当前河北省已经进入转型发展阶段，转型发展是关乎河北现在和未来的重大命题，是破解当前发展瓶颈、支撑未来发展的根本之举，是实现经济强省、美丽河北的关键之策。转型发展更加注重经济发展质量和效率，更加注重资源利用和环境保护，更加注重人的发展需求。可以预见，伴随河北省转型发展全面推进，今后全省在产业结构、产业水平、财政收入、城市化等各方面将发生较大变化，用于基本公共服务方面的投入强度将进一步增加，健康养老、健康旅游、健康医疗等健康产业将获得大发展，一些新的业态将不断涌现，这是河北省缩小与京津两地基本公共服务差异的有利条件。

（二）京津冀基本公共服务均等化面临的挑战

1.协调三地利益诉求，是京津冀基本公共服务均等化有效推进的挑战

京津冀利益诉求存在差异，京津主要以向外疏解人口、产业等提高城市效率为出发点，而河北省追求的是抓住机遇发展自身经济以缩小与京津的差距。河北省希望得到京津资金、项目和人才等方面的支持，以满足域内公众日益增长的基本公共服务需求；北京市主要是从更好地推动非首都核心功能疏解，缓解其人口、交通、环境等方面的压力，为其经济社会发展扩充空间的角度推动基本公共服务均等化；天津市主要从更好地发挥区域优势，实现自身社会经济发展的角度，推动基本公共均等化。利益诉求的差异使基本公共服务均等化缺乏稳定的、可持续的推进动力，给进一步提升基本公共服务均等化带来了挑战。

2.破解区域间的条块分割，是京津冀基本公共服务均等化有序推进的挑战

基本公共服务均等化涉及领域广，牵涉利益主体多，涉及众多地方性法规的协调与对接，涉及三地人事制度、财政制度等关键部门、关键环节的改革与利益协调，建立长期稳定沟通协作方式是实现基本公共服务均等化的保障。虽然目前京津冀基本公共服务均等化已经取得了一些成果，在教育、公共卫生等领域取得了一些突破。但也应该看到这些突破多数是为了配合具体的协同项目落地与运行而采取的配套举措，缺乏系统性，取得的成果缺乏示范性和推广性。如何打破区域壁垒、部门壁垒、制度障碍，强化区域间基本公共服务的协调与合作，调动三地各部门积极性和主动性，是基本公共服务均等化有序推进中的又一个挑战。

3.缩小三地经济差异，是京津冀基本公共服务均等化全面推进的挑战

基本公共服务与经济社会发展水平存在相互影响、相互制约关系，一般而言相应经济社会发展水平必然对应着一定基本公共服务发展水平。当前京津冀基本公共服务存在的差异，既有历史性因素，也有现实性因素，既有制度方面原因，也有发展水平不同的原因，但关键仍然在于三地经济社会发展水平的差异，京津两地经济社会发展水平明显高于河北省，这是一个不容忽视的现实。京津冀三地经济社会发展之间的差异如果得不到根本性改变，京津冀基本公共服务均等化目标将难以实现。因此，调动社会各界积极性、主动性，合理配置京津冀要素资源，尽快缩小三地之间发展差异，是京津冀基本公共服务均等化的又一挑战。

（三）推进京津冀基本公共服务均等化的总体思路

全面贯彻党的十八大和十八届三中、四中、五中、六中全会精神，深入贯彻习近平总书记系列重要讲话精神，落实“创新发展、协调发展、绿色发展、开放发展、共享发展”五大发展理念，坚持以人为本、权利平等、机会均等、共建共享的发展原则，围绕重点地区、关键领域、薄弱环节和重点人群，勇于创新，深化改革，破除制约京津冀基本公共服务均等化发展的体制机制障碍，允许和引导社会资本进入到基本公共服务领域，逐步缩小京津冀三地之间基本公共服务差异，最终实现京津冀地区基本公共服务的均等化，保障京津冀协同发展总体目标的顺利实现。

——重在协调，贵在落实。京津冀三地社会经济发展水平差异巨大，三地内部各个地区的发展水平也存在较大差异，在推进均等化的过程中，需要按照各地的区位、资源优势和社会经济发展水平，对区域间和区域内部的社会经济资源进行有序整合。三地统一协调，设计对接时间表，制定对接评价机制，对于已经达成对接意向的领域，迅速跟进，抓紧落实。

——重点突破，以点带面。河北省总体与京津两市在基本公共服务领域存在巨大的差异，三地基本公共服务均等化的关键在河北。在推进京津冀基本公共服务均等化的过程中，要抓住关键环节和关键领域，集中精力，重点突破，以点带面，强化重点领域和重点地区的带动作用。京津冀要勇于创新，大胆尝试，实现基本公共服务均等化。

——先行先试，优化布局。推动三地在教育、医疗、养老等公共服务领域，先行尝试，重点突破，加大特色城镇建设，形成基本公共服务网格化辐射“微中心”，进一步加大对环首都贫困地区和部分贫困县的支持力度，优化区域基本公共服务空间发展布局。

——深化改革，创新服务。改善京津冀基本公共服务融资环境，大力推进公私合作的融资模式，拓展公共服务资金来源，更好地保障地方政府、私人企业、投资者三方的权益。充分发挥证券市场融资功能，改变单一的融资方式，寻求成本更低，效率更高的融资方式。探索证券市场、发行股票债券、资产证券化等应用形式。鼓励私人资本和风险资本进入公共服务领域，政府应该充分的利用市场的力量，鼓励私人资本进入公共服务领域。

三、促进京津冀基本公共服务均等化的主要措施

（一）建立雄安新区京津冀公共服务均等化先行区

以最先进的理念、最高的标准、最好的质量，规划建设雄安新区社会基本公共服务设施，全面提升新区公共服务水平，打造要素有序自由流动、基本公共服务均等，构建区域性基本公共服务新高地，实现基本公共服务水平和服务标准相当于或略高于北京市、天津市，具体从以下几个方面推进：

1. 高水平配置基础教育服务资源

高水平规划建设基础教育设施，从全国范围引进高端教育资源，建成基础教育各阶段优质教育资源覆盖，努力实现基础教育水平不低于北京市，推动基础教育与北京市同步管理，逐步实现与北京市入学“同一张卷”。

2. 高水平配置医疗卫生服务资源

鼓励京津两地高水平医疗资源整体搬迁到新区，吸引三甲医院在新区开设分院，建设高水平的区域医疗中心和中医、妇儿等专科医院，努力实现基层医疗卫生机构服务能力不低于北京市市区。

3. 高水平建设公共文化体育服务资源

建设与雄安新区功能定位相适应的公共文化体育服务体系，建成一批有影响力的功能性大型文化设施，合理配置博物馆、图书馆、体育馆、游泳馆、体育场、全民健身活动中心、青少年活动中心等公共文化体育设施。

（二）加强重点地区与京津公共服务的对接合作

1. 搭建网状化医疗承接区

以秦皇岛、唐山、廊坊、保定、张家口为主要节点，搭建网状化医疗承接区。借助京津冀一体化的契机，积极主动承接京津优质的医疗资源，与京津两地的医疗中心建立合作帮扶关系。在这些区域探索养老、医疗保险异地支付、异地缴纳的方式与模式，为区域功能的发挥提供前提条件。鼓励其与周边医疗机构、京津大医院建立合作关系，使医疗机构为入养老人定期开展巡诊，建立健康档案，并开设“绿色通道”，简化老人看病、住院的程序，使入养老人享受到及时、有效、安全的医疗服务。

2. 提升重点地区教育承接能力

在保定、廊坊建立教育改革示范区具有很强的便利性，进一步加大承接北京高校的投入，提升承接能力。通过共建特色学科、建设分校和共享优质网络教育资源等方式，探索“京津冀高等学校联盟”。通过对口合作、集团化办学等方式，探索京津冀职业教育融合发展模式。通过企业开发模式、校区建设模式、异地分校模式等建设大学城。

3. 打造环京津养老产业基地

围绕京津老年人口异地养老服务需求，河北加快推进环京津医养结合型养老示范基地建设。借助廊坊、保定地区的地域优势，打造宜居养老服务区；借助秦皇岛资源优势，打造京津冀休闲、养生、娱乐、旅游为一体的养老服务区；借助张家口、承德气候以及位置优势，打造京津冀“候鸟式”养老服务区，并建一批有一定规模、设施完备、功能齐全、基本满足三地养老服务需求的医养结合型示范养老基地，打造北京异地养老首选地和京津冀养老服务产业聚集地。

（三）推动重点领域公共服务政策和制度的衔接

1. 突破京津冀教育制度壁垒，疏通教育政策衔接渠道

由京津冀三地教育主管部门牵头，成立义务教育改革协调小组，统一小学和中学阶段的培养目标、培养方案、培养模式；制定义务教育阶段的师资水平提升计划，开展教师招聘和薪酬待遇等方面的制度创新，简化手续，切实实行绩效工资，有效减少京津优秀教师向河北流动的成本，提升京津优秀教师向河北流动的积极性和主动性。

2. 破解京津冀异地医养障碍，打通政策衔接渠道

努力破解制约京津冀协同发展的有关问题。加快完善京津冀异地就医结算系统，完善京津冀三地与国家异地就医结算系统对接，逐步扩大直接结算定点医疗机构，对符合政策规定的异地就医医疗费用实现直接结算；打破各种行政壁垒，破解跨区域老年福利和养老服务方面的身份和户籍障碍，落实养老保险跨区域转移政策，加快社会保障一卡通建设；出台相关扶持政策，鼓励三地共建养老医疗机构，推动养老院和护理院的对接，解决三地医疗机构和养老机构之间互相独立、自成系统的问题；搭建三地共享的信息平台上，实现患者医疗信息的共享。

3.统一京津冀社会养老服务标准，有效整合资源

制定和统一养老服务机构建设标准和服务标准、养老服务等级评定制度，完善养老服务标准管理体系，确保各类措施、标准能够在养老服务行业中得以贯彻落实，满足不同养老人群的多方面需求；建立和完善养老服务准入、退出制度和监管机制，确保养老服务水平的提高和机构的健康发展；构建京津冀养老协同体系，促进各部门联动融合，提高整个养老服务水平。

（四）全力推进公共服务市场化改革

1.筹建京津冀公共服务投资基金

成立京津冀多边合作的公共服务投资基金，其资金来源采用“政府+基金”的模式，由京津冀三地政府按比例联合出资组成投资基金的原始资本，并采取发行基金凭证的方式进一步向社会募集资金。公共服务投资基金用于涉及京津冀基本公共服务设施、平台、信息、网络等方面的支出，为重大基本公共服务均等化项目的推进与落实提供支撑。

2.推进公私合作的融资模式

京津冀基本公共服务项目耗资巨大，通过推进PPP模式，用建设—经营—移交（BOT）、重构—经营—移交（ROT）等方式，共建学校、医院、养老机构等公共服务设施，促进京津冀基本公共服务均等化进程。

公共部门和私人部门合作建设项目时，运用合理的项目定价和协商风险分摊机制，吸引私人部门参与PPP项目建设。同时通过公开招标的形式选择最合适的社会资本，提升PPP项目运营管理效率，避免单一企业形成垄断利润。政府做好对项目融资的担保工作，拓宽PPP项目的融资渠道。立法部门完善特许经营的相关法律法规，行政部门健全项目监督管理机制，保障京津冀PPP项目的透明度和公平性。组建PPP项目管理委员会，理顺公私管理过程中的各种协调机制，明确公私权利责任关系。

3.充分发挥证券市场融资功能

为了实现京津冀公共服务均等化，改变单一的融资方式，寻求成本更低、效率更高的融资方式。政府可在证券市场发行国债筹集资金，养老机构、教育机构和医疗卫生机构等可通过民间融资的方式筹措资金。公共服务的基础建设可通过第三方公司以政府信用作为担保发行股票、债券。利用资产证券化融资模式，进行信用评级和打包增级，出售给社会投资者，实现项目融资。

4.深化供给侧改革，实现供给多元化

完善市场准入制度，明确公共服务市场对进入主体的资质要求，细化公共服务领域进入方式、程序以及资金偿付方式等，鼓励有一定实力的创新性企业进入公共服务市场领域。通过建设资金补助、运营补贴、规划保障、水电气热价格优惠、依法减免行政事业性收费等方式，完善优惠政策，吸引企业、社会组织、个人等社会力量参与，建立公共服务多元主体供给新格局。发挥产业引导基金作用，通过注入资本、项目补贴、贷款贴息、贷款担保等方式，支持社会资本投资公共服务领域。鼓励、引导金融机构创新金融产品和服务，增强对社会公共服务企业及其建设项目的融资支持力度。

四、促进京津冀基本公共服务均等化的建议

（一）在做好顶层设计、推动制度创新方面

1.做好顶层设计，加强规划引导

建议由京津冀协同发展领导小组牵头，联合财政部、教育部、卫计委等国家部委、京津冀三地政府以及河北雄安新区管委会，围绕京津冀协同发展总体要求和发展目标，立足京津冀地区基本公共服务存在问题，尽快研究制定《京津冀基本公共服务均等化专项规划》《推进京津冀基本公共服务均等化工作方案》《推进京津冀基本公共服务均等化三年行动计划方案——2018–2020》等，从京津冀整体角度出发编制规划、制订方案，制定京津冀地区基本公共服务均等化目标，确定基本公共服务清单名录和基本公共服务标准体系，明确工作路线图、实施方案、具体措施和时间表，把促进跨行政区基本公共服务均等化水平作为重要依据，设立一套可量化的绩效考评标准，制定严格的考核监督管理机制，实现多元激励相结合。

深入推进公平导向型的财税体制改革，发挥京津冀协同发展的先行先试作用，依靠财税体制改革和行政区域合作的率先突破，使京津冀成为推进基本公共服务均等化改革示范区。

2.优化财政转移支付制度

推动国家财政转移支付制度改革，创新基本公共服务均等化财政模式。立足京津冀协同发展总体要求、京津冀地区基本公共服务发展现状以及我国现行财政管理体制，借鉴国外发达国家解决基本公共服务差异化成熟经验和先进做法，在京津冀地区实施基本公共服务财政转移支付制度创新的试验和示范。设立和使用好京津冀区域协同发展基金。京津冀区域协同发展基金由中央和京津冀三地政府共同出资，主要用于京津冀交通设施一体化服务投资，环境保护一体化投资，公共教育、公共卫生医疗等跨省市服务合作体系建设投资，以及引导产业转移和产业升级改造投资等，通过优化京津冀公共资源配置，推进京津冀基本公共服务均等化。

3.深化公共服务全领域协作机制

由国家相关部委牵头，联合京津冀三地和其他地区有关部门，按照京津冀基本公共服务发展规划、实施方案和工作计划的要求，制订本部门基本公共服务实施方案，明确工作目标和工作任务。完善自上而下的行政沟通体系，建议由上级主管部门负责构建区域部门之间横向联系机制，鼓励通过联盟、联席会议等多种形式促进三地部门之间的横向联系，为逐步实现三地之间共享优质基本公共服务资源清除体制羁绊。

建立跨区域的信息共享平台。以服务对象的需求为核心，建立京津冀公共服务信息平台，整合各类公共服务信息，促进在区内信息共享与对接，探索建立京津冀信息互联、跨区域、跨机构的信息共享机制和公众满意的信息反馈机制，打破地区部门之间隔阂。

建立互联互通的区域基本公共服务网络体系，促进形成区域基本公共服务信息资源的共享，职称、学分、标准等的互认，社保网、就业网、医保网等的互联，交通、通讯等执行标准的统一，为生产要素在三地间畅通流动扫除障碍。近期，建议主要围绕社会保障、教育培训、医疗卫生和养老服务四个领域做以下工作：在规范跨区域投资的税收分配，明确各地政府间的税收归属关系方面，按照尊重地域管辖权优先征税的原则，赋予分公司和子公司所在地政府的优先征税权，保持税收与税源的区域一致性，有效化解跨

行政区域投资的地方政府间在税收分配方面产生的矛盾。

推动社会保障有序衔接。完善社会保险转移接续信息系统和业务流程，做好跨地区流动就业人员养老保险、医疗保险和失业保险关系转移和权益保障。按照国家统一部署，完善医疗保险信息系统，推进跨省异地安置退休人员住院医疗费用直接结算。

推动教育资源合作共享。以多种形式引导京津冀地区办学水平较高的中小学与办学水平较低的中小学开展跨区域合作办学。支持组建京津冀高等学校联盟和职业教育联盟，推进在京高等学校和职业院校通过联合招生、联合培养、学科共建、教师交流等形式，开展区域教育合作。

促进医疗卫生资源协作发展。支持京津冀地区优质医院通过组建京津冀医疗联合体、整院托管、专科协作、远程诊疗、派驻专家、交流进修等方式开展区域医疗合作。加强公共卫生合作，实现采供血、卫生应急、疾病防控、双向转诊等方面的信息互联互通，完善重大公共卫生事件联防联控机制。

推进养老服务合作发展。鼓励在京津两地企业或社会组织到河北省建设养老机构或养老社区，支持通过技术或品牌输出方式与河北省养老机构开展连锁运营。研究跨地区购买养老服务等政策，探索一体化养老服务模式。

（二）在协同推动基本公共服务均等化发展方面

1.厘清京津冀基本公共服务对接清单

京津冀基本公共服务均等化涉及众多领域的对接、协调与调整，难易程度不同，现实紧迫性也不尽相同。为了更加顺畅地推进京津冀基本公共服务均等化进程，为了与京津冀协同发展更好地配合，为了尽快获得京津冀基本公共服务均等化的红利，为了让三地人民群众尽快享受到京津冀基本公共服务均等化为其生活带来的便利，建议三地从教育、医疗卫生、养老、社会保险四个方面着手，对阻碍京津冀基本公共服务均等化的制度藩篱进行全面的梳理。明确需要对接、调整的相关政策和地方性法规，制定对接清单。依据难易程度和经济社会发展的现实需要，确定需要对接、调整的先后次序，在保证可执行性的前提下制定教育、医疗卫生、养老和社会保险等方面政策和地方性法规的对接、调整时间表和路线图。三地联合成立统一的管理机构，进行协调和推动。尽快提高医疗卫生、养老和社会保险等统筹层次和社会保险支出责任，切实解决流动人口的社会保险跨区接续难问题，提高社会保险运行的管理效率。

2.抓住重点领域，实施共建共享

高度重视基本公共服务与区域经济社会发展之间的互动关系，基本公共服务供给要与区域经济发展、产业升级密切结合起来，通过增加、完善和优化配置基本公共服务设施来带动区域经济社会发展，通过区域经济社会发展来推动基本公共服务能力的提升。引导国内外高端健康养老机构、企业等入驻，引导京津两地优质健康养老机构和企业在周边投资新建养老服务设施，创新健康养老服务模式和服务产品，发展健康养老产业，以此带动区域基本医疗、保险等基本公共服务事业的发展，促进区域经济快速发展；发挥北戴河休疗养资源丰富和生态环境优越的优势，促进休疗、旅游与医疗产业的融合发展，发展健康养老、健康医疗旅游、精准医疗等健康服务业，鼓励京津两地医疗资源、健康资源通过搬迁、建立分院、合作共建、合作共营、托管、收购等多种方式参与到北戴河生命健康产业创新示范区发展建设中，带动区域基本医疗、教育、保险等基本公共服务事业发展，促进区域产业升级和经济社会发展。

（三）在推动河北基本公共服务跨越发展方面

1.全力服务雄安新区建设

以最先进的理念、最高的标准、最好的质量，规划建设雄安新区社会基本公共服务设施，全面提升新区公共服务水平，打造要素有序自由流动、主体功能约束有效、基本公共服务均等、资源环境可承载的区域协调发展示范区，构建区域性基本公共服务新高地。

2.加大重点地区基本公共服务供给

全力服务京津冀协同发展战略要求，遵循基本公共服务围绕“北京市”梯度递减的规律，重点加强中部核心功能区基本公共服务能力的建设，通过新建、扩建、改造基本公共服务设施，引进和培养高水平基本公共服务人才，优质基本公共服务资源的合作、帮扶等，逐步缩小区域基本公共服务与京津两地之间的差异，增强该地区对疏解产业和人口的吸引力。集多方力量，共同解决环首都贫困带地区基本公共服务的鸿沟，提升环首都贫困带基本公共服务水平，提升产业和人口吸引力和承载力。强化石家庄、唐山、保定、邯郸等区域性中心城市和张家口、承德、廊坊、秦皇岛、沧州、邢台、衡水等节点城市优质公共服务资源的配置，鼓励京津两地优质公共服务资源对京津冀协同发展中的区域性中心城市和节点城市给予帮扶和支持，增强城市竞争力，吸引本区域产业和人口向重点城市聚集，优化区域城镇体系，京津加大对口帮扶支持力度，提升京津周边区域人力资源社会保障公共服务水平和能力。把石家庄、唐山、保定和邯郸确立为京津冀基本公共服务均等化推广试验示范区，形成能够在河北省全域内执行的、与河北省社会经济发展水平相适应的、具有可操作性的执行方案。

3.建立和完善监督考核机制

按照科学性、均衡性、可持续性的原则，设计京津冀基本公共服务均等化的考核体系，采取硬性指标和软性指标相结合，指标设计上应做到指标概念清晰、指标分值权重合理、完整全面、突出重点等；构建基本公共服务均等化的标准机制。制定全面统一的基本公共服务均等化的参考标准，确定京津冀基本公共服务均等化的范围、标准、种类等以及人员、财力、设施的投入标准，建立公共服务标准的动态调整机制；强化政府基本公共服务均等化的权责。通过完善绩效考核机制、评价问责机制、监督检测机制等，强化政府对履行基本公共服务均等化的职责，将基本公共服务均等化纳入领导干部政绩考评范畴，以此来规范政府的行为目标与行为方式。

附录

京津冀基本公共服务差异的总体评价

京津冀地区是继珠三角和长三角之后，我国北方规模最大、最具活力和最有潜力的城市群和经济区，拥有发达便捷的交通、雄厚的工业基础、强大的科技教育实力和优越的地理位置，是我国未来经济增长的第三极。在京津冀协同发展的过程中，公共服务成为制约协同发展的关键因素，京津冀三地只有北京的公共服务体系最完善。相比之下，珠三角和长三角整体的公共服务体系较完善，发展均衡。为了能清楚地看到京津冀与长三角、珠三角之间的差距，本研究利用基本公共服务差异模型对基本公共服务差异进行定量评价。

一、基本公共服务评价指标的建立

评价指标体系建立所坚持的原则：

1. 系统性原则

基本公共服务是一个复杂系统，组成因素繁多，结构层次复杂，各子系统相互联系紧密。因此所构建评价指标体系应该能比较好地反映京津冀地区基本公共服务系统性特点，让基本公共服务内容都能在指标体系中得到比较好的体现。但是评价体系又不是简单的堆积，为了清晰而便于评价，可以将评价指标分为若干层次进行设计。

2. 可操作性原则

数据资料的可获得性：数据资料尽可能通过查阅全国和城市统计年鉴及各种专业年鉴获得，或者是在现有资料上通过简单加工整理获得，或者对研究对象进行问卷调查获得。

数据资料可量化：定量指标数据要保证真实、可靠和有效，而定性指标和经验指标应尽量少用，或尽量选取那些能通过专家间接赋值予以转化成定量数据的定性指标；由于总量指标缺乏可比性，选择相对指标和平均指标更有意义。

数据资料的简洁性：评价指标不能过多，应尽可能简化，需要挑选最反映公共服务本质特征的重点指标。

二、评价指标体系的建立

参照以往研究指标体系，结合京津冀实际、《国家基本公共服务体系“十三五”规划》《京津冀协同发展规划纲要》以及国家关于京津冀协同发展三省市功能的定位，建立以基本公共服务均等化为总目标，以基础教育、基本医疗卫生、社会保险发展、基本养老服务为专项目标，建立各项子指标。该指标体系由20项具体指标构成（见表1）。

（一）基础教育

政府对教育的重视程度从教育支出所占财政支出的比例中可以看出，由于各个地区经济总量不同，人口数量也不同，所以不能简单地从总量上来评价教育发展的好坏和差异程度，应从平均上来考虑。而师生比、每十万人口中小学生在校生数，都是衡量教育

表1　　基本公共服务评价指标体系

总目标	专项目标	子目标
基本公共服务均等化	基础教育	教育支出占财政支出的比例（%）
		平均教育经费支出（元/人）
		每万名小学生学校数（所）
		小学生师比（人/师）
		每十万人口中小学在校生数（人）
	基本医疗卫生	医疗卫生支出占财政支出的比例（%）
		人均医疗卫生经费支出（元/人）
		每万人拥有卫生机构数（个）
		每万人拥有卫生机构床位数（个）
		每万人拥有卫生技术人员数（人）
	社会保险发展	社会保障和就业支出占财政总支出比（%）
		城镇职工基本养老保险参保率（%）
		生育保险人均支出（元）
		人均城镇居民基本医疗保险支出（元）
		人均养老保险支出（元）
	基本养老服务	居民人均可支配收入（元/人）
		环境保护支出占财政总支出比（%）
		人均拥有道路面积（米/人）
		城市用水普及率（%）
		每百户拥有电话数量（部）

质量的重要指标，小学、中学、大学只需选择一个就可以代表整体，所以本文选取了如下指标：各个教育支出占财政支出的比例（%）、平均教育经费支出（元/人）、每万名小学生学校数（所）、小学生师比（人/师）、每十万人口中小学在校生数（人）。

（二）基本医疗卫生

衡量不同地区医疗卫生水平的差距是基本公共服务差距中的重要一环，从医疗卫生占财政支出的比重就可以看出政府对医疗卫生的重视程度，而人均经费支出，人均拥有卫生机构个数、床位数、技术人员数是衡量医疗卫生质量的重要指标，所以本文选取了如下指标：医疗卫生支出占财政支出的比例（%）、人均医疗卫生经费支出（元/人）、每万人拥有卫生机构数（个）、每万人拥有卫生机构床位数（个）、每万人拥有卫生技术人员数（人）。

（三）社会保险发展

社会保险中最重要的就是养老保险、就业保险、医疗保险、生育保险，由于不同地区经济总量和人口总量不同，所以选取总量指标没有意义，应选取人均指标，本文选取了如下指标：社会保障和就业支出占财政总支出比（%）、城镇职工基本养老保险参保率（%）、生育保险人均支出（元）；人均城镇居民基本医疗保险支出（元）、人均养老保险支出（元）。

（四）基本养老服务

随着人民生活水平的提高，人们对退休后的养老生活越来越关注，城市的基础设施建设、环保建设都是衡量基本养老服务的重要方面。人均可支配收入是对养老积蓄的重要保障，环境保护支出占财政支出的比例可以看出政府对环保的重视程度，人均拥有道路面积、用水普及率、人均电话数量都是对老年人生活幸福程度的体现，所以本文选取了以下指标：居民人均可支配收入（元/人）、环境保护支出占财政总支出比（%）、人均拥有道路面积（米/人）、城市用水普及率（%）、每百户拥有电话数量（部）。

三、数据来源

数据来源于国家统计局、wind数据库、《2015河北统计年鉴》《2015北京统计年鉴》《2015天津统计年鉴》《2015上海统计年鉴》《2015江苏统计年鉴》《2015浙江统计年鉴》《2015广州统计年鉴》《2015广东统计年鉴》《2015深圳统计年鉴》《2015珠海统计年鉴》《2015佛山统计年鉴》《2015东莞统计年鉴》《2015江门统计年鉴》《2015肇庆统计年鉴》《2015中山统计年鉴》《2015惠州统计年鉴》，数据的缺漏通过均值法来弥补，剔除了离群值。

四、实证分析

将京津冀地区河北、北京、天津三个省市的数据进行如下处理：

$$y=\frac{(x_1-x_2)^2+(x_1-x_3)^2+(x_2-x_3)^2}{3} \qquad (1)$$

y为处理后京津冀总体的某项指标，x_1为河北省的数据，x_2为北京的数据，x_3为天津的数据。

将每一项指标都进行处理，得到京津冀地区内部公共服务之间的差异。

同理，将长三角地区三个省市也进行处理：

$$y=\frac{(x_1-x_2)^2+(x_1-x_3)^2+(x_2-x_3)^2}{3} \qquad (2)$$

y为处理后长三角总体的某项指标，x_1为上海的数据，x_2为江苏的数据，x_3为浙江的数据。

将每一项指标都进行处理，得到长三角地区内部公共服务之间的差异。

2008年底，国务院下发《珠江三角洲地区改革发展规划纲要》，珠三角一体化上升为国家战略，广佛肇、深莞惠、珠中江9市三大经济圈悄然形成，所以本部分选取了珠三角中的广州、深圳、佛山、东莞、珠海、中山、江门、肇庆、惠州九个城市，将具体指标数据做如下处理：

$$y=\frac{\sum_{a=2}^{9}(x_1-x_a)^2+\sum_{b=3}^{9}(x_2-x_b)^2+\sum_{c=4}^{9}(x_3-x_c)^2+\sum_{d=5}^{9}(x_4-x_d)^2+\sum_{e=6}^{9}(x_5-x_6)^2+\sum_{f=7}^{9}((x_6-x_f)^2+(x_8-x_9)^2)}{36} \qquad (3)$$

y为处理后珠三角总体的某项指标，x_1为广州的数据，x_2为深圳的数据，x_3为珠海的数据，x_4为佛山的数据，x_5为东莞的数据，x_6为中山的数据，x_7为肇庆的数据，x_8为江门的数据，x_9为惠州的数据。

输入处理后的数据，运用SPSS软件进行分析，得出了主成分分析的各个特征值、方差贡献率和累计方差贡献率。如表2所示，结果表明，主成分的特征值分别为10.585、9.415，它们的方差贡献率分别为52.927%、47.073%，累计方差贡献率达到了100%，满足特征值大于1，累积方差大于85%的条件，显然这两个主成分能够解释评价指标的所有变量，因此选定两个主成分。

运用SPSS软件得到了成分得分系数矩阵，结果如表3所示。

表2 解释的总方差

成分	初始特征值			提取平方和载入		
	合计	方差的%	累积%	合计	方差的%	累积%
1	10.585	52.927	52.927	10.585	52.927	52.927
2	9.415	47.073	100.000	9.415	47.073	100.000
3	6.005E−16	3.002E−15	100.000			
4	4.178E−16	2.089E−15	100.000			
5	3.241E−16	1.621E−15	100.000			
6	2.927E−16	1.464E−15	100.000			
7	1.523E−16	7.616E−16	100.000			
8	1.049E−16	5.246E−16	100.000			
9	8.446E−17	4.223E−16	100.000			
10	4.260E−17	2.130E−16	100.000			
11	−5.825E−17	−2.912E−16	100.000			
12	−6.978E−17	−3.489E−16	100.000			
13	−1.234E−16	−6.168E−16	100.000			
14	−1.755E−16	−8.776E−16	100.000			
15	−2.524E−16	−1.262E−15	100.000			
16	−2.961E−16	−1.481E−15	100.000			
17	−3.769E−16	−1.884E−15	100.000			
18	−4.485E−16	−2.243E−15	100.000			
19	−6.068E−16	−3.034E−15	100.000			
20	−7.965E−16	−3.983E−15	100.000			

提取方法：主成分分析。

表3　　主成分得分系数矩阵

指　　标	成分	
	1	2
教育支出占财政支出的比例	−0.093	−0.017
平均教育经费支出	0.094	0.006
每万名小学生学校数	0.069	0.072
小学生师比	−0.074	0.066
每十万人口中小学在校生数	0.093	0.016
医疗卫生支出占财政支出的比例	−0.004	0.106
人均医疗卫生经费支出	0.017	0.105
每万人拥有卫生机构数	0.027	0.102
每万人拥有卫生机构床位数	−0.004	0.106
每万人拥有卫生技术人员数	0.075	0.065
社会保障和就业支出占财政总支出比	−0.051	0.090
城镇职工基本养老保险参保率	0.010	0.106
生育保险人均支出	0.017	−0.104
人均城镇居民基本医疗保险支出	0.091	0.027
环境保护支出占财政总支出比	−0.084	0.049
每百户拥有电话数量	0.091	−0.027
人均拥有道路面积	−0.094	−0.007
居民人均可支配收入	0.089	0.034
人均养老保险支出	0.025	−0.103
城市用水普及率	−0.084	0.049

提取方法：主成分分析。

五、综合评价

根据上述确定的两个主成分及其对应的标准化正交特征向量（主成分的组合系数），可以计算得到两个主成分值：

$$F_1=\sum a_{i1}Z_i \qquad i=1，2，3\cdots20 \qquad (4)$$

$$F_2=\sum a_{i2}Z_i \qquad i=1，2，3\cdots20 \qquad (5)$$

式中Z_i表示指标体系中第i个指标的标准化数值，$(a_{11}, a_{21}, \cdots, a_{201})$表示对于主成分$F_1$特征值的特征向量，$(a_{12}, a_{22}, \cdots, a_{202})$表示对于主成分$F_2$特征值的特征向量，依此类推。利用SPSS软件可以直接得到F_1、F_2的值，根据如下公式计算综合得分，结果如表4所示。

$$F=\lambda_1 \times F_1+\lambda_2 \times F_2 \quad (6)$$

其中λ_1、λ_2为主成分1、2的方差占比除以所有主成分的累计方差占比。

表4　京津冀、长三角、珠三角公共服务差异主成分得分表

区域	F_1	F_2	F	排名
京津冀	0.975	0.619	0.808	1
珠三角	-1.024	0.534	-0.292	2
长三角	0.049	-1.154	-0.515	3

由表4可以看出，京津冀得分最高为0.808分，排名第一；其次是珠三角地区得分为-0.292，排名第二；最后是长三角地区得分为-0.515，排名第三。由于得分越高，区域内部资源分配越不均匀，矛盾越大，所以京津冀地区公共服务的差异最大，而珠三角和长三角地区公共服务差异相对较小。与珠三角和长三角地区相比，京津冀基本公共服务差异很大，矛盾更加突出，缩小公共服务差异，实现公共服务均等化的要求更加迫切。

作者单位：河北大学

参考文献

[1] 武义青，赵建强.区域基本公共服务一体化水平测度——以京津冀和长三角地区为例 [J].经济与管理，2017（4）

[2] 马昆，原儒建，赵凤萍.京津冀协同发展背景下河北省公共体育服务均等化发展的对策研究 [J].河北北方学院学报（社会科学版），2017（2）

[3] 中华人民共和国国家统计局.中国统计年鉴 [J]. 北京：中国统计出版社，2000-2016

[4] 马慧强，王清，弓志刚.京津冀基本公共服务均等化水平测度及时空格局演变 [J].干旱区资源与环境，2016（11）

[5] 高树兰.京津冀基本公共服务协同发展与财税政策支持探讨 [J].经济与管理，2016（6）

[6] 梁林，刘兵.京津冀基本公共服务均等化评价及河北省提升途径研究 [J].河北工业大学学报（社会科学版），2016（3）

[7] 王延杰，冉希.京津冀基本公共服务差距、成因及对策 [J].河北大学学报（哲学社会科学版），2016（4）

[8] 吴强，段雅伶.京津冀基本公共服务支出差异测定与评价 [J].价格理论与实践，2016（2）

[9] 刘莹.关于京津冀一体化进程中河北省城镇职工养老保险的完善分析 [J].财经界（学术版），2016（12）

[10] 郑晓姣.京津冀一体化进程中河北省城镇职工养老保险的完善 [J].河北企业，2014（8）

[11] 王小春，车轲.相关联社会养老保险制度政策衔接问题——以京津冀为例 [J].社会福利，2016（2）

[12] 中华人民共和国国家统计局.国家数据 [DB/OL] .http：//data.stats.gov.cn/easyquery.htm?cn=C01

[13] 曹浩文，李政.京津冀基础教育协同发展：定位、现状与对策 [J].上海教育科研，2017（5）

[14] 薛二勇，刘爱玲.京津冀教育协同发展政策的构建 [J].教育研究，2016（11）

[15] 桑锦龙.推进京津冀教育协同发展的战略性思考 [J].教育科学研究，2016（4）

[16] 夏鑫，李征.京津冀协同发展中河北省高等教育面临的困难、机遇与对策 [J].中国成人教育，2016（2）

[17] 许可，刘畅，张佳宜.京津冀一体化背景下高等教育优化结构的对策 [J].教育评论,2016（7）

[18] 高兵.京津冀教育协同发展的现代化路径探索 [J].教育理论与实践，2015（22）

[19] 周明明，冯喜良.北京养老产业发展报告（2015）[M].北京：社会科学文献出版社，2015

[20] 冯喜良，周明明.北京居家养老发展报告（2016）[M].北京：社会科学文献出版社，2016

[21] 中华人民共和国民政部.中国民政统计年鉴（2016）[M].北京：中国统计出版社，2016

[22] 国家卫生和计划生育委员会.中国卫生和计划生育统计年鉴（2016）[M].北京：中国协和医科大学出版社，2016

[23] 陈丽莎，孙伊凡.构建京津冀协同发展中有效衔接的公共服务供求关系 [J]. 河北大学学报（哲学社会科学版），2016（4）

［24］周京奎，白极星.京津冀公共服务一体化机制设计框架［J］.河北学刊，2017（1）

［25］高雪莲.京津冀公共服务一体化下的财政均衡分配［J］.经济社会体制比较，2015（5）

［26］王延杰，冉希.京津冀基本公共服务差距、成因及对策［J］. 河北大学学报（哲学社会科学版），2016（4）

［27］鲁继通.京津冀基本公共服务均等化：症结障碍与对策措施［J］.地方财政研究，2015（9）

［28］梁林，刘兵.京津冀基本公共服务均等化评价及河北省提升途径研究［J］. 河北工业大学学报（社会科学版），2016（3）

［29］河北省教育厅网站［DB/OL］.http：//www.hee.gov.cn/

［30］刘海云，谢会冰.以促进公共服务均等化推动京津冀协同发展——2015年京津冀协同发展正定论坛会议综述（一）［J］.经济与管理，2015（6）

［31］高树兰.京津冀基本公共服务协同发展与财税政策支持探讨［J］.经济与管理，2016（6）

［32］中华人民共和国民政部.民政部办公厅关于在全国省级层面建立老年人补贴制度情况的通报［DB/OL］.http：//www.mca.gov.cn/article/yw/shflhcssy/fgwj/201612/ 20161200002650. shtml，2016-07-27

分报告四

借力北京创新资源 提升河北创新水平研究

课题负责人：罗　静

课题组成员：王富华　齐长安

实施创新驱动发展是推动京津冀协同发展的战略选择和根本动力。整合区域创新资源，构建京津冀创新共同体是京津冀创新驱动发展的重要任务。京津冀区域创新资源的整合，为河北借力京津创新资源、提升创新水平提供了重大机遇，是河北实施创新驱动战略，实现转型升级的最便捷路径。从京津看，北京创新资源十分丰富，且受城市功能调整和发展成本的影响，其向区外转移转化的要求十分强烈。因此，本研究将主要聚焦河北如何有效借力北京创新资源，通过深入分析京冀创新合作的条件和基础，总结京冀创新合作的进展，提出河北更加充分借力北京创新资源的战略重点和主要举措，为河北省委、省政府提供决策参考。需要说明的是，从长远发展看，实现京津冀三地的协同创新将是终极目标，因此本研究的部分内容可能会涉及京津冀三方的内容。

一、京冀创新合作的条件

加强跨区域创新资源的集聚、整合和配置，为地区发展带来新的动力与活力，已经成为国内外区域合作发展的重点，如美国建立了“美国创新共同体”，日本建立了“国家战略特区”，法国建立了“竞争力集群”，欧盟实施了一系列创新合作计划，国内长三角地区则开展了“长三角科技合作”。从京津冀区域看，协同发展的关键在于“创新”与“合作”，京冀创新合作正是抓住了这一关键。因此，京冀的创新合作顺应了国内外跨区域创新发展的大势，契合了京津冀协同发展的重点，具备优越的外部环境条件。

同时通过对河北创新需求、北京创新资源特点和对外合作趋势的进一步分析，也发现京冀创新发展具有许多契合点、对接点，创新合作具有独特的条件和基础。

（一）河北创新发展的需求

新的历史时期，受国内外创新发展大势所趋影响，适应自身发展阶段特点的要求，河北创新发展的需求是十分迫切的，在创新发展的路径和重点上呈现个性化的特点。

1.河北创新驱动发展需求迫切

后金融危机时代，科学技术已经成为促进经济社会发展的主导力量，世界各国相继把提升科技创新能力、推动新兴产业发展作为塑造新动能、打造竞争力优势的重要手段。中国进入经济新常态，经济增长模式正在由传统投资驱动向创新驱动转变，经济增长动力正在由人口红利和投资转向技术、制度变革推动的全要素生产率的提升上，科技与创新成为新常态背景下的经济新动能。从河北看，改革开放近40年来，资源型产业投资是拉动经济增长的主动力，这契合了河北的资源禀赋和发展阶段特点，在实践中取得巨大成功，支撑了河北经济的高速增长，成就了经济大省的地位，但随着人口红利的逐步衰减和资源环境约束的强化，“高投入、高消耗、高污染、低质量、低效益”的经济发展模式已难以为继，不仅不可能支撑河北向经济强省迈进，甚至会成为经济持续稳定增长的“拖累”，河北迫切需要将创新驱动作为经济增长的动力。因此无论是从顺应国际科技革命和产业变革的新形势，适应中国经济发展新常态的新要求上看，还是从解决自身发展的突出矛盾问题出发，河北创新驱动发展的需求都比以往更为强烈。

2.借力提升自身创新水平是河北的必然选择

《京津冀协同发展规划纲要》赋予京津冀地区全国创新驱动经济增长新引擎的功能定位，这无疑对与京津存在较大创新落差的河北提出了更高的创新要求。2016年7月，河北创新大会召开，同期颁布的《河北省科技创新“十三五”规划》提出，到2020年，全社会研发经费支出占GDP比重力争达到2.5%，规模以上工业企业研发投入占主营业务收入的比例达到1.2%，科技进步贡献率力争达到55%以上，科技型中小企业达到8万家，高新技术企业达到3500家，全省综合科技进步水平进入全国中等水平。而河北的综合科技创新水平在全国长期位于20位之后，科技经费投入、科技人才数量质量、科技平台载体建设、科技综合服务设施水平等都与同等发展水平的省份有一定的差距，更是与北京形成“断崖式”落差。河北单纯依靠自身科技实力，实现科技创新“十三五”规划目标难度不小，而快速弥补与京津的创新落差，共同推进京津冀全国创新驱动经济增长新引擎的建设更是困难重重，因此借力提升自身创新能力和水平是河北的必然选择。

3.河北借助外力创新发展的需求重点

河北借助外力实现创新发展的重点集中在以下方面：一是需要借助外力提升产业创新能力。转型升级是河北“十三五”发展的主基调，产业创新能力的提升是转型升级的核心，根据《科技创新“十三五”规划》的要求，河北必须实施先进装备制造、大数据及新一代信息技术、大健康、新能源与节能环保、高性能新材料、钢铁、化工、现代农业、现代服务业、科技惠民十大技术创新专项，提升产业技术创新能力，培育产业发展新技术、新产品、新业态、新模式。在这个过程中，河北必须借助外力。二是需要借助外力打造骨干创新载体。骨干创新载体是集聚区域创新资源的平台，是引领区域创新发展的龙头，是区域创新发展水平的标志。河北骨干创新载体数量少，层次低，缺乏具有区域影响力的创新载体。创新资源和创新发展经验的匮乏使得河北必须借助外力打造战略性标志性创新平台，建设专业化、特色化的创新载体，推动新型创新载体的发展，进而提高创新载体的数量和层次。三是需要借助外力推进大众创新万众创业。从河北的区域特点看，河北的创新应突出社会分散式创新，因此大众创新万众创业是河北激发创新活力、实现创新驱动发展的关键途径。由于河北自身创新资源不足，河北必须努力搭建创新创业平台，完善创新创业服务功能，打造最优软硬环境，充分吸引外部创新创业资源进驻河北。

（二）北京创新资源特点及对外合作的趋势

北京是全国创新中心，创新资源高度集聚，在全国创新驱动和京津冀协同发展战略实施影响下，北京创新资源对外合作呈现出新的趋势。把握北京创新资源特点，认清北京创新对外合作的趋势，是深入分析京冀创新合作条件，找准京冀创新合作对接点的基础。

1.北京创新资源特点

北京是全国创新资源最为集中的区域，在总量、结构、领域和环节上呈现出以下几个突出特点：

（1）总量十分丰富。北京创新人才荟萃，2016年，北京全市参与研发活动人员数量为36.2万人，总量位居全国第五,万人研发活动人员数量166.6人，位居全国第一。北京是全国高等院校、创新机构、创新平台最为集中的地区，全市有各级各类高校95所，占全国的23.2%，科研机构405家，重点实验室173家，工程技术中心102家，均居全国前列。北京创新创业服务设施完善，形成了以中关村创业大街为标志，以73家创新型孵化器、29家国家级科技企业孵化器、30家大学科技园、37家海外人才创业园、13家特色产业孵化平台为代表的创新创业服务平台。北京依托众多高水平的创新人才和创新载体平台，成为全国创新成果最为丰富的地区，2016年，专利授权量100578件，其中发明专利授权量

40602件，万人发明专利拥有量18.7件，分居全国第四位、第二位和第一位。

（2）结构层次较高。北京是全国创新资源水平最高的地区，拥有中国科学院院士389人，中国工程院院士352人，分别占全国的52.4%和43.9%；有国家重点实验室111家，国家级工程技术中心65个，占全国的30.9%和40%；有985、211高校32家，其中清华大学、北京大学等是在世界具有影响力的高等院校；每年获国家奖励的成果占全国的1/3。北京拥有众多高精尖的创新人才、创新机构、创新载体和创新成果，创新资源层级和水平在全国首屈一指。

（3）领域特色明显。北京创新资源分布十分广泛，涉及一、二、三产业的30多个行业。我们选取科研机构、重点实验室、工程技术中心和科技企业孵化器进行深入比较分析，发现北京的创新资源主要集中在以下6个行业（见图1－图4）。一是电子信息与通信行业。行业内重点实验室、工程技术中心、科技企业孵化器、科研机构总量在全部行业中居第二位。国家级重点实验室和工程技术中心数量均居全部行业第一位。乐金电子（中国）研究开发中心、北京三星通信技术研究有限公司、罗森伯格亚太电子有限公司、北京科技研发中心等为电子与信息通信领域世界顶级创新机构。二是生物医药行业。行业内重点实验室、科研机构和专业孵化器数量居全部行业第一，生物工程国家级重点实验室数量仅次于电子信息行业。百泰生物药业有限公司、北京世纪迈劲生物科技有限公司、北京世桥生物制药有限公司技术研发中心、北京阜康仁生物制药科技有限公司等均是生物医药领域的代表性

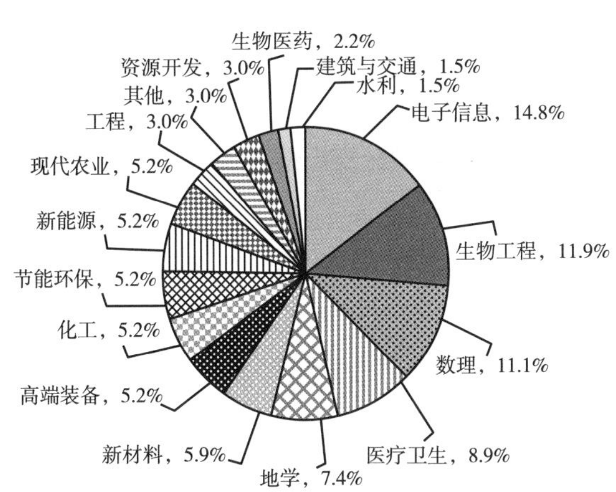

图1　北京市2014年国家级重点实验室领域分布

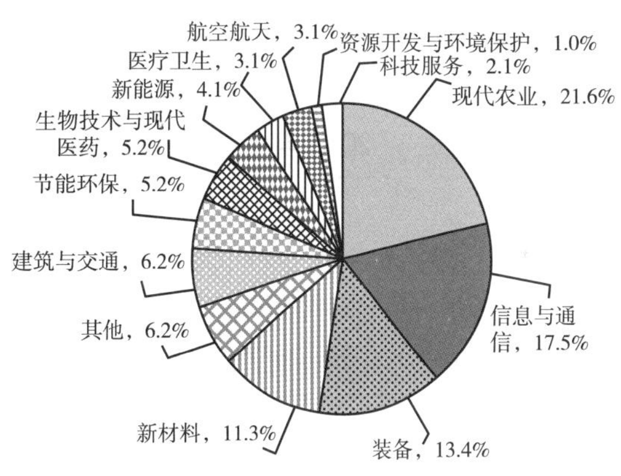

图2　北京市2014年工程技术中心领域分布

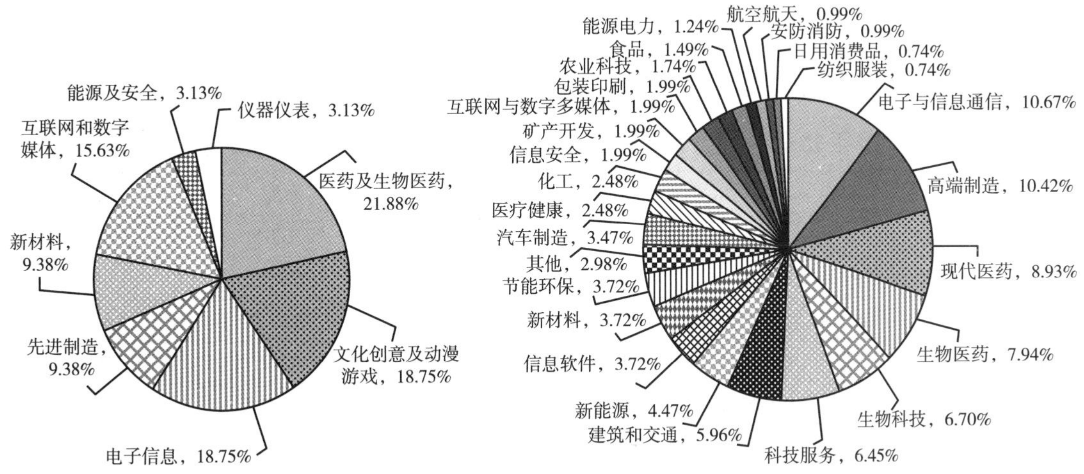

图3　北京市2014年专业孵化器领域分布

图4　北京市2014年科研机构领域分布

创新机构。三是装备制造行业。行业内工程技术中心、科研机构和专业化孵化器数量均在所有行业中居第三位，拥有包括清华大学、中国铁道科学研究院、机械科学研究总院在内的国家重点实验室，原始创新实力极强。除此以外，新能源、新材料、现代农业也是北京创新资源集中、创新能力突出的领域。

（4）环节相对集中。创新链条涉及上游基础研究和应用研究，中下游中试和产业化应用等环节，总体而言，北京高等级的高校和科研院所数量全国领先，原始创新能力较强，基础研究和应用研究投入产出的数量和质量较高，成果转化和技术应用环节相对薄弱。从研发经费支出看，2015年，北京市研发经费总量1384.0亿元，其中基础研究和应用研究占36.8%，比上海、深圳分别高14.9个百分点、23.3个百分点。从经费支出主体看，北京市科研院所和高校是研发经费支出的主要载体，两者经费支出占研发经费总量的62.6%，比上海、深圳分别高25个百分点、58.7个百分点，与上海、深圳以工业企业研发经费支出为主形成鲜明对比。从科技成果产出看，北京专利申请数、专利授权数、科技论文数、科技著作数均大幅领先上海、深圳，但在成果转化和技术应用上，尤其是在工业领域应用技术开发新产品上落后于两地，2015年北京市规上工业企业研发经费内部支出244.1亿元，规模以上工业企业新产品产值3647.8亿元，远低于上海、深圳（见表1–表3）。

表1　2015年北京、上海、深圳三地研发经费支出情况

（单位：亿元、%）

	北京	上海	深圳
研发经费总量	1384.0	936.1	732.4
研发经费占GDP比重	6.01	3.73	4.18

注：表格数据来源于历年各地《统计年鉴》，如无特殊说明，下同。

表2　2015年北京、上海、深圳三地R&D经费按类型分支出情况（单位：亿元、%）

	类型	北京		上海		深圳	
		总量	比重	总量	比重	总量	比重
按活动类型分	基础研究	191.0	13.8	76.9	8.2	6.7	0.9
	应用研究	318.3	23.0	127.8	13.7	92.5	12.6
	试验发展	874.7	63.2	731.4	78.1	633.2	86.5
按单位类型分	科研院所	702.7	50.8	264.6	28.3	20.4	2.8
	高等院校	162.7	11.8	86.7	9.3	8.2	1.1
	工业企业	244.1	17.6	474.2	50.7	672.6	91.8
	非工业企业	252.4	18.2	95.1	10.2	29.8	4.1
	其他	22.1	1.6	15.5	1.7	1.4	0.2

表3　2015年北京、上海、深圳三地科技成果及工业新产品产出情况

	北京	上海	深圳
工业增加值（亿元）	3710.9	7162.3	6743.0
规上工业企业R&D经费内部支出（亿元）	244.1	474.2	404.7
规上工业企业新产品产值（亿元）	3647.8	7312.2	8872.0
专利申请数（件）	156312	38266	105481
专利授权数（件）	94031	8756	72120
发表科技论文数（篇）	167719	98035	—
出版科技著作（种）	7486	3208	—

2.北京创新资源对外合作的趋势

受国内外区域合作大势的影响，在全国创新驱动战略实施的推动下，适应北京区域自身条件的变化，北京创新资源对外合作呈现出新的发展趋势。

（1）全国创新驱动战略加速实施，北京创新资源对外合作的步伐将不断加快。我国经济进入新常态，以技术模仿、投资驱动为特征的传统发展模式难以为继，创新驱动发展、大众创新、万众创业相继上升为国家战略，各地加速动能转换和转型升级，对技术创新的需求十分旺盛，与北京这个国家创新中心的合作要求也十分强烈。同时在全国创新驱动战略实施的大背景下，我国在科技创新关键领域和环节的体制机制改革也不断破冰，科技和经济社会发展通道被逐步打开，技术成果转化的政策不断宽松，科技人才的积极性空前提高。在这个大的政策环境推动下，北京创新资源势必积极与产业链下游环节进行对接，在全国甚至全球进行创新链和产业链布局，扩散科研和技术储备的优势。

（2）京津冀协同发展不断深化，北京与津冀两地科技合作将不断深入。京津冀协同发展战略实施以来，京津冀三地间的协同合作不断深入，国家科技部、发改委联合制定了《京津冀协同发展科技创新专项规划》，提出了要建设京津冀区域创新体系，构建京津冀创新链，并提出了一系列协同创新重点任务，这势必会不断推动北京与津冀创新合作的深入和拓展。随着京津冀协同发展的不断深入，三地之间由行政区划造成的体制机制壁垒必会逐步被打破，三地间人才流动、资本对接、技术转移转化日益活跃，河北和天津必将成为北京创新资源对外合作的重点区域。协同发展规划实施三年多，京津冀的科技创新合作深度和广度正在逐步扩大，2016年北京向津冀输出技术合同成交额154.7亿元，同比增长38.7%；中关村企业在津冀地区新设立各类分支机构超过850家，同比增长17.4%；三地共建园区、校（院）企合作，行业联盟建设等区域科技创新合作方式逐步丰富，中关村海淀园秦皇岛分园已成为京秦两地进行产业转移、机制对接、创新合作的载体和平台；由京津冀70余家单位共同成立“京津冀钢铁行业节能减排产业技术创新联盟”，推动6项节能减排示范工程在津冀落地，发起成立了国内首个钢铁业节能减排创新基金。

（3）北京城市功能调整，科技成果将不断向区外孵化转化。京津冀协同发展规划的一大目标是解决北京“大城市病”，控制中心城区人口，疏解非首都核心功能。首都功能主要包含三个层次。首先是首都的核心功能，即北京作为首都所承担的全国政治中心、文化中心、国际交往中心、科技创新中心四大功能；其次是服务于这四个核心功能、关联紧密的行政事业功能；第三是服务于前两个层次、与其他需求相适应的城市一般功能。非首都功能，即超过前两层领域需求，而在规模和体量上又超过需求的城市一般功能。因此，制造业是北京需要疏解和调整的功能，这意味着北京众多的科技成果将大部分在区外孵化转化，北京与区外科技合作的重点将放在构建北京研发、区外孵化转化创新链上。

（4）北京发展空间受限，骨干创新资源将不断向外拓展发展空间。城市发展空间受限，建设用地不足是目前城市发展的主要制约因素，北京作为世界特大城市，发展空间受限的问题尤为突出。据《北京城市总体规划（2016–2030年）》，到2020年北京城乡建设用地规模减至2860平方公里左右，到2030年城乡建设用地规模减至2760平方公里左右。因此，未来北京城市规模至少不会再进一步扩大。虽然北京城市功能调整会调整出一部分存量空间，但是由于北京在疏解功能的同时会加大对“大城市病”的防治力度，会利用调整出的存量土地适当扩大城市绿化和公共服务空间，因此用于科技创新中心建设，特别是骨干创新载体建设的空间将十分有限，骨干创新载体势必会向区外拓展发展空间。中关村、航天城近年来已经在京外采取共建、参股、输出品牌等方式建立多家分支机构，基本上形成了“自主创新在北京开花，产业升级在全国结果”的局面。

（5）北京城市生活成本的不断攀高，中小型创新企业和部分创新人才将加速向区外转移。北京生活成本在持续攀高，美国人力资源咨询公司美世的《全球城市生活成本调查》显示，北京2016年综合生活成本已居全球第十，特别是房价高企已令部分人才倍感压力，中小型创新企业或其部分业务向区外转移的意愿不断加强。北京市出于提升城市宜居性的目的，在人口规模和城市建成区规模上进行严格的控制，据规划目标，到2020年北京常住人口规模将控制在2300万人以内，而截止到2016年底，北京市常住人口已为2172.9万人，人口增长的空间有限，与此相对应的，外地人口取得北京市户籍的难度在加大，进而难以获得附着在户籍上的公共服务，这也势必会造成将来部分在京创新人才向京外转移。

（三）京冀创新合作的条件分析

京冀两地地缘相接、人缘相亲，地域一体、文化一脉，历史渊源深厚、交往半径相宜，北京和河北创新功能定位互补、需求耦合，在创新基础条件上各具特色，在京津冀协同发展战略的推动下，具有创新合作的先天优势。

1.京冀两地在创新发展需求上互补

在国内外创新发展和区域合作的趋势下，北京国际创新中心的建设要求其必须扩大对外开放，在更广阔的领域整合配置创新资源；在国内创新驱动战略的实施下，京外形成了一个巨大的技术需求市场，客观上推动着北京创新资源加速向外拓展空间；同时北京自身城市功能调整、有限的发展空间、持续攀升的生活成本等问题造成北京创新资源对外合作转移的要求越来越强烈，因此，北京创新领域对外合作的深度和广度将会不断加大。从河北来看，京津冀协同发展要求河北必须尽快提升区域创新发展能力，缩小与京津的创新差距，发展方式转变、新兴增长动力培育、转型升级也要求有强有力的创新发展能力作为支撑，河北创新发展的需求极为迫切，但是受自身薄弱的创新基础、低下的创新能力限制，河北的创新发展必须借助外力。可以看出，北京的创新发展需要向外“拓疆扩土”，河北的创新发展需要向内广聚资源，两者在创新发展的需求上是互补的，具有创新合作的可能性。

2.京冀两地在创新发展供需领域上契合

河北作为科技需求方，其创新发展的重点领域集中在提升产业创新能力、建设骨干创新载体，推动创新创业发展上。首先，从提升产业创新能力看，河北要为高端装备制造、生物医药、新能源、新材料、节能环保等新兴产业的发展壮大提供技术支撑，为钢铁、建材、化工、装备制造、纺织、食品、农业等传统产业向智能化、服务化、高端化迈进寻求技术合作，这与北京的优势创新领域高度契合。其次，北京骨干创新载体亟需向外拓展发展空间与河北需要借助外力建设代表性骨干创新载体需求高度契合。最后，北京中小型创新企业和创新人才加速向区外转移的趋势与河北需要借助外力推动大众创新万众创新高度契合。

3.京冀两地在创新链上衔接

北京创新资源集中在基础研究和应用研究环节，产业孵化和成果转化环节相对较弱，受城市功能调整和发展空间限制，北京技术创新孵化和转化环节可能会更多地向京外转移。反观河北，河北创新发展能力不强，基础研究能力更弱，但在某些传统产业领域的技术应用研究和成果孵化转化上具有基础和条件，河北传统产业转型升级、战略性新兴产业发展对产业应用技术具有较强的孵化和转化需求，因此，北京和河北在创新链上是衔接的，完全有条件合作构建完整的创新链。

二、北京创新资源对外合作的要求和河北的基础

京冀的创新合作外有国家战略的助推，内有双方区域需求的契合，比较分析北京对外创新合作的要求和河北的创新基础，使河北能够充分地利用内外部条件，适应北京需要，更充分地借力北京创新资源提升创新水平。

（一）北京创新资源对外合作的要求分析

创新资源外溢通常要求合作地要具备一定的市场空间、教育资源、政策环境和科研配套，北京创新资源的特点决定了其对合作地有一些特殊的要求，通过分析创新资源外溢的共性条件以及北京创新资源对外合作的个性要求，筛选了北京创新资源对外合作的必备和优选条件。

1. 市场空间条件

市场空间是北京创新资源对外合作的首要条件。创新资源为实现自身最大价值需要拓展更大的市场空间，这要求承接创新资源的区域要有强烈的提升区域创新发展能力的意愿和对创新技术迫切的需求。近年来北京创新资源对外合作的典型案例充分证明了这一点。2015年4月，保定中关村创新中心成立。中关村将京津冀协同创新的首个区域合作项目落户保定的原因：一是看中了保定在石保廊全面创新示范区建设中快速提升区域创新能力的迫切需求；二是保定以汽车为主的装备制造业，以光电、风电为主的新能源产业领域对创新技术具有强烈需求，保定广阔的创新发展空间和技术需求吸引了中关村。

2. 科研配套设施和服务体系条件

科技创新领域专业化分工程度较高，科研人员与科研机构的转移、科技成果的转化对科研设施的配套能力和服务体系的完善度要求较高。具体来说，科研设施主要包括专业化的大型仪器设备、配套试验器材、成果孵化和中试设施、信息化设施等，配套服务体系则包括创业服务、中介服务、国际合作、技术创新、创业融资、人力资源、政策法规和创新文化等服务内容，其服务主体包括进行技术转移、管理咨询、知识产权代理、资产评估、科技信用担保、成果推广等在内的各类专业服务机构或科技中介协会，以及一批为创新创业提供服务的科技、金融、人才、管理、法律等领域的专业服务公司。只有具备了专业化的科研配套设施，创新资源才有可能转移转化，只有具备了完善的创新服务体系，创新资源才能更好地转移转化。北京是全国创新资源最为集中的区域之一，其创新设施和创新服务体系相当完善，而北京创新资源对外合作的根本目的是寻求更大的发展空间和更多的发展机会。因此，创新资源的特定属性和北京创新资源对外合作的基本目的决定了完善的科研配套设施和服务体系是其转移转化的必备条件。

3. 政策环境和创新氛围条件

科技活动的特点，决定了宽松的政策环境、灵活的体制机制、浓厚的社会氛围是其优选条件。国内科技创新发展历程和一些典

型技术创新活跃区的发展都证明了这一点。改革开放以来，国内每一次技术创新的快速推进都伴随着关键环节和领域重大制度的突破和政策的创新：2014年财政部、科技部、国家知识产权局颁布了关于科技成果使用、处置和收益分配管理的文件；2015年3月，《中共中央、国务院关于深化体制机制改革加快实施创新驱动发展战略的若干意见》发布，10月全国人大修改的《科技成果转化法》正式实施，极大改善了国内科技成果转化的环境，有效促进了科技成果更好地为经济社会发展服务。区域创新发展同样如此，北京中关村、上海张江、武汉东湖的突破性发展得益于国家自主创新示范区的灵活体制和优惠政策，深圳开放、包容的创新氛围则使其在创新发展上快速超越了一些创新底蕴深厚、创新基础雄厚的区域。多年来，北京在创新政策环境优化、创新体制机制改革、创新社会氛围塑造上都走在了全国的前列，营造了一个比较完善的创新创业软环境，因此对于北京的创新资源来说，灵活的政策环境和浓厚的创新氛围是其对外合作的优选条件。

4. 公共服务和生态环境条件

完善的公共服务和优越的生态环境是北京创新资源对外合作的理想条件。创新资源具有专业化、高端化的突出特点。这一特点决定了其对区域公共服务和自然环境具有一些特殊需求。除了基本的公共服务设施外，创新资源对商务、教育、医疗、休闲、娱乐等具有高层次的需求。从生态环境条件看，鉴于科技活动是一项智力密集的创造性活动，优美、幽静的生态环境无疑是其最佳选择。北京作为一个特大型城市，医疗、教育、文体、商务、娱乐等各方面公共服务水平较高，但生态环境欠佳。所以从北京创新资源对外合作的意向看，能够与北京相媲美的公共服务，比北京更加优越的生态环境将对其形成比较强的吸引力。

（二）河北利用北京创新资源的基础

对比分析北京创新资源转入的条件和河北承接北京创新资源的基础，总体看来，河北具备承接北京创新资源的基础，但可改善提升的空间依然很大。

1. 市场空间十分广阔

全国创新驱动战略的推进，京津冀协同发展缩小区域创新发展差距的要求，河北转型升级、培育发展新动能的内在需求，使得河北寻求新发展动力的意愿比以往任何时候都强烈，也比其他地区更迫切，技术创新的市场空间也将十分广阔。同时河北经济和社会发展面临的突出矛盾和关键问题，也将解决的重点指向技术创新。首先是粗放的经济发展模式和资源主导型产业体系已不能支撑河北可持续发展，创新驱动、集约绿色、产业的高端化发展将是发展模式转变的关键；其次是生态环境的优化已迫在眉睫，人民的期盼、中央的要求和自身的需求使得生态改善成为必须完成的艰巨任务，而依托技术进步来解决区域资源环境问题是关键举措。另外城市综合实力提升，基础设施条件改善等一系列关键问题的解决无一不依赖技术创新，对于北京而言，河北技术创新的市场空间十分广阔。

2. 科研配套设施条件仍需完善

近年来，河北技术创新配套服务设施发展较快，截至2015年底，省级以上重点实验室、工程技术研究中心、产业技术研究院分别达到105家、231家、28家，拥有国家级科技企业孵化器16家，省级科技企业孵化器45家，孵化场地面积超过300万平方米，在孵企业达到2936家，生产力促进中心38家，技术转移示范机构24家，主要涉及中医药、电子信息、装备制造、新能源、新材料、节能环保、动漫产业等多个高新技术领域，中医药、动漫产业领域的科技企业孵化器具备特色优势。但与其他省份相比，科研配套设施条件仍显不足，以河南、湖北、湖南三个与河北经济总量相近的省份为例，河南在2016年拥有国家级研发平台141家，其中国家级重点实验室14家、国家工程技术研究中心10家、国家级工程实验室33家、国家级企业技术中心80家，以及国家级高新区7家，均高于河北省，湖北、湖南研究型高校、高新区的数量和等级优于河北，在国家级重点实验室的数量上数倍于河北省。因此相对于北京创新资源转移转化的要求，河北科研配套设施在规模和档次上都有差距（见表4）。

表4　2016年冀、豫、鄂、湘四省科技创新平台数量比较

（单位：个）

	河北	河南	湖南	湖北
国家级重点实验室	9	14	15	27
国家级高新区	5	7	7	7

3.政策环境条件欠优

近几年，河北省出台了《关于加快科技创新建设创新型河北的决定》等一批突破性强、含金量高的科技新政，积极引导企业和资金进入技术研发领域，但是与其他省份相比，河北创新发展的政策环境依然不佳。从科技创新投入看，河北全省2015年研发投入占GDP比重仅为1.18%，相当于全国平均水平的一半，企业研发的积极性尤其低下，规模以上企业建立研发机构的比重仅为全国平均水平一半，2015年各类企业研究与试验发展经费为295.1亿元，比上年增长9.5%，低于政府投入、高校投入10余个百分点；从人才吸引力度看，全国各城市均加大对人才的吸引力度，甚至用高额的直接的财政补贴等高含金量政策吸引高端人才，反观河北的几个城市，人才体制僵化、人才政策灵活度不够、落实不到位，导致全省创新型领军人才短缺，中高端人才流失严重；从科技创新领域的改革进程看，全省科技创新体制机制改革基本是根据国家部署推进的，在高等教育、知识产权保护与运用、行政管理、金融创新等方面的改革仍有较大的空间，对降低企业创新成本、激发创新主体活力、提高创新要素配置效率等方面改革红利的释放还不足。

4.公共服务条件较差

公共服务完善度是影响科技创新人才、科技创新机构集聚的重要因素之一，较低的公共服务水平是河北的一大短板，也是河北承接京津科技创新资源的主要障碍。在中国社科院公共服务蓝皮书课题组对全国38个主要城市基本公共服务满意度评价中，公共交通、环境保护、文化体育与公职服务九大要素，石家庄没有一项入列前10，公共服务的居民认可度和满意度都不高，对北京高端创新资源的吸引力就更显不足。

5.创新创业文化氛围不浓

创新创业文化氛围是科技创新活动的土壤，其优劣直接影响创新创业活跃度和经济活力。近年来河北在创新创业氛围上与东部沿海省份形成了较大差距。从微观基础看，河北省市场主体数量少、实力弱，一定程度上反映了河北创新创业氛围不浓厚，创新创业的积极性不足。据河北省工商部门统计，2015年河北省各类市场主体总量达到327.7万户，全国排名第8，与河南、四川、湖南、湖北四个经济规模相当的省份相比，总量偏少，而且集中于小而分散的批发零售等传统服务业以及处在价值链低端的金属制品、钢铁建材等工业行业，缺乏科研、创新等现代服务业以及高新技术产业领域的市场主体。全省在深交所、沪交所上市企业55家，其中创业板上市企业仅10家，与新疆、陕西等西部省份相当。

6.生态环境条件有亮点

河北整体生态环境形象不佳，雾霾频发，水资源匮乏，河流及近海污染严重，森林覆

盖率较低，但是在北京周边存在生态环境优势相对突出的中等城市及小城镇，张家口市区及怀来县，承德市区及滦平县，保定的涿州、涞水等地均具备生态相对优势，如怀来县处在北京上风上水处，空气质量长期位列河北监测结果较好的前10个县，“十二五”时期以来随着京津风沙源治理、京冀生态水源保护林、官厅水库国家级湿地公园等生态工程的实施，森林覆盖率提高到50.8%，2013年被国家住建部命名为国家园林县城，并荣获2013-2014年度河北省人居环境奖。同时小城市土地要素充裕，城市框架宽阔，相比“大城市病”严重的北京，更能显示出生态环境优、宜居性好等相对优势，具备北京创新资源转移转化较好的基础条件。

三、河北借力北京创新资源进展及综合评价

（一）河北借力北京创新资源进展

京津冀协同发展战略实施以来，在国家战略的指导和两地政府的共同努力下，河北利用北京创新资源取得了突飞猛进的进展，打造了战略标志性合作平台，建立了创新联动发展机制，探索了创新合作新模式，河北吸引北京技术成交额成倍增长。

1.集中建设雄安新区协同创新战略载体

2017年4月1日，与深圳特区、浦东新区相比肩的又一个国家级新区——雄安新区成立，按照中央部署，作为非首都功能集中疏解地，未来的雄安新区既要着力打造绿色生态宜居新城区、创新驱动引领区、协调发展示范区、开放发展先行区，还将与北京中心城区、北京城市副中心错位发展，形成北京新的两翼。《京津冀协同发展纲要》也明确集中疏解地将重点疏解部分中央行政及企事业单位，配套跟进教育、医疗、文化等公共服务单位。雄安新区在科技创新领域具有较高的功能地位，是京津冀地区创新驱动发展的引领区，高端创新要素、高端高新产业的集聚区，新区成立以来，全省上下已经形成建好雄安新区的共识，并对新区的功能定位、交通、环保、产业、资源承接等方面做出初步的谋划，设立了高级别的新区建设推进机构，许多大型企事业单位、研发机构积极参与新区建设，随着规划的展开，新区的建设将逐步落地。

2.谋划建设了四大标志性平台

京津冀协同发展以来，河北着力打造四大标志性功能平台作为河北吸引北京创新资源的主要载体。一是依托京南10个省级以上高新区和科技园区，谋划打造京南国家科技成果转移转化示范区，构建“对接京津桥头堡、创新创业新地标”，实现与北京中关村，天津自创区、自贸区的三区联动、有机衔接、错位发展。目前，京南示范区已被科技部批准为全国首批国家科技成果转移转化示范区，纳入国家“促进科技成果转移转化行动”总体布局，上升为国家战略。规模为10亿元的京津冀科技成果转化创业投资基金注册在示范区核心区固安县，投资向示范区倾斜。二是推动环首都现代农业科技示范带建设。依托环首都14县（市、区）谋划建设的示范带获批国家级现代农业科技示范区，发布实施《环首都现代农业科技示范带总体规划》，制定了环首都现代农业科技示范建设县监测体系。丰宁、滦平、大厂、固安、涿州等5家园区被批准为国家农业科技园区，在示范带内发起成立了京津冀现代农业协同创新研究院，促进农业科技成果在京津冀区域高效转化和孵化，引领全国现代农业科技创新与发展，打造“中国农业硅谷”。三是推动石保廊

全面自主创新示范区建设。依托石家庄、保定和廊坊三地创新和产业资源以及交通、人才等比较优势，国务院批复在石保廊地区开展全面创新改革，推动京津冀区域创新资源的合理配置、开放共享和高效利用，河北省已制订推进石保廊全面创新改革试验方案，推动石保廊创新资源与京津全面对接。四是推动建设京津冀大数据综合试验区。依托京津冀三地大数据创新和产业资源以及合理的功能定位，争取国家批准成立京津冀大数据综合试验区，旨在将京津冀区域打造成为国家大数据产业创新中心、应用先行区、改革综合试验区和全球大数据产业创新高地。

3.合作共建了四类创新创业载体

一是共建科技园区。与京津合作共建各类园区55个，中关村海淀园秦皇岛分园引进108家中关村高新技术企业落户；沧州高新区航天神舟太阳能光热产业园国际机器人研发生产等项目已经投产；廊坊开发区云存储产业园承接了国家多个部委的电子政务云平台、能源企业信息交互平台，以及百度、阿里等互联网企业的IDC中心。二是共建创新基地。与京津合作共建各类创新基地62个，中关村在正定高新区共建集成电路产业基地已签署合作框架协议，曹妃甸中关村高新技术产业基地有5家中关村企业落地，清华大学重大科技项目（固安）中试孵化基地正式开工建设，沧州北京现代汽车产业基地一期工程已开工，中捷生物产业园四环、康辰、朗依等首批10家北京医药企业已正式开工建设。三是共建创新联盟。目前，在钢铁、抗生素、卫星导航、半导体照明、果品等产业领域，建立产业技术联盟65家。唐山高新区与中关村华清石墨烯产业技术创新联盟等单位合作成立了京津冀石墨烯产业发展联盟；北京大学、北方技术交易市场、河北省科技成果转化服务中心等单位成立“京津冀技术转移协同创新联盟”；保定市集聚光伏、索具、涂料等地方产业优势，与京津企业合作建立了市级产业创新联盟。四是共建创新创业平台，借力中关村及京津科研院校，合作共建了保定中关村创业大街、北大中电科技园、石家庄金种子创业谷等一批创新创业平台。

4.探索催生了若干合作新模式

一是多方利益共享新模式。北京海淀区与秦皇岛合作共建中关村海淀园秦皇岛分园，双方建立了“四四二”利益分配机制：对中关村海淀园企业落地秦皇岛，实现的地方财政收入，双方按照各40%共享，同时还有20%用于建立产业基金，扶持入园企业发展。二是产学研合作模式。河北清华发展研究院、固安县政府、华夏幸福基业股份有限公司共建清华大学重大科技项目（固安）中试孵化基地，重点打造集“创新研发、项目孵化、技术转移、支撑服务”四位一体的产学研合作平台，积极推广利用华夏幸福PPP模式，运用市场化机制，积极引导社会资本进入基础设施建设、公共服务供给、科技创新资源导入等领域，探索多元化的开发区（创新小镇）运营模式。三是科技创新飞地发展模式。保定高新区与中关村完善共建机制，引进中关村信息谷资产管理公司负责保定·中关村科技创新中心运营管理，将中关村创业孵化、科技金融服务、成果转移转化等方面的理念和做法引入高新区，打造跨区域的创新创业生态系统，形成了可复制可推广的模式。四是助推产业发展新模式。廊坊永清与北京亦庄合作共建北京亦庄·永清高新技术产业开发区，开展跨区域全产业链合作，税收及运营收益按出资比例分享，初步形成产业集群发展模式。五是培育科技服务新模式。石家庄科技大市场与京津创新平台实现全面对接，设立了京津技术市场服务窗口，加快北京和天津科技成果转化和技术转移，共同推动战略性新兴产业发展。

5.完善创新创业服务设施和环境

一是共建转化基金。与科技部、招商集

团合作建立了首期规模为10亿元的科技成果转化引导基金；“京津冀协同创新科技成果转化创业投资基金”成功注册；建设银行河北省分行390亿元贷款支持科技型小微企发展；巨鹿县与北京丝路财富投资基金管理有限公司成立了巨鹿新兴产业投资基金。二是共建技术市场。与中国技术交易所、北京国际技术转移中心等建立联通京津、贯通各市的“三中心，两平台”创新创业综合服务体系，促进京津科技成果在河北落地生根。三是完善创业环境。依托开发区、高校、骨干企业，建设各类众创空间300余家，其中省级以上80家，通过国家备案72家，入驻创业团队和小微企业5000多个，聚集创业导师2000多人、创客2万多人。省级以上孵化器89家，入孵企业6000多家。发布了首个河北省“双创地图”，收录了全省众创空间、创业公司、投资机构的数据信息，反映了各地创业资源的分布和整体发展情况。深化“放管服”改革，企业登记前置审批事项由226项减少到34项，审批时间由20多天缩短到3个工作日以内。积极开展典型示范案例、政策解读、人才培养、精准帮扶等专项活动，扎实推进创业导师河北行、创新创业大赛、“双创促转型河北在行动”、“双创”专题展等系列活动，营造了良好的双创氛围。

（二）河北借力北京创新资源综合评价

京津冀协同发展以来，河北在借力北京创新资源方面取得了突飞猛进的进展，但是同时也存在不少问题，结合京津冀协同创新目标、北京创新资源特点，河北创新发展要求，对河北利用北京创新资源进行了综合评价。

1.初步效果显现，可提升空间仍然很大

协同发展三年来，河北充分认识到北京创新资源对于河北可持续发展的重要性，立足将地缘优势转化为创新优势，通过平台打造、政策对接、体制创新、环境完善等一系列措施，有效吸引北京创新资源在河北转移转化，截止到2016年底，中关村企业累计在河北设立分公司1822家，设立子公司1708家。2016年北京输出到河北的技术合同成交额达到98.7亿元，同比增长了83%。虽然河北利用北京创新资源取得了一定效果，但是我们也必须清醒地看到，相对北京丰富的创新资源，河北仍有较大提升空间，2016年北京输出到河北的技术合同成交额虽然大幅度增长，但仍仅占北京全部技术成交额的2.5%；同北京不断加速的外溢趋势相比，河北仍有较大提升空间，以中关村企业跨区域并购为例，2015年中关村企业发起的境内京外并购案例 252 起，约是上年同期并购案例数量的 2.4 倍，广东、长三角地区等“双创”活跃地区成为中关村企业并购的追逐对象，来自广东省的 案例 66 起，来自长三角地区（上海、江苏、浙江）的案例 88 起。

2.顶层设计基本完善，但需进一步体现自主性

京津冀协同发展三年来，作为重要内容之一的协同创新顶层设计基本完善，科技部、国家发改委出台了《京津冀创新驱动发展指导意见》《京津冀协同发展科技创新专项规划》，河北省政府出台了《河北省关于贯彻落实〈京津冀协同发展科技创新专项规划〉的实施意见》，在《河北省科技创新“十三五”规划》中也将京津冀协同创新作为重要任务加以部署。但是对于在协同创新大背景下的河北而言，由于所处地位不同、发展要求不同、基础条件不同，为了充分利用北京高度集聚的创新资源，抓住北京创新资源加速外溢的有利趋势，同时满足自身创新发展的需要，必须审时度势、立足自我，找准北京创新资源与河北创新发展最佳结合点和切入点，研究制定更加能够体现主动性、能动性和主体意识的战略规划和方案意见，以更充分有

效地借助北京创新资源。

3.载体平台建设喜人，需进一步深化推进

综合比较，协同发展三年来，河北在吸引北京创新资源转移转化平台载体建设上的成效最为突出，特别是国家级新区雄安新区的建设，以及着力打造的河北·京南科技成果转移转化示范区和环首都现代农业科技示范带，都已经争取到了国家级的金字招牌，同时与中关村、清华大学、北京大学、中科院等北京创新龙头骨干还合作共建了形式多样的载体平台，这些载体平台在深化河北与北京创新合作上发挥了重要作用。同时我们也必须看到，载体平台的架构虽然已经搭就，合作创新的空间条件已经基本具备，但是要充分发挥载体平台在吸引北京创新资源转移转化中的突出作用，必须尽快推进载体平台建设，特别是设立高效的建设运行机制、探索跨区域创新合作模式、研究吸引区外创新资源转移转化的特殊政策措施、有针对性地创造创新创业资源集聚的最优配套环境，将国家级“金字招牌”用足用好，最大限度吸引北京创新资源。

4.模式创新和环境建设小有进展，体制机制改革亟须突破

受行政区和部门分割的影响，我国传统的创新发展模式基本上是以行政区为单元，且与经济社会发展其他部门相对割裂。北京与河北分属两个行政区，且两者的创新链条特点不同，要实现两地的创新合作，机制创新和模式创新是前提条件。另外京冀的协同创新虽有国家大战略的推动，但是毕竟创新资源的转移转化大多仍以市场主体行为为主，所以创新配套软硬环境的建设就显得格外重要。协同发展三年来，河北针对上述转移转化的关键问题和环节，探索了一些跨区域合作的模式，有针对性地优化了创新创业环境。但是总体来看，由于如此大规模大范围的创新合作国内外先例并不太多，再加上不同区域合作都有自己不同的个性特点，以及河北先期在改革创新发展上的相对滞后，河北要更好更充分地利用北京创新资源，在体制改革、模式创新和环境建设必须要有突破性的进展。

四、河北借力北京创新资源的思路和重点

河北借力北京创新资源必须抓住用好京津冀创新资源整合这个重大机遇，坚持“以我为主，投其所好”的原则，以建设科技孵化转化中心、重点产业技术研发基地、科技支撑产业结构调整和转型升级试验区为目标，围绕北京创新载体、机构、人才和成果等各类创新资源的引进利用、转移转化，以区域创新优势领域打造、创新链与产业链对接、骨干创新载体引培、创新型中小企业繁荣为重点，着力促进京冀创新资源的合理配置、开放共享和高效利用，努力形成京冀创新合作新局面，借力提升河北创新发展水平。

（一）区域创新优势领域打造

1.必要性和可行性

从京津冀区域发展的要求看，协同发展战略的实施客观上将京津冀放在一个层面和高度上统筹考虑，并且明确了京津冀区域全国创新驱动经济增长新引擎的功能定位，因此京津冀需要在创新发展上整理发展思路，共同树立具有区域特色的创新优势领域。从跨区域协同创新的经验看，无论是欧洲共同体还是国内长三角地区，都将重点领域创新资源整合，关键技术协作攻关，作为区域协同创新的重点举措。通过对京津冀创新资源

分布和创新需求综合分析可以看出，京津冀区域已经形成了比较明显的创新优势领域，电子与信息通信是创新资源优势最为明显的领域，高端装备制造是创新链条最为完整的领域，生物医药是创新资源特色最为突出的领域，现代农业是创新资源合作共建条件最好的领域，节能环保是创新资源合作共享需求最迫切的领域，京津冀区域具备了实施区域创新优势领域共建的基础条件。从上述分析看，区域创新优势领域打造将是京津冀协同创新的重要内容。作为京津冀中重要一方的河北，整体创新实力弱、水平低，在协同创新中必须强化顺势而为的观念，在京津冀区域创新优势领域打造中，借力北京创新资源提升重点领域的创新能力。因此将区域创新优势领域打造作为河北借力北京创新资源的重点既是必要的又是可行的。

2.思路和重点

总体思路是：立足与京津共同打造引领全国、辐射周边的创新发展高地，依托区域创新优势和创新需求，以电子信息通信、高端装备制造、生物医药、现代农业、节能环保领域为重点，按照“整合凝聚、抢占前沿、贯通链条”的思路，围绕区域关键技术和前沿技术联合攻关、区域关键共性技术平台建设、区域重点创新联盟打造三个重点任务，采取多种灵活有效方式，扩大与北京创新资源合作的领域，深化与北京创新资源合作的层次，创新与北京创新资源合作的方式，在京津冀区域创新优势领域共建中，提升河北重点领域创新能力。

战略重点：一是借力京津冀关键技术联合攻关计划实施，提升河北重点领域创新能力。积极推动京津冀区域在电子信息通信、高端装备制造、生物医药、现代农业、节能环保领域，开展前沿性关键技术研究，滚动实施一批区域性、公共性、互补性重大科技项目。借助联合攻关计划的实施，积极有为地提出技术需求方向，鼓励本土骨干研发机构参与联合攻关，提升重点领域创新能力。二是借力区域关键技术研发基地的建设，提升河北骨干研发机构的能力。紧跟京津冀关键技术研发基地建设动态，遴选本土骨干创新机构以基地共建、项目合作等方式参与区域关键技术研发基地的建设，在基地建设中提升河北创新机构的水平和能力。同时河北要紧密结合北京非首都功能集中疏解地和微中心建设，争取国家在河北布局建设关键技术国家级重点实验室、工程技术中心等重大科技基础设施，推动区域关键技术研发基地落地河北，整体提升河北研发机构的层次和水平。三是借力共建区域技术创新联盟，全方位加强与北京创新资源的对接合作。积极争取国家产业技术创新联盟建设试点，在可再生能源、大数据、高端装备制造、节能环保、现代农业、钢铁等领域，梳理本土各级各类创新机构、中介服务组织、产业园区基地等资源，积极对接京津同领域创新资源，通过政府引导、资金共投、风险共担、利益共享的模式，建立行业技术创新联盟，在与京津创新资源整合合作中提升自身创新能力和水平。

（二）创新链与产业链对接

1.必要性和可行性

首先，近两年国家高度重视创新链与产业链对接和科技成果的转移转化，2014年财政部、科技部、国家知识产权局颁布了《关于开展深化中央级事业单位科技成果使用、处置和收益改革试点的通知》，2015年3月，《中共中央、国务院关于深化体制机制改革加快实施创新驱动发展战略的若干意见》发布，10月全国人大修改的《中华人民共和国促进科技成果转化法》正式实施，国内促进产业链和创新链有效对接的外部环境越来越优越。其次，从北京的需求和河北的条件看，北京拥有79家中央转制院所和59所高等院校，每年获国家奖励的成果占全国的1/3，国家重点实验室占全国的1/3，中科院、工程院院士占全国的一半以上，而北京城市功能调整，制造业发展功能的弱化，必然推动大量科技成果外地转化和产业化。河北是我国传统资源型产业大省，产业基础雄厚，产业发展和转型升级对产业前沿技术需求强烈，部分产业具有一定技术储备，具备与北京前沿产业技术对接的条件。最后，从河北推进京津冀协同创新发展的方式看，鉴于河北原始创新基础十分薄弱，创新资源在规模和水平上与京津落差较大，与京津在创新链的各个环节深度广泛融合、联合攻关，共同提升区域创新能力，是一个长期目标，需要循序渐进逐步推进。当前最现实和可行的方式是在京津冀协同发展大的分工格局指导下，依托区域产业发展基础和需求，主动对接北京创新链，深入推进产业链和创新链对接。

2.思路和重点

河北实施产业链与创新链对接战略的总体思路是：以服务河北产业转型升级，构建创新型产业链为基本目标，遵循传统产业改造和战略性新兴产业发展的基本规律和特点，以构建完善的产业创新网络、打造产业链和创新链对接载体、推动产业链和创新链对接服务体系建设为重点，以政府引导、市场主导的方式，吸引北京科技成果河北转化、多方式推进产业集群与北京骨干研发机构的合作、争取行业关键技术创新平台的共建共享，推动北京创新链和河北产业链的深度广泛融合，促进河北传统产业集群向创新型集群转变、战略性新兴产业发展壮大。

重点：一是实施河北传统产业集群升级行动。以钢铁、化工、建材、食品、纺织等传统优势产业为重点，整合现有行业技术创新平台，充分借助北京创新机构的研发力量，通过共建、援建、建立分支机构等方式，全面提升传统行业关键技术研发能力，构建传统行业完善的创新体系。鼓励重点企业与北京研发机构建立稳定的合作关系，按照企业出题、政府立题、协同破题的机制，组织企业根据转型发展需要，提炼技术创新方向，凝练技术难题和创新需求，以合作开发、委托开发、研发外包等方式，与北京研发机构建立紧密的产学研合作关系，实施一批产学研协同创新项目，突破一批技术难题。依托河北纺织服装、五金铸造、农副食品加工等县域特色产业集群的规模生产优势，采取多种方式广泛集聚北京创新创业人才、资金、企业，在推动行业发展关键技术取得突破的基础上，推进产业集群的组织创新和业态创新，促进产业集群占领行业价值链的高端。二是全面推进北京科技成果河北转化。对北京重点创新机构和科研成果进行深入分析研究，对接河北基础条件和发展需求，明确承接北京科研成果转移转化的重点领域、主要任务、转化方式和时序安排。加快科技成果转移转化载体建设，尽快推进河北·京南国家科技成果转化转移示范区建设，明确各园区承接目标、重点和合作对象，加快园区体制机制改革，鼓励探索特色突出的成果转移转化模式。全面深化科技转移转化体制机制改革，进一步加大财税支持科技成果转移转化的力度，在科技成果处置权、收益分配权上进一步放开搞活，在股权、期权和分红激励上进一步突破，在科技与金融结合体制机制上进一步创新。积极构建需求导向的跨区域技术转移服务体系，建立京津冀科技大市场、京津冀技术交易网，在重点市建立中关村技术交易中心分支机构，推动各类创新主体全面对接，实时交流；推进京津冀科技成果数据库的互联互通；培育和发展技术转移示范企业、示范机构、示范基地；完善技术经纪人制度，推动签约技术经纪人队伍建设。

（三）骨干创新载体引培

1.必要性和可行性

经过多年的发展，北京已形成以中关村

国家自主创新示范区、航天科技城为主具有较强辐射带动力的骨干创新载体，但是受城市发展空间调整的影响，骨干创新载体发展空间受限，亟须寻找新的发展空间。近年来中关村成功创立“一区十六园”的发展模式，航天城在京外建立多家分支机构，北京骨干创新载体向外扩散已取得比较成功的经验。反观河北，创新发展能力水平低，骨干创新载体发展滞后，特别是自身匮乏的创新资源和创新经验难以支撑骨干创新载体的建设，迫切需要外部创新资源的注入和创新经验的借鉴。同北京相比，河北能给骨干创新载体提供更大的发展空间，石家庄、保定、廊坊等中心城市人才配套和创新基础设施条件较好，张家口、承德、保定、廊坊则具有近邻北京的区位条件、便捷的交通条件和优良的生态环境条件。因此无论是从需求还是从条件看，河北借力北京创新资源实施骨干创新载体引培是必要和可行的。

2.思路和重点

以打造北京骨干创新资源外溢首选地为目标，瞄准中关村、航天城、亦庄开发区等创新集聚区，中科院、北大、清华等骨干创新机构对外合作需求和条件，采取整体托管、投资共建、参股、并购、授权委托、品牌输出等多种方式，建设多个要素聚集、资源共享、产业上下游高效衔接、互利共赢的北京骨干创新资源合作共享平台和项目承接地，借势借力打造河北科技创新中心和战略性新兴产业发展策源地。

重点：一是集中力量建设雄安新区国家科技城，瞄准创新发展引领区的功能定位，借助北京非首都功能疏解的有利条件，积极承接北京高端科教资源，高标准建设新区内技术创新集中区，努力争取国家重大科研基础设施在区内布局，探索与北京合作建设新区骨干创新载体，积极争取国家批复在新区内开展技术创新体制机制改革，争创国家级自主创新示范区，将雄安新区打造成为在全国有影响力的创新策源地和中国“硅谷”。二是加快合作共享平台建设。支持石家庄（正定）中关村集成电路产业基地、中关村海淀园秦皇岛分园、清华大学固安中试基地、中国农业科学院廊坊中试基地等加快发展，支持其他园区根据自身发展基础和区域条件，对接北京骨干创新资源发展要求，全面创新合作机制和发展模式，建立多种形式的合作发展平台。三是积极发展创新小镇。在廊坊、保定、张家口等地，选择2–3个与北京交通便捷、生态环境良好、具有前期发展基础的小镇，充分借鉴国内外特色小镇发展经验，积极引进战略投资者，努力探索创新小镇合作发展新模式。

（四）创新型中小企业繁荣

1.必要性和可行性

首先，受北京生活成本攀升的影响，众多创新型人才和创新型中小型企业积极向京外寻求发展空间，为河北实施创新型中小企业繁荣战略创造了有利的外部条件。其次，发展创新型中小企业是河北创新发展和转型升级的双重需要。中小科技企业是创新的摇篮。在美国，中小企业创新能力是大企业的两倍，70%以上的专利是由中小企业创造的。在欧盟，小企业人均创新成果也是大企业的两倍，单位研发投入产生的新成果是大企业的3–5倍。在我国，目前65%的发明专利、80%的新产品来自民营科技企业。因此，河北的创新能力的提升必须依靠创新型中小企业的发展。河北转型升级的重要任务就是加快发展战略性新兴产业，培育经济发展新动能，创新型中小企业是战略性新兴产业发展的基础，因此河北转型升级也要求创新型中小企业数量质量双提升。最后，河北相继出台了一系列支持创新型中小企业发展的政策措施，一批“双创基地”“技术孵化中心”建成，初步具备了发展创新型中小型企业的软硬条件。因此，在京津冀协同发展的大背景下，充分借力北京创新资源，推动创新型中小企业繁荣是必要和可行的。

2.思路和重点

围绕实现《河北省科技型中小企业成长计划》目标，瞄准北京创新人才、创新型中小企业外迁的需求，以及处于创立期、成长期、壮大期不同发展阶段企业的实际情况，以政府扶持、市场驱动、金融支撑、环境优化为重点，加强创新型中小企业发展载体建设，创新、细化、落实、聚焦支持政策措施，完善创新型中小企业发展服务体系和政策支持体系，打造适合创新型中小企业生存和发展的软硬环境，吸引北京创新型中小企业在河北落地转移，鼓励北京创新人才来河北创业，借力北京创新资源，扶持一批高成长性的科技型企业，形成一批创新型中小企业集群，开发一批拥有自主知识产权的核心技术和产品，造就一批具有开拓创新精神和竞争能力的科技型企业家，努力做大做强河北创新型中小企业群体。

重点：一是加强孵化器、加速器、双创基地、创投联盟等创新型中小企业发展载体平台建设，优化吸引北京创新资源的硬件环境。按照“投资多元化、运行市场化、服务专业化、管理网络化、发展产业化、资源国际化”的方针，实施创新创业载体扩规升级工程，进一步扩大孵化器规模，全面提升孵化器整体服务水平，创新孵化器建设管理体制机制，与全省产业转型升级目标和创新驱动发展战略向对接，着力构建“科技创业苗圃—科技企业孵化器—科技企业加速器—科技产业园区”梯级孵化服务体系。二是全面强化对创新型中小企业的投融资服务。围绕孵化期、初创期、成长期科技型中小企业的不同需求，着力扩大现有各级各类支持科技型中小企业发展资金、基金规模；学习借鉴国内其他先进省份成熟经验，组建新的科技型中小企业投融资平台；针对科技型中小企业发展的需求，在全国率先探索新型科技型中小企业投融资模式，全面优化全省科技型中小企业的金融服务，提高科技型中小企业融资能力，全面支持科技型中小微企业良性发展。三是进一步优化科技型中小企业发展的政策环境，优化吸引北京创新资源的软环境。加大对科技型中小企业发展的财政支持力度，进一步完善和落实科技型中小企业发展税收优惠政策，强化科技型中小企业综合服务平台建设，建立科技型中小企业发展监督考核体系。

五、河北借力北京创新资源的主要举措

河北借助北京创新资源实施创新发展的四个战略重点，任何一项都是一个系统工程，必须坚持全面推进和重点突破的原则，统筹兼顾，系统推进。为此，我们认真分析了京津冀协同创新的推进状况，结合四个战略重点实施关键和目前河北创新发展的工作重心，围绕对接需求、发挥优势、弥补短板三个方面，在载体建设、体制创新和政策聚焦上选取了六项主要举措，集中发力、重点突破，以期推动河北借力北京创新资源实现自身创新发展取得突出成效。

（一）加快雄安新区国家级科技新城建设

京津冀协同发展战略中，非首都功能集中疏解地的建设是关键举措，未来雄安新区将在承接非首都功能疏解、推动区域创新发展中承担重要功能，至少是服务全国的科教医疗文化基地、北京全国科技创新和文化中

心的增量承载区，甚至成为又一个具有国际影响力的创新引领区。鉴于雄安新区国家级新区的高规格，创新发展上的突出功能地位，与北京特殊而又紧密的联动关系，其对于河北全面借力北京创新资源，打造骨干创新载体，快速提升河北创新发展能力，引领河北转型升级的作用巨大，影响深远。

1.积极承接北京科教资源转移

承接北京科教资源是雄安新区作为非首都功能集中疏解地的基本功能，更是借力北京创新资源建设创新发展引领区的重要举措。承接北京科教资源，必须采取多种方式确保北京创新资源能够转得来、落得下、能发展、有活力，为此应做好以下几项工作：一是建立非首都功能疏解对接机制。对接北京非首都功能疏解的指导意见和清单，研究制定新区北京非首都功能承接指导意见，根据各类创新机构转移需求，有针对性地完善新区的落地条件和配套政策。建立创新机构转移专项工作机制，针对重点转移机构，采取专人盯办的方式，协调解决转移搬迁过程中的各项工作，确保重点创新机构转得来、留得住。二是超前完善新区公共服务设施。充分吸取日本筑波科技新城建设教训，针对创新机构及人才的需求，按照国际标准规划新区创新服务设施和综合配套生活设施，同步建设新区各类综合服务设施，打造北京科教资源转移的硬件环境。三是探索新区多元化、一体化的公共服务供给机制。教育、医疗、社会保障等公共服务的水平、质量及供给机制是转移创新资源能否留得住、发展好的关键。为此应开放新区教育、医疗市场，为新区人口提供比北京更加丰富、更加优质的公共服务。探索建立新区与北京社会保障协同对接机制，实行与北京政策一致、缴费标准一致、保障水平一致的医疗、养老、失业、工伤保险和住房公积金制度。创新新区公共服务机制，借鉴国际上成熟的工作签证制度，探索将工作证作为各类人员及其随迁家属享受新区基本公共服务的依据，借鉴新加坡组屋制度，实行以公租房、廉租房为主的住房供给和保障模式，降低入迁居民人居成本。

2.全面开展科技政策创新和体制改革

雄安新区是在一张白纸上谋划建设的国家级新区，雄安国家级科技新城的建设必须广泛集聚吸纳外部的高端要素，特别是北京的创新创业资源，因此雄安新区的建设发展必须广聚优惠政策、创新体制机制，营造创新发展的政策高地。一是积极争取国家重点区域发展优惠政策在新区内集成叠加。在用足用好国家级新区建设发展政策外，积极争取国家自主创新示范区、国家综合配套改革示范区、国家自由贸易区等最具含金量的区域发展政策在新区内叠加实施，同时围绕有效吸引高端创新创业资源，梳理国内各地区相关支持政策，挑选出最有力的政策措施在新区内推广实施。二是完善新区法律法规。充分借鉴日本筑波科技新城建设经验，以完善的法律法规促进新城的建设。争取国家出台《雄安新区城市建设法》，对雄安新区开发建设所涉及的各个事项予以明确规定，以立法的形式出台《雄安新区发展大纲》，明确雄安新区的功能定位、发展目标、重点任务。同时针对高端、高新产业发展，在创新平台建设、创新人才流动、创新资源共享、高新技术企业和创新型中小企业发展、对外开放交流等领域出台地方性法规，以立法的手段对新城高端高新产业给予综合性政策优惠支持，有力保障和促进科学新城的发展。三是开展政策创新和体制改革先行先试。争取在新区内开展科研事业单位管理机制改革，赋予事业单位在人员聘任、经费管理、科研成果处置等方面更大的自主权，完善高等学校、科研机构科技成果转化所获收益激励机制，探索新区科研事业单位和大专院校独立法人改革，吸引科研事业单位入驻新区。在新区内开展科研成果价值化改革，建立适合技术类无形资产特点的处置、审批、备案管理程序，建立职务发明法定收益分配制度、国有技术类无形资产入股定价制度、建立知识产权证券化交易制度。改革现有税种设置、税政制度，实施鼓励全社会创新投入的税制安排。在所得税中增加资本利得税，对天使投资给与税收抵免，允许国有企业实施股权奖励，扩大中小企业研发支出加计扣除比例，允许科技成果转让收益暂缓缴纳个人所得税。改革科技研发资金投入方式，探索有偿资助方式，全面撬动银行、保险、证券、股权基金等资本市场各种要素资源投向科技创新，通过银政企合作梯级贴息、股权有偿资助等方式，实现科技研发资金良性循环和保值增值。创新人才流动机制，探索降低永久居留权门槛、放宽签证期限、个人所得税减免等人才试点政策，畅通高校、科研机构与企业之间的人才双向流动机制。

3. 探索骨干创新载体引进发展新路径

创新载体是雄安国家科技新城建设的重要支撑力量，对于雄安新区而言，其创新载体的建设不仅要抓住北京非首都功能疏解地建设机遇，充分利用北京丰富的创新资源，探索跨区域骨干创新载体合作的新方式，更要探索面向市场、运行机制灵活的新型研发机构的建设路径。一是整体复制北京骨干创新载体建设。在新区内采取“整体委托开发管理”的模式，选址建设“第二中关村”“第二未来科技城”，“第二中关村”和“第二未来科技城”的运作以中关村和未来科技城为主，组织实施开发、建设、管理。北京和新区联合组建联合协调理事会，负责协调解决开发建设有关方向、目标和政策等方面的重大问题，联合组建双边工作委员会，负责协调处理开发建设中的重要问题。双边工作委员会对联合协调理事会负责。由中关村和未来科技城组建“第二中关村”和“第二未来科技城”党工委和管理委员会，实行充分授权、封闭运作的管理模式。二是建设大学科技园。依托疏解的北京大专院校和研发机构，借鉴美国“硅谷模式”，建设大学科技园。大学科技园以骨干院校、大型企业或地方政府为主体组建，以骨干院校和科研机构为创新源，紧密结合产业发展和企业需求，开展技术研发和人才培养，同时努力完善园区科技中介和金融服务体系，为科技型中小企业孵化提供便利条件，实现产学研的协同管理。三是建设新型研发机构。借鉴深圳新型研发机构发展经验，借势北京骨干创新机构的迁入，结合产业发展需求，以政府投入资金，骨干研发机构投入科技成果、人才团队、品牌、仪器设备的“共同投入”方式，建设“事业单位、企业化运作”的新型研发机构。新型研发机构自主选择科研方向、自主组建科研团队、自主实施科研管理体系，采取将科学发现、技术发明和产业发展结合起来的“三发”一体化的研发模式，实行合同制、匿薪制、动态考核、末位淘汰、风险承担和成果分享的管理制度。政府以无偿支持、平台建设、国家专项配套、项目专项等方式对机构基础和科研设施建设以及创新团队进行资助。

4. 加强雄安新区与周边地区的协同创新

按照雄安新区的功能定位，未来新区将集聚一大批北京创新资源，形成在京津冀地区乃至全国具有影响带动力的创新引领区。从其他地区发展教训看，长期以来北京与周边地区就存在较为明显的创新断层，日本筑波科技新城对周边地区的带动作用也不明显，为充分吸取两地的发展教训，雄安新区必须在建设之初就要加强与周边地区的协同创新，充分发挥新区对周边地区创新发展的辐射引领作用，放大北京创新资源对河北的创新发展的支撑带动作用。一是建立新区与周边联系紧密的创新链。鼓励新区骨干创新机构在周边地区建设孵化中心、转化基地。鼓励新区创新机构针对周边主导产业发展需求开展应用型技术研究。支持新区创新机构在周边地区建设分支机构。鼓励新区骨干创新机构通过合作共建、参股入股、项目合作的形式加强与周边创新机构、骨干企业、产业基地的合作，建设创新联盟。全面发挥雄安新区对周边产业转型升级、创新能力水平提升的带动作用。二是建立新区与周边统一的创新服务体系。鼓励新区建设与周边地区开放共享的科技专家库、数据库、信息库、仪器设备平台、技术市场，推动新区科技创新政策向周边地区延伸推广，促进创新要素在新区与周边地区的自由流动。

专栏1：日本筑波科技新城的建设经验教训

1961年日本政府提出了建立新城的设想，一方面将国立科研机构移出东京，缓解东京巨大的人口和交通压力；另一方面通过建立科学城大力发展科技和教育，实现“技术立国”的目标，筑波科技城应运而生。筑波科技城的建设有以下几点经验教训。

一是完善的城市功能是新城集聚吸引人口的重要措施。筑波科学城建设初期，因为基础设施建设跟不上，城市功能过于单一，导致居住工作环境不完善，很多研究人员仅仅将其作为工作场所，而不愿意在这里定居。1985年筑波借助世界博览会举办的时机，集中国家大量资本，在短时间内建成了一批对城市发展至关重要的基础设施，吸引了大批国际研究人员和跨国研究机构的入驻。二是灵活的制度环境是新城发展壮大的基本保障。在这方面，筑波既有经验也有教训。筑波科学城通过建立对高新技术产业发展完善的立法制度，以及对房地产租赁、设备折旧、税收、信贷、外资引进等多方优惠，有力保障和促进了科学城区的发展。但是同时完全以政府为主的管理模式，以及封闭僵化的运行机制，导致新城产学研链条连接不紧密，研究成果转化率低，科技进步对当地及周边区域的引领带动作用十分有限。三是自然环境相协调是新城建设规划的主要理念。筑波科学城一直以建立人与自然协调发展的生态型城市为目标，经过50 多年的建设和发展，筑波科学城现有绿地面积10318.47公顷，人均绿地面积达到5958公顷，成为世人所公认的生态型科学城。四是关键活动的举办对营造新城发展氛围起到不可磨灭的作用。1985年的筑波世界博览会是筑波成长发展史上的重要节点。筑波世界博览会又被称为科技博览会，博览会的主题与城市性质符合。博览会展示了当时世界各国最新的科技成果，共有46 个国家和37 个国际组织参加博览会，观众达到2000 万人次。筑波世界博览会极大地推动了筑波科学城的国际化，筑波科学城因此成为国际闻名的科学城，并且奠定了其作为国际科学交流基地的地位。

（二）在河北·京南国家科技成果转化转移示范区开展多层次示范试点

2016年10月，河北·京南国家科技成果转化转移示范区获得国家科技部批复，成为首批国家科技成果转移转化示范区。示范区主要包括石家庄国家高新区、保定国家高新区、固安高新区、白洋淀科技城、亦庄·永清高新区、霸州开发区、长城汽车科技园、高碑店国际创新园、涿州国家农业科技园和任丘开发区等10个园区，形成“一区十园”模式。按照《河北·京南国家科技成果转化转移示范区建设方案》的要求，示范区的建设将以落实京津冀协同发展战略为引领，以建立“京津研发、河北转化”产业链为核心，充分发挥跨区域辐射带动作用，探索承接京津创新要素外溢转移、与河北产业创新需求对接转化的新模式，力争在跨区域技术交易、人才引进、科技金融、财税支持等方面形成一批探索性政策，为京津冀协同发展提供支撑。按照方案要求，根据示范区发展实际和北京创新资源转移转化需求，我们从探索跨区域科技成果转移转化模式、创新跨区域科技成果转移转化体制机制、完善跨区域科技成果转化服务体系三个方面提出推进示范区建设的建议。

1.探索跨区域科技成果转移转化模式

理论上的科技成果转化是指对科技成果所进行的所有后续试验、开放、应用、推广，直至形成新产品、新工艺、新材料，发展成新产业的活动。从北京科技成果特点看，既有原创性实验室成果，也有适用应用技术成果；从示范区发展需求看，既需要利用北京科技资源改造传统产业，也需要借助北京创新资源发展战略性新兴产业。根据科技成果转化的环节、主体、需求和条件，示范区应探索以下几种科技成果跨区域转移转化模式。一是项目合作模式。支持长城汽车、长安汽车、英利新能源等骨干企业，以国家级科研项目、企业新产品与新技术研发课题为载体，整合吸引北京骨干研发机构、研发人才共同研发，突破企业发展关键技术，推动相关应用型新技术在企业落地转化。二是跨区域企业技术中心组建模式。支持长城汽车、长安汽车、英利新能源等骨干企业，在北京组建企业技术研发中心，积极吸引北京创新人才，研究开发企业发展关键技术；广泛吸纳北京相关创新成果，在河北企业落地转化。三是应用型产业技术研究院引领模式。围绕电子信息、大健康新医疗、先进装备制造、新能源新材料、节能环保等示范区着力打造的重点产业，与中科院、国家千人计划联谊会等北京国内外知名科研机构的合作，以联合共建产业技术研究院的方式带动高端原创性的科技成果向示范区转移转化。四是科技中介“牵线搭桥”模式。支持示范区和北京共建科技大市场，吸引国内外相关技术中介企业在示范区内集聚，准确把握市场和技术发展趋势，一方面面向示范区企业的需求寻找技术，另一方面是将北京可以进行成果转化和产业化的技术向示范区推广。吸引北京骨干大学和研发机构技术转移转化部门在示范区内建设分支机构，推动相关研发技术在示范区内转移转化。五是成果转移转化载体建设推动模式。对接北京成果转化和示范区发展的需求，依托示范区空间优势，加快建设综合性和专业化中试基地、孵化基地和众创空间，同时加快十个园区改造建设，推动北京科技成果在示范区孵化、中试、转化。六是产业技术衍生模式。紧密跟踪北京先进适用技术成果研发动态，积极吸引北京先进适用技术成果拥有团队在示范区建立科技型企业或参股示范区企业建设，推动科技成果转移转化。

2.创新跨区域科技成果转移转化机制

围绕示范区建设需要，针对跨区域科技成果转化的关键环节和主要障碍，示范区应主要在以下几方面开展体制机制创新：一是应用型技术研究院组建管理体制机制创新。按照企业投资、合作方出资与政府资助相结合的方式建设应用型技术研究院，研究院实行理事制、股份制、企业化的运营与管理，采取一所两制、合同科研、项目经理、股权激励等新型运作模式。二是开展创新型产业园区共建体制机制创新。以示范区十个园区为重点，鼓励北京骨干研发机构在园区设立产业基地，支持骨干研发机构或专业园区运营商采取多种形式参与园区建设管理，探索园区收益分成机制。三是开展自主创新产品应用机制改革。编制发布重点自主创新产品（技术、服务）推荐目录，建立自主创新产品申报、发布、推介机制，组织召开自主创新产品供需对接会。开展自主创新产品政府采购机制改革，推广应用首购、订购、首台（套）重大技术装备试验和示范项目等政府采购新方式，实施自主创新产品政府采购价格扣除制度，设立并逐渐提高政府采购计划中自主创新产品比例。实施自主创新产品应用示范计划，鼓励企业应用自主创新产品。四是市场化技术转移服务机构培育体制机制创新。按照市场化、专业化、社会化的发展要求，面向新材料、高端装备等领域，建设或引进多家校企联合、市场化投资的技术转移服务机构。推行技术经纪人市场化聘用制，转移机构工作人员可视为科技成果完成人，参与转化收益的分配。五是开展科技金融改革试点。由科技部、京津冀三方政府共同出资建设示范区科技成果转化创业投资基金，由第三方负责基金的管理运营。同时设立示范区科技型中小企业贷款风险补偿资金和天使投资引导基金，以加快科技成果转化及产业化进程。积极与国内专业化科技保险公司合作，争取在示范区设立分支公司，鼓励区内保险公司设立科技保险事业部，开展产品研发责任、自主创新产品试用等科技保险业务。设立“科技成果转化风险补偿专项资金”，重点支持创新性强、技术水平领先、拥有自主知识产权的新兴产业领域的企业，引导银行以低息贷款支持科技型中小企业成果转化和产业化。

3.完善跨区域科技成果转移转化服务体系

一是加强示范区成果转移转化示范平台建设。充分发挥京津冀科技成果转移转化服务平台的作用，为京津科技成果与示范区企业牵线搭桥，并提供知识产权、技术成果评价、专利技术交易、资本对接等专业化服务。鼓励示范区内各园区建设产业特色明显、结构合理、统一开放的成果转移转化服务平台，提升现有技术转移、技术合同登记、项目咨询、科技管家服务等线下各类平台，并实现与京津冀科技成果转移转化服务平台的对接。二是建设示范区公共科技成果资源数据库。整合示范区内现有知识产权服务、科技文献平台等数据资源，加快建成格式标准规范的公共科技成果资源信息库，全方位采集科技成果供需信息的海量数据，并按成果所属行业领域、成果所处阶段、成果体现形式等维度对科技成果进行分类标引。推进科技成果资源数据挖掘利用，发展基于技术需求的科技成果信息推送、科技检索导航等服务。三是提升知识产权服务能力。建立健全知识产权战略研究、知识产权运营、知识产权金融、知识产权评估等服务体系，推动知识产权快速维权中心建设，加强企业知识产权海外预警。四是推动新型科技中介组织发展。加快培育一批第三方的技术交易、咨询评估、科技金融、研发设计、知识产权等领域的科技中介服务机构。按照市场化、专业化、社会化的发展要求，重点引进和培育具有国际化背景的跨国技术转移服务机构，发展第三方技术转移服务。

（三）建设六大创新联盟

创新联盟是产学研合作的新型形式，构建京津冀创新联盟对于优化三地创新资源配置，进一步强化突出区域创新优势，推动京冀创新合作具有重要作用。调查显示，在河北省科技厅注册的京津冀创新联盟中，涉及农业的占绝大多数。一方面从领域上看，京津冀创新联盟的建设没有充分集合区域的创新优势，不能满足区域转型升级的需求。另一方面，从创新联盟的具体运作看，集成创新能力弱、主体构成单一、合作机制僵化、利益分享机制不合理等问题十分突出，创新联盟未能充分发挥应有的作用。

为推动京津冀区域创新优势领域共建策略实施，我们认为近期应充分借鉴国内外经验，着重加强可再生能源、大数据、钢铁、现代农业、生物医药、高端装备制造六个京津冀创新联盟的构建，形成京津冀区域创新优势领域共建的有效载体。

1.可再生能源技术创新联盟

一是建设可再生能源关键技术集成创新平台。平台以中国电力科学研究院为牵头单位，联合全球能源互联网研究院、能源研究院、新能源技术研究院、中科院电工所、河北省电力研究院、京津电力研究机构以及创新型企业共同组建，平台以发挥各自优势，联合研发、集成创新为主要方式，对风能、太阳能开发利用及储能、电网系统改造等领域亟须突破的技术进行攻关。二是建设可再生能源综合利用平台。以张家口国家级可再生能源示范区为重点，同时加强沿海风能基地和太行山太阳能光伏示范带的建设，建设可再生能源综合利用平台，推广风能、太阳能开发、储输新技术，实施风光储输科技示范工程，建设风光能利用应用项目。三是推动成立可再生能源公共服务平台。以国家发改委能源研究所（政策研究）、可再生能源中心（公共服务）为主体，联合中国可再生能源学会、循环经济学会可再生能源专业委员会、国家标准委员会、中国专利保护协会等组织，着重进行行业政策研究与咨询、标准体系建设以及技术转让、知识产权管理等，针对京津冀制定可再生能源发展的技术路线图，积极对接可再生能源创新机构和企业，搭建技术供给和需求间的桥梁。四是推动成立京津冀可再生能源引导基金。引导基金由京津冀三地共同出资，并吸引三地分散的可再生能源领域的政府扶持资金，共担风险、共享收益，根据技术路线图描述的方向路径，集中对生产和应用领域的关键技术进行孵化、推广和产业化，并为有资金和技术需求的初创企业提供资金支持。

2. 大数据技术创新联盟

一是建设京津冀大数据关键技术创新平台。平台以中国大数据产业应用协同创新联盟为牵头单位，联合大数据基础设施层、软件层、应用服务层的企业和各大高校大数据研究机构，基本任务是制定京津冀大数据产业的技术路线图和行业发展标准，发掘产业的技术需求及技术瓶颈，联合科研力量进行联合攻关。二是建设大数据技术应用创新平台。主要包括建设京津冀电子政务应用创新平台，实现三地工商、质检、统计、公检法等部门数据的互联互通和共享；建设金融信息大数据应用创新平台，以三地央行支行信息部门为主体，联合银监会、保监会、证监会下属的地方机构共同成立，实现三地金融大数据互联互通；建设京津冀大数据交易平台，以大数据应用为目的，进行体制机制创新，推动各大数据应用平台的数据信息商品化，完善数据信息的应用服务。三是推动京津冀三地共建大数据园区（产业基地）。鼓励在京大数据创新企业和科研机构外迁和设立分支机构，在天津滨海新区、武清与河北的廊坊、秦皇岛、承德、张家口等地打造数据产业集群或数据产业园区，打造京津冀大数据走廊，以点带面促进三地大数据产业的协同发展。

3. 钢铁技术创新联盟

一是建设京津冀钢铁行业关键技术创新平台。平台以河北钢铁研究院、中科院唐山钢铁分院等钢铁行业生产及应用领域的科研力量为主体，联合三地骨干企业和大专院校研发机构，以及现有的京津冀钢铁行业节能减排技术创新联盟和国家钢铁可循环流程技术创新战略联盟等，对整个行业的关键技术、关键产品、关键设备进行研发和转化，制定行业技术和产品标准体系，引导整个钢铁产业升级，建设具有世界影响力的绿色钢铁创新中心。二是建设京津冀钢铁技术创新服务中介联盟。吸纳京津冀各级钢铁专业性科技中介机构加盟，围绕建设京津冀钢铁技术信息服务平台、京津冀钢铁技术经纪人合作平台、京津冀钢铁技术与经济对接平台三大平台，最终形成一个区域性的钢铁科技中介服务的组织和运行网络。

4. 现代农业技术创新联盟

一是搭建京津冀现代农业技术协同创新平台。以国家农科院及三地农科院为主，联合国家半干旱农业工程技术研究中心、国家北方山区农业工程技术研究中心、国家节水灌溉北京工程技术研究中心等科研机构搭建京津冀现代农业协同创新主平台。根据区域现代农业发展关键技术需求，遴选关键技术研发骨干机构或企业，联合其他相关机构，搭建以行业关键技术为核心的特色现代农业技术协同创新分平台。二是建设现代农业技术转移转化平台。推进环首都现代农业科技示范带的建设，在河北毗邻北京的14个县（市、区）内，以百余家农业科技园区为支点，实施农业科技示范工程，推广农业高新技术成果转移转化，开展京津冀重大农技推广试点，打造农业高技术应用示范区和产业聚集区。结合河北现代农业示范园区建设，以农作物种质创新及育种、化肥农药减施、土壤质量提升、病虫害绿色防控、生物制剂研发、物理防控以及精准减量化、农作物节水丰产等关键技术应用为重点，搭建技术应用平台。

5.生物医药技术创新联盟

一是建设京津冀生物医药协同创新中心。中心由中科院生物医药与健康研究院牵头，联合国家抗生素产业技术创新战略联盟、北京华大基因研究中心、新药创制联盟等科研机构，蛋白质工程及植物基因工程国家重点实验室、医学分子生物学国家重点实验室，北京大学医学部、协和医学院、天津医科大学、河北医科大学等大专院校，以及河北华药、石药、以岭药业等骨干创新性企业，按照“国家急需、世界一流”的宗旨，着力研究解决制药产业的重大问题，协同培养制药产业的拔尖创新人才，共同建设制药领域的科技创新支撑体系。二是打造生物医药公共服务平台。借助中国生物技术创新服务联盟（ABO）、北京医药行业协会、北京中关村生物工程和新医药企业协会等组织机构的力量，联合天津、河北的生物医药中介服务机构，重点开展新药中试平台建设、临床研究指导中心建设、知识产权保护和转移以及人才培训基地建设等工作。三是推动京津冀三地共建创新产业集群。以石家庄国家生物产业基地、北京·沧州渤海新区生物医药产业园、北戴河国际健康城为重点，积极吸引京津生物医药产业外迁，生物医药技术成果转化，共建三地生物医药产业创新集群。

6.高端装备制造技术创新联盟

一是搭建京津冀高端装备技术协同创新平台。以北京市轨道工程等重点实验室、中国中车唐山轨道客车有限公司等企业为主体建立京津冀轨道客车技术协同创新中心，加强关键零部件及高速动车等先进轨道交通装备的设计与制造技术开发；以北京飞机/发动机综合系统安全性重点实验室、航空发动机结构强度重点实验室、石家庄飞机工业有限责任公司等为主体建立京津冀通用航空技术协同创新中心，突破航空螺旋桨、直升机动力部件、大型轴风冷机等关键技术，推进飞行器整机与零部件的研发与生产；以北京市空间智能机器人系统技术与应用重点实验室、唐山特种机器人生产基地为主体建立京津冀智能机器人技术协同创新中心，重点推进控制系统、减速器、伺服电机和驱动器、传感器和末端执行器等关键基础工艺技术创新；以北京市新能源乘用车节能与安全重点实验室、新能源汽车高效动力传动与系统控制重点实验室以及现代汽车、长城汽车等企业为主体建立京津冀新能源汽车技术协同创新中心，加强汽车低碳化、信息化、智能化等核心技术和新能源汽车关键零部件的研发。二是搭建京津冀高端装备技术服务平台。建立京津冀高端装备技术服务平台，承担技术中介、技术服务和技术孵化等相关职能：培育发展技术转移机构，培养引进技术人才，专门负责技术成果的转化以及寻找能够满足企业需求的技术资源；三地协商共建高端装备制造产业发展基金，吸引社会资本的注入，为高端装备制造技术创新和转化提供资金服务。三是加快高端装备制造产业集群建设。加快中航华北通航、固安无人机、邯郸新能源汽车、秦皇岛海洋工程装备、唐山轨道交通、石家庄轨道交通、沧州激光产业园等产业集群建设，推动京津高端装备制造技术在产业集群转化，建设京津冀高端装备产业技术创新联盟的产业化支撑平台。

六大联盟要建立与其相配套的完善的运行机制，主要包括两个方面。一是明确创新联盟各成员单位的功能作用。创新联盟内部各大平台的运行是相辅相成、互为依托的，技术类平台在于发挥各个创新机构之间的桥梁作用，积极开展行业前沿技术和适用性技术的联合研发；技术服务类平台在于塑造协同创新的优越的软环境，为创新联盟内各个成员单位提供产权、专利保护服务和技术交易和转让服务；基金类平台在于建设社会化、多元化的联盟发展资金来源渠道，为创新联盟技术研发、孵化和转化提供有力的资金保障；产业集群和基地是创新联盟关键技术的产业化实施单位。四类成员单位各司其职、相辅相成，构建完整高效的行业创新链。二是建立运转高效的创新联盟管理运营机制。为充分发挥产业技术创新联盟的作用，我们建议借鉴美国制造业创新联盟管理运行的经验，建立创新联盟规范化的管理机制和高效化的运行机制。建立京津冀产业技术创新联盟管理制度。组建跨区域跨部门的京津冀产业技术创新联盟管理办公室，由三省市发改委、科技厅、工信厅、教育厅等政府部门，以及国家及三省市工程院、科学院、自然科学基金等组成。办公室主要负责产业技术联盟的认定和审批，产业技术联盟建设运行过程中的管理、协调和监督，产业技术创新联盟发展方向的把握和调整。建立创新联盟高效运转机制。创新联盟大多涉及创新平台、服务平台、基金平台、产业基地等不同类型的多家参与单位，为推动各参与单位能凝聚共识、形成合力，共同推进联盟建设，建议借鉴美国制造业创新联盟建设的经验，采取董事会的形式进行管理。创新联盟成立一个由合作伙伴代表组成的独立的信托董事会，选出执行董事作为领导，负责联盟的日常运作，同时选出若干副理事，分别主管技术发展、技术转移、先进制造企业等事务，董事会成员将共同商议设计联盟发展的每一项提案。联盟还设有治理委员会和执行委员会。治理委员会由联盟的重要会员、普通会员、小企业会员代表组成，负责挑选合适的产业界和学术界代表，联合组建联盟执行委员会，配合董事会开展具体工作。联盟可通过收取会员费、收费服务活动、知识产权使用许可、合同研究或产品试制等多种灵活的方式实现财务独立，并逐步实现自负盈亏。

专栏2：美国政产学研协同创新网络的创建

2012年3月，美国总统奥巴马提议建立“美国国家制造业创新网络”，通过组建各领域的制造业创新研究所（简称IMIs），从而建立起全国性的制造业领域的政产学研协同创新网络。截至2016年，美国围绕增材制造、数字化制造与设计创新、轻质金属制造、复合材料、下一代电子电力制造等重点领域已经建立5个研究所，另外还有半导体、光子集成、清洁能源、创新纤维纺织等4个重点领域的研究所正在筹建。2012年8月16日，首家IMI——国家增材制造创新研究所（NAMII）在俄亥俄州的扬斯顿正式挂牌成立。超过80家企业、9家研究型大学、6所地方性学院以及18家非营利性机构共同参与了NAMII的组建。NNMI的参与者包括商务部及其直属的美国国家标准与技术研究院（NIST）、国防部（DOD）、教育部（ED）、能源部（DOE）、美国国家航空航天局（NASA）和美国国家科学基金会（NSF）等多家联邦机构。

IMI是产学研集成的基本单元，每个IMI都将拥有很大的自主权，成立一个由合作伙伴代表组成的独立的信托董事会，选出执行董事作为领导，负责IMI的日常运作，在这种治理模式下三方主要的利益相关者（产业界、学术界和政府）的利益都将得到保护。

（四）实施河北传统产业创新集群升级计划

河北是传统产业大省，以钢铁、化工、建材为主的资源型产业在全国占有举足轻重的地位，安平丝网、清河羊绒、容城服装、平乡自行车、雄县塑料包装等县域特色产业在全国细分行业中的影响力同样不容小觑。进入新常态以来，受资源环境的制约和消费市场升级的影响，河北传统产业的资源依赖和劳动力依赖的发展路径遭遇严峻挑战，影响力、带动力和支撑力持续减弱，河北传统产业创新发展的形势紧迫、任务艰巨。借助京津冀协同发展的机遇，全面引入北京创新资源，对接河北传统产业发展需求，实施传统产业创新集群升级计划，不失为推动京津冀协同创新、河北转型升级、创新发展的多重突破口。

1.河北传统产业创新集群升级计划战略目标

围绕产业或产品技术含量高、企业创新活力强、创新组织网络体系完善、创新制度环境优越等创新型产业集群的突出特征，以钢铁、化工、建材、食品、纺织、轻工等传统优势产业为重点，选取若干集聚化或园区化发展特征明显的产业集群，通过北京科技资源向产业链的集聚和整合，构筑具有区域影响力的创新体系，提高高附加值产业环节比重，培育壮大骨干创新型企业、完善具有行业特色的创新服务体系、优化行业发展制度环境，推动产业集群向以技术创新为引领，组织创新、市场创新、金融创新、政策创新协同推进的新型产业集群转变，形成具有国际话语权、技术标准权、品牌影响力的创新型产业集群。

2.河北传统产业创新集群升级计划实施的主要路径

河北传统产业分为特色鲜明的两类，一类是以钢铁、化工、建材等资源型产业为主，产业规模体量大，大型骨干企业多，具有一定的产业创新基础，是全省供给侧结构性改革的重点。另一类是以纺织服装、农副产品加工、塑料五金等劳动密集型产业为主，以中小型企业为主，创新能力很弱或几乎没有，是部分县域经济可持续发展的重点。鉴于两类传统产业特点不同、创新发展的目标不同，因此我们设计了两种不同的创新集群升级路径。

（1）传统优势产业以骨干企业为核心的创新集群升级路径。钢铁、化工、建材等河北传统优势产业经过多年的结构调整，基本上已经形成了以大型骨干企业为核心的发展格局，骨干大型企业基本上已经形成了对行业的发展支撑力、技术引领力和辐射带动力，因此对于此类行业的创新集群建设要走以骨干企业带动式为主的转型路径。首先，依托河北传统优势行业骨干企业，结合河北产业布局调整要求，集中力量建设以河北钢铁集团等为核心的唐山钢铁产业创新集群，以沧州大化集团等为核心的沧州化工产业创新集群，以金隅集团等为核心的邯郸建材产业创新集群。其次，共建集群创新网络。以现有骨干企业技术研发机构为主体，联合北京高校、研究机构，共同组建由政府、高校、研究机构和骨干企业组成的“京津冀钢铁技术研究所”“京津冀新型建材技术研究所”“京津冀化工技术研究所”，聚焦行业关键共性技术开展研发、促进重点制造环节技术的产业化应用，每个研究所实施独立的董事会运作模式，董事会的成员将共同商议决定每一个提案，内容涉及相关业务、会员、知识产权、投资、项目、资金分配、可持续发展和进步的方向等，为创新集群建设乃至更大范围的行业发展提供技术支撑。最后，完善集群公共服务功能。鼓励核心企业借助北京相关资源“裂变”专业优势，或引入北京专业运营商，面向集群内其他企业提供在线支持服务、全生命周期管理和维修等服务。

（2）县域特色产业以创新驿站为核心的创新集群升级路径。清河羊绒、安平丝网、容城服装、平乡自行车等县域特色产业，其发展大多依靠要素低成本优势，缺乏骨干企业，行业创新能力整体偏弱，因此这类行业的创新集群建设要充分借鉴欧盟的发展经验，走以创新驿站为引领的转型路径。第一，根据河北特色县域经济发展的基础，在京津冀协同创新中要充分借力北京创新资源集中建设容城服装创新集群、安平丝网创新集群、清河羊绒创新集群、大名农副产品加工产业创新集群、雄县塑料包装创新集群。第二，建设集群创新驿站。与北京服装学院、中国农业大学、中科院等北京对口科研机构合作，以建立分支机构或共建等方式建设集群公共技术创新中心（创新驿站），针对集群工艺改善、设备改造、产品升级换代等共性技术问题开展研发，推动北京研发机构新技术在产业集群中的产业化应用，提供本行业创新活动信息，为集群跨区域的技术传播和转移提供服务。第三，建设集群创新孵化和创业载体，积极引入北京专业化技术孵化基地建设运营商建设集群技术孵化基地和创业基地，完善孵化基地和创业基地的专业化服务，为集群的创新发展提供源动力。第四，建设集群创新发展的服务支撑体系。围绕知识产权、融资服务、市场推广、质量检测、信息服务、人才培训等，积极引入北京专业创新服务中介机构，建设服务载体，完善服务体系，为创新型集群建设提供优越环境。第五，建立集群创新发展协调机构，借鉴日本创新集群发展经验，以行业协会为主体推进集群创新发展，行业协会要以有效的连接机制和合理的组织协调机制为基础，联络集群内各生产企业、技术研发机构、服务中介机构等，负责集群的研究策划、统筹规划、联系沟通、指导实施、信息服务、政策法规咨询等方面的工作。

专栏3：欧盟创新驿站的建设及发展

创新驿站起缘于欧盟创新驿站IRC（Innovation Relay Centre），是欧盟鼓励中小企业开展跨国技术转移合作的计划之一，该网络已遍布33个国家，包含有71家创新驿站，通过国际互联网，互通信息，相互支持，成为欧洲重要的、也是最成功的技术合作与转移中介网络。

创新驿站的使命是支持跨欧洲的技术创新和跨国技术合作，为中小企业获取专有技术提供一系列专业化的支持性服务。其服务任务的具体内容包括：（1）提供有关创新活动的信息；（2）根据地方产业、经济和社会结构的需求促进跨国技术转移；（3）促进欧盟研究成果的跨国传播和利用；（4）通过建立跨国合作和伙伴关系，增强企业采纳新技术的能力；（5）提供其他有助于促进和推动创新与跨国技术转移的关键服务。

为了有效的管理IRC，欧盟的各个国家都有一个相应的协调机构（National Coordinators）来负责创新驿站项目的实施。创新驿站主要设在公共机构中，如大学的技术中心、商会、区域发展机构和国家创新机构等，大多数创新驿站是合作建立的，欧盟一般可提供45%–50%的经费支持，其余由创新驿站的合作单位分担。

（五）积极培育创新特色小镇

2016年，随着国家住建部、国家发改委和财政部《关于开展特色小镇培育工作的通知》的发布实施，作为新型城镇化和供给侧结构性改革的双重突破口，特色小镇的建设进入了一个新时期，国家和地方相继出台政策共同发力推动特色小镇的建设，浙江、贵州等省更是先行一步，探索出了各具特色的小镇发展模式。从京津冀区域看，京津两个特大型城市城郊化发展的趋势明显，而京津冀协同发展更是把疏解北京非首都功能作为首要任务，因此在北京周边河北境内建设特色小镇，承接北京城市功能疏解，显然比其他地区特色小镇的建设在区位和时机上更具优势。特色鲜明是特色小镇的灵魂，随着北京生活成本的不断攀升，创新人才和中小型创新企业外迁的需求不断增长，考虑到北京业已形成的浓厚创新氛围和完善的创新配套设施，创新人才和创新型中小企业外迁的首选是交通便利的北京周边，因此在北京周边河北境内结合河北特色小镇建设有选择地建设几个面向北京创新资源的创新小镇，是必要和可行的。

1.创新小镇建设地址及条件

根据对廊坊、保定、张家口的调研和对部分小镇的实地踏勘，通过对部分小镇的区位和前期建设基础的综合比选，我们认为以下三个区域比较适合建设面向北京的创新小镇。一是怀来东花园镇部分区域。东花园镇紧邻北京延庆区，距离北京中关村仅有1个小时的车程，区位条件十分优越。京藏高速在东花园设立了高速出入口，未来京张高铁建成后从北京北站至东花园只需17分钟，交通十分便利。东花园镇地处燕山脚下，紧邻官厅水库，具有北京中心城区无法比拟的生态环境。2016年，航空五院怀来基地项目在东花园镇落地实施，随之北京理工大学、北京航天航空大学、哈尔滨工业大学、航空九院等骨干创新机构都与东花园镇表达了合作意向，一批航空航天上下游企业加速向东花园镇集聚。总体看来，东花园镇区位优越、交通便利、生态环境优越，创新发展前期基础良好，具备建设创新小镇的条件。二是涞水京涞产业新城部分区域。涞水京涞产业新城紧邻北京门头沟区，5分钟可上京昆和张涿高速，半小时可达野三坡、十渡景区和建设中的北京第二机场，区位优越、交通便利。京涞产业新城的建设初衷就是对接北京，建设承接北京新兴产业转移和创新资源外溢的首都卫星城，新城自建设之初到目前，基础设施基本完善，吸引了不少北京创新企业的入驻，已经初步具备了北京创新资源集聚的条件和氛围。三是固安县城西北到宫村镇的部分区域。这部分区域紧邻北京大兴区，特别是紧邻建设中的北京第二机场，可以预见的是随着北京第二机场的建设，必然会加强此区域与北京的通勤交通建设，这无疑会给此区域带来更加高效便捷的交通条件。同时值得注意的是，固安是河北县域协同发展和创新发展的排头兵，与北京创新资源的合作一直走在全省的前列，与华夏幸福基业合作建设园区，合作建设产业技术孵化器都取得了成功，可以说目前固安在创新发展前期基础、创新配套设施和创新创业氛围环境上具有其他地区无可比拟的条件。

2.探索小镇发展路径

从国外特色小镇发展的经验看，特色小镇大多由外推型和内生型两类动力机制推动形成，具体而言有：能人返乡创业型、家族传统延续型、名人文化催生型、大事件把握型、企业总部引领型、新型产业发展推动型。从河北创新小镇发展的条件看，内生推动型的可能性比较小，必须依托北京创新资源走外推型的发展路径。一是怀来东花园创新小镇要进一步深化与航天五院的合作，依托近邻北京的优越区位条件，积极争取航天五院驻京资源更多地迁入东花园，借助航天五院的品牌效应和行业影响力，吸引国内外同行业和配套行业企业、人员入驻，尽快推动创新小镇的形成。二是固安创新小镇要力争促成与华夏幸福基业的合作，充分发挥华夏幸福基业在孵化器运营方面的经验，以及能够整合利用全球创新孵化资源的优势，建立若干专业化孵化器，同时按照国际标准完善相关创新创业配套服务设施和体系，吸引北京乃至更大范围的创新创业资源在小镇集聚。三是涞水创新小镇要依托近邻北京的区位条件和优越的生态条件，尽快加强与北京骨干研发机构或大专院校的对接，结合非首都功能疏解，积极吸引大型研发机构或大专院校整体迁入或建立分支机构，同步带动其他相关机构、企业、人员的集聚，尽快形成创新小镇的雏形。

3. 创新小镇建设管理方式

创新小镇的建设要坚持以政府为引导、以市场为主体、社会共同参与的主办运营商开发模式。一是强化政府的引导作用。政府以顶层设计、制度建设、服务管理为主要任务，把控整体方向、创造制度环境、提供公共服务。二是突出市场在特色小镇建设中的主体作用。鼓励小镇专业运营商、特色产业领军企业、骨干研发机构等通过资源整合以及市场化运作方式，成为特色小镇开发运营商，负责特色小镇的规划设计、基础设施建设、对外招商等。三是突出小镇在治理模式上多元参与。在特色小镇治理主体的选择上既要立足于小镇当地政府和民众，更要吸纳与其特色相关联、与其人文相融合的多方参与主体，可以是市场化的第三方，也可以形成常设的专家智囊团，或与成熟智库形成治理联盟。

4. 创新小镇配套政策措施

一是完善创新小镇的投融资体制。积极争取省内涉及特色小镇建设和创新载体建设的专项资金用于创新小镇的建设。运用PPP、财政贴息、直接补助、发行地方政府债券等多种方式，吸引社会资本投入创新小镇建设。二是加强创新小镇用地保障。创新小镇涉及的县市结合土地利用规划调整和城乡建设规划修编，将创新小镇用地纳入城镇用地范围内。对创新小镇建设各集中安排100亩用地指标。鼓励示范镇开展“旧房、旧村、旧厂”改造和荒地、废弃地开发利用，支持示范镇进行迁村并点、土地整理。围绕创新小镇特色产业发展需求，在容积率、绿化率、建设系数等控制标准上给予适当调整。三是优化创新小镇创新发展环境。优化创新的金融环境，鼓励创新小镇发展创投联盟、风险基金等金融形式。完善创新的服务支持体系，鼓励发展建设创客空间、科技市场等创新服务设施；支持创新小镇内的原有城市“三旧”和工业园改造成“产业用房+配套用房”的创新创业设施；推动京津冀重点科研机构和科研中介向特色小镇提供技术咨询、检验检测、合作研发、创意设计、知识产权等服务。强化政府部门对小镇创新发展的支持，科技部门要结合特色小镇主导产业技术需求和建设规划，在产业技术创新、科技与文化融合、智慧旅游、产品创意设计和创意生态农业等方面主动谋划设计并启动实施一批科技项目，符合省级科技计划项目要求的，优先给予立项支持。四是创新公共服务政策。加强与北京的对接协商，探索在创新小镇先行实施与北京公共服务对接的政策，不断提高创新小镇对北京创新创业人才的吸引力和集聚力。

专栏4：国外企业总部引领型小镇发展路径

通过企业总部引领形成的特色小镇，往往是全球化推进、总部经济发展的结果。作为某一行业的企业总部所在地，奠定了小镇的行业地位，决定了其产业的顶层性与高价值性。例如全球纺织品企业总部中心的朗根塔尔小镇（Langenthal），全球体育用品公司总部的赫若拉赫小镇（Herzogenaurach）。这些企业拥有全球化的分支机构和供应商网络，总部的入驻有效带动了小镇乃至周边地区的经济发展和产业结构的调整，形成特色小镇。首先，可以促进相关商业服务业的发展。企业总部是一个企业经济控制、活动协调、技术创新的部门，握着高端资源，处于价值链高端环节，附加值高。总部的功能属性决定了其需要所在地提供诸如金融、法律、广告等高端商业服务。其次，带来无形的品牌效应。总部的入驻可以有效提升当地知名度，吸引专业人士，吸引某一行业的集聚，形成小镇的主导产业。最后，可以为当地创造就业机会。如赫若拉赫小镇（Herzogenaurach）就为当地经济带来1.67万个就业岗位（2011年）。

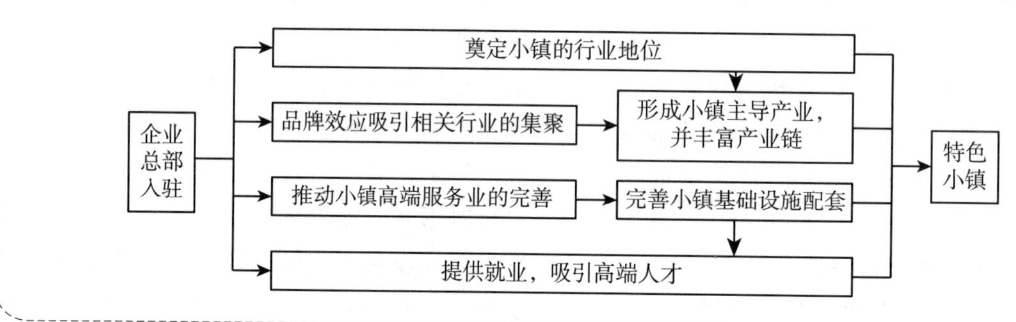

（六）营造创新型中小企业发展软、硬环境

在京津冀协同发展的大背景下，适应北京创新人才和中小型创新企业外迁的需求，营造良好软、硬环境，推动科技型中小企业繁荣发展，是河北实施创新发展和转型升级战略的重要突破口。科技型中小企业的繁荣依靠良好的政策环境。近年来河北省出台了一系列支持科技型中小企业发展的政策措施，2013年河北省人民政府出台《关于支持科技型中小企业发展的实施意见》，2014年河北省委办公厅、河北省政府办公厅出台《河北省科技型中小企业成长计划》，2015年河北省印发《关于财政支持科技型中小企业创新发展的十项措施》，2016年，河北省委办公厅、省政府办公厅印发《河北省科技型中小企业成长计划（2016–2020年）》，基本上构成了河北省支持科技型中小企业的政策体系。通过与天津等其他地区支持科技型中小企业政策体系对比以及实地调研，我们认为，河北支持科技型中小企业发展的政策在完善配套、创新细化、灵活适应、落实宣传等方面还存在不少差距，为此从完善科技型中小企业支持政策体系、加大对科技型中小企业支持力度、强化科技型中小企业政策落实三个方面提出相关建议。

1. 完善科技型中小企业政策体系

《河北省科技型中小企业成长计划（2016–2020年）》已经从总体上提出了河北省科技型中小企业发展的总体目标、基本路径和支持政策，但是从科技型中小企业的发展来看，需要有可落实的具体政策措施，为此建议按照成长计划的要求，完善河北省科技型中小企业发展的配套措施。一是根据成长计划的要求，出台新的《财税支持科技型中小企业发展的政策措施》。二是出台相关创新平台支持科技型中小企业发展的政策措施，如《科技企业孵化器落实科技型中小企业成长计划的实施细则》《工程技术中心落实科技型中小企业成长计划的实施细则》等。三是出台支持科技型中小企业开发研制新产品的具体政策措施，如《科技型中小企业重点新产品和关键技术产品认定补贴办法》。四是出台支持科技型中小企业实施“上市工程”的具体政策措施，如《支持科技型中小企业股改、上市挂牌、国内外并购的实施方案》。五是出台支持科技型中小企业发展的组织政策和落实措施，如《支持科技型中小企业成长的干部帮扶工作实施方案》《在科技型中小企业成长中加强考核工作的实施意见》等。六是出台支持京津科技型中小企业转移或技术人才在河北创立科技型中小企业的配套政策，如《关于京津技术人才在河北创立科技型中小企业的激励办法》《关于支持京津科技型中小企业来冀发展的政策实施细则》等。

2.加大对科技型中小企业的支持力度

一是加大财政支持力度。明确提出“十三五”期间每年省级、市级、县级财政用于支持科技型中小企业发展的财政资金，参照国内先进省市的各类科技型中小企业支持资金、基金投入金额，扩大河北各级科技型中小企业发展资金、天使引导基金、科技型中小企业贷款补偿基金规模，加大对科技型中小企业直接财政补助和奖励力度。二是创新科技型中小企业金融保险支持模式。探索成立省级政策性科技银行，采用市场化方式运作，本着保本微利的原则向科技型中小企业发放贷款。积极推动与北京共建创投联盟，吸引一批北京创业投资和股权投资机构，打造金融、科技、产业、人才等要素的集聚高地，形成科技创新服务的优质平台。借鉴广东的做法，依托生产力促进中心推动设立1亿元的“科技型中小企业融资贷款风险准备金”，以省市联动方式设立规模为5000万元的“联合科技贷款风险准备金”，完善科技型中小企业融资信用担保体系。开展知识产权投融资服务，在省级以上高新区、民营科技园、专业镇和行业协会，联合商业银行建立知识产权质押综合授信模式，针对科技型中小微企业发展特点，综合运用知识产权、企业资产、个人财产等资产类型，创新知识产权质押综合融资模式，提高质押融资额度。鼓励社会资本以市场化方式设立知识产权风险投资平台和工具，参与自主知识产权企业的资本运营。三是加大对科技型中小企业发展载体的支持力度。不断扩大各级政府对孵化器建设的财政投入。积极吸引孵化器专业运行商来河北建设运行规范、机制灵活、能够整合联系全球创新资源的新型孵化器和加速器；在京津周边小镇、产业基地和各级各类产业园区，有针对性地建设一批与产业发展密切结合的专业孵化器和特色产业孵化基地。加强对孵化器企业的支持力度，重点扶植一批孵化功能强大、专业特色明显、孵化业绩突出的孵化器，创建品牌，引领全省孵化器发展。完善孵化器和加速器服务功能，在提升基本的厂房、工商、物业服务的基础上，完善金融、专利、资质等专业化服务。创新孵化器建设管理体制机制，鼓励孵化器建设多元化产权结构，建立孵化器组织责任团队、孵化企业、投融资机构间的利益关联机制，共建孵化基金，对在孵企业实行定点、定额、定期支持；探索孵化器有偿服务债券转股模式，试行持股孵化；完善“创业导师+创业孵化+专业投资”孵化模式。四是加强对科技型中小企业的服务。建设河北省科技型中小企业服务网，利用现代信息网络技术，整合政府、中介和全社会科技服务资源，实现科技型中小企业认定、政府项目受理、统计信息监测、政策法规、企业成长咨询辅导、融资服务、技术平台服务等多种服务功能的信息化集成，为科技型中小企业提供全面、实时的一站式服务，为政府决策管理提供技术支撑平台。

3.强化科技型中小企业政策落实

一是畅通政策信息渠道，创办专与科技型中小企业互动联系的门户网站，及时发布政策信息，收集和反映企业呼声，为政府决策提供参考。开展政策进企活动，综合整理和广泛发放惠企政策汇编，定期组织专门政策宣讲和培训，加大政策信息宣传指导力度，提高企业对政策信息的知晓率，引导企业合理运用和充分享受优惠政策。二是建立科技型中小企业干部帮扶制度。建立重点科技型中小企业一对一帮扶机制，省市选派厅处级干部一人一企、联帮三年，重点对帮扶企业实施需求调查、政策培训，协助企业解决重点难点问题。三是强化科技型中小企业发展的考核监督。重点对承担科技型中小企业发展的各市县、功能区和省有关部门、单位的领导班子、参加帮扶工作的局级领导干部和处级领导干部进行考核监督，制定专门考核办法，将考核纳入平时考核、年度考核、绩效考核范围，对成效显著的给予表彰奖励、提拔重用，对落实不力的从严督促改进和批评惩戒，努力使扶持更有效。

六、借力北京创新资源，提升河北创新水平的政策建议

（一）关于加强利用北京创新资源政策体系设计的建议

充分、合理利用北京创新资源是河北实现转型发展、创新发展和协同发展三大战略的重要举措，是河北当前面临的一个重大发展机遇，对于河北今后的可持续发展意义重大，必须抓住用好。京津冀协同发展战略实施以来，河北在利用北京创新资源方面取得了不小的进展，但是综合来看，由于整体推进思路和任务不明确、主体责任分工不明确、配套政策措施不明确，导致河北的主导作用没有得到充分发挥、各级推进主体的合力没有形成、众多关键制约因素尚未破题，河北利用北京创新资源虽比以前有了极大的进步，但是对河北的推动作用尚未达到预期。因此建议河北开展借力北京创新资源政策体系研究设计，推动北京创新资源更加充分有序地向河北转移转化。一是开展河北借力北京创新资源顶层设计。在充分分析北京创新资源对外合作意愿、趋势和条件的基础上，根据河北创新发展的要求、自身的基础，明确河北利用北京创新资源的思路、阶段性目标、推进方式和重点任务。二是开展河北借力北京创新资源专项规划和方案设计。根据顶层设计提出的近期目标和重点任务，分任务、分部门、分地区、分重点载体编制专项规划或方案，将利用北京创新资源的各项具体任务落到实处。三是开展河北借力北京创新资源配套政策设计。根据顶层设计和专项规划方案提出的重点任务，设计谋划促进北京创新资源转移转化的财政、税收、金融、土地、人才等政策，研究跨区域创新资源转移转化中的示范试点政策，作为推进落实顶层设计的重要政策抓手。四是根据政策实施效果和出现的问题，跟踪出台政策实施“细则”或“导则”，在原政策框架下，进一步深化和扩充促进北京创新资源转移转化的若干政策。

（二）关于与北京建设协同创新互动机制的建议

在现行行政区划不可能发生根本变化的条件下，为更加充分有效地利用北京创新资源，建议河北尽快与北京建立协同创新互动机制，最大限度地破解行政区划的障碍，促

进创新要素自由流动，吸引北京创新资源向河北转移转化。一是建立政策互动机制。在京津冀协同创新发展规划总体指导下，京冀两省市根据各自功能和任务调整创新发展规划计划，并互相对接统一。梳理两省市的人才、成果、高新技术企业、创新型中小企业标准资质政策，协商确定两省市统一的标准资质，并出台标准资质互认的政策，消除创新要素区域内流动的壁垒。梳理两地享受的国家级创新发展示范试点政策，如全面自主创新发展示范区、国家级创新型城市建设、国家级成果转移转化示范区等，积极争取这些示范试点政策在两地重点区域内叠加发力或推广借鉴，打造创新发展的最优政策环境。二是建立资源开放共享机制。建立两地科技专家库、信息资源库、科研数据库、大型实验仪器设备、关键技术创新平台开放享机制，在此基础上，谋划建立两地大型科学仪器设备协作平台、科技文献和科技数据共享平台、区域科技专家库、区域高层次科技创新人才交流平台、区域科技创新与投融资服务平台等。三是建立市场开放机制。在目前两地技术交易市场对接的基础上，谋划建立两地统一的技术交易市场。建立两地统一的新技术新产品（服务）采购平台。通过首购、订购等方式，支持两地新技术新产品（服务）和首台（套）重大技术装备进入市场。建立两地科技计划和重点科研项目互相开放机制，允许两地科研机构参与对方重点科研项目的研发。建立两地创新券对接开放机制，允许两地科研机构通过创新券来购买检验检测、知识产权、研发设计等科技资源。

（三）关于完善相关配套产业、设施及制度的建议

创新资源的转移转化除了对转入地与创新直接相关的载体建设、体制机制、政策措施等有较高要求外，转入地产业链配套、公共服务能力水平、创新氛围和创新配套设施也会对创新资源转移转化起到决定性作用。为此建议河北省从以下方面加强创新配套产业、设施及制度建设，最大限度地吸引北京创新资源转移转化。一是加紧相关产业链建设。围绕河北传统产业转型升级和战略性新兴产业发展的长远目标，认真分析相关重大技术成果转化所需的产业链配套条件，超前谋划引进相关产业链项目，为北京创新资源的持续引进创造良好的产业链配套环境。二是加紧谋划建设科研实验器材市场。围绕河北创新发展的总体格局，在重点中心城市、创新发展集中区、创新小镇等谋划建设综合性科研实验器材市场，在高新技术产业园、成果转化基地等谋划建设专业性科研实验器材市场。三是努力提升重点区域公共服务能力和水平。结合全省新型城镇化建设规划，围绕创新人才和企业对公共服务设施的需求，努力完善文化、商务、休闲、娱乐等公共服务设施。采取多种方式提升教育、医疗、卫生等公共服务水平。积极对接北京，探索在创新发展集中区、创新小镇开展公共服务均等化试点，创造吸引北京创新资源的特殊环境。四是积极营造创新发展氛围。积极倡导尊重知识、崇尚创新、诚信守法的精神，大力营造敢为人先、敢冒风险、勇于创新、敢于竞争、宽容失败的良好氛围。深入实施全民科学素质行动计划，加强科学普及工作，全面提高公民科学素养和创新意识；充分尊重群众的首创精神，广泛开展群众性科技创新活动。加强对重大科技成果、典型创新人物、创新型企业的宣传，加大对创新创造者的表彰奖励力度，充分激发创新创业活力。

作者单位：河北省发展和改革委员会宏观经济研究所

参考文献

［1］蓝晓霞.美国产学研协同创新机制研究［M］.北京：北京交通大学出版社，2014

［2］张荐华.欧洲一体化与欧盟的经济社会政策［M］.昆明：云南人民出版社，2011

［3］曾刚.长江经济带协同创新研究：创新·合作·空间·治理［M］.北京：经济科学出版社，2016

［4］杨耀武，张仁开.长三角区域科技创新政策评估及路线图研究［J］.科研管理，2010（5）

［5］沈开艳，陈建华，邓立丽.长三角区域协同创新、提升科创能力研究［J］.中国发展，2015（8）

［6］张仁开."十二五"时期推进长三角区域创新体系建设的思考［J］.科学发展，2012（9）

［7］白智勇.以协同创新引领京津冀协同发展［J］.中国高新区，2014（11）

［8］尹喆，周密.京津冀区域协同创新发展的路径研究［J］.现代管理科学，2016（5）

［9］颜廷标.基于中观视角的京津冀协同创新模式研究［J］.河北学刊，2016（3）

［10］皮宗平.长三角两省一市科技合作的现状及对策建议［J］.特区经济，2009（4）

［11］张胜，郭英远.破解国有科研事业单位科技成果转化体制机制障碍［J］.中国科技论坛，2014（8）

［12］陈万钦.促进北京科技成果向河北转化的调查与建议［J］.经济与管理，2016（7）

［13］陈俐，冯楚健，陈荣，姜东.英国促进科技成果转移转化的经验借鉴［J］.科技进步与对策，2016（8）

［14］刘城，林平凡.传统产业集群产业链与创新链融合升级的模式［J］.南方经济，2015（5）

［15］郭胜伟，刘巍.日本筑波科学城的立法经验对我国高新区发展的启示［J］.中国高新区，2007（2）

［16］新型研发机构成深圳科技创新的先锋力量.南方网，2014-9-28

［17］我国促进科技成果转化的若干新趋势研究.科学技术部火炬高技术产业开发中心网站

［18］浙江科技大市场建设成效及经验。中华人民共和国科学技术部网站，2015-5-22

［19］打通科技成果转移转化最后一公里，把"金蛋"变成"金产业"的"宁波模式".中国宁波网，2016-10-17

分报告五

冀北欠发达地区可持续发展研究

课题负责人： 王素平

课题组成员： 王哲平　冯志国　杨红彩　戴海益

冀北地区是指河北省张家口市和承德市全境，是京津冀地区贫困范围最广、贫困人口最多、贫困程度最深的区域[①]。这一地区是京津冀重要的生态涵养功能区，承担着防风固沙、涵养水源、水土保持等重要的生态屏障功能。探索冀北地区经济与生态双赢发展路径，在加快区域经济社会发展的同时，更好地发挥区域生态屏障功能，是推进京津冀协同发展的重大任务。

河北省发改委宏观经济研究所在2005年承担的亚行技援项目“河北经济发展战略”子报告“消除环京津贫困带 促进京津冀区域协调发展”中，曾提出了以冀北地区为主体，建设生态经济特殊示范区的战略设想，并提出了包括产业、人口和劳动力就业、城镇、资源开发与环境保护等领域在内的区域发展框架。当前，急需结合新时期的形势变化和要求，深入分析冀北地区产业发展、城镇建设、生态环保等方面存在的深层次问题，提出相应的支持措施和政策建议，为形成区域生态与经济双赢发展格局提供支撑。本项目着眼于实现冀北地区经济和生态双赢的可持续发展，在延续前期亚行项目研究的基础上，站在统筹解决生态、经济和社会等问题的角度，深入剖析新时期区域发展的阶段特征、制约因素、面临机遇和重大挑战，提出基于生态涵养功能区约束下的发展思路、基本框架和重大措施，并从国家、河北、京津三个层面提出政策建议。

一、冀北欠发达地区发展成就和存在问题

2005–2015年，冀北欠发达地区快速发展，区域经济发展、社会进步、生态环保、基础设施建设全面提速，步入了经济社会转型的关键时期，但同时区域脱贫攻坚和经济社会发展也面临着一系列问题。

（一）冀北欠发达地区十年发展成就

1.区域贫困程度明显减轻

2005年以来，中国政府和河北省始终把冀北地区作为扶贫开发的重点区域，先后将其中的14个县列入国家扶贫开发工作重点县，2个县列入河北省扶贫开发工作重点县，6个县列入环首都扶贫攻坚示范区，相继实施了开发扶贫、区域扶贫和精准扶贫战略，扶贫开发的广度、深度和精度不断加大，冀北地区经济社会发展全面提速，区域落后状况发生了巨大改变。截至2015年，现行贫困标准下区域贫困人口为98万人，贫困发生率降至12.3%，与十多年前相比，贫困人口规模和贫困发生率大大降低[②]。“十二五”期间，冀北地区共有146.5万人口实现稳定脱贫，完成935个重点村的整村扶贫工作，占全省的31.17%。贫困县整体实力稳步提升，宽城满族自治县、崇礼县率先出列。在贫困人口规模大幅减少同时，贫困人口收入持续增加，生活质量不断改善。根据五等分组农户有关资料[③]，2015年张家口和承德两市低收入组农户收入比2005年均增长了2倍以上，食品和衣着两项基本生存型消费支出分别

① 这一地区是国家燕山太行山集中连片特殊困难地区和环首都扶贫攻坚示范区的叠加区域，属于两个片区的贫困县达17个，占两市县区的80%，历来是河北省乃至全国扶贫开发的重点区域。

② 2004年包括冀北地区和保定市涞水、涞源、易县在内的区域贫困人口182万人（含贫困人口和低收入人口，当年贫困标准668元，低收入标准924元），贫困人口贫困发生率为21%，由于冀北地区当年的资料难以获得，以这一数据作为参考。

③ 由于缺乏贫困人口有关收入消费的系统数据，考虑大部分贫困人口属于低收入群体，用五等分组农户中低收入组即人均可支配收入最低的20%人口的数据来反映。

下降了5个和8个百分点，摩托车和彩电等生活耐用消费品消费持续增加，贫困人口温饱问题基本解决，消费正在由温饱向小康型迈进。

2. 区域经济实力稳步提升

2015年冀北地区生产总值达到2722亿元，是2005年的3.5倍，年均增长13.4%，高于全省平均增速，占全省的比重由7.7%提高到9.1%，张、承两市经济总量在全省的位次分别由第10位和第11位上升至第8位和第9位。人均生产总值达到34234元，比2005年增长了2.3倍，年均增长12.8%，高于全省平均增速，达到全省平均水平的85%，与2005年的相当于全省平均水平70%相比，增加了15个百分点。全部财政收入达到231亿元，是2005年的1.96倍，年均增长6.95%。城乡居民储蓄存款由2005年末的631.54亿元增加到2015年末的2869.34亿元，增长3.5倍以上，年均增长均达到15%（见表1）。

表1　冀北地区及河北经济发展情况　（单位：亿元，元/人，%）

	GDP			全部财政收入			人均生产总值		
	2005年	2015年	增速	2005年	2015年	增速	2005年	2015年	增速
河北总计	10096	29806	11.4	1035	2649	9.9	14736	40142	10.5
冀北合计	776	2722	13.4	118	231	6.9	10279	34234	12.8
张家口	416	1364	12.6	73	133.4	6.3	9945	30836	12.0
承德	360	1359	14.2	45	97	7.9	10723	38488	13.6

数据来源：《河北经济年鉴》（2006，2016）、《张家口经济年鉴》（2006，2016）、《承德统计年鉴》（2006，2016）。

3. 居民生活条件持续改善

2005年以来，冀北地区居民收入和消费水平大幅提高，生活条件持续改善。2015年，张承两市城镇居民人均可支配收入分别为23841元和22885元，农村居民人均可支配收入分别为8341元和7923 元，均比2005年翻一番以上。城镇居民人均消费支出分别为14594 元和15636元，分别增长1.54倍和1.63倍；农村居民人均消费支出分别为6411元和6536元，分别增长2.4倍和2.0倍。消费结构逐步改善，2015年，张、承两市农村居民的恩格尔系数为35%和32.7%，比2005的38.6%和42.68%下降了3.6个和9.98个百分点，城镇居民的恩格尔系数分别由2005年的37.48%和37.7%下降到27.1%和30.8%。居住条件明显改善，2015年张、承两市城镇居民人均住房面积分别为31.86平方米和29.39平方米，比2005年分别增加了10.9平方米和7.98平方米，农村居民人均住房面积分别为25.52平方米和25.82平方米，比2005年分别增加了6.02平方米和5.75平方米。耐用消费品更新换代加速，城乡居民在彩电、冰箱等耐用消费品基本满足需要的情况下，汽车、移动电话成为新的消费热点，拥有量快速上升，2015年，两市城镇居民每百户汽车拥有量分别达到21辆和17辆，移动电话数量180.76部和219部，农村居民每百户汽车拥有量由基本空白增加到9.3辆和10辆，移动电话达到143.46部和205部，反映出城乡居民消费在满足基本生活需要的情况下，享受型消费迅速扩张（见表2、表3、表4）。

表2　冀北地区及河北城乡居民收入变动情况　（单位：元/人、%）

指标	城镇居民可支配收入			农村居民可支配收入		
年份	2005年	2015年	年均增幅	2005年	2015年	年均增幅
河北	9107	26152	11.1	3482	11051	12.2
张家口	7714	23841	11.9	2329	8341	13.6
承德	7845	22885	11.3	2582	7923	11.9

数据来源：《河北经济年鉴》（2006，2016）、《张家口经济年鉴》（2006，2016）、《承德统计年鉴》（2006，2016）；2015年农村居民人均可支配收入为新口径，2005年为农村居民纯收入。

表3　冀北地区及河北城乡居民消费变动情况　（单位：元/人、%）

指标	城镇居民消费支出			农村居民消费支出		
年份	2005年	2015年	年均增幅	2005年	2015年	年均增幅
河北	6700	17587	10.13	2166	9023	15.34
张家口	5754	14594	9.75	1909	6411	12.88
承德	5946	15636	10.15	2180	6536	11.61

数据来源：《河北经济年鉴》（2006，2016）、《张家口经济年鉴》（2006，2016）、《承德统计年鉴》（2006，2016）。

表4　冀北地区及河北城乡居民生活水平变动情况　（单位：%、平方米/人）

指标	城镇居民恩格尔系数			农村居民恩格尔系数			城镇居民年末拥有住房面积			农村居民年末拥有住房面积		
年份	2005年	2015年	增幅	2005年	2015年	增幅	2005年	2015年	增幅	2005年	2015年	增幅
河北	34.6	26.1	8.5	41	28.6	12.4	28.4	35.9	7.5	28.4	37.7	9.3
张家口	37.5	27.1	10.4	38.6	35.6	3.0	21	31.9	10.9	19.5	25.5	6.0
承德	37.7	30.8	6.9	42.7	32.7	10	21.4	29.4	8.0	20.1	25.8	5.7

数据来源：《河北经济年鉴》（2006，2016）、《张家口经济年鉴》（2006，2016）、《承德统计年鉴》（2006，2016）。

4.公共服务水平显著提高

2005年以来，冀北地区不断增强民生投入，大力提升公共服务水平，让人民共享改革发展成果。2015年用于教育、医疗卫生、社会保障的财政投入达到260.91亿元，比2005年增长了8.24倍，占财政支出的比重由23.32%增加到38.21%。教育、医疗、社保水平逐步提升。教育方面，全面实施了免费义务教育，基本普及了高中阶段教育，普通高中教育质量达到全省中等以上水平，高中阶段毛入学率均达到90%以上，张家口被国务院授予全国“两基”工作先进单位荣誉称号，承德被教育部命名为全国推进义务教育均衡发展先进市。高等教育水平也显著提升，河北民族师范学院实现省部共建，北京师范大学承德附属学校建成运营。公共卫生和医疗方面，张、承两市大力推进公共卫生和基本医疗体系建设，两市合计医院床位数由2005

年的2.02万个增加到2015年的3.94万个，卫生技术人员数量由2.45万名增加到3.63万名，全面完成了医疗保险市级统筹，实现了市域内异地就医即时结算，新农合和城镇居民医保财政补助标准提高到380元，新型农村合作医疗参保率超过90%。社会保障方面，2015年，张家口城乡低保标准分别提高到4770元和2250元，承德城乡低保标准提高到5400元和2800元，城乡居民社会养老保险制度实现全覆盖，参保率稳定达到99%，农村互助幸福院、城市社区居家养老服务中心等社会养老方式逐步普及。扶贫攻坚方面，扎实推进农村公路建设、饮水安全工程建设、电网升级改造、危房改造等一系列工作，贫困地区的公共基础设施短板得到较大弥补，贫困村生产生活条件明显改善。持续实施“雨露计划”，大力开展社会救济，大量贫困家庭学生参加了职业教育，大部分低保和“五保”对象得到救助，贫困地区“惠民生”成效逐步显现。

5. 交通设施框架基本形成

冀北地区是京津西联北进的重要区域，十年来，铁路、公路、机场等交通基础设施建设步伐加快，初步形成了集铁路、公路、航空于一体的现代立体综合交通体系，对接京津、联接西北、沟通东北、直达沿海的区域交通枢纽地位日益彰显。铁路方面，张唐、张集、张双铁路如期竣工，京包线、大秦线等铁路完成改造提升，京张高铁已全线开工，张呼、张大、京沈客专进展顺利，铁路通车总里程达到1419 公里，初步形成了以国家干线通道为骨架、连通东部出海口的铁路货运通道，以及对接京津、沟通“三北”的客运网络体系。公路方面，张石、京藏、京新、京承、承唐、承赤、张承等高速公路相继建成通车，高速公路总里程达到1684公里，外联晋蒙辽、内接京津冀的高速公路网络基本形成。干线公路通车里程达40934公里（不含高速），其中二级以上公路达到4921公里，占公路总里程的比重达到12%，区域内重点乡镇，重要产业基地、国家及省级旅游景区基本通达，行政村通油路率达到100%，形成纵横交错、四通八达的干线公路网络。机场建设方面，张家口宁远机场开通5条航线，与石家庄、上海、成都、桂林、哈尔滨、沈阳、大连、深圳、厦门、海口、西安等11个城市通航，旅客吞吐量从2013年的2.4万人次增长到20.8万人次，承德机场主体工程基本完成并进行了校飞。

6. 生态保障能力不断增强

冀北地区作为京津冀地区的生态涵养支撑区，承担着保障京津地区水源安全和生态环境的重要功能。多年来，冀北地区不断强化生态建设、水源保护、节能减排和大气污染防治等措施，生态建设和环境保护取得明显效果，生态吸引力和环境影响力不断提升。生态建设方面，持续实施21世纪首都水资源保护、稻改旱、京津风沙源治理、退耕还林等工程，积极推进京张合作林业项目，大力鼓励社会化造林，2015年冀北地区森林覆盖率达到47.22%，比2010的41.04%增加了6.18个百分点，高于全省16.22个百分点，防风固沙、水源涵养功能持续增强。冀北地区共建有国家级自然保护区6个，森林公园9个，新增国家湿地公园试点6处，张家口入围全国首批生态文明先行示范区和生态保护示范区，在全省率先实现国家生态功能区补助范围市域全覆盖，承德成功争列国家生态文明先行示范区、国家主体功能区建设试点示范、全国水生态文明城市建设试点和国家循环经济示范城市，冀北地区生态空间逐步扩大，生态产品的保障能力稳步提升。在环境治理方面，积极实施重点流域水环境综合整治，“十二五”期间共治理水土流失面积3781平方公里，全域主要河流水质达到功能区划要求，集中饮用水水源水质达标率100%，城市生活污水集中处理率达到70%，出境断面Ⅲ类水质达标率达到100%。强力实施节能减排、清洁能源改造重点污染行业治理攻坚等环境整治工程，两市规模以上工业单位增加值能耗由2005年的2.48吨标煤/万元和4.40吨标煤/万元，下降到2015年的1.88吨标煤/万元和1.51吨标煤/万元，节能减排工作效果明显。

（二）冀北欠发达地区发展存在的问题

十多年来，冀北欠发达地区在经济社会发展和生态环保建设方面取得了巨大进步，但与京津甚至河北其他地区发展落差并没有缩小。随着京津冀协同发展战略的深入推进，一些发展中的问题逐渐显现，严重制约了冀北地区的可持续发展。

1.与周边地区落差拉大，难以实现协同发展

与京津相比，冀北地区在经济实力、生活水平和公共服务方面的差距依然明显。突出表现在：

（1）经济实力差距拉大。2005年以来，冀北地区经济发展速度虽然快于京津，但由于基数低，与京津发展差距仍在持续拉大。2015年冀北地区与京津地区经济总量差距达到36784.59亿元，是2005年的9702.28亿元的近3.79倍，一般公共预算收入差距达到7160.5亿元，是2005年的1212.6亿元近5.9倍，人均GDP与京津的差距2015年达到7.2万元左右，分别是2005年的3.47万元和2.52万元的2.07倍和2.86倍。到2015年，冀北地区经济总量仍然不足北京的1/8、天津的1/6，一般公共预算收入不足北京的5%、天津的9%，人均GDP不足北京和天津的1/3（见表5、图1）。

（2）人均收入差距扩大。2015年，冀北城镇居民人均可支配收入分别与京津两地的差距达到3万元左右和1万元左右，比2005年的1万元和5000元左右扩大了2倍和1倍，人均收入水平的绝对差距持续扩大。2015年张、承两市城镇居民人均可支配收入分别为23841元和22885元，均不足北京的一半，相当于天津的2/3，农村居民人均可支配收入分别为8341元和7923元，相当于北京的40%左右，不足天津一半，仍然处于较低水平（见表6、图1）。

（3）公共服务落差较大。2015年冀北每万人拥有的中小学数量、每万人拥有的卫生技术人员数均低于京津，张、承城市居民最低生活保障标准为420元/月和450元/月，远低于京津710元/月和705元/月的标准，农村居民最低生活保障标准分别为2250元/年和2800元/年，不足北京8520元/年的1/3，天津6480元/年的1/2。“村村通”公路建设北京每公里补助35万元，冀北地区补助3.5万元，高速公路北京每公里养护费20万元，冀北地区只有2万元。公共服务水平低，已经成为阻碍冀北人才流动、制约冀北发展的重要因素（见表7）。

表5　冀北地区经济社会发展及与京津冀比较　（单位：亿元）

	GDP		一般公共预算收入		人均生产总值	
	2005	2015	2005	2015	2005	2015
冀北合计	776.08	2722.2	38.34	230.39	10279.2	34233.8
张家口	415.79	1363.5	21.04	132.99	9945	30836.6
承德	360.29	1358.7	17.3	97.4	10723	38489
京津合计	10478.36	39506.79	1250.94	7390.89	—	—
北京	6814.5	22968.6	919.2	4723.9	44969	106284
天津	3663.86	16538.2	331.74	2666.99	35457	106908

数据来源：《河北经济年鉴》（2006，2016）、《北京统计年鉴》（2006，2016）、《天津统计年鉴》（2006，2016）、《张家口经济年鉴》（2006，2016）、《承德统计年鉴》（2006，2016）。

表6　　冀北地区城乡居民收入及与京津冀比较　　（单位：元/人）

	城镇居民人均可支配收入		农村居民人均可支配收入	
	2005年	2015年	2005年	2015年
河北总计	9107	26152	3482	11051
北京	17653	52859	7860	20569
天津	12639	34101	7202	18482
张家口	7714	23841	2329	8341
承德	7845	22885	2582	7923

数据来源：《河北经济年鉴》（2006，2016）、《北京统计年鉴》（2006，2016）、《天津统计年鉴》（2006，2016）、《张家口经济年鉴》（2006，2016）、《承德统计年鉴》（2006，2016）。

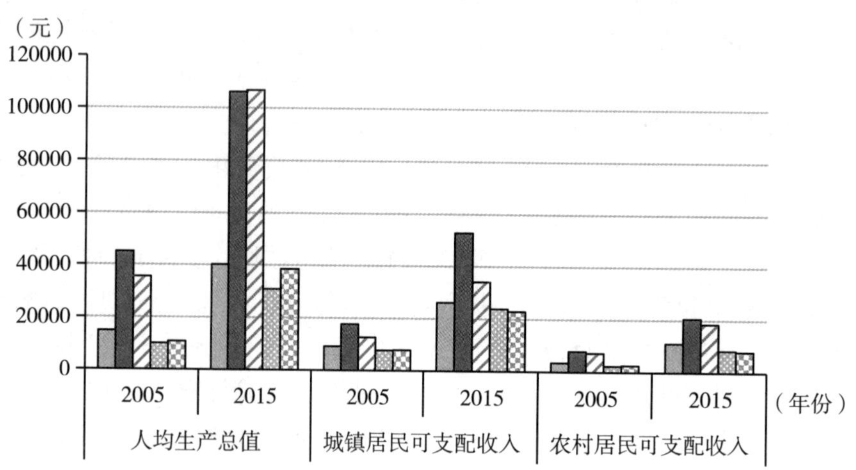

图1　京津冀及冀北地区人均生产总值、城乡居民人均收入对比情况

表7　　冀北地区公共服务水平及与京津的比较　　（单位：元/月，人）

	城市居民最低生活标准	农村居民最低生活标准	最低工资标准	每万人拥有的卫生技术人员数
北京	710	710	1720	117.48
天津	705	540	1850	—
张家口	420	187.5	1210–1310	41.16
承德	450	233.3	1210–1310	51.27

数据来源：居民最低生活标准、最低工资标准来源于网络，每万人拥有的卫生技术人员数根据年鉴数据计算。

2.交通基础设施不完善，难以支撑区域发展

作为“一带一路”中蒙俄经济走廊的重要节点，冀北地区通畅、便捷的交通设施网络对于强化和确立其交通枢纽地位有着至关重要的作用。十年来，冀北地区的交通设施建设虽然取得很大进展，交通闭塞的状况有所缓解，但是由于地形复杂，交通设施建设成本较高，如延崇高速修建成本高达2亿元/公里，而欠发达地区的地方财力十分有限，致使冀北地区的交通通达程度、路网密度、道路质量上仍存在较多短板。

（1）对外交通依然不畅。境内虽然铁路较多，但是大秦、京包、京通三条铁路主要为晋煤外运专线，对冀北地区带动作用不大，其他铁路留给冀北地区的运力也十分有限，远不能满足冀北作为重要商贸物流节点发展的需要，交通发达、物流不畅的矛盾依然突出。高速公路框架虽然初步形成，但是由于高速公路主要是通京高速，目前运输能力已十分紧张，京新、京藏高速拥堵状况华北有名，有路不畅的状况依然严重。一些需与京津对接、对冀北具有重大拉动作用的省级道路和旅游线路，由于规划、标准不统一，迟迟难以推进，目前张家口仍然有1条断头路与北京难以打通，112国道等3条瓶颈路没有得到有效升级，涿鹿与北京门头沟的旅游线路进展缓慢。

（2）内部交通依然不优。内部交通路网密度低，2015年公路密度仅为0.56公里/平方公里，相当于京津的41.6%和全省的57.1%。同时由于地方财政实力较弱，公路投资建设标准和养护标准偏低，造成冀北地区公路质量普遍较差。

3.生态补偿补助不到位，影响生态功能区建设

冀北地区作为京津生态涵养区，承担着为京津防风沙、保水源的责任，多年来中国政府在冀北地区生态建设领域持续加大投入，对于区域生态环境的改善起到非常关键的作用，但由于生态建设过程中，补助标准偏低、生态补偿缺位、管护费用缺乏等原因，生态建设成效打了折扣。

（1）补助标准偏低。当前，冀北地区生态建设主要依靠政府投入和补助，而现行补助标准偏低，已经难以满足生态建设的需要。从建设成本与补助标准的比较看，补助标准远低于建设成本。经过十多年的治理，冀北地区尤其是张家口地区，立地条件较好地段已经实现治理，现在剩下的多为立地条件差、治理难度大的地段，由于土壤瘠薄、气候干旱，存活率低，往往一年造林，三年补植才能完成治理，加上物价、人工费用上涨，生态建设成本大幅攀升，而现行补助标准远低于生态建设成本。据怀来林业局测算，三年前每亩费用800–1000元的林地，现在同样标准的造林成本已经增加至3000–5000元，而现行的国家造林投资标准只有400元/亩，补助标准已经远远低于造林成本。从与京津补助标准的比较看，冀北地区生态建设补助标准远低于京津。2014年，人工造林承德每亩补助500元，北京每亩补助2000元；风沙源治理承德每亩补助1000元，北京每亩补助4000–5000元，承德补助标准只有北京的1/4到1/5。从生态建设补助的历史比较看，补助标准不升反降。承德第一轮退耕还林每亩补助2000元，第二轮降为1500元，补助标准降低严重制约了冀北生态建设的积极性，增加了冀北生态建设难度。

（2）生态补偿缺位。冀北作为京津冀区域的生态涵养支撑区，为保生态做出了巨大努力，但由于缺乏市场化的生态补偿机制，给当地政府带来了巨额的财政负担。如阳原县由于历史原因生态欠账较多，“十三五”期间为完成生态建设任务，年需投入生态建设资金10亿元左右，全部依靠贷款，对公共财政收入不足3亿元的贫困县，财政负担巨大。再如为保京津水源推行的“稻改旱”政策，由于缺乏与市场粮食价格挂钩的浮动补贴机制，冀北地区得到的生态补偿相对一直较低。2007年补偿标准为450元，2008年增加到每亩550元，但由于粮食价格变动，“稻改旱”造成的损失每亩已超过1500元。张、承两市承担的京津集中输水工程，补贴标准仅为0.3元/立方米，仅对市县两级负责输水人工管理费用进行了补助，而因为保水、护水牺牲的发展利益，迟迟未得到合理补偿。

（3）后续管护费用低，生态质量难续。当前冀北地区集体和个人公益林管护每亩补偿15元，国有公益林补偿7.5元，远低于40元的管护成本。近年来京津风沙源治理、退耕还林等工程所营造的生态防护林和灌木林大部分还未列入生态公益林补偿范围，没有后续管护费用。据怀来林业局统计，没有进入生态公益林补贴范围的造林地达到10万亩，与享受补贴的公益林12万亩接近，公益林补贴低，大量的造林地不能享受管护补贴，对生态建设的延续和保护产生了十分不利的影响。

4.高端人才技术缺乏，难以支撑产业转型升级

冀北地区的产业升级和绿色崛起，亟需大量高端技术人才，但总体看，冀北人口素质依然偏低，人才培养和需求严重错位，技术投入依然较低，对冀北地区的转型升级支撑严重不足。

（1）高校专业设置和人才培养与区域转型发展需求严重脱节。冀北地区现有高等院校12所，仅占全省的10%，专业主要集中在医学、农业、建工、师范等专业，中等职业学校专业主要集中于加工制造类、信息技术类和农林牧渔类，而区域产业升级亟需的机械电子、风景园林、环境生态、软件、新能源、旅游服务、电子商务等专业较弱或基本上空白，相关专业人才严重缺乏，不能满足产业发展需要。

（2）人才总量偏低。冀北地区规模以上工业企业R&D人员占人口比重为0.6‰，低于全省1‰的水平，国家“千人计划”专家和省“百人计划”专家各只有1名，高水平的技术人才、掌握自主知识产权和核心技术的高层次创新创业顶尖人才、领军人才紧缺，产业转型升级急需的人才和团队严重缺乏。

（3）技术投入严重不足。2015年规模以上工业企业中有R&D活动的78家，占规模以上工业企业7%，比全省平均水平低2个百分点，2015年冀北地区工业企业R&D经费支出13.07亿元，占工业增加值的1.50%，不足省内平均水平的60%。技术经费和科技人员投入的不足，制约了冀北科技创新能力，2015年冀北地区规模以上工业高新技术产业增加值仅113.46亿元，占规模以上工业增加值比重为13%，比全省平均水平低3个百分点（见表8）。

表8　　冀北地区以及河北科技投入情况

	河北总计	冀北合计	张家口	承德
规模以上工业有R&D活动的企业数（个）	1388	78	42	36
规模以上工业企业数（个）	15295	1113	564	549
规模以上工业有R&D活动的企业数占规模以上工业企业数比例（%）	9.07	7.01	7.45	6.56
规模以上工业研发人员（人）	79049	5127	2378	2749
研究发展经费内部支出（亿元）	285.8	13.07	6.34	6.73
规模以上工业增加值（亿元）	11245	872.8	404.7	468.1
研究发展经费内部支出占规模以上工业增加值比例（%）	2.54	1.5	1.57	1.44
研发人员全时当量（人年）	79452	3102	1597	1505
高等学校数（个）	118	12	6	6

数据来源：《河北统计年鉴》（2016）、《承德统计年鉴》（2016）、《张家口统计年鉴》（2016）。

5.软硬发展环境不优化，难以激发动力活力

冀北地区不仅是京津的生态屏障，也是京北重要的安全屏障和护城河，担负着保卫首都安全的责任。张家口1995年才开始对外开放，比全国整整晚了17年。由于开放时间较晚，张家口创新能力不足、开放意识不强的问题较为突出。

（1）政务服务环境不优。政府部门“放管服”意识不强，“尊商、亲商、安商、富商”的环境不优，审批机制僵化，政务信息化水平不高，重审批、轻监管的现象依然比较严重。行政审批与检验检测、评估评审、技术审查没有完全分离，行政部门越位和缺位现象并存，直接导致了冀北地区发展活力不足，2015年张、承两市民营经济的增加值占GDP的比重分别为59.07%和63.86%，分别低于全省平均水平67.73%的8.66和3.87个百分点。

（2）产业升级要素保障机制缺乏。产业升级激励机制依然欠缺，对转型升级具有重大激励作用的科技型中小企业育强机制、传统产业绿色低碳化改造扶持机制、高新技术企业京津互认机制等尚不完善。企业融资机制不活，融资渠道单一，企业联保贷、担保公司发展缓慢，生态建设、产业发展、园区建设基金发展滞后，社会化融资能力不高。人才评价和激励机制、人才引进与管理机制、与京津从业人员资质与职称互认机制尚不健全，论资排辈、官本位思想较为严重，编制管理死板，有岗无编现象较为突出，严重制约了区域创新能力。

（3）园区管理机制不活。招商引资成果与人员绩效挂钩机制尚未完全推行，懂政策法规、懂行业发展的政治素质高、业务素质好的专业招商队伍尚待健全，全过程领办、帮办、代办机制还不完善，产业园区之间统筹项目落户，财税分享的机制没有真正落地，各地通过压低地价，增加补贴争抢项目的现象依然存在，制约了园区的做大做强。

6.贫困人口收支增长倒挂，难以提升生活质量

十多年来，河北省的扶贫攻坚取得了很大成就，贫困人口规模大幅减少，贫困人口生活质量不断提高，但受制于多种方面的原因，贫困人口增收难，收入增幅较为缓慢，同时支出刚性持续增强，收入和支出增长倒挂，部分贫困家庭入不敷出，严重影响了冀北贫困居民的生活质量。

（1）贫困人口收入增长长期低于平均水平。根据五等分组农户有关资料①，2015年张、承低收入组农户人均可支配收入分别为2336.33元和2957.21元，分别比2005年的703.52元和992.36元增长了2.3倍和2倍，低于两市平均水平3.2倍和2.4倍的增幅，两市贫困人口收入与平均水平的差距分别由1∶3.1和1∶2.5扩大到1∶4.0和1∶2.9（见表9）。

（2）贫困人口消费刚性增强。贫困人口在收入增幅低于平均水平的情况下，消费支出增幅持续高于平均水平。2015年，低收入组农户人均消费支出达到5045.7元和5477.6元，分别比2005年的1097.1元和1344.7增长3.6倍和3.1倍，高于两市平均消费1.8倍和1.4倍的增幅，收入消费比由1∶1.5左右扩大到1∶2左右。进一步分析发现，贫困人口消费支出增幅偏高的原因在于，住房消费支出偏高且增速较快，同时医疗保健、文化教育支出所占比重也比较高，2015年张、承两市贫困人口三项消费支出比重分别高达44.97%和42.25%，比2005年分别上升了5.98个百分点和3.71个百分点（见表10、表11）。

7.深度贫困地区范围较大，脱贫攻坚任务艰巨

冀北地区脱贫攻坚虽然取得巨大成就，

① 由于缺乏贫困人口有关收入消费的系统数据，考虑大部分贫困人口属于低收入群体，用五等分组农户中低收入组即人均可支配收入最低的20%人口的数据来反映。

表9　　2005-2015年冀北地区农民收入增长情况　　（单位：元、倍）

	平均收入			低收入组平均收入		
	2005年	2015年	增幅	2005年	2015年	增幅
张家口	2198.34	9241.22	4.20	703.52	2336.33	3.32
承德	2450.85	8439.59	3.44	992.36	2957.21	2.98

数据来源：国家统计局河北调查总队住户调查资料。

表10　　2005-2015年冀北地区农民支出增长情况　　（单位：元、倍）

	平均支出			低收入组平均支出		
	2005年	2015年	增幅	2005年	2015年	增幅
张家口	2518.6	6979.1	2.77	1097.12	5045.65	4.60
承德	2869.2	6864.8	2.39	1344.66	5477.64	4.07

数据来源：国家统计局河北调查总队住户调查资料。

表11　　2005-2015年冀北地区低收入组农民消费结构变动情况　　（单位：%）

	张家口		承德	
	2005年	2015年	2005年	2015年
食品消费支出	40.47	37.86	38.96	32.66
衣着	8.14	5.43	7.78	5.98
居住	13.72	16.78	16.22	20.68
家庭设备、用品及服务	2.93	3.2	4.22	3.6
交通和通讯	8.07	7.78	8.77	14.07
文化教育、娱乐用品及服务	18.67	14.16	9.43	9.93
医疗保健	6.6	14.03	12.89	11.64
其他商品和服务	1.41	0.77	1.73	1.46

数据来源：国家统计局河北调查总队住户调查资料。

区域整体面貌有了极大改善，但目前仍然有8个县[①]属于深度贫困地区，占区域县区数量的38%，贫困人口49万人，占冀北地区贫困人口的50%。这些地区位于坝上地区和深山区，生态环境脆弱，自然灾害频发，交通条件落后，区域发展边缘化，贫困人口占比和贫困发生率高，脱贫任务艰巨。以张家口阳原县为例，该县地处深山区，土地贫瘠，降雨量少，农业生产条件差，多年平均降水量只有365毫米，土壤耕作层有机质平均含量仅为13.19克/千克，均为全市乃至河北省最低。同时该县位置偏僻，在发展中被置于边缘化地位，许多协同发展政策、生态建设保护政策没有惠及该县，如桑干河是永定河的重要支流，而作为桑干河的必经之地的阳原县，却没有列入京冀水源涵养林建设范围；再如京津对口帮扶张、承地区县市中，没有将阳原列入其中等。目前，该县有5万贫困人口，

① 冀北地区深度贫困县：康保、沽源、尚义、张北、丰宁、围场、阳原和隆化。

贫困发生率25%，高于全区平均水平10多个百分点，相当于十年前冀北地区的贫困水平。因此，冀北地区脱贫攻坚的重点和难点在于上述这些深度贫困地区，要坚持精准扶贫、精准脱贫基本方略，对这一地区持续聚焦精准发力，努力攻克坚中之坚。

十多年来，冀北地区的发展取得了巨大成就，区域贫困面貌得到了极大改善，但与周边地区相比发展差距仍然较大，成为京津冀协同发展的最大短板，区域发展的主要任务由消除绝对贫困转到提升发展能力、实现可持续发展上来。但目前交通、生态、人才、环境等方面的问题进一步凸显，阻滞了高端要素向冀北地区汇集，影响了产业转型和绿色崛起，拖累了冀北小康建设步伐，有些问题甚至成为制约冀北协同京津的重大障碍。在新的历史时期，冀北地区必须紧抓机遇、破解困难、构建长效发展机制，补齐发展短板，在京津冀协同中取得更快发展。

二、冀北欠发达地区实现可持续发展的总体思路

（一）形势背景

与十年前相比，冀北地区无论自身发展阶段还是外部发展环境都发生了重大变化，这些变化必然对今后的发展产生深远影响。

1.阶段特征

当前，冀北欠发达地区进入了经济社会转型的关键阶段，区域的发展方式、动力支撑、城乡结构、贫困群体收入特征，都发生了或正在发生着深刻变化，呈现出明显的阶段特征。

——区域发展由生态制约型向生态经济融合型迈进。冀北地区处于京津的上风上水区位，是京津重要的生态屏障，长期以来承担着京津“水池子”“菜篮子”“后花园”等生态服务和食品保障功能。历史上，受区域生态地位影响，冀北地区发展受到很大限制，区域发展与生态保护矛盾十分突出，“中央要生态、地方要发展、百姓要吃饭”的难题一直没有得到破解。近年来，在外部刚性制约不断增强的情况下，冀北地区依托良好生态基础优势，积极探索生态与经济双赢发展的新路径，区域发展开始由生态制约型向生态经济融合型转变。一是依托明显的生态优势，冀北地区的可再生能源、文化旅游、休闲康养、体育健身、大数据、云计算等生态型产业快速发展，规模不断壮大，成为支撑经济发展的重要力量和引领产业转型的重要引擎。二是凭借良好的生态环境，冀北地区在近临首都的怀来、涿鹿、滦平等县，打造了一批环境优美、功能完善、特色突出的京津高端要素转移的承接载体和平台，要素集聚效应初步显现，新的区域经济增长极开始形成。三是依托独特的区位和交通优势，2015年7月张家口与北京携手成功获得2022年冬奥会举办权，张家口成为河北与京津协同发展的重要一翼，城市的知名度和影响力大幅提升，张家口乃至冀北地区承接北京非首都功能疏解的步伐不断加快，区域经济实力和地位有望持续增强。四是随着生态体制改革的深入，多年持续的生态投入形成的生态环境效益开始显现，丰宁千松坝林场完成了全国首单跨区域碳排放权交易项目，崇礼成为北方地区唯一的全国首批碳汇城市，生态产品的价值得以实现，从根本上破解了冀北生态与贫困交织的区域性难题，为“绿水青山”变成“金山银山”奠定了基础。

——产业发展由资源依赖型向绿色清洁低碳型演替。长期以来，冀北地区的钢铁和采矿等资源型产业始终占据主导地位，其中

张家口市矿产品及精深加工业总产值占规模以上工业总产值的近1/3，承德市黑色金属矿采选业和黑色金属冶炼及压延业总产值占规模以上工业总产值的近2/3。随着近年来河北省生态环境治理的不断深入，特别是“6643”工程的实施，冀北地区加大了钢铁、水泥、建材、采矿等产业的淘汰力度，关“黑”去“重”力度不断加大，资源依赖型产业规模逐步压减。“十二五”期间，冀北地区累计压减炼钢产能624万吨、炼铁产能761万吨，黑色金属压延业总产值占工业的比重由40.11%下降到30.13%。张家口被工信部认定为全国首批绿色转型发展试点城市。在传统资源型产业大幅压减的同时，冀北地区把发展新能源、新材料、高端制造、现代服务业等新兴产业作为供给侧结构性改革的重要任务，产业结构向绿色清洁低碳化产业方向演进。工业方面，着重引进了沃尔沃发动机及整车制造、北汽福田宣化泵车、旗帜乳业、风光储输等重点项目，装备制造、汽车及零部件、食品加工业等产业对经济贡献逐步增强，高端制造、新型能源、电子信息等高新技术产业规模逐渐扩大，2015年高新技术产业增加值达到113.46亿元，比2010年增长一倍多，年均增长达到15.61%，张家口新能源增加值占规模以上工业增加值比重达到10.2%，怀安产业园成为全国首批应急产业示范园。现代服务业方面，文化旅游、电子商务、现代物流等发展步伐加快，十年间打造形成了一批像张北草原天路、崇礼滑雪、热河皇家猎苑等知名旅游品牌，旅游服务收入年均增长33.5%以上，阿里巴巴电商平台发展迅速，康保县省级电子商务试点建成了“一线多品多平台”体系，2005-2015年服务业对经济增长的贡献率达到40.46%，已经成为冀北地区经济新的增长点，对经济增长“稳定器”和结构调整“加速器”作用持续增强。

——人口流动继续延续“两减一增”的三级转移趋势。十年来，受区域生存环境、就业机会、收入水平等因素的影响，冀北地区人口流动依然保持了十年前的转移趋势，即人口由域内向域外转移、由农村向城镇转移、由坝上向坝下转移，形成了农村人口减、坝上人口减、城镇人口增“两减一增”的人口转移分布格局。而且由于十年来交通和信息条件的不断改善，较之于十年以前这种转移的速度更快。2015年，冀北地区户籍人口合计846.08万人，高于常住人口50.9万人，外迁人口达到6.73%，由于人口外流，冀北地区人口总量增长缓慢，占河北省人口比重呈下降趋势。2005-2015年，冀北地区常住人口规模由755万人增长到795.18万人，增长5.32%，远低于河北省8.38%的平均增幅，占全省总人口的比重由11.02%下降到10.71%。在大量人口持续外迁同时，农村人口向城镇转移速度加快，2007-2015年，张、承两市的市区人口分别由91.4万人和50.55万人增加到111.37万人和68.34万人（根据1%人口抽样数据推算），张家口城市规模跨入大城市行列，中心城市的首位度提升，中心城市的聚集效应逐渐显现。2010-2015年，冀北地区县城常住人口由175.07万人增加到221.24万人，增加了46.17万人，乡村常住人口由647.07万人减少到547.76万人，减少了99.31万人。坝上地区人口规模逐步减少，张北、康保、沽源、尚义、丰宁和围场六县人口由161.7万人减少到158.34万人，减少了3.36万人。

——农民收入由农业收入为主向务工收入为主转变。受冀北地区城市化水平低，城市经济不发达，第二、三产业就业空间有限等因素的影响，大量的农村劳动力被束缚在传统低效的农业领域，第一产业从业比重偏高，农民收入以农业收入为主。随着城镇化的快速推进，第二、三产业加速发展，农民就业由一产向第二、三产业转移速度加快，工资性收入大幅增长，同时随着农村产权制度的变革，农村土地使用权、林地使用权流转速度加快，“企业+合作社+农户”利益联结机制逐渐形成，农民通过土地经营权流转“获租金”、扶贫资金入股企业“变股金”、就地打工“挣薪金”、盘活土地等资源入股合作社“分现金”等模式逐渐兴起，农民收入日趋多样化，制度变革对农民收入拉动作用逐步明显，农民转移性财产收入不断增加。据有关统计资料，张、承两市农业经营性收入比重分别由2010年的43.77%和30.72%下降到2015年的37.6%和22.38%，均下降了8个百分点以上，以第二、三产业为主的工资性收入、转移性收入和财产性收入总和所占比重由56.23%和69.28%增加到62.4%和77.63%，分别增加了6.17个和8.35个百分点（见表12）。

表12　2010-2015年冀北地区农民人均收入结构变化情况　（单位：%）

指标	2010年		指标	2015年	
	张家口	承德		张家口	承德
农民人均纯收入	100.0	100.0	农民人均可支配收入	100.0	100.0
其中：工资性收入	42.90	59.04	其中：工资性收入	42.46	62.30
农业经营性收入	43.77	30.72	农业经营净收入	37.60	22.38
财产性纯收入	2.50	3.42	财产净收入	1.64	1.89
转移性纯收入	10.83	6.80	转移净收入	18.30	13.44

数据来源：国家统计局河北调查总队农村住户调查资料。

——城镇建设由规模扩张向规模质量并重型转变。十年间，是冀北地区城镇建设发展水平快速提升的关键时期，张、承两市紧紧抓住新型城镇化、“三年大变样”等历史机遇，大力推动城市建设，城市规模不断扩大，城市框架逐渐拉开。2015年底张家口市行政区划调整获国务院批复，中心城市由原先的3个组团城区扩大至5个组团城区，面积由868.96平方公里扩大到6377.81平方公里，市区面积从全省第七跃居河北省第一，人口由111.37万人增加至175.42万人，跃居全省第四。承德建成区由2010年的97平方公里增加到2015年的112平方公里。在城市规模扩大的同时，城市功能不断优化，承载能力持续提升，城市道路绿地、地下管网、中水利用、网络通信等基础和公共服务设施加快建设，商贸购物、医疗卫生、文化娱乐、休闲健身等服务功能不断优化，张家口成为河北省首个“国家森林城市”，承德成功创建“国家园林城市”并被评为“中国十大特色休闲城市”。所有县城全部建成污水处理设施，垃圾实现集中处理，宽城“产教城”一体化发展模式在省内推广，宜居宜业的环境逐步形成。智慧之城建设提速，电信网、广电网、互联网“三网”融合步伐加快，承德市被列入省“智慧城市试点市”，城市数字化、网络化水平大幅提升，城市规划管理信息化、基础设施智能化、公共服务便捷化、社会管理精细化顺利推进。

2.发展机遇

——北京携手张家口举办2022年冬季奥运会，将进一步提升张家口城市国际知名度和影响力，为张家口乃至冀北地区扩大开放注入了新动能，为形成张北地区与雄安新区协同发展的两翼格局搭建了新载体，为加快融入京津冀世界级城市群建设带来了新契机。

——“十三五”时期，中国政府关于生态文明建设和生态文明体制改革一系列决策部署，将加速推进生态产品市场化改革进程，加快完善多元化生态保护补偿机制，对冀北地区发挥生态优势，探索建立生态产品价值实现方式，实现绿色发展注入了动力。

——新时期中国政府实施的脱贫攻坚工程，中国政府对这一地区的基础设施、产业开发、生态保护、公共服务等领域进行全方位、立体式政策倾斜和资金支持，为冀北欠发达地区加快脱贫步伐，同步迈入小康社会提供了制度政策保障。

——伴随着京津冀协同发展深入推进，交通一体化率先突破，京津到张承城际交通相继开工建设，北京七环将建成通车，张承机场通航能力持续提升，交通体系逐步完善，为冀北地区加快发展创造了条件。

——“十三五”时期，中国政府能源结构调整和电力体制改革步伐加快，冀北地区风能、太阳能、抽水蓄能等可再能源开发利用将进入加速发展的黄金期，为冀北地区培育新兴支柱产业、加速产业转型、实现绿色发展提供了重要支撑。

——在京津冀协同发展大背景下，北京非首都功能将加速向外转移，为冀北地区凭借天蓝水绿山青的生态环境，承接科研创新、教育医疗、文化体育等非首都功能，发展健康养老、休闲旅游、文化创意等产业创造了重大机遇。

3.面临挑战

——西北部生态涵养区的定位要求冀北地区重点提升生态保障、水源涵养、旅游休闲、绿色产品供给等功能，打造京津冀生态安全屏障和国家生态文明先行示范区。区域生态地位和功能的强化，对进一步转变发展方式，将绿色发展理念融入现代化建设的各方面和全过程提出了更高要求。

——随着京津冀协同发展深入推进，冀北地区经济社会发展得到较大改善，但区域发展基础、配套能力等方面仍比较薄弱，与河北省其他地区相比，在承接非首都功能转移、强化要素集聚的竞争中处于不利地位。

——区域生态环境保护压力与日俱增，绿色发展、转型发展迫在眉睫，冀北地区行政主导型的传统产业退出机制与新兴产业培育机制的不同步不协调，使经济发展新旧动能转换面临严峻挑战。

——冀北地区生态脆弱、资源贫瘠，致使区域贫困人口贫困程度深，减贫成本高，脱贫难度大，同时公共服务、基础设施、生态建设等方面欠账多，全面建成小康社会面临巨大压力。

（二）发展思路

未来一段时期，要把增强发展能力作为可持续发展的战略着眼点，把创新协同发展机制作为可持续发展的战略切入，把重构区域发展框架作为可持续发展的战略支撑，把生态产品价值实现作为可持续发展的战略途径，把优化发展环境作为可持续发展的战略保障，努力将冀北地区打造成为生态与经济双赢示范区。

1.增强自身发展能力

对冀北地区而言，只有持续增强自身发展能力，才能真正解决冀北的区域性贫困问题，才有可能缩小与周边地区的发展落差。增强区域发展能力，核心是培育壮大新兴的战略支撑产业。当前，冀北欠发达地区传统资源型产业受资源环境和市场等因素制约处于萎缩态势，新兴的生态绿色产业发展势头良好，但产业规模小，产业链条短，产业层次低，亟需扩大规模、延伸链条、提升能级，弥补传统产业萎缩带来的经济下滑缺口，并带动经济持续稳定发展。

2.创新协同发展机制

冀北地区与京津地缘相接，是推进京津冀协同发展的前沿阵地，双方已在生态共治、产业对接、功能承接和对口帮扶等方面，展开了多形式多渠道的合作。但截至目前，区域协同发展和对口帮扶仍然限于框架性安排，还没有形成一种常态化、制度化的协同机制。

应紧紧抓住京津冀协同发展战略实施带来的重大的历史机遇，在积极发挥政府主导作用的同时，充分发挥企业主体作用，创新市场化运作模式，在生态环境保护、产业经贸合作、非首都功能疏解、人才培养交流、基础设施建设等领域，探索与京津协同发展的体制机制，提升协同发展的能力和水平。

3.重构区域发展框架

冀北地区是京津冀重要的水源涵养功能区，特殊的生态功能定位，客观上要求区域发展必须以扩大生态产品供给、增强区域生态功能为前提。但目前，这一地区无论空间用地结构、产业发展体系，还是城镇开发布局、生态建设格局，远远不能适应其生态功能定位的要求。因此，在推进冀北欠发达地区发展过程中，必须按照水源涵养功能区的要求，加快构建与生态功能定位相适应的空间用地结构、与生态经济双赢发展模式相适应的生态产业体系、与资源环境承载能力适应的城乡分布格局、与提高生态保障能力要求相适应的生态建设保护体系。

4.实现生态产品价值

实现生态产品价值，是中国政府建设生态文明的重要保障，推进生态文明体制改革的重要目的。冀北地区作为重要的生态屏障，在保水源、阻风（沙）源等方面发挥了重要的作用，为京津冀地区提供了优质的绿色生态产品和服务。但由于生态产品和服务具有复杂而多样化的价值，不易计量、不易分割、不易分清受益者，尽管中国政府给予了一定的补偿补助，其价值远远没有得到充分体现。因此，加快冀北地区可持续发展，必须探索生态产品和服务价值实现的有效机制和多元形式，真正实现绿水青山向金山银山的转变，走出一条生态与经济双赢的绿色发展道路。

5.优化软硬发展环境

优化发展环境本质上是打造区域核心竞争力，保护和改善发展环境所做的种种努力，其实质是为区域发展增加竞争“筹码”。对冀北地区而言，相比于京津冀其他地区和全国沿海先进地区，除生态环境具备明显优势外，其他的软硬环境都有较大的差距，特别是基础设施建设滞后、产业配套能力较差、先进要素保障不足、公共服务水平较低等，在区域竞争中处于十分不利的地位。因此，在推动区域发展中，要下大力弥补基础设施建设滞后的短板，提升人口和劳动力综合素质，优化创新创业环境，重塑营商环境，打造区域发展的核心竞争优势。

（三）战略任务

未来一段时期，是冀北地区实现可持续发展的关键时期，要围绕建设生态经济双赢示范区，在持续增强区域水源涵养功能的同时，加快构建与生态功能要求相适应的空间用地结构、绿色产业体系、城镇化发展格局和生态保护体系，全面提升自我发展能力，不断缩小与周边地区发展差距。

1.构建与生态功能地位相适应的空间用地结构

冀北地区建设水源涵养功能区，为京津冀地区提供高质量生态环境和生态服务，客观上要求具备两个条件，一是要具备充足的生态空间，二是要实现单位生态空间产生的生态效益最大化。其中充足的生态空间是前提和基础。

从冀北欠发达地区总体情况来看，2015年冀北地区林草地面积合计384.7万公顷，生态空间占区域总面积的50%以上，生态空间相对充足。但分区域来看，生态空间分布不均衡，用地结构不合理，突出表现在承德市生态空间相对充足，占全市总面积的63.4%；张家口市生态空间严重不足，占全市总面积的比重仅为36.4%，比整个地区低近15个百分点，与此同时，建设用地、耕地、园地和其他农用地占35.8%，开发垦殖强度相对较高（见表13）。

表 13　　2015 年冀北地区土地利用现状　　（单位：万公顷、%）

	冀北地区		承德		张家口	
	面积	比重	面积	比重	面积	比重
土地总面积	762.8	100.00	394.9	100.00	367.9	100
耕地	133.2	17.46	40	10.13	93.2	25.33
园地	27.9	3.66	13.6	3.44	14.3	3.89
林地	344.5	45.16	234.5	59.38	110	29.90
草地	40.1	5.26	16.0	4.05	24.1	6.55
其他农用地	13.3	1.74	5.1	1.29	8.2	2.23
建设用地	28	3.67	11.9	3.01	16.1	4.38
未利用地	175.8	23.05	73.7	18.66	102.1	27.75

数据来源：根据张家口和承德两市提供数据整理。

进一步分析，张家口坝上地区除去林草地外，包括建设用地、耕地、园地和其他农用地在内的国土开发面积近58万公顷，占坝上地区总面积的比重超过42%，其中耕地面积49万公顷，占比高达36%。张家口坝上地区是河北省生态环境最脆弱的地区之一，风沙、干旱等自然灾害频繁，加之国土空间开发垦殖强度过高，对生态环境扰动强烈，更加剧了生态环境脆弱性，给土地带来荒漠化、沙化和碱化的威胁。

因此，站在提高京津冀地区生态保障功能的战略全局，要尽快调整张家口市土地利用结构，大幅度压减耕地指标，同时增加林草地指标，构建以生态用地为主导的区域用地结构。综合考虑区域生态地位、土地利用基础，在现有用地结构基地上，这一地区特别是坝上地区要继续实施退耕还林还草工程，大幅度压减耕地面积，提高林草地面积，最终将林草地面积比重由现状的36.5%调整到50%的水平，相应将耕地比重调整到12%左右，承德市用地结构基本维持现状，这样调整后以林草地为主的生态用地空间占65%左右，耕地占10%左右，园地、其他农用地、建设用地和未利用地占等其他用地占25%（见表14）。

表 14　　中远期冀北地区生态主导型用地结构　　（单位：万公顷、%）

	张家口				承德		冀北地区			
	调整前面积	调整前比重	调整后面积	调整后比重	面积	比重	调整前面积	调整前比重	调整后面积	调整后比重
总面积	367.9	100	367.9	100	394.9	100	762.8	100	762.80	100
耕地	93.2	25.33	44.15	12	40	10.13	133.2	17.46	84.15	11.03
林草地	134.1	36.45	183.95	50	250.5	63.43	384.6	50.42	434.45	56.95
其他用地	140.6	38.22	139.80	38	104.4	26.44	245	32.12	244.20	32.01

数据来源：根据张家口和承德两市提供数据整理。

2.构建与生态、经济“双赢”模式相适应的绿色产业体系

走生态、经济“双赢”之路，既是建设好生态涵养功能区，又是加快摆脱区域性贫困的客观要求和必然选择。要按照生态建设产业化、产业发展绿色化的思路，努力构建以大生态产业为优势、以高端装备制造业为支撑、以可再生能源产业为引领、以大数据产业为特色的绿色产业体系。

（1）培育大生态产业，打造惠及百姓的优势富民产业。良好的生态是冀北地区最大优势，在京津冀地区雾霾天气短时期难以根治的情况下，新鲜的空气、优质的水源、绿色的食品，越来越成为都市居民追逐的稀缺资源。冀北地区毗邻京津，是京津地区居民首选的游玩、健身和康养之地。要立足于生态基础和优势，树立“生态+”思维，将自然生态与温泉、冰雪、文化、农产品等特色资源优势融合放大，大力发展面向京津，为都市居民游玩、娱乐、康养、健康、饮食等服务的大生态产业，打造国内外知名休闲康养品牌。一是生态旅游产业，按照全域旅游概念，深入挖掘特色资源，强力塑造滑雪温泉、塞外风情、民俗品鉴、历史文化四大品牌，打造立足京津、面向华北、辐射全球的国际旅游目的地。二是休闲康养产业，依托天然氧吧、温泉、道地药材等优势资源，建设一批大健康产业园和养生养老基地，推动医养结合，形成具有国内影响力的健康产业聚集地。三是林业产业，积极探索市场化绿化造林和生态林开发经营模式，发展壮大包括防护林管理、森林防火防疫、林草苗种培育系列、生态工人培养等在内的生态管护服务业。四是农业和农副产品加工业，借力奥运承办，瞄准高端消费市场，围绕肉奶、葡萄、蔬菜、马铃薯、林果、食用菌、禽蛋等农畜产品及其深加工，以“精品、有机、特色”为方向，着力建设一批设施一流、标准一流、检测手段一流的现代农业产业园区和农产品加工企业，打造“奥运食品供应基地”。

（2）做强高端装备产业，打造区域崛起的支撑产业。高端装备制造是产业转型升级的重要方向。冀北地区的机械制造业具有较为雄厚的产业技术基础。近年来，在京津冀协同发展大背景下，以汽车及零部件为代表的高端装备制造呈现出良好发展态势。要依托良好的发展基础，以汽车及零部件、专用设备、节能环保装备为重点，加快产业链条的延伸，打造新兴装备制造新高地。一是汽车及零部件，按照全产业链发展思路，依托现有核心零部件项目，逐步向大部件、汽车整车、相关汽车服务业拓展，加快提升汽车企业聚集程度，带动汽车研发、物流、商贸、服务及其他关联企业的发展，形成华北新兴汽车制造产业集群；二是机械装备制造业，依托现有煤炭机械、工程机械等既有发展基础，加快向精品化、专业化方向发展，加快发展公共安全与应急装备、通用飞机及航空零部件、航天配套装备风电装备、节能环保装备、数控机床等新兴装备产业，培育形成机械装备制造新优势；三是装备制造业智能化服务化，加快推进“互联网+”协同制造，推动云计算、物联网、智能机器人等技术在生产过程中应用，着力提升装备制造业数字化、智能化水平。围绕提升产品功能和附加值，积极发展服务型制造，推进装备制造业与服务业融合，推动企业向“制造+服务”模式转变，引导企业强化研发、设计、销售等服务环节，实现服务增值。

（3）壮大可再生能源产业，打造绿色发展的引领产业。大力发展可再生能源产业，是顺应世界能源变革趋势、保障能源安全的必然选择。特别是京津冀地区严重的大气环境污染状况，迫切需要加快清洁能源发展，转变以煤炭为主导的能源消费结构。冀北地区具有丰富的风能和太阳能资源，生物质能、地热能和水资源也具有一定的优势，近年来，在中国政府相关政策的支持下，冀北地区可再生能源发展方兴未艾，呈现良好的势头。未来，要紧紧抓住张家口国家级可再生能源示范区建设的有利时机，以推动本区消纳应用和跨区电力外输为重点，以消除体制机制制约为关键，合理有序开发各类能源，确保可再生能源健康发展，把可再生能源打造成为全区生产生活方式变革的引领产业。一是开发领域，要在将弃风率、弃光率控制在5%-10%的前提下，推动风光资源合理有序开发，持续扩大新能源装机规模，近期新能源电力装机规模达3000万千瓦，远期达到5000万千瓦以上，真正成为京津冀地区新能源电力输出基地。二是消纳领域，按照近期冀北地区新能源电力消费占全社会用电量比例不少于15%，中远期不小于30%的要求，力推可再生能源电力在地区率先消纳；积极推进地区太阳能屋顶工程，加快推进高层建筑太阳能供热系统改造和普及；推进太阳能集热、电供暖、地热供暖、干热岩供暖、跨季节储热、生物质能供暖等工程，扩大冬季燃煤替代规模。三是外输领域，创新跨省（市区）电力交易机制，推动可再生能源电力在京津冀乃至更大区域范围内实现上网交易。四是推动“互联网+能源”融合发展，以大数据、物联网和储能技术为支撑，采用“自发自用、余量上网、电网调节”运营模式，建设各类分布式能源，探索发展智慧能源系统。

（4）发展大数据产业，打造激发新动能的特色产业。伴随着互联网、移动互联网技术的发展，大数据产业具有无限广阔的发展前景，大数据及其衍生产业必将会创造、催生许多新业态和增值服务，成为引爆产业转型升级的关键点。冀北地区由于天然凉爽的气候和清洁空气环境的原因，成为国内众多企业建立数据库的首选之地，已经汇集了阿里巴巴、分享通信、中国电子等一批国内外知名的企业。未来，按数据存储——数据分析——数据应用的产业发展路径，逐步集聚一批大数据及关联企业，形成北方新兴的大数据产业发展基地。一是建设数据交互枢纽，依托现有发展基础，以张北云计算产业基地和承德中关村大数据核心创业园为基础，推进建设一批重点行业、企业和公共部门的云计算数据中心和灾备中心，形成全国大数据存储基地；二是发展壮大大数据服务业，围绕服务京津冀地区行业、企业和公共服务等需求，吸引集聚发展一批大数据、物联网、移动互联网、电子商务、呼叫中心等领域的优质企业；三是培育大数据设备制造业，引进终端制造企业，支持发展车联网产品、可穿戴设备、智能手机、平板电脑等云计算终端，着力发展海量存储、新一代网络、机房配套设备和新架构服务器等数据中心设备制造业；四是发展大数据软件产业，加强与中关村科技园合作，开发平台资源管理、云安全防护、大数据存储、数据挖掘分析等一批基础软件和应用软件，为大数据产业发展提供软件支撑。

3.构建与资源环境承载能力相适应的城镇发展体系

冀北地区生态环境十分脆弱，是极易遭受人为破坏并且难以得到恢复的地区，适合人类合理开发利用的土地不足总面积的30%，恶劣的自然条件和退化的生态环境，导致全区有限的人口承载力难以支撑现有人口的生存和发展。京津冀水源涵养功能区的定位，必然会进一步强化对空间开发规模和布局的刚性约束。统筹考虑区域人口规模、转移趋势、城镇基础和生态要求，未来要构建以城镇为主导的人口分布格局，以中心城市、县城和建制镇三分天下为特征的城镇规模结构。

（1）构建城镇主导型的人口分布格局。未来五年乃至更长时期，冀北地区人口流动将延续向区外和城镇转移的趋势，考虑到城镇化的加速推进和生态涵养功能区的建设需求，这种转移的速度有可能进一步加快，城乡人口分布格局将实现由以农村人口主导向城镇人口主导的转变。2015年，冀北地区城镇化率达49.8%，比2014年提高了2.2个百分点，按照这一速度发展，到2020年冀北地区城镇化率将达到60%以上。此后十年间冀北地区将步入城镇化后期，城镇化速度将慢下来，按年均1个百分点增速计算，到2030年城镇化率将达到70%以上。

（2）构建三分天下的城镇规模体系。近年来，受乡村旅游开发、特色小城镇发展、外出务工人员返乡创业等的影响，加之中心城市进入门槛较高，冀北地区农村人口向城镇转移呈现出中心城市平稳增长，县城较快增长，建制镇加速增长的态势。以张家口市为例，2010–2015年，中心城市、县城和建制镇的人口规模所占比重分别增长了0.32个、0.83个、5.88个百分点（见表15）。未来五年乃至更长时期，随着城乡发展差距的持续缩小和美丽乡村建设的深入推进，小城镇仍将是农村人口转移的主要承接地，农村人口转移有可能延续近年来的发展态势。根据现状人口增长变化趋势，预测未来三类城镇人口规模将相当，占总人口的比重均为20%–25%，将形成中心城市、县城和建制镇三分天下的城镇人口分布格局。考虑到坝上地区特殊的生态地位，属于国家级限制开发区，生态环境敏感脆弱，未来应着力培育县城，将县城打造成为人口集聚的中心，坝下地区要着力培育县城和重点镇两个人口增长极。

表15　近年来张家口市城镇人口占市域总人口变动情况　（单位：%）

	中心城市人口		县城人口		建制镇人口	
	比重	增速	比重	增速	比重	增速
2010年	24.91	5年间增长0.32个百分点，年均增0.06个百分点	15.60	5年间增长0.83个百分点，年均增0.17个百分点	4.66	5年间增长5.88个百分点，年均增1.18个百分点
2011年	24.93		15.16		6.33	
2012年	24.97		15.18		7.48	
2013年	24.98		15.39		8.58	
2014年	25.08		16.11		8.90	
2015年	25.23		16.43		10.54	

数据来源：根据张家口和承德两市提供数据整理。

（3）加快推动农村分散人口适度集聚。结合新时期易地扶贫搬迁、美丽乡村建设、乡村旅游开发和特色小镇发展等部署，遵循规划引导和群众自愿相结合的原则，有序推进深山、石山、高寒等生态条件脆弱、生态环境恶劣、自然灾害频发地区农村人口向坝下和山间盆地转移，推进零散分布的自然村人口向中心村集聚，并结合城镇化部署，加快迁入地住房建设，配套完善饮水、出行、用电、通讯等公共服务设施，对于迁出区统筹推进生态修复保护和绿色产业开发。

4.构建与生态保障要求相适应的生态保护体系

围绕水源涵养功能区建设，因地制宜，构建森林、草原、湿地、水土保持生态防护体系，健全水资源、能源节约集约利用体系，为冀北地区绿色崛起和京津冀协同发展提供生态环境支撑。

（1）健全森林防护体系。以本区沙化土地和水土流失严重等生态脆弱区为重点，加大综合治理力度，构建由冀蒙交界防风固沙林、坝上农牧防护网、沿坝水源涵养带、山地水土保持网构成的生态防护林网体系，扩大森林绿化面积，充分发挥森林生态功能。

（2）健全草原生态体系。以草畜平衡为原则，根据草原类型和生产能力，合理制定禁牧休牧轮牧制度，核定草原载畜量，全面实现草畜平衡。对于生存环境恶劣、草场严重退化、不宜放牧的草原，实行禁牧封育，落实好坝上草原生态奖补政策发展，逐步恢复草原生态功能。

（3）健全湿地生态体系。以恢复湿地历史生态功能为导向，全面恢复历史时期著名湿地，对由于水资源缺乏而导致湿地消失或正处于萎缩状态的湿地，适当增加生态用水比例，对河流中下游地段退化湿地，进行生态补水，抢救性恢复湿地，推进坝上地区退耕还湿、退牧还泽，逐步恢复原有的湿地生态环境。

（4）健全水土流失治理体系。以京津水源地保护为重点，按照“上游封育治理，中游开发治理，下游修建水平梯田”的模式，推进永定河、潮白河、滦河流域水土生态治理，加快废弃矿山生态修复，进一步完善不同地形和侵蚀类型区水土流失修复治理模式。

（5）健全水资源开发利用体系。以建设节水型社会为重点，按照“严格控制水资源消耗总量、大幅压减农业用水，控制工业用水、充分保障城乡生活用水、适度增加生态用水”的思路，加快构建节水型生产生活体系，不断提高水资源开发利用效率，优化水资源开发利用结构。

（6）健全能源开发利用体系。以能源体系清洁化改造为导向，按照“严控能源总量、压减煤炭消费、发展清洁能源”的思路，依托现有发展基础，积极推进包括风能、太阳能、地热能、抽水蓄能、生物质能、天然气等在内的清洁能源开发利用步伐，到2030年使清洁能源成为本区能源消费的主体能源。

三、冀北欠发达地区实现可持续发展的重大举措

（一）加快水源涵养功能区建设，探索生态产品价值实现途径

1. 因地因需制定生态建设投入标准

行政区划分割，导致冀北地区与京津在生态建设方面形成了投入标准与建设条件倒挂现象，即京津立地条件好投入标准高，冀北地区立地条件差反而投入标准低。为推进京津冀地区生态一体化建设和保护，要打破行政藩篱，探索建立投入标准与建设条件相适应、投入规模与生态地位相匹配、生态收益与保护责任相统一的区域生态建设和保护长效机制，可考虑由中央政府和京津冀三方共同出资建立京津冀水源涵养功能区建设基金，统筹开展区域生态建设和保护，逐步拉平区域生态投入标准。

2. 探索建立跨区域占地补林机制

冀北欠发达地区历来就担负着为京津冀地区“保水、阻沙、防风”之重任，《京津冀协同发展规划纲要》更是强化了此地区的生态功能和地位，提出要建成生态系统完整、环境质量相对较好、水资源比较丰富的生态功能区，为京津冀协同发展提供生态安全保障。多年来，中国政府对这一区域的生态建设投入持续加大，生态环境恶化的趋势得到有效遏制。但由于新形势下冀北地区生态建设任务繁重，且没有形成长效的生态建设和保护机制，单单依靠国家财政投入的生态建设模式难以为继。为从根本上破解“国家要生态、地方要发展、百姓要致富”的难题，急需创新生态建设和保护投入机制。因此，要在吸收借鉴目前实施的耕地占补平衡方式

的基础上，在京津冀生态主体功能区与重点开发区或优化开发区之间，探索实施占一亩耕地补一亩生态地的占补平衡机制，并以冀北地区为试点开展先行先试，在京津冀其他重点开发区或优化开发区占一亩耕地的同时，要为冀北地区出资建设一亩生态用地。可考虑实施下面两种方案：一是企业在进行土地指标购买时，按照一定比例增加生态建设税费，由政府部门组建生态建设基金管理机构对资金进行管理，一部分资金直接用于退耕还林还草等生态建设，一部分资金可在相关部门的监管下进行市场化运作，保障农户土地收益、后期管护等费用支出；二是根据企业占用耕地的数量，由企业直接在冀北地区购买同等数量的生态建设用地，苗费、劳务费、管护费等均由企业支付。以上两种方案既能解决生态建设资金不足的问题，保证生态建设的可持续性，又能提升京津冀地区生态安全保障能力。

3.健全生态补偿长效机制

目前关于生态保护补偿机制，中国政府和河北省政府都出台了相应的意见，对开展生态保护补偿、健全生态保护补偿机制做出了安排和部署。冀北地区作为京津冀重要的水源涵养功能区和生态屏障区，迫切需要根据相关文件精神，结合区域实际，探索建立生态补偿长效机制，积极开展生态保护补偿实践，为推动生态产品价值实现、促进生态受益区和保护区实现良性互动，探索路径、提供经验。

（1）积极推进横向生态补偿试点。目前京津冀尚没有开展真正意义上的横向生态补偿，即便是2016年开展的津冀水环境补偿试点，也仅仅是为治理潘大水库网箱养鱼而进行的共同治理水环境的努力，与因让渡资源使用权、丧失发展权、实施高于其他地区的生态环保标准而蒙受的损失进行的补偿，相距甚远。要借国家健全生态补偿机制之机，积极推进京津冀生态补偿试点，以期推进贫困的生态地区加快发展，为其他同类地区提供可复制可推广的经验。要以潮白河流域为试点，积极推进京冀水资源补偿，在分配流域水资源使用权基础上，确定水资源补偿标准、方式和途径，在确保下游地区用水需求的同时，对于上游地区给予合理补偿。

（2）逐步扩大公益林补偿范围。冀北地区在为京津涵养水源、保持水土、抵御灾害、净化空气、改善气候、固碳送氧、生物多样化等服务方面发挥了重要的作用。以处于核心区的丰宁为例，全县700万亩森林每年可产生的生态服务总价值为195亿元（根据全国第八次森林资源核查数据推算），其中涵养水源一项总价值为48亿元，保守估算每年为下游送水价值可达20多亿元。目前，冀北现有的5000多万亩林地中，仍有约2/5的林地没有列入公益林补偿范围，严重影响着当地林业生态效益的发挥，因此要将冀北地区所有天然林和人工林划定为京津水源涵养区公益林。正在建设或者今后建设的生态林，达到一定标准后，均列入公益林管理，全部纳入中央财政森林生态效益补偿基金支持范围。

（二）加快高水平平台建设，打造绿色转型载体

1.打造冬奥会开放发展引领平台

北京与张家口共同申办2022年冬奥会，是张家口乃至冀北地区改写经济社会发展历史的重大战略机遇。冬奥会带给张家口的不仅是一场大规模、世界性的体育盛会，同时也为张家口乃至冀北地区搭建了对外开放的平台，对于加强国际交流合作、吸引外来投资，全面提升张家口对外开放的层次和能级，进而带动区域发展理念、发展方式和发展动力的转变，具有重要的意义。因此，要把奥运会作为区域开放发展的引领平台，加快营造与国际接轨的开放发展环境，精心塑造奥运城市品牌，全面提升城市国际知名度和影

响力，加快推动国际经济技术文化交流，积极吸引国外先进理念、资本和人才，推动区域开放型经济发展。

（1）提升奥运城市国际化水平。按照世界眼光、国际标准，加快提升张家口主城区和崇礼赛区公共服务设施国际化水平，高标准建设国际商务酒店、涉外餐饮娱乐场所、高端医疗服务设施、国际会展中心等，全面提升涉外接待能力。按照与国际接轨的标准，完善地方性法规，健全国际法律咨询机制，建立统一的对外籍人员服务窗口，打造外商投资管理服务平台，为境外人士通关签证、商务投资提供便捷服务。着力塑造国际化语言环境，实施公共场所双语标识工程，在主城区和崇礼赛区的公共交通、酒店、商场、医院等场所推广多语种信息导航系统，加快组建一支高素质的涉外服务人才队伍。紧跟国际潮流，发挥生态低碳和历史文化优势，树立张家口生态、低碳、时尚、激情的独特品牌形象。

（2）打造高层次国际交流平台。依托崇礼高端会展设施，积极争取主办或承办奥林匹克峰会、经济发展论坛、中国城市发展论坛、国际可再生能源高层论坛等国际会议论坛活动，打造东方达沃斯。用好冬奥会名片，推动张家口和承德携手引进一批国际知名度高、品牌影响力大的国际体育赛事和大型文化活动；吸引建立以张家口、承德为主办公地或区域办公地的国际性组织机构，开展国际交流；联手在境外举办一批冀北地区常规性招商推介会，特别是组织开展针对欧美国家的招商活动；探索组建“国际知名企业家俱乐部”，组织知名企业家到冀北地区开展交流合作和投资置业考察。

（3）构建开放型经济体系。依托奥运名片，发挥生态低碳和历史文化优势，围绕引进先进人才、技术和理念，加强与跨国体育文化、节能环保、先进装备制造、商务服务等行业企业的对接合作，力争引入一批跨国企业总部、区域性总部、研发创新中心、采购营销中心和生产制造基地。做好特色产品品牌开发，以生物、医药、电子、皮毛、家电、节能环保和农副产品为重点，将更多的本土名优产品植入人文、奥运、生态、低碳理念，培育形成一批国际知名品牌，带动冀北名优产品走向世界。

2. 建设绿色发展示范平台

目前，冀北地区凭借良好的生态环境和资源条件，被成功列为国家生态文明先行示范区、国家主体功能区建设试点示范城市、国家可再生能源发展示范区、国家工业绿色转型发展试点城市等，在产业转型升级、生态文明建设、能源战略转型等方面赋予了先行先试的权利，并给予了一定的政策支持，为推动区域绿色发展搭建了良好的示范平台。要以建设这些国家级试点示范平台为契机，围绕重点领域和关键环节，积极开展体制创新、机制创新、制度创新试点示范，力争探索出一条适合冀北特色的绿色发展之路。

（1）积极开展各类试点示范。围绕建设国家各类试点示范区，加快制定相关实施方案，配套制定相关细则，严格落实目标责任分工，为推进试点示范区建设提供依据和保障。在建设试点示范区过程中，针对体制顽疾、制度障碍和政策羁绊，要以敢为天下先的精神，结合区域实际，积极探索和尝试，切实提出现实举措、办法和实现路径，真正将国家层面的规划与区域实际情况结合起来，将国家的政策导向落到实处。

（2）努力争取国家政策支持。建设国家各类试点示范区，目的在于在相关领域大胆试验，为全面推进有关领域发展探索可复制可推广的经验和模式，客观上会面临现行体制机制和政策的制约。如张家口国家可再生能源示范区的建设，面临着原有能源发展规划、可再生能源交易、可再生能源电力价格形成等方面的制度制约，同时也面临着建设用地、通道建设等方面的政策障碍，这些问题单靠地方政府无能为力，迫切需要国家给予相关政策支持。因此，冀北地区各级政府在建设各类试点示范区过程中，对于遇到的体制机制制约、政策障碍和资金瓶颈，要拉出清单，并积极与有关方面对接沟通，努力通过各种渠道，争取国家部门的支持，为顺利推进试点示范创造条件。

3.打造城市发展新增长极

张家口、承德两个中心城市，是承接人口转移、推动产业升级、提升区域地位的重要平台，是改善城市形象、扩大开放合作、融入京津冀城市群建设的重要载体，是未来区域转型、绿色发展的重要引擎。但目前，受自然地形条件的影响，两个城市发展后备空间严重不足，承德中心城市布局在武烈河沿岸，而张家口中心城市布局在清水河沿岸，城市拓展空间受限。张家口尽管在2015年调整了行政区划，将原宣化县、万全县、崇礼县纳入了城市范畴，且目前正在建设洋河新区，但一方面万全、崇礼距离主城区相对较远，且发展基础薄弱，短时间内难以发挥引领作用，另一方面洋河新区只有30平方公里，难以承担起拓展城市空间、优化城市功能的重任。因此，迫切需要借鉴河北其他城市的经验和做法，在中心城市周边，选择合适的相对开阔的区域，建设功能高端、设施高端、产业高端的现代化新城区，打造中心城市发展的新增长极。

（1）规划建设宣化新区。建议将新区选择在京藏高速（G7）、宣大高速、张石高速合围的三角区域，覆盖宣化城区，以及宣化沙岭子镇、春光乡、河子西乡、塔儿村乡、洋河南镇、侯家庙乡、顾家营镇7个乡镇，面积约2000平方公里。这一区域位于张宣盆地，地势较为平坦、开阔，具有充足的发展空间；地处三条高速合围地带，北接主城区，南连下花园区，区内拥有多条高速、铁路、省道和规划中的城际铁路，是西北进入北京的必经之地，交通区位条件优越；区域内经济基础较好，洋河新区是张家口着力打造的可再生能源成果应用示范基地和科教新城，目前基础设施框架已基本形成，且引进了一批高端服务企业和先进制造企业，宣化城区是老工业基地，工业基础较为雄厚，目前人口超过30万人，江家屯、塔儿村等周边乡镇，近年来体育健康、休闲养老、文化旅游等现代服务业和城郊型农业发展较快。未来宣化新区要按照打造奥运名城、引领区域转型的要求，以宣化城区和洋河新区为重点，加快发展冰雪运动装备、可再生能源装备、工程装备、专用汽车及零部件等高端装备制造业，以及商务会展、总部经济等现代服务业；其他城镇，依托现有基础，针对京津等地高端消费群体需求，加快发展休闲娱乐、体育健康、城郊旅游等服务产业。谋划建设连接主城区、宣化新区、下花园区、万全城区、崇礼城区的城市轻轨，推进城区之间的交通一体化。

（2）规划建设滦平新区。建议将滦平新区选在张百湾镇与滦平县城之间的河谷地带，面积约600平方公里，覆盖了张百湾镇、大屯满族乡和滦平镇3个乡镇。该区位于滦河河谷，地势较为平坦、开阔，适于城市和产业开发，是主城区周边不可多得的区域；境内拥有112国道、353省道、354省道和铁路京通线，交通条件便利；域内有滦平县经济开发区和张百湾新兴产业示范区，在电子信息、食品医药、新型建材等方面有一定的产业基础。未来滦平新区，要立足建设国际旅游城市、提升城市知名度和影响力的要求，依托承德深厚历史文化底蕴，重点发展文化创意、科技研发、商务会展等高端服务业，结合园区产业改造升级，大力发展新材料、生物制药、绿色食品、节能环保等先进制造业；建设一批展现承德文化特色的标志性建筑群，将山体、水系、绿地、开放空间与城市有机融合，打造体现自然生态气息、历史文化灵气和时代特色的国际旅游城市风貌；同时按照城市快速路标准，积极推进现有国省道升级改造，畅通新区至主城区以及新区至大广高速滦平口的交通道路，努力将新区建设成为国际旅游城市重要支撑区和绿色崛起的重要增长极。

4.提升产业升级支撑平台

十年来，冀北地区园区发展取得了长足进步，形成了张家口经开区、西山高新区、承德高新区、双滦经开区、滦平经开区、围场国家现代农业示范园区、张家口市塞北管理区国家现代农业示范区等一批具有代表性的产业园区，支撑了区域经济的增比进位，同时也带动了农村居民的脱贫致富。但总体来看，现有产业聚集区或工业园区仍以传统资源型产业为主导，且多集中于生产制造环节，与区域绿色发展、转型升级的客观要求不相适应；同时，现代农业示范园区数量少、规模小、档次低，与大力发展冀北现代农业经济、加快摆脱区域贫困的迫切要求不相适应。为此，要着力从以下两个方面着手，加快推进产业平台建设，使之成为带动区域绿色转型的重要引擎。

（1）打造工业园区发展“升级版”。限期淘汰园区不符合水源涵养区功能定位的高污染、高排放行业，推进园区化工、建材、机械、食品等传统产业绿色化改造，同时严把项目入园关，综合考虑产业关联性、资源环境友好性、经济效益性等因素，制定产业进入标准体系，加快发展高端装备、大数据、绿色食品、天然山泉水等绿色产业，推进园区内企业间清洁生产及循环化改造，推进园区循环化绿色化发展。摒弃以往一县一园“撒芝麻盐”式的发展方式，按照“集中力量办大事”原则，倾全区之力重点发展中心城市园区、环京津周边县园区、交通枢纽县园区、山谷盆地县园区等，在用地指标、资金安排等方面给予支持。支持园区企业由生产制造环节向上下游延伸，加快引进研发设计、科技创新、中介服务等企业，完善产业链条，提升行业竞争能力。借鉴先进经验，推行“大部制”“公司化运营”“整体托管”等运营管理新模式，探索人员身份、岗位管理和收入分配新机制，充分激发园区内在活力。

（2）推进现代农业示范园区扩规提质。立足区域优势，突出冀北特色，以“生态化、高端化、特色化、规模化”为取向，加快发展设施种养、高效林果和生态观光三类农业示范园区，力争在现有基础上有更多的市级园区升格为国家级园区。借鉴滦平县兴春和与阳原小关村发展模式，将企业壮大、园区发展和农户脱贫等结合起来，以扶贫资金撬动金融资金支持农业龙头企业壮大，以龙头企业壮大带动现代农业园区发展，以园区发展实现农村劳动力就业和农户脱贫致富，同时对参与扶贫开发的农业龙头企业和农业合作社，优先享受生态特色产业直补、贷款贴息补助、土地流转补贴、贷款担保奖励、劳动力转移培训补助等优惠政策。鼓励引导农户通过转包、出租、互换转让、股权合作等形式，促进土地承包经营权向种植大户、家庭农场、农民合作社、农业企业等新型农业经营主体流转，为农业规模化经营和现代园区建设创造条件。引导农业园区“接二连三”，推动三次产业融合发展，延伸农业产业链，提高农产品加工转化率和附加值，推进农业与旅游、教育、文化等产业的深度融合，推进农业与旅游、教育、文化与产业的深度融合，实现农业从单纯的生产向生态、生活功能的拓展。

5.构筑功能疏解承接平台

国际经验表明，特色小镇是后城市化时代中心城市功能向外辐射扩散的重要载体和实现形式。目前，在北京、天津、上海、杭州等大都市周边，均已出现了创新小镇发展雏形。冀北地区毗邻北京、区域条件优越，生态环境良好，具有发展特色小镇得天独厚的优势，特别是城际交通的建成，加快了冀北城市与京津的同城化步伐，为特色小镇加速崛起创造了良好条件。因此，冀北地区要在借鉴国内外先进经验的基础上，以京张高铁和京沈客专沿线站点为重点，以打造高铁新城为主要载体，以承接首都疏解功能为主要方向，结合区域产业特色、人文底蕴和生态禀赋，打造“产、城、人、文”四位一体的特色小镇。

（1）因地制宜发展特色小镇。在蔚县、鸡鸣驿、围场、平泉等文化底蕴深厚的地区，着力打造体验历史文化、突出文化创意和设计主题的国际文化旅游小镇；在温泉之乡、中药种植基地、葡萄酒种植基地、山泉水富集地等养生资源丰富地区，着力打造享受山水资源环境、突出养生主题的京北休闲康养小镇；在中心城市周边、环京津周边等交通便利、区域优势、基础较好的地区，着力打造集聚高端要素集聚、突出不同产业特色的创新创业小镇；其他地区也要挖掘资源优势、彰显区域特色，因地制宜打造批时尚运动小镇、光伏小镇、大数据小镇、皇家猎苑小镇等。

（2）坚持高起点编制规划。借鉴浙江先进经验，准确把握小镇内涵与外延，在产业定位上摒弃“大而全”，力求“特而强”，功能体系摒弃“散而弱”，力求“聚而合”，城镇形态摒弃“大而广”，力求“精而美”，制度设计摒弃“老而僵”，力求“活而新”。做好特色小镇详规与经济社会发展、土地利用、城镇建设、产业发展、生态环境保护等相关规划的衔接，确保既能满足特色小镇建设需要，又与区域整体发展相协调。

（3）创新特色小镇建设运营模式。可借鉴廊坊固安华夏幸福基业的运作模式，充分发挥企业参与市场竞争的灵活性、自主性和创新性，把特色小镇开发建设作为一个整体项目来运作，由企业进行资金筹集、招商引资、基础设施建设、人才引进等工作。也可借鉴杭州云栖小镇的模式，紧紧围绕创业者需求，发挥民营龙头企业的引领作用，打造创新创业基础和公共服务设施，政府做好相关配套服务，吸引创业者前来投资，共同构建“政府主导＋民企引领＋创业者投资”的产业生态链。

（4）提升公共服务水平。参照雄安新区做法，按照与北京公共服务对接的原则，研究制定对接北京教育、医疗、社保制度，逐步拉平公共服务方面的差距，为功能疏解和人口转移创造条件。借鉴智慧城镇建设经验，建设完善数字化基础和公共服务设施，提高基础设施服务能力。加强道路绿化、生态隔离带、绿道绿廊和片林建设，构建环境优美的系统生态格局，提升特色小镇的舒适度和宜居性。

（三）优化提升公共服务能力，增加公共服务供给，形成与人口布局和需求相适应的公共服务体系

1.优化与人口分布和需求相适应的公共服务资源配置结构

目前，冀北地区公共服务资源特别是优质公共服务资源主要集中于中心城市和县城。根据前述关于人口转移和城镇化发展趋势的分析，未来小城镇将成为农村转移人口的主要承接地，并与中心城市、县城形成三分天下的城镇分布格局，因此要加快建立与之相适应的公共服务配置结构。

（1）调整和优化公共服务资源配置体系。中心城市和县城的医疗、卫生、教育、文化等优质公共资源要进一步下沉，特别是离中心城市和县城较远的小城镇要增设医疗卫生、文化教育机构，加快公共服务设施建设，满足当地居民基本公共服务需求。

（2）创新公共服务资源配置机制。建立中心城市和县城与基层事业单位人员定期轮流下基层制度，对于下基层的事业单位人员在工资待遇、福利标准、职称晋升、干部提拔等方面给予政策支持。同时，加强与京津医疗、教育等公共服务机构的对接，探索将定期轮流下基层制度扩展至京津与冀北地区之间，提升冀北地区公共服务水平。

（3）优化公共服务资源配置形式。积极发展“互联网+公共服务”，加强基层特别是

乡镇一级的公共服务设施建设，全面提升信息化水平，同步推进与县城、中心城市乃至京津相关机构的联网和数据共享，积极推进远程医疗、网上诊断、互联网教育等，为满足基层公共服务需求创造条件。

2.优化与人口结构和需求相适应的公共服务供给结构

冀北地区近邻京津，人口和劳动力向区外转移趋势明显，由于转移出去的多是青壮年劳动力，导致常住人口中老年人比例偏高，2016年60岁及以上人口比例为21.07%，高于全省平均水平两个百分点，考虑到这一地区未来将成为京北著名的休闲养老基地，来自域外特别是北京的老年人会增加，因此这一比例可能会进一步提高，迫切需要建立与人口结构相适应的养老医疗保障体系。同时冀北地区劳动力受教育程度普遍不高，生产技能缺乏，特别是贫困人口缺乏就业技能和致富途径，成为脱贫攻坚、区域发展的重要制约因素，迫切需要建立与提升劳动力就业能力相适应的技能培训体系。另外，冀北地区一些地方病如大骨节病、克山病等长期困扰当地居民，迫切需要改善医疗卫生服务条件。鉴于此，需要从以下三个方面优化公共服务供给结构：

（1）提升养老医疗服务水平。创新养老服务多元化供给机制，加快引进国内外健康养老服务机构，积极探索与京津市政府、企业和民间团体合作途径，在怀来、涿鹿、赤城、滦平等环京津县，谋划建设规模化、连锁化、品牌化养老服务机构，扩大养老服务供给，满足不同层次的养老服务需求。加快推进医养结合，建立健全医疗机构与养老机构的业务协作机制和转诊绿色通道，构建养老、照护、康复、临终关怀服务相互衔接的服务模式。加强与京津养老医疗机构的联合协作，争取建设区域性医疗中心、开办分院、合作办医、专科协作及合作养老机构，充分借鉴廊坊燕达医院经验，建设与京津医疗保险转移接续无障碍通道。

（2）健全职业技能培训体系。实施“精准化”技能培训，围绕冀北地区发展实际和市场需求，对需要转移就业的劳动力开展就业技能培训和外出劳务培训，对在岗农民工开展岗位技能提升培训，对农村创业和技能致富带头人开展示范培训，对从事农业生产和服务的农民开展新型职业农民培训，对具备创业条件、有创业需求的农民开展创业培训。推进协同共建，加快冀北地区与京津两市人力资源信息共享平台，健全区域相互衔接的劳动用工政策，共建共享公共就业实训基地。加强科技指导，充分发挥农技推广服务云平台和12316农业信息综合服务平台作用，设立县、镇、村三级农业科技服务站，推进科技特派员下乡活动，及时解决农民劳动生产中的难题。

（3）完善地方病防治体系。进一步健全综合防控体系，针对冀北地区克山病仍然没有完全消除的情况，卫生计生部门加强监测和评价，积极推动病区持续落实综合防治措施，进一步建立健全克山病患者档案；扶贫部门对建档立卡的因克山病致贫家庭进行重点帮扶。积极开展科研攻关，发挥京津医疗科研机构集中优势，开展多部门、跨学科的联合技术攻关，力争推出一批适宜冀北克山病的防治技术，建立防治技术转化示范点，并在全国范围内逐步推广应用。

（四）因地因人施策，进一步提高扶贫脱贫的精准性

1.强化社会救助政策对特困人口的兜底功能

目前，冀北地区贫困人口中因丧失劳动能力而导致贫困的人口较多，2015年因病因残致贫率高达12%，而张家口涿鹿县贫困人口中60岁及以上老人占比竟高达一半以上。目前实施的精准扶贫，虽然规定了贫困人口可以享受扶贫贷款担保贴息政策，但是对于

丧失劳动能力的特殊困难群体如60岁及以上的老人，银行不予贷款，导致一方面扶贫资金花不出去，另一方面有劳动能力且有资金需求的群体难以贷到款，使得扶贫效果大打折扣。因此，应加大精准扶贫力度，对这类特困群体进行精准识别，强化社会救助等政策的兜底功能，早日实现稳定脱贫。

（1）加大医疗救助力度。加强对医疗保障救助对象的认定与管理，进一步降低住院医疗费或取消报销起付线，提高大病保险住院报销、住院医疗救助、重特大疾病住院医疗救助等报销救助比例，逐步将康复项目、非因公意外伤害等纳入医保范围，全面提升特困群体医疗保障救助待遇。同时，可借鉴山东省的先进经验，由政府为贫困群体购买商业医疗补充保险做法，织密困难群体的医疗救助网。

（2）提高生活保障水平。完善社会救助标准与物价上涨动态调整机制，提高最低生活保障、特困供养等方面标准，确保保障标准始终与经济社会发展水平相协调。健全临时救助制度，对救助后家庭生活仍十分困难的，可进一步申请临时救助。

（3）引导社会化慈善救助。深入特困群体家庭，进行形式多样的结对帮扶，倡导企事业单位捐资济困，建立村志愿者服务站，开展“一对一”“众帮一”“一助一”结对救助活动，为特困家庭提供经常性服务。

2.综合施策加快深度贫困地区脱贫步伐

开展深度贫困地区脱贫，是新时期脱贫攻坚最难啃的“硬骨头”，是打赢脱贫攻坚硬仗中的硬仗。要在坚持精准扶贫、精准脱贫基本方略的前提下，进一步综合施策，扶贫同扶志、扶智相结合，强化精准扶贫，对深度贫困地区给予更加集中的支持，采取更加有效的举措，做到脱真贫、真脱贫。

（1）加大对深度贫困地区集中支持力度。在扶贫投入、产业开发、光伏扶贫、生态保护、公共服务、用地保障、金融支持等方面重点向深度贫困地区倾斜，确保新增脱贫攻坚资金主要用于深度贫困地区，新增脱贫攻坚项目主要布局于深度贫困地区，新增脱贫攻坚举措主要集中于深度贫困地区。具体安排上，要在整合各类涉农资金基础上保证用于深度贫困地区的资金增幅高于区域平均水平。

（2）强化对边缘化深贫地区的政策延伸。调整京津冀现有生态建设保护项目实施范围，将冀北地区所有县全部纳入其中。调整京津现有对口帮扶机制，综合考虑县域整体贫困度、生态系统完整性、缔结历史渊源性等因素，重新调整县区安排对口帮扶，将冀北地区所有县纳入京津对口帮扶范围，同时确保深度贫困地区获得最大的帮扶力度。

（3）完善对深度贫困地区定点帮扶机制。对于深度贫困县实行“五包一”帮扶，每县明确一名省领导联系指导，安排一个省直厅局、一个经济强县（市、区）、一家省属大型企业、一家金融机构共同帮扶；对深度贫困村实行“三包一”帮扶，每村一名省直厅级干部联系，一支省直驻村工作组、一家市域内实力较强的民营企业进行帮扶；对贫困户实行“一包一”帮扶，即每户安排一名省或市机关干部结对帮扶。

四、冀北欠发达地区实现可持续发展的政策建议

（一）对国家层面的建议

1.完善生态建设补偿政策

（1）建立京津冀水资源补偿长效机制。建议中国政府协调北京、天津两市，根据入库（官厅水库、密云水库、潘大水库）水量水质，对上游地区给予以资金为主的水资源补偿。

（2）设立京津冀水源涵养功能区建设基金。建议中国政府协调京津冀三方，由中央和三地共同出资，设立京津冀水源涵养功能区建设基金，重点支持区域水源涵养、生态保护和修复、环境污染防治、循环经济发展等领域工程建设，以及生态环境监测监管能力建设。基金来源除中央和京津冀“三地四方”的财政资金外，也可结合生态产品市场化进程，从交易收入中提取一定比例用于充实基金账户。

（3）加快生态补偿立法。建议中国政府尽快出台相关法律，把上游与下游之间、生态受益地区与生态保护地区之间开展生态补偿提升到法律层面，以法律制度规范生态保护和补偿行为。

2.完善基础设施建设政策

（1）取消国家安排的公益项目地方配套资金。《京津冀协同发展规划纲要》提出对于国家安排的生态建设、农村水利等公益性项目建设，取消集中连片特困地区县及片区外国家扶贫开发工作重点县以下（含县）地方配套。由于冀北地区整体发展水平较低，只有宽城、兴隆、怀来、涿鹿4个县既不属于连片特困地区县，也不属于片区外国家重点县，但由于四县皆毗邻京津，过境的交通、水利等公益性项目较多，而目前经济实力最好的怀来县年财政收入也不过10亿元左右，配套压力较大，因此建议对国家安排的公益性项目，取消整个地区县及县以下配套资金。

（2）提高对地方性基础设施建设项目的补助比例。由于冀北地区经济落后，地方财力薄弱，未来这一区域地方交通道路、水利等基础设施建设任务依然较重，仅仅依靠地方财力难以支撑。建议中国政府参照西部开发政策，加大对这一地区村级道路、人畜饮水工程等地方基础设施建设项目的补助力度。

3.加大可再生能源发展政策支持力度

冀北地区具有发展可再生能源得天独厚的条件，特别是张家口市还是国务院批准的唯一的一个可再生能源示范区，在发展可再生能源、推动能源转型方面具有非常大的潜力，但目前现行的体制机制和政策阻碍着可再生能源的快速发展。建议：

（1）将冀北地区光伏发电项目中除办公用房、升压站、厂区路面硬化用地列为建设用地外，光伏组件占用土地不改变原有土地性质。光伏扶贫是贫困农村扶贫开发的重要途径。但目前，光伏用地被国土部门视为建设用地，必须办理转建设用地手续，这一规定极大限制了光伏发电项目的发展。实际上，光伏用地并没有改变原有土地性质，光伏组件依靠钢支架支撑，建设光伏发电项目不会破坏土地，也不会形成永久性用地，组件阵列下面空间仍可以进行农业、渔业、林业、牧业生产，是多能互补、多产融合、提高土地综合利用效率的重要形式和载体。同时，光伏组件对于干旱和半干旱地区涵养水土，减少蒸发量有积极作用。因此建议中国政府将光伏发电项目中办公用房、升压站、厂区路面硬化用地列为建设用地外，其他光伏组件阵列，仍然不改变原有土地类型。

（2）对冀北地区光伏开发实行指标单列。现行的从国家到地方的层层分配光伏指标方式，无法满足区域可再生能源发展需求，仅以张家口为例，2016年全市仅申请55万千瓦光伏扶贫指标，如按这个节奏，到2020年光伏累计指标仅300万千瓦，与“十三五”期间新增600万千瓦的目标相差甚远。因此，建议从建设国家可再生能源示范区、推动京津冀区域能源转型的高度，对张家口乃至冀北地区实行光伏指标单列。

（3）将张家口市列入国家电力体制改革试点。目前，我国进入电力体制改革全面试点阶段，建议将冀北电网列入国家电力体制改革试点，加快推进以电价改革为核心的能源供给侧改革，逐步放开输配电市场，为提高张家口乃至冀北可再生能源电力在电力供应系统中的比例，创造体制条件。

（二）对河北省的建议

1.建立资源型产业退出援助机制

在京津冀地区联合治理大气环境污染和建设生态涵养功能区的推动下，河北省提出到2020年，张家口市要建成“无矿市”“无钢市”“无煤市”，承德市要建成“无煤市”，使冀北地区陷入传统动力加速丧失、新生动力成长不足的困境。建议河北省委、省政府加快构建旧产业退出和新产业培育协调联动机制，在确保资源型产业退出的同时，加快培育新兴产业，确保实现新旧动能的顺利转换。

（1）支持资源型产业企业转型发展。对于矿山企业支持其大力发展山地光伏，其将矿山整治修复、光伏扶贫结合起来，在指标分配、优先上网、用地指标、银行贷款等方面给予保障；对于钢铁企业，支持其由制造向服务转型，努力向研发创新、互联网金融等领域拓展；制定鼓励钢铁企业将富余产能转移到国外的政策，引导钢铁企业提高境外投资的质量和效益。

（2）成立冀北地区新兴产业发展基金，对原有土地实施“腾笼换鸟”。建议河北省政府设立冀北地区新兴产业发展基金，允许资源型产业企业以退出土地入股，吸引其他社会资本进入，用于对原有腾出土地的开发，鼓励其发展符合高端制造、商务会展、科技创新、文化创意等高附加值产业项目，政府在立项、环评、财税等方面给予倾斜。

（3）优先安排京津冀协同发展产业转移项目。在河北全省推动与京津产业对接协作的洽谈过程中，要优先将适合区域功能定位的项目推介到冀北地区。

（4）妥善处理好相关事项。参照河北省化解钢铁过剩产能的办法，妥善处理资产核算、债权债务等事务，妥善安置下岗失业人员，对其进行培训，实现再就业，确保平稳过渡。

2.建立健全生态产品价值实现机制

冀北地区生态资源丰富，目前已经在区域水资源补偿、林业碳汇交易等方面进行了试点。要在全国推行生态文明体制改革的背景下，进一步深化生态文明体制改革，推进生态资源和产品的价值实现。

（1）推进建立全国性的碳汇交易市场。充分借助冀北地区林业资源丰富、林木蓄积量大这一生态资源优势，加快推进碳汇交易市场的建立。建议河北省政府加大与国家林业部门的沟通力度，争取在河北设立全国碳汇交易试点平台，研究制定基于全国统一框架下的碳排放权交易总量与配额分配方案，推动碳汇市场建设。

（2）建立健全林权抵押贷款制度。深入推进林权制度改革，明晰和完善林业产权制度，推动林地林木资源确权，在此基础上，建立河北省林权抵押贷款担保基金，为推动林权抵押贷款提供担保，为盘活林业资源，实现林业生态价值创造条件。

（3）探索推行水权交易制度。联合北京、天津探索建立水资源资产产权制度，对水资源使用权的主体、对象、条件、程序等内容进行确定，将水资源的使用、收益落实到取水户，逐步形成归属清晰、权责明确、监管有效的水资源资产产权制度。在此基础上，探索建立水权交易市场，开展不同层级不同形式的水权交易，促进水资源的优化配置。

（4）完善排污权交易制度。在吸取以往排污权交易经验教训基础上，完善排污权有偿使用和交易管理办法，研究确定排污权有偿使用和交易出让标准。全面启动现有排污单位排污权的初次核定，适时在电力、钢铁、水泥、玻璃等重点行业开征排污权使用费，其他行业逐步推行排污权有偿使用。

3.完善乡村发展统筹联动机制

冀北地区的发展重点和难点在农村。近年来，随着中国政府“三农”工作深入推进和扶贫开发力度的加大，国家和河北省政策重心下移，有关支持“三农”发展的措施非常密集。但由于各项工作分属不同部门管理，在一定程度上削弱了整体支持“三农”发展的力量。为此建议，在河北省级层面加大对冀北地区的统筹协调和指导，以形成合力。

（1）在整合现有各项规划基础上制定实施区域乡村发展规划。对现有的美丽乡村建设、特色小镇发展、休闲农业和全域旅游开发、基础设施建设、小流域综合治理、沟域经济发展等涉及农业农村发展的规划，进行系统梳理，在此基础上，结合区域生态承载能力和发展基础，制定乡村发展规划，明确重点发展的区域和领域，使现有各规划做到无缝对接，为区域统筹开发奠定基础。

（2）创新农村地区开发建设机制。积极引进京津等周边地区现代化旅游企业、文化企业、农业企业集团，在冀北地区成立开发建设公司，支持和鼓励当地村民以土地、宅基地和劳务形式投资或入股投资农村地区全域旅游开发、特色小镇打造和现代化农业园区建设，政府负责投资公共服务设施和基础服务设施建设。

（3）整合并集中使用农村地区各类支持资金。对于政府负责投资的领域，按照规划部署，整合国家和河北省有关部门的资金，按照原有渠道，集中投向规划确定的重点区域，避免撒芝麻盐的状况，真正发挥中央和省内各部门的资金合力作用，加强对于各类资金运用的考核监督。

（三）对京津两市政府的建议

1.加强对冀北地区的人才培养和劳动力就业培训

针对冀北地区劳动力素质偏低、区域高校专业设置与发展需求不匹配、人才支撑不足等问题，建议充分借助目前京津与张承地区开展的对口帮扶渠道，加大对冀北地区的劳动力培训和就业帮扶力度。

（1）进一步扩大对口帮扶范围，目前京津对口帮扶涉及冀北地区的15个县，考虑到其他的县同样面临着高端人才缺乏和劳动力素质低下的问题，建议京津将人才培养和劳动力培训的对口帮扶范围扩大至整个冀北地区，增强区域自身“造血”能力。

（2）实施专业人才精准培养计划，针对冀北地区发展亟需的机械制造、电子信息、新能源、体育休闲、健康保健、医学护理等专业人才需求，建议京津两市组织相关院校和科研院所，通过定向培养、人才交流和科研合作等方式，加大精准支持力度，最大程度满足人才需求。

（3）加强劳务对接合作，围绕促进就业和精准扶贫，建议京津两市与冀北地区建立劳务合作培训基地，针对京津的企业用工需求，在冀北地区开展“订单培训”，为京津输出符合条件的农村劳动力。

（4）加大对冀北企业用工培训的帮扶力度，建议京津依托自身教育优势，与冀北地区积极开展校企合作、区域合作和送教下乡等多种方式，对冀北企业各类劳动力用工需求开展技能培训。

（5）建立劳动力资源信息系统互通平台，建议京津与冀北地区统一岗位信息收集和发布、职业介绍、教学管理、证书发放等制度，实现劳动力资源和劳务信息资源共享。

2.建立健全一体化认证体系

随着京津冀协同发展的深入推进，冀北地区与京津之间的产业对接、市场开拓、企业投资活跃度不断提升，但行政分割的质量和资格资质认定（认证）体系，给企业投资置业和市场一体化发展带来了诸多不便。因此，建议京津两市政府协同河北省政府有关部门，在彻底普查各类资格认证、资质认定、检验检疫标准、质量标准等基础上，制定三地统一的认证（定）和质量标准体系，对三地原有的有交叉的项目进行合并，对不符合当前发展实际的进行清理，为三地人才交流、职业教育、企业投资、市场发展的创造条件。

3. 加快实现京津与周边接壤县交通道路的无缝对接

目前，冀北地区环京津县区虽然毗邻北京，但由于通京津道路的等级偏低，或者原有道路交通负荷过重，致使与京津的交通联系并不顺畅。为深入推进与京津地区的协同发展，绝大部分环京津县均已谋划了一批与京津连接道路的升级改造与拟连接道路的建设项目，如涿鹿谋划的涿京一级路、怀来谋划的县道达水线改造、国道兴阳线改建以及省道石幽改建等项目，都需要京津方面的支持和配合。建议京、津两市组织派遣相应的机构，加强与冀北地区环京津县区对接，就通京（津）道路建设和改造方案进行探讨和商定，按照与京津一体的建设标准，推动相关国道、省道、县道的改造，或者通京津道路的连接。

作者单位：河北省发展和改革委员会宏观经济研究所

参考文献

［1］刘娟.我国农村扶贫开发的回顾、成效与创新［J］.探索，2009（4）

［2］朱小玲，陈俊.建国以来我国农村扶贫开发的历史回顾与现实启示［J］.《生产力研究》，2012（5）

［3］张亮，赵邦宏，张润清.河北省贫困区域状况及扶贫开发战略分析［J］.保定学院学报，2014年1月第27卷（1）

［4］刘颖，梁立华.环京津落后地区扶贫发展对策研究—以张家口为例［J］.经济研究导刊，2014（13）

［5］武振钧，闫晓燕，尚继文，李琳.关于构建河北省“大扶贫”格局的建议［J］.职大学报，2012（1）

［6］毕树广.环京津张家口地区贫困成因及对策［J］.农业经济，2011（6）

［7］韩春.《中国农村贫困的新特征及反贫困对策研究》.特区经济，2010（3）

［8］黄海燕，王永平.新阶段贵州农村贫困特征与反贫困策略调整.贵州农业科学，2010，38（7）

［9］兰传海.环京津贫困带扶贫开发研究.经济研究参考，2015（2）

［10］程联涛.我国贫困地区区域特征及扶贫对策.贵州社会科学，2014（10）

［11］任红燕，申潞玲，任虎成，秦作霞.山西省新阶段农村贫困特征及致贫成因分析.山西农业大学学报，2013（12）

［12］李仙娥，李倩.秦巴集中连片特困地区的贫困特征和生态保护与减贫互动模式探析.农业现代化研究，2013（7）

［13］汪霞，汪磊.贵州连片特困地区贫困特征及扶贫开发对策分析.贵州社会科学，2013（12）

［14］王敏.我国农村反贫困政策变迁及效果评价［J］.劳动保障世界，2012（10）

［15］马玉芳，沙景华.环京津贫困带问题研究［J］.首都经济贸易大学学报（双月刊），2016（7）

［16］何芬，赵燕霞.美、日促进集中连片特困地区减贫的经验借鉴［J］.世界地理研究，2015（12）

［17］成福伟，张月丛.基于能值分析的京津冀生态支撑区绿色可持续发展评价——以河北承德为例河北大学学报（哲学社会科学版）［J］.2016（7）

［18］李荫樾，王贤斌.农村扶贫开发政策的变迁与启示［J］.现代化农业，2014（7）

［19］河北省出台支持环首都扶贫攻坚示范区及阜平发展政策.长城网，2013-02-16

专题报告

财政支持京津冀协同发展政策研究

课题负责人： 古建芹

课题组成员： 王　丽　杨　梦　郭　宁　刘　萱

一、财政支持京津冀协同发展的理论依据

（一）区域发展、政府干预与财政支持间的内在关联

1.区域发展与政府干预间的内在联系

区域发展问题是当代现代化建设中极其重要的命题。随着市场化程度的日益加深、城镇化水平的逐步提高、经济活动的高度密集、信息技术的日新月异，区域内各辖区间联系程度日渐紧密，区域整体竞争力对于市场经济体制的影响程度日益加强，在空间上形成了城市群、经济带、经济圈等新的社会经济空间形态，并逐步发展成为国家或地区的经济核心和经济增长极。区域发展更是国家发展的重要战略。

政府干预是指在发展经济的过程中为弥补市场的缺陷，政府对市场、对社会经济发展进行调控的过程。它包含两种：一是在完善的市场经济体系中，基于市场机制的局限性、不完全性、盲目性与不确定性等市场失灵而提出的对政府干预的要求。此种政府干预是对市场的补充，是起辅助性作用的。二是在不完善的市场体系中，为了弥补市场体制的缺失，运用经济手段、法律手段、行政手段等且以行政手段为主，根据市场发育与经济发展的不同阶段，进行大量的制度供给与创新，谋求构建启动市场运行的规则与制度框架，以确立走向有序的市场经济发展模式为目的，而对经济进行的广泛、多样性权变干预。这种政府干预是对市场的替代与创造，在经济发展中居主导与支配地位。

按照法国经济学家弗朗索瓦·佩鲁提出的区域经济发展增长极理论，由国际大都市构成的核心区，对毗邻地存在着极化、扩散的影响。在经济发展早、中期，大都市对资源、人口和产业的集聚效应占主导地位；到了工业化高级阶段，大都市的极化效应达到顶峰，之后扩散和辐射效应开始成为主导。按照这一规律，大都市与外围地区的发展差距呈现先上升后下降的“倒U型”趋势，直至最终融为一体。而这种区域经济由不均衡到均衡的发展历程并不能自动实现，需要政府的干预。

2.区域发展与财政支持间的内在联系

区域发展的宏观调控离不开区域经济政策，主要包括区域财政政策、区域金融政策、区域产业政策、区域外贸政策等。区域财政政策作为政府宏观调控的重要手段，可以通过区域税收政策、财政转移支付制度、区域投资政策等，从指导资源宏观配置、产业空间布局、区域经济格局等多方面发挥作用，引导并促进区域的发展。

（1）区域税收政策对区域发展的影响。区域税收政策的核心是在某些特定区域，主要是在政府希望经济更快发展的区域，通过对全部企业或部分企业实行一定程度的税收减免，进而实现对区域经济发展的宏观调控。

税收通过影响投资直接影响区域经济的发展速度和规模。通过选择性税收政策即有重点、有选择地运用优惠或限制性的税收措施，可以解决区域经济发展中所出现的某些突出问题，以体现某一阶段政府的经济政策意图。通过对不同区域实施差别税收政策，影响区域经济发展的投资环境和投资吸引力，可以限制发达区域的过度膨胀和鼓励落后区域的快速发展。通过实施不同的产业税收政策，可以促进产业结构的优化调整，使区域产业结构发生变化，有利于缩小发达区域与不发达区域之间的经济发展差距。通过不同的税制结构可以影响区域经济发展和财政状况。如采用间接税为主体的税制结构，在地方政府可以取得较稳定可靠收入的同时，纳税企业可以通过提高商品、资源价格等方式，将所缴纳税款转嫁出去，以抵消或减少税款的负担。这可以使经济落后区域更多受益，起到

调节发达区域和落后区域间财政利益的作用。

（2）财政转移支付制度对区域发展的影响。转移支付政策是基于中央和地方财政之间的纵向不平衡和各区域之间的横向不平衡而产生的，是国家为了实现区域间各项社会经济事业的协调发展而采取的财政政策。这是最主要的区域补偿政策，也是世界各国政府缩小区域经济发展差距实践中最普遍使用的一种政策。它能够转移和调节区域收入，从而直接调整区域间经济发展的不协调、不平衡状况。对不发达区域改善社会公用设施和投资环境，缩小与发达区域的经济发展差距具有十分重要的作用。财政转移支付制度有自上而下的纵向转移支付制度和由富裕区域向贫困区域的横向财政转移支付制度。合理的财政转移支付制度可以有效地抑制区域经济发展差距，缓解“公平与效率”之间的矛盾，有利于强化中央财政的宏观调控能力；可以调动地方政府增收节支的积极性，促使地方经济走向良性循环；可有效地克服“政出多门、随意减免、乱开税法口子”的混乱现象，使地方政府更好地发挥应有的职能，强化税收征收管理，优化财政支出结构，提高财政资金质量和使用效益。

（3）区域投资政策对区域发展的影响。区域投资政策是具有基础设施及生产性项目建设投资决策权的政府习惯运用的一项区域财政政策。财政投资是缩小区域经济发展差距，加快落后区域经济发展的重要经济手段和直接推动力。加大对落后区域尤其是贫困地区的资金投入，可以提高其经济实力，加快其发展速度，缩小区域经济发展差距，实现区域经济的均衡增长。

（二）京津冀协同发展对财政支持的特殊诉求

1.京津冀的区域特点

京津冀区域的发展与形成有着特殊的历史渊源，有其天时、地利、人和的缘由。京津冀区域作为一个包含“两市一省”的特殊区域，具有区位条件相近、人文环境相似、要素禀赋互补、政府导向显著四大特点，具备京津冀协同实现的良好基础。

（1）相近的区位条件。京津冀“2+11”个城市中，城市之间多为相邻关系。作为两个核心城市，北京与天津地界相连，两城市之间的主要城镇公路里程数仅为136公里。被誉为“京津走廊上的明珠”的廊坊市地处京津之间，距离京津分别为63公里和83公里；距离京津最远的邯郸市，公路里程分别为456公里和460公里；区域内两个城市间地理距离最远的邯郸市和张家口市，其公路里程距离也仅为736公里。

随着京津冀区域经济的发展，京津冀区域间的交通设施愈加完善，高速公路、城际铁路、市郊铁路、高速铁路的延伸不断缩短京津冀各个城市间的时间距离，地理距离的影响正在逐步被弱化。京津两市之间仅需花费33分钟就可抵达对方的市中心，而廊坊与京津之间分别需要21分钟和17分钟，即使是地理距离最远的邯郸市，抵达京津也仅分别需要1小时54分钟和2小时27分①。越织越密的京津冀交通大网，将京津冀区域紧紧地集聚在一起。

（2）相似的人文环境。在我国漫长的历史中，京津冀区域间具有较深的渊源。早在春秋战国时期，太行山各流域就已成为人口频繁活动的区域。北京作为明朝的北平府和清朝的顺天府时，河北的遵化、霸州等地就包含在其管辖区域内；而在民国时期，北平和天津同属于河北，即直隶省；新中国成立后，北京被确定为首都，天津是直辖市；1958年2月，天津成为河北省省会。1967年1月，河北省省会迁至石家庄，天津重新成为直辖市。在这交叉与变更中，京津冀区域相对较为稳定，不仅拥有相连的地脉，高度同

① 数据来源：中国铁路客户服务中心，http://www.12306.cn/mormhweb/，2015年7月15日。

源的冀文化和京津文化的文脉，又由于京津两市内嵌于冀域之内，区域间长期的人口往来与流动，还形成了相通的人脉。

（3）互补的要素禀赋。京津冀区域要素禀赋的优势各有不同，区域间各辖区在经济与社会发展的过程中彼此需求，具有相互依存且相互服务的互补关系。

北京作为一座历史悠久的古都，是多个朝代的首府，曾有“燕都”“燕京”“北平”“京兆”等别称。作为首都，北京拥有的政治地位和政治影响力，使其具有其他城市不可比拟和无法复制的独特性。而北京得天独厚的政治资源，不仅聚集了全国各地的政治和社会精英，而且成为具有超强资源吸附能力的财富聚集之地。

天津临水而建，拥有丰富的水资源。天津附近汇集了海河、北运河、永定河、大清河、子牙河、南运河六条河流，以及子牙新河、独流减河、马厂减河、永定新河、潮白新河、还乡新河六条人工河道，此外还有20世纪80年代兴修的引滦入津水利工程。天津是中国北方最大的沿海开放城市，其滨海新区建有世界等级最高的天津港。

河北省有较为明显的土地资源、矿产资源和劳动力资源优势。一是矿产资源，河北省已发现矿产156种，占全国总矿产种类总量的65.82%，分布在唐山、保定、邯郸等地，资源储量有39种居全国前五位。其中，唐山和沧州的地下苦卤资源储量较高，河北省的海盐年产量占全国的21.2%；河北省海域的油气资源较为丰富，有冀东、大港、渤海三大油田；河北省长达487公里的海岸线，有秦皇岛、唐山、黄骅三大港口。二是土地资源，河北省可用土地资源较为丰富，全省土地面积共计18.85万平方公里，其中农用土地为13.168万平方公里，建设用地2.011万平方公里，未利用土地为3.675万平方公里[①]。三是劳动力资源，河北省的劳动力资源较丰富，2013年河北省的劳动人口为537.69万人，北京的劳动人口为173.05万人，天津的劳动人口仅为114.34万人，分别是河北的32.18%和21.27%[②]。

（4）显著的政府导向。京津冀区域的形成过程，具有显著的行政性色彩。

①京津冀区划的行政性。京津冀区域是北京市、天津市以及河北省行政区划地理范围的简单加总，并未基于该区域发展趋势而对其进行重新的地界整合与划分。实际上，在中国行政等级的高低与资源配置的主动性和资源的优质程度有着直接的联系，即行政等级越高的地区，资源配置的自主性越高，资源吸附的能力越强。反之，行政等级越低的地区，资源配置的被动性越强，资源“逃逸”的可能性越大。在京津冀区域之内，由于行政等级的不同，河北长期处于弱势地位。京津与河北11个地级市之间的行政等级差异化程度在不断被放大。

②京津冀发展的政府主导性。首先，京津冀目标设定上有较为明显的政府主导性。一般的区域发展，通常以缩小区域内辖区间的差距，实现区域整体快速、长效发展为最终目标。京津冀区域发展虽然也提倡通过优化产业结构、提高资源配置效率等途径实现区域内各辖区经济与社会差距的缩小，但设计的区域发展目标初衷则是强调北京首都功能的保障和非首都功能的疏解。虽然两个目标并不存在本质上的冲突，但政府主导在京津冀区域发展中的作用已十分明朗。其次，京津冀区域发展的路径选择上有明显的政府主导性。一般区域发展多依据区域内各辖区的自身比较优势，在竞争与合作中协商确定各自的产业分工和功能定位，具有一定的市场自发性。京津冀协同发展与珠三角、长三

① 数据来源：河北省国土资源厅，http://www.hebgt.gov.cn/index.do?templet=zygk_list&cid=984&id =17158。

② 数据根据《中国统计年鉴2014》计算得出。

角区域的发展主要依赖于市场力量不同，其产生于政府行为，是由顶层设计和规划启动的，具有较为明显的行政色彩。

2. 京津冀三地间的发展差距①

（1）社会地位差距。长期以来，作为三个不同量级的行政主体，京津冀地理上在同一区域，发展上却表现为失衡状态。在经济和政治资源不对等的情况下，三地间更多是单向的支持和依赖关系。以淡水为例，河北省人均水资源占有量仅为307立方米，只有全国平均水平的1/7，属于严重缺水的省份之一。但2010–2015年，河北省向北京市应急供水量超过10亿立方米，仅2015年，河北省就向北京市供水6.79亿立方米，向天津市供水5.51亿立方米。自2010年以来，仅石家庄为保证向京津供应纯净的水，就相继取缔企业1410家，禁止上线项目2014个，年直接减少利税50多亿元，这使得本已相对落后的河北省与京津间的差距日益扩大。

（2）经济地位差距。河北省地域面积、人口都远超过京津，但地方财政收入及年工农业总产值却难以企及京津，明显与其面积、人口资源不成比例。京津面积分别只占京津冀地区的7.59%和5.51%，其经济发展水平则显著优于河北省，2015年创造国内生产总值分别为23014亿元和16538亿元，分别是河北省GDP 的2.52倍和2.38倍。2016年，河北省人均GDP为42866元，京津分别为114690元和115613元，河北省人均GDP分别仅为京津的42%和40%，比全国的平均水平还要低3208元。从产业结构看，北京已经达到现代产业结构水平，第三产业占比达76.9%，分别是津冀的1.60倍和2.17倍。河北省第一、第二产业占比合计为64.5%，远高于北京市的23.1%，略高于天津市的51.96%。

（3）财力地位差距。从财政实力、财政对社会资源的配置能力上看，京津冀三地中河北财政收入体量最小、占比最低、增速最慢，对经济的宏观调控能力最弱，与其承担的发展责任不匹配。

从总规模看，2015年，河北省地区生产总值分别是京津的1.30倍和1.80倍，但河北省财政收入总量分别仅为京、津的56. 07%和99. 31%。2010–2015年间，河北省地区生产总值年均增长率最低，仅为5.01%，分别低于京津4.02%和4.96%；河北省财政收入年均增长率仅为11.11%，分别低于京津0.85%和5.4%。从人均财政收入看，2015年河北省人均财政收入仅为京津的1/6和1/5。虽然河北人均财政收入年均增长率达到10.42%，高于北京0.47个百分点，低于天津2.14个百分点，但与历史形成的巨大差距相比，河北人均财政收入水平依然偏低。从财政收入结构看，2015年，河北税收收入占比为73.02%，低于北京20多个百分点。从产业税负看，2015年，河北第二产业宏观税负为13.53%，分别仅相当于北京的1/6、天津的2/5，第三产业宏观税负为15.10%，分别仅相当于北京的1/4、天津的4/5。河北省地区生产总值体量巨大，但第二、三产业对财政收入的贡献度远低于京津，国民经济与财政收入不匹配，制约了河北财政对社会资源配置内驱动力②。

3. 京津冀协同的特殊财政支持诉求

在区域协同发展的进程中，以地方政府为行为主体的地方财政相较于个人与一般组织，因其在财税政策、资金筹措、资金分配方

① 数据来源：根据《中国统计年鉴》计算得出。

② 财政对资源配置内驱动力强劲与否，直接决定着其为区域内居民提供基本公共服务的能力。财政对资源配置内驱动力，一方面，是指由财政直接提供和配置的资源用于满足社会公众需要的公共产品和准公共产品，突出公平性，用财政收入占GDP比重、财政收入结构、人均财政收入等指标衡量；另一方面，是指运用财政投资、税收、补贴等多种手段，对社会资源配置的宏观调节，强调效率性。与京津的水平相比，河北省财政资源配置内驱动力整体偏弱，区域间、城乡间水平差异显著。

面所具有的较强调节和支配能力，对于促进区域内辖区间展开合作、尽快实现区域协同发展具有较大的影响作用。但鉴于区域内各辖区对于地方政府利益、地方财政利益等“单体利益”的诉求，各辖区间长期存在资源竞争、财政竞争等利益矛盾。故剖析京津冀协同中的特殊财政支持诉求，可以进一步揭示财政支持对于京津冀协同发展的逻辑作用机理，从而更加有效发挥财政的重要引导作用。

（1）区域内错位发展对财政支持的诉求。依据Tiebout“用脚投票”理论，在财政分权的情况下，地方政府具有高效发展地方经济和更有效提供辖区内公共服务双重动力，从而激发地方政府争夺有利于本辖区社会经济发展的稀缺资源和改善辖区投资环境的积极性，展开地方政府间的竞争。虽然地方政府间竞争短期内带来了地方经济的快速发展，但随着政府间竞争的日渐激烈，产业结构趋于雷同、基础设施建设重复、招商引资恶性竞争、环境污染严重、地方政府行为扭曲等现象会频发。1968年美国经济学家理查德·库珀在其《相互依赖的经济学》中，曾指出地区与地区之间的经济社会发展不是独立的，而是彼此依存、相互联系的，均有义务共同努力建设一个基于契约、协商，而不是基于地位、强制的社会。

从京津冀区域的整体发展趋势看，通过协商、制定和实施区域内的税收以及财政支出等财政协同性支持活动，坚持区域内错位发展的理念，协调和配置京津冀区域内各辖区政府间的财政利益关系，可以从根本上解决地方政府间的利益追逐和分配问题，实现地方利益与区域利益，乃至国家利益的“相似”或“一致”，消除各辖区间恶性竞争的驱动力，既对地方政府竞争进行有序引导，又维持地方政府的经济发展积极性，助推京津冀区域经济社会共同发展目标的尽快实现。

具体包括，“京津+11+雄安新区”的城市群建设，区域内各城市群辐射作用的发挥，需要财税政策的引导和支持；河北科技创新市场的形成，需要财税政策的扶持和鼓励；京津冀区域内人口流动和老龄化问题带来的种种问题，需要相应的财税政策给予解决。

（2）区域内特色发展对财政支持的诉求。在区域协同发展过程中，通过政府主导将区域内各辖区的各类资源、生产要素进行优化和配置，避免资源浪费和重复建设，是实现区域协同发展的有效途径。而京津冀区域内行政区划层次繁多，行政隶属关系较为复杂，各辖区间政策环境不一致，协调难度和协调成本较大，造成各类资源要素在京津冀区域内自由流动和配置的屏障以及市场分割和“银政壁垒”[①]等问题，这些问题的根本解决，需要政府的强势介入和干预。

一方面，基于区域内行政分割和各地政府“一亩三分地”观念的存在，区域内商品和生产要素市场处于相对封闭状态；另一方面，由于生产要素的集聚效应和京津冀三地经济发展水平的较大差距，单纯依靠市场配置只会导致资源向经济发展水平高的京津聚集，从而使辖区间经济呈现贫者愈贫，富者愈富的“马太效应”，首都功能分解和产业转移的目标难以自发实现。因此，实现京津冀区域内各个城市的特色发展对财政政策有特殊诉求，如不同城市的产业布局和产业升级换代的实现，需要财税政策的引导和鼓励；环京津贫困带问题的根本解决，需要财税政策的引领和支持。

（3）跨区公共服务提供对财政支持的诉求。虽然政府具有提供公共服务的责任，但基于我国当前福利与户籍相匹配的制度设计，地方政府在辖区间的博弈中虽对辖区内社会

① 银政壁垒是指京津冀区域内北京是金融管理中心；天津是北方经济中心，且基于历史天津大区行的金融经历，其也具有较强的金融地位；相较于京津，河北省的经济层次较低，资本吸引能力较弱，其金融行业和金融地位均为落后。

福利水平问题有所考虑，但仍更多地以地方经济增长为政府决策导向。尤其是对于跨区公共服务，如跨区交通、水资源利用、环境保护等公共工程，以及跨区医疗、跨区养老、跨区教育等公共服务，如果区域内的辖区政府从共同提供的公共工程、公共服务中所获得的预期收益大于预期成本，其辖区间展开的合作就会具有自发性；但如果公共工程与公共服务的预期收益较为有限，或者合作的协商成本较高，其合作的展开会缺乏动力，对受益界限模糊的跨区公共服务的提供就表现不积极，取而代之则是“搭便车”的行为取向，易造成跨区公共工程与公共服务提供的不足。

以交通基础设施建设为例，在京津冀区域仍存在“对而不接、近而不通”的现象，造成区域间要素流动成本上升，影响京津冀经济圈的投资环境和产业布局。如京张铁路、涿州—北京新机场城际铁路、曹妃甸—天津—黄骅滨海通道、京津冀两小时经济圈等项目，就急需三地政府之间的财政合作与财政支持。随着京津冀协同进程的不断推进，三地间的彼此融合无论是范围抑或是程度均会进一步的拓展和深入，其跨区公共服务项目和范围也愈加增多，如何有效地提供跨区公共服务，不仅需要三地间政府的协调，更需要各辖区间财政的协作与支持。

（4）新区建设对财政支持的诉求。雄安新区的定位是绿色生态宜居新城区、创新驱动发展引领区、协调发展示范区、开放发展先行区，这些定位的实现无一不需要财政的大力支持。例如，为激励企业和人才迁入雄安新区，需要政府利用财政补贴等政策给予扶持；需要税收优惠政策对迁移企业的引导。为完成疏解北京非首都核心功能的任务，激发各方支持新区建设的积极性，需要对财税体制进行调整，等等。张家口冬奥会筹办亦如此。

二、财政支持京津冀协同发展的现状、问题及困境

（一）现行财政支持政策的梳理

1.关于交通一体化方面的财税支持政策

交通是联系区域间商品市场和与之相关的劳务市场、技术市场的必备基础设施，交通一体化对于促进京津冀间劳动力、专业技术设备、自然资源等要素的便捷、高效流动起着至关重要的作用。近年来，国家对交通建设给予了很大的财税支持。

在财政政策方面，“十二五”期间，由财政引导并完成投资1262亿元，比上一个五年计划增长了65个百分点。“十三五”期间河北省预期规划期新建铁路项目投资规模2000亿元，投资资金主要通过鼓励各市研究建立轨道交通财政资金支持政策，允许地方政府以国有土地入股参与铁路建设，各市轨道交通建设缴纳的税费应优先用于发展轨道交通等。此外，国家发改委表示要加强财政预算内资金对于交通一体化建设的支持力度，相继批复同意了关于新建北京至唐山铁路、北京至天津滨海新区铁路、北京至张家口铁路八达岭越岭段铁路、北京至霸州铁路等铁路建设，以及京津冀地区城际铁路网工程、北京新机场工程、石家庄城市轨道交通等工程建设，并按照资本金为50%的比例分别由地方政府、中国铁路总公司和银行贷款方式筹集。同时，还采用PPP模式鼓励财政资金与民间资本的合作。

在税收政策方面，为促进京津冀交通运输业的发展，三地有针对性地给予了大量税收优惠政策。如天津市武清区，为鼓励国内交通运输企业落户天津，于2013年成立运输服务基地，吸引公司入驻，并规定：对来此注册的交通运输企业，缴纳增值税的企业，按实缴税额的18%扶持；缴纳营业税及营改

增的企业，按实缴税额的60%扶持；缴纳个人所得税的企业，按实缴税额的24%扶持；缴纳印花税的企业，按实缴税额的80%给予扶持。此外，还实行由相关财政部门按月兑现的方法，以保证企业能够最大限度地享受优惠。

2.关于生态环境保护方面的财税支持政策

生态环境保护是一项系统工程，关系到地区环境和人民福祉，是京津冀协同发展的重要内容。在环境污染问题越来越严重的情况下，政府提出要积极转变经济发展方式，并提出经济发展绿色、高效的发展要求，陆续出台了一系列支持生态环境保护的政策。

在财政政策方面，2017年2月，《京津冀及周边地区2017年大气污染防治工作方案》出台，指出：加大中央和地方对大气污染防治专项资金支持力度，重点用于燃煤锅炉替代、散煤治理、高排放车淘汰、工业污染治理等领域；将民生供暖电能替代、燃气替代项目列入中央基建投资计划，优先支持清洁能源替代项目使用中央基建投资，给予替代项目部分设备投资支持；鼓励政策性和开发性金融机构加大对节能环保项目的资金支持力度。2017年2月，《北京市水污染防治工作方案2017年重点任务分解》出台，指出：落实《北京市农村污水处理和再生水利用设施运营考核暂行办法》在严格考核基础上，核算补贴资金。河北省采取省级预算按照1∶4比例注入资本金的方式，借助国开行、农发行政策性贷款，确保太行山绿化三年规划方案得到落实。《河北省省级以上财政林业补助资金管理实施细则》明确指出，根据预算安排的资金使用方向、用途和标准，对造林和符合条件的天然商品林停止采伐实行政府补贴。另外，财政部不断加大对国家重点生态功能区、森林生态补偿区和生态清洁小流域项目的转移支付力度。启动实施了新一轮草原生态保护奖补政策，积极探索开展跨流域水资源补偿。并制定了《河北省引滦流域跨界水环境补偿方案》，通过征收水土保持补偿费用，支持涉水项目的建设。

在税收政策方面，河北省作为全国唯一的水资源税改革试点省，2016年7月1日起对地下水超额取用征收水资源税。依据河北省各区域产业特点、行业特点、社会实际用水需求、社会承受能力以及地下水资源分布现状，将取用水地依次划分为非超采区、一般超采区和超采区，以区分不同区域地下水超采的严重程度。针对不同区域地下水的超采程度，设计差别定额税率，将税额标准比率设定为1.57∶2.54∶4.03，使超采区的税额标准远远高于非超采区和一般超采区，以引导优先使用地表水，鼓励多用非常规水源，严格限用地下水。下一步，国家计划将水资源税试点扩围至京津地区。此外，三地根据本地区实际，研究对化工及汽车、集装箱、家具制造等工业涂装类VOCs排放征收排污费。

3.关于产业升级转移方面的财税支持政策

在财政政策方面，2015年7月出台的《关于加强保险业服务天津自贸试验区建设和京津冀协同发展等重大国家战略的意见》中指出，要通过财政补贴等方式，进一步完善支持天津现代保险服务业改革创新的政策措施。要通过积极推进商业健康保险个人所得税政策试点工作，完善多层次的医疗保障体系，支持天津纳入个人税收递延型商业养老保险试点范围。河北省为了吸引大数据产业的投资建设，通过给予新建企业税收优惠的政策吸引项目落地，通过财力的集中规划，为大数据平台建设提供资金支持。如在张北阿里云联数据中心、石家庄大数据等项目建设中，制定了土地价格、税收等优惠政策：在廊坊大数据产业基地建设中，规定财政不再新建、续建数据中心，以集中财力统筹规划大数据平台建设。另外，还有承德德鸣大数据产业园、“大智移云”等战略性新兴产业的建设，张家口新能源、廊坊物流金融、承德旅游、秦皇岛大健康等各方面的财税支持政策。

在税收政策方面，如曹妃甸新区为鼓励高新技术产业的发展，将企业部分高管人员缴纳的个人所得税的30%奖励给企业，自注册企业取得第一笔收入的月份起，奖励期限为10年。对于符合条件的企业，园区协助申请办理双软、高新技术企业享受国家企业所得税政策。同时，曹妃甸新区为鼓励和吸引国内外客商来此投资兴业，对符合项目准入条件的企业，给予土地使用税自企业入区年度起，地方留成部分给予减半征收，时限5年；企业所得税自企业赢利年度之日起，地方按统一政策留成部分给予减半征收，时限3年等税收优惠政策。

另外，2015年12月，河北省出台《河北省政府和社会资本合作（PPP）京津冀协同发展基金设立方案》，财政出资3亿元，同时建立省、市、县三级PPP项目库，以促进基础设施和公共服务领域投融资机制创新。2014年7月，北京市出台《北京市推进京津冀区域通关一体化改革实施方案》，允许打破现有的关区界限，由企业自主选择通关方式和报关纳税、企业按照经营单位注册地或货物进出境地自主选择接单、征税现场，并据此确定申报口岸。此外，还有鼓励人力资源需求信息共用共享平台、产教融合校企合作区域性平台、师资与学生交流交换平台、现代服务业区域性研究平台建设的财税政策。

（二）现行财政支持政策存在的问题

1. 支持定位的不明朗

目前，虽然对京津冀协同发展的财税政策支持力度不断加大，可操作性的一些财税政策正在落实。但是，在支持京津冀协同发展中，财税政策的定位和目标尚不清晰。

从财政支持京津冀功能定位来看，虽然财政政策在各地具体政策中的活跃度较高，但在支持各地区不同功能定位方面区分度不高，缺乏财政政策顶层设计，较为分散，缺乏指向性规划。

从财政对具体规划的支持来看，一是财税政策大都停留于政策框架层面，具体的执行措施较少，政策的针对性和可操作性不强。如在国务院印发的《关于促进科技成果转移转化行动方案的通知》中，多次提到要发挥财政资金的引导作用，但是对于财政资金具体的使用和如何引导缺乏详细的规定。二是财政支持缺乏总体规划。现有的财政政策大多停留于各地方政府对某一领域的支持层面，对于财政资金在支持项目的资金中应占有多大的比例、发挥多大的杠杆作用，财政支持资金的使用方向等没有明确，使得财政资金的使用缺乏规划、难于监督。在财政支持相关企业发展方面，对于大型企业和中小型企业的支持比例、支持企业发展的限度和所要达到的效果没有明确规定。

2. 支持积极性的参差不齐

（1）从受益程度而言，京津冀三地在协同发展中的受益程度依次为冀、京、津。一是在京津冀协同发展中，河北省作为三地中经济发展最为落后的区域，由于承接北京制造业、商贸物流业、公共服务业等的外迁，必将为其带来经济的发展和税收的增长。因此，河北省对于京津冀协同发展的积极性无疑最高。二是京津冀协同发展，能有效地减轻北京地区人口压力、城市交通拥堵状况、进一步促进北京地区产业结构的优化。但大量企业外迁在一定程度上会导致北京财政收入的减少。因此，北京市的积极性小于河北省。三是天津市作为直辖市，一直以来享有独特的政策优势和优越的地理位置，经济发展水平较高，在京津冀协同发展中涉及的利益较少，故参与的积极性不高。

（2）从京津冀三地政策实施力度来看，其表现依次为冀、京、津。京津冀协同发展战略一经提出，河北省就积极响应，制定了一系列专门的政策措施，如通过建立生态补偿机制促进生态环境的改善，通过税收优惠政策积极吸引大数据中心在河北地区落地，通过成立冀财股权投资基金承接产业转移等。而北京天津两地的政策措施却相对不足。目前北京市、天津市意愿迁出的大多为低端产业和落后产能，可以说是其积极性的体现。

3.支持范围的不明确

京津冀协同发展比较特殊，为支持京津冀协同发展而采取的一系列财税政策尚处于探索阶段，支持的范围、途径、方式仍不明确。在京津冀协同发展中，政府应发挥多大的作用，财政资金支持比例为多大，财政资金以什么方式进入市场领域，才能既不影响市场资源配置的效率，又不扭曲市场正常运行机制，既保证财政资金的运行效率，又避免财政资金使用的不规范，既充分发挥财政资金的引导作用，又不会造成过度投资产生的新产能过剩等问题，仍是个值得探索的问题。

4.支持效果的差强人意

京津冀协同发展战略提出以来，已经取得了一定的成效。如北京新机场建设进程加快，石家庄机场纳入首都机场集团统一管理；京津城际延长线和津保铁路完成联调联试；张唐铁路建成，京张铁路、丰台站改造工程开工建设；首都地区环线高速、京秦高速、京台高速等一批“断头路”、“瓶颈路”段打通扩容等。但在协同发展的更多领域，相较于《规划纲要》的要求，其协同的进展、财政支持的效果仍差强人意。如在人口疏解方面，北京市2015年年末的常住人口为2171万，城市人口密度为1541人/平方公里；天津市2015年年末常住人口为1547万人，城市人口密度为3492人/平方公里；两地的人口密度相较于2014年不降反升。在产业转移方面，目前北京市虽有部分商品交易和批发市场以及化工企业迁入河北省，但高端制造和服务业少，迁移企业总体质量有待进一步提升。此外，在雄安新区规划出台之后，如何将京津冀协同发展和雄安新区建设同步推进，避免河北省在国家战略发展中的边缘化，也是个重要问题。

（三）财政支持协同发展的困境

1.行政区划量级的限制

包含了首都、直辖市、普通省份三个不同行政区划的京津冀区域，堪称“中国行政区划中最具有缩影的一个区域框架”，由此导致三地行政地位的差距。这就决定了京津冀协同发展中较强的行政干预的存在，也决定了三个行政区域间较强程度的独立性。此外，在三省市内部，在纵向财政层级、同一财政层级的不同部门之间，行政分割、碎片化管理模式也大量存在。使得各行政层级更多关注本辖区利益而忽视整体利益，同级政权内部部门林立，部门间职责交叉重复问题严重，大大增加了不同层级政府间的协商成本和社会交易费用。此外，分割化的行政体制所造成的行政审批程序的繁琐低效，也为经济活动参与主体转变经济行为方式形成了体制障碍。虽然高层领导在京津冀一体化的大背景下，加强了地区间的互访，但由于缺乏一个统一协调京津冀发展的专门机构，地区间利益协调机制尚未建立，资源的协调大多依靠中央以文件的形式下发，实际上京津冀地区的经济和社会发展受行政区划、行政干预的影响程度仍然很深。

2.财政分权体制的束缚

在分税制财政体制下，政府财政划分为中央和地方财政收入，税收收入也基本上是依税种在各级政府间进行的纵向划分。而京津冀协同发展却是要实现区域内各地区间产业结构等的横向调整，财政税收的纵向分配无法与产业结构等的横向调整相匹配，从而使得企业跨区域迁移、人口跨区域流动过程中的财政税收问题难以协调。虽然《京津冀协同发展产业转移对接企业税收收入分享办法》的出台在一定程度上使这些问题得到了缓解，但纳入分享范围的企业仅限于年均缴纳增值税、企业所得税地方分成部分大于等于2000万元的企业，税收分享范围有限，其根本问题尚未解决。三地政府财政收入中的其他地方财政收入、其他企业税收收入的分配问题也没有得到明确解决。

在分权制财政体制下，地方政府财权与事权不匹配的问题普遍存在。地方政府本就财力紧张，再让其从仅有的财力中拿出一部分用于税收优惠很难。因而，吸引产业转移的税收优惠空间尚且不足。再者，由于增值税等税种的产地征税制度、企业所得税的注册地征税制度，导致税收与税源的背离。目前尚未对各地政府间的横向税收分配问题做出具体安排，因此，各地间的税收协同一时难以实现。

3.追逐单体利益的局限

在分税制财政体制下，各地方政府作为一个独立的利益主体存在，其行政目标是追求自身利益的最大化。各个政府在制定本地区政策时，首先考虑的是本地区财政收入的最大化，其突出的表现就是利用政策洼地吸引外来投资，以取得更多税收收入。如在制定产业政策时，主要考虑产业的经济带动作用而几乎不考虑区域间产业的协调程度，这就使得区域间产业重复建设问题严重，难以形成区域比较优势。各地争相发展汽车制造业等利润较大的产业，就是例证。长期以来，条块分割的行政区划体制使得政府决策具有局限性，导致地区间政策的不协调，不利于京津冀三地利益机制趋同化的实现。虽然在京津冀协同发展的大趋势下，三地制定了一些利于辖区间资源合理整合和配置的政策，但这些政策很有限。

4.市场统一开放的障碍

由于地区间资源禀赋、经济环境、政策环境、先行优势的差异，至今京津冀地区尚未形成完全开放的产品和生产要素市场。首先，由于税收的属地征收和产地征收政策，使得作为税源大户的大型企业成为各地竞相争夺的对象。为了保护本地区税源，为了维护本地企业不受外地市场的冲击，各地政府往往采取种种行政措施、构建各种行政壁垒来阻碍市场一体化，阻碍生产要素和资源在不同地区间的自由流动，从而使得京津冀市场一体化的政策措施大打折扣，甚至失效。其次，长期以来京津处于生产要素的聚集阶段，经济发展的对外辐射能力较弱，导致河北省产业配套能力与京津产生较大差距，软、硬件设施不能有效承接京津的产业转移。这些不利于京津冀协同发展的主、客观条件同时发挥作用，从而阻碍了京津冀区域统一开放市场的形成。

三、财政支持京津冀协同发展的政策建议

（一）明晰协同发展的短期及长远目标

1.短期发展目标：雄安新区率先突破

短期内，按照《规划纲要》的要求以及雄安新区设立的目标定位，应将加快雄安新区的建设，作为京津冀协同发展的重点领域率先突破。首先，按照京津冀梯度发展的统筹规划，将交通一体化和产业优化转移作为财政支持的重点领域。雄安新区作为北京非首都功能的集中承接地，应通过财政补贴、转移支付等政策支持河北省轨道交通和城际铁路的建设，争取早日建成京津保、雄安及周围县区0.5-1小时交通圈；应通过财政向转移企业的投资补贴和税收优惠减免，鼓励北京企业尤其是大型商贸、物流、制造企业向河北尤其是雄安地区转移。其次，基于绿色发展的目标定位，应加大中央财政对地方财

政的生态转移支付。一方面，通过加快新型能源公交等公共交通设施的建设步伐，加快大型污染处理设备的投入使用，以提升生态涵养区的植被覆盖率。另一方面，基于雄安新区特殊的地理位置，在其承接产业转移的同时，还应通过中央和地方财政资金的支持，保护白洋淀地区生态和淡水湖泊，以保证新区发展必备水源的供应。

2.长期发展目标：核心引领梯度布局

京津冀的协同目标是有效消除区域内各辖区间的差距，提升整体区域在全国乃至在全世界的经济与社会竞争力，打造“世界级城市群”。而无论是各辖区间经济差距还是社会差距的缩小或消除，均需要逐步平衡京津冀区域内各辖区间的经济利益与社会利益，慢慢缓解资源、交通、信息、科技、生态环境以及体制创新等影响辖区经济和社会发展的因素差异，逐渐实现整个京津冀区域经济、社会等全方位的互补和联合，有效发挥协同效应，提升整个区域的经济和社会综合实力，促进京津冀区域走向“经济政策区域化”“经济机制区域化”“经济改革区域化”以及“社会发展区域化”，渐渐模糊京津冀区域经济中心与经济外围的界限、模糊行政区划的界限，最终实现京津冀空间经济和社会的一体化。

从京津冀协同发展的宏观层面来说，应在产业转移政策取得一定突破的基础上，实现区域内不同地区产业的梯度交错分布，实现京津冀地区产业优势互补和交错协调发展，彻底扭转产业重复建设，实现区域内资源和要素配置的帕累托最优；应在轨道和高速公路交通取得较大进展的基础上，推进公共服务设施的一体化建设，使区域内医疗、教育、卫生等关系人民福祉的公共服务水平趋于均衡；应在环保取得一定进展的基础上，通过鼓励创新，科技进步、加快企业运行的智能化和网络化建设等维护生态环境建设的既有成果。

从京津冀协同发展的微观层面来说，一是应加快推进雄安新区公共基础设施建设，促进公共服务水平取得有效进展。在雄安顺利承接北京产业转移、经济发展取得一定成效的基础上，逐步加大对其周边地区的财税优惠政策，并通过优惠政策的逐步扩围，充分发挥雄安新区对周边地区的辐射带动作用，使其成为河北发展的“新引擎”。二是应明确河北各市的功能定位，促进各市的快速特色发展。在各市自身发展的同时，注重其对周边地区的辐射带动作用。形成京津、雄石+10的城市圈，核心引领河北经济及社会的快速发展，加速缩小京津冀的差距，助力京津冀协同长期发展目标的尽快实现。

（二）分阶段厘清政府在协同发展中的不同角色定位

区域的协同发展是一个长效且动态的过程，不能一蹴而就。尤其是结合京津冀区域协同演化进程以及区域的特点，应根据其协同程度，分阶段厘清政府在其发展中的角色定位，以有效发挥财政以及政府的重要引导作用，并建立起长效、健康、持续的协同发展路径。

1.协同初期：政府主导，市场配合

在京津冀协同发展的初期阶段，需要凭借政府的行政导向，充分发挥政府顶层设计的主导作用和宏观调控作用。首先，政府应着眼于京津冀协同发展宏观政策的制定，为区域协同发展打好坚实的政策基础。在区域间各辖区功能定位和发展方向上给予更加明确的定位目标，以减少协同发展过程中的盲目性。在此基础上，要为企业的跨区域迁移提供便利的土地审批和地域变更审批程序和税收优惠条件，为企业转移带来的人口跨区域迁移制定便利的落户政策。在优惠政策的制定上要更多向河北倾斜。其次，由于市场失灵的存在，政府要给予交通设施如轨道和高速公路建设、生态系统建设等方面一定的资金支持，发挥财政资金撬动社会资金的杠杆作用。同时，要加大财政资金对区域内公共服务设施特别是河北基础设施的投入，以尽快实现三地间公共服务的均等化。

2. 协同中期：政府支持，市场主导

长三角和珠三角发展的经验证明，富有活力的区域市场、较强的市场主体力量是区域长效发展的最终主动力。因此，随着京津冀协同发展的逐步推进，各个辖区间地方财政协调制度化路径架构的逐渐完成，政府的行政干预应逐渐弱化，以不断强化市场在协同中的主导乃至决定性作用，激发各个辖区合作需求和自发主动性。

（1）明确政府与市场的权利边界。虽然市场与政府均具有资源配置的作用，但在京津冀协同发展中，应结合区域整体协同发展规划设计，以落实京津冀协同发展顶层设计的框架为核心，对于因行政区划等造成的市场分割、要素流动不畅以及要素扭曲，应通过各个辖区间的财政协调如对因产业转移而引发的人口流动给予承接地直接财政资金支持，以疏导、纠正和清除要素流动障碍；而对于市场可以自行优化配置的资源和要素，可通过地方财政协调税收政策等方式改善市场运行环境，引导并遵从市场的选择和配置结果，从而促进京津冀市场的一体化。

（2）强化市场在协同中的作用。虽然在财政分权体制下，无论是基于“官员晋升”需求抑或是辖区发展的需求，各个辖区政府均具有追逐辖区单体利益最大化的主动性偏好，但随着京津冀区域整体发展空间格局架构的基本完成，市场在京津冀协同发展中将起更加关键的作用。依托京津冀区域的产业布局，充分发挥市场在产品结构、产品产量、产品周期寿命等方面的决定性作用，遵循优胜劣汰的基本市场法则，不断壮大各辖区产业在京津冀乃至全国的竞争力，实现京津冀区域内产业的强强联手，壮大辖区财政协调的财力基础，形成京津冀协同的良性循环，将京津冀发展成拥有强大竞争力的世界级城市群。

3. 协同后期：市场决定，政府辅助

京津冀协同发展的后期，随着辖区间经济发展水平差距缩小，落后地区公共基础设施建设取得一定的进展，便捷高速的交通网络形成，阻碍资本、劳动力等生产要素和产品自由流通的体制机制障碍基本破除。这时如果政府方面继续对市场进行多领域的干预，则不但不会促进协同发展进程，反而会适得其反，扭曲市场机制的正常运行。因此在这一阶段，政府应积极转变职能，由主导区域协同发展转变到为协同发展提供服务上来。政府不再干预具体的市场行为，而是通过适时调整财税政策，为经济的持续稳定发展创造良好的市场和政策环境。如逐步取消对企业的优惠政策，为市场的公平竞争创造条件。除一些重大领域的个别项目外，财政资金不应再继续加大对有关项目的支持，而应充分发挥社会资金的作用，避免因政府过度投资所导致的重复建设和投资过剩问题。

总之，京津冀协同发展具有显著的政府主导性，但政府的主导不应是长期的。在京津冀协同发展的进程中，随着三地间差距的缩小、协同理念的深入、协同机制的形成，应遵循市场经济发展规律，逐步转到由市场在资源配置中起决定性作用的轨道上来。

（三）分层细化支持协同发展的财税政策

1. 中央层面财税政策

（1）建立区域利益协调机制。依据欧盟等国外区域经济发展的经验，跨区性协调因涉及各辖区利益以及跨区性公共服务供给等问题，从区域整体发展的效率和公平角度，需要设立专门的管理机构以保障区域协同的长效性。京津冀区域协同发展，可采取京津冀区域各辖区共同参与且仍可保持独立性的联合委员制度[①]的形式，建立区域利益协调机制，以保障京津冀区域“全方位”协同发展的实现。

联合委员制度下设四层机构：①规划层。根据《规划纲要》和相关协同发展政策，决定京津冀区域财税支持的方向、原则和目标，并就京津冀区域协同的发展阶段做财税支持的近期和远期规划，且通过法律或者法规的形式明确制定区域内各辖区间财政支持的具体内容、形式以及程度。②决策层。依据规划层所做的财政支持规划，将在一定期限内需要完成的支持项目和支持任务进行部署和安排，并下达财政支持效果和目标任务。③执行层。京津冀区域内各辖区财政、税务部门，依据决策层所下达的本辖区财政支持政策和支持任务进行具体分解落实，包括财政收入政策、财政支出政策、财政协商政策等。④评估和监督层。设立常态化京津冀协同发展的评估委员会，针对京津冀协同的内容、协同的程度以及协同的进度例行年度性评定，包括对各辖区间财政支持形式及支持效果进行全面详细的评价和监督，总结财政支持中的经验和教训，为辖区间进一步财政支持提出改进和奖惩意见和建议。在联合委员会制度的管理下，凝聚整合区域内各辖区的综合财政实力，开展京津冀地方财政协作，提升各辖区及整个区域的经济和社会发展水平。

（2）建立协同发展中央财政专项资金。作为国家战略，京津冀协同发展不是一日之功。中央对于京津冀的政策与资金支持将会持续较长时期。建议中央设立京津冀协同发展财政专项资金，以保证国家战略的顺利推进。专项资金的内容包括：运用因素法测算因承接北京产业转移、吸引企业和个人迁移而给予的财政补贴支出额，测算因承接非首都功能疏解造成的公共服务成本增加额，测算因生态环境保护增加的成本支出额，测算因对企业和个人给予税收优惠政策而减少的税收收入额，等等。如对于因人口转移而增加的公共服务成本，中央应根据人口转移的数量核定标准给予转入地时限性资金支持，增加承接地的财政承受能力。同时，增强承接地在教育、医疗卫生、社会保障、文化、公共安全等公共服务财政投入和保障能力，提高承接地的基本公共服务水平，缩小京津冀区域内城镇化水平差距，促进京津冀区域经济社会和谐发展。

（3）增设区域联合预算机制。为了有效提高财政支持京津冀协同发展的效率，实现协同发展的财政支持制度化，中央可以鼓励京津冀三地通过协商实现部分联合预算。即经各辖区共同商议并作相应时间上的安排和规定，在保障正常的年度预算编制制度中增设财政支持京津冀协同发展部分的预算内容，或可单独就财政支持京津冀协同发展的具体项目和具体内容进行年度或周期性的预算统筹安排，以便于年终总结中对财政支持完成情况进行比对，汇总经验教训并有助于下一年度预算方案的调整和优化。因预算在财政制度中的作用主要体现于提高财政资金筹集和分配效率方面，故财政支持京津冀协同发展的联合预算安排，应集中于区域协同发展基金的建立、基金的筹措以及基金的分配。

（4）创新区域财税体制改革。京津冀三个不同量级的行政主体协同发展，在现有财政分权、财政体制的框架下，难以实现自主性的长效协同。故可凭借雄安新区这一创新驱动发展引领区，建立一个科学合理、财权事权与支出相匹配的，突破现有行政级别的新的财政体制，以充分调动利益相关方参与京津冀协同发展及雄安新区开发建设的积极性，促进京津冀协同发展，促进雄安新区加快发展。

①可在雄安新区重构一套全新的财政体制，用以保障新区开发建设融资和资金运转，保障财政预算税收功能的充分发挥。新区发

① 联合委员制度设立专门的管理机构且拥有法律或法规的权益保障，具有非自愿性、强制执行的特点，其协同程度较高。

展初期，开发建设任务重、税源量小，主要依靠金融机构融资工具获取开发建设资金，因而，应集各方尽可能的财力支持新区发展。如可将新增地方财政收入全部留用新区，或将省级分享新区主要税种的增量全部返还新区，大大增加新区建设的可用资金，在办公用房方面，可通过适度的财政贴补，在雄安新区等地开发一些办公用房和高端公租房，如采用租金入股的形式，扶持央企和其他企业建设自己的办公用房，可以租金入股。增值税方面，可改变目前五五分成的比例，实行中央与地方三七比例分成以增大地方财力，保障新区建设的财政资金需要。从企业所得税方面，可实行迁移企业年度亏损用以前年度所得弥补政策，鼓励企业向引导区域迁移。作为创新驱动发展引领区，雄安需大力发展高新技术，中央应适当增加雄安新区的科技三项费用、技改拨款和技改贴息，以支持创新主体企业自主创新。为培育新的创新主体，国家可通过建立新创立企业技术创新基金，鼓励创新型企业在雄安落户。在科技成果转化方面，财政可以通过建设科技成果信息共享平台，为科技研发和成果使用主体提供信息和交易平台，从而促进科技成果顺利转化。从税收政策来看，通过对创新型企业研发费用的加计扣除、企业职工教育经费的税前扣除和对从事技术转让、技术开发业务的企业一定时期内免征增值税等政策减轻创新型企业税收负担。以促进新区创新型企业发展，从而达到设立创新示范区的目标。

②可考虑构建赋予京津冀更多自主权的财政体制。依据京津冀区域内各城市的不同功能定位，赋予其相应的政策调整自主权，以支持其功能定位的实现。如通过财政帮扶、税收减免引导相关行业的迁移走向，实现某一产业在重点城市的聚集；针对重点项目给予财政专项支持，快速改善一定地区的基础设施和公共服务水平；通过制度安排如资源税，使资源优势转化为财政优势，即资源供给方能够取得相应的收入，资源使用者支付相应的税费。促使各辖区政府科学合理有效管理和使用各类资源。

③调整现有税种的征税制度，实现税源与税收收入相匹配。为充分调动各辖区政府培育税源、管理税收的积极性，对现有税种纳税环节、纳税地点进行调整，改变消费地税源成为生产地税收的不合理现象。

④完善地方税体系。一是下放一定的地方税权限。在税收立法权统一的前提下，将地方税的调整权、减免税权下放，赋予地方政府更多的税收管理权限，使各辖区更充分的利用税收杠杆实施经济引导和调控。二是推行房产税改革。可将雄安新区和河北省作为房产税改革试点，学习新加坡模式，建设公租房，推行廉租房制度；对业主出售购买时间不足1年的商品房，需缴纳高额房产税，从而抑制“炒房”行为和虚高的房价。三是推行个人所得税改革。在京津冀进行个税改革试点，包括改以自然人纳税为以家庭为单位纳税；将现行税法中的11类所得项目整合为劳动所得、资本所得和其他所得3大类，简化调整现有税目；对劳动所得采用同一累进税率征收，减少累进税率档次，降低边际税率；工资薪金费用扣除标准指数化；赋予地方个人所得税减免权限等。四是开征环保税。为生态环保提供制度支持。

2. 京津层面财税政策

（1）建立区域协同发展基金。由京津冀各辖区政府共同组建“京津冀协同发展基金”，启动资金由京津冀各辖区财政共同承担和筹措，以作为京津冀区域协同共建的“财政性资金池”，并专项用于协调发展京津冀的公共事务，促进京津冀的整体性发展。启动资金的筹措可借鉴欧盟成员国缴纳“会费”的形式[①]，

① 欧盟的资金中各成员国按其国民收入比例所交纳的“会费”占比高达75%，且各成员所征收的增值税按1%的比例上缴，基本占欧盟收入的14%。数据来源：欧盟预算六个问题：欧盟的钱从哪里来，到哪里去？http：//www.china.com.cn/chinese/jingji/893019.htm。

通过各辖区协商，在充分考虑各辖区的财政负担能力以及财政基金筹措稳定性的基础上，确定财政资金池中各个辖区的贡献值和贡献比例。我国上海、江苏、浙江和安徽四省市也曾于2012年各出资1000万元成立了长三角区域发展促进基金，对于跨界的基础设施、生态环境、产业升级给予建设和扶持。但京津冀协同中地方财政支持的协调发展，仅靠各个辖区的财政资金来源和现有融资方式，很难满足协同发展资金支配的需要。可以考虑，一是将协同发展资金列入各辖区的年度预算，以保证各个辖区财政对基金的持续性支持；二是可以运用财政贴息、税式支出、收益让渡等形式，鼓励社会资本参与协同发展基金，起到财政资金的“杠杆作用”；三是可以有计划地通过资本市场发行京津冀区域协同发展彩票或专项政府性债券等方式广开融资渠道，以多方筹资、扩大基金资金来源，如吸收首钢京唐钢铁、河北钢铁、冀中能源等大企业、大集团入股。协同发展基金的设立应秉承行政干预和自愿平等相结合的参与原则，即京津冀各辖区政府可依据本辖区的可用财力和对未来发展趋势的判断，选择在京津冀协同发展基金中的地位，但参与其中是必需的。

（2）完善区域生态补偿机制。作为京津上风上水的生态屏障和水资源地，河北省为京津地区的环境建设和水资源保护做出了突出贡献。为此河北省被迫关停了大量制造企业，减缓了经济发展速度规模的同时也使河北省失去了大量的发展机会。京津作为主要受益者理应给予应有的补偿。

河北省赤城县是北京市重要的饮用水源地，其境内黑河、白河、红河汇流后全部汇入北京市密云水库，年入库水量2亿立方米，约占密云水库年入库量的53%。为保护“三河”水质、确保北京市用水安全，赤城县资源开发受控、产业发展受限，由此带来的经济损失和机会丧失严重地制约其经济社会发展。目前，京津冀三地涉水县市已形成共识，即建立生态补偿机制，以有效缓解区域内水源地生态环境保护和经济社会发展的矛盾。如引滦入津工程，近年来天津市与河北省经多番商议决定，天津市给河北省和迁西县滦河流域治理的生态补偿经费从500万元/年上涨到3000万元/年。但因不是直接补偿，而是以项目补贴名义，且每个项目补贴最多不能超过300万元，补贴力度不够，一定程度上影响了迁西县的积极性。因此，应建立健全京津冀区域横向生态补偿制度，深化区际生态环境领域的合作。

第一，应建立健全生态补偿政策法规。建立重点向引用水源、水土保持、生态公益林、湿地保护、矿产资源补偿倾斜的生态补偿政策，使三地生态补偿有章可循。第二，应建立生态补偿协调机构。着手建立协调三方利益的专门测度生态补偿数额和施行生态补偿具体事宜的机构，通过专家评估，合理论证各地在生态建设方面的受益和损失，使生态补偿数额的确定科学合理。第三，应建立区域生态补偿的横向和纵向转移支付制度，解决生态补偿资金的来源和补偿方式问题。横向转移支付主要针对跨流域、跨地域的环境达标行为，资金的转移方向和具体数额由负责转移事项的专门机构，按照“谁受益，谁补偿，谁破坏，谁付费”的原则，测度并督导责任地区政府部门及时履行。纵向转移支付主要针对具体企业的排污行为，事先规定排污权限，凡超过权限的部分，由各地政府以环境税的形式征收并据实上交中央，由中央以纵向转移支付的形式向各地方补偿发放。

（3）建立公共服务成本分担机制。相近的区位使京津冀公共服务分担机制的建立、基本公共服务均等化的要求更迫切。第一，应建立京津与河北省的定向医疗合作机制。如通过政府搭桥，京津医院与河北省医疗机构签订长期合作协议；由财政出资，鼓励河北省医疗机构更新医疗设备；组织医护人员定期进行交流培训等，促进京津冀医疗服务水平均等化。第二，应建立科研院所定期沟通交流机制。设立财政专项资金，鼓励知名院校在河北省建立分校或科研附属机构，组织知名学者定期到河北省对口高校讲课和开展学术研讨，促进河北省科研教育水平的提升。第三，应建立交通建设决策管理机制。设立轨道和高速公路建设决策机构，邀请相关专家共同决策，合理调配三地财政资金。按照主要受益地支付原则，地方自有资金负责本地交通建设，中央拨付资金主要用于弥补地方财政不足部分。从而避免出现断头路现象，提升交通一体化建设水平。第四，应建立公共服务设施成本分担机制。着眼于京津冀协同发展的大局，增强整体意识，京津应与河北省签订区域公共服务设施成本分担的长期协议，确定成本分摊的范围、比例和方法。

（4）设立产业结构协调机制。在进一步明确各辖区功能定位的基础上，建立区域内财税政策协调机制。京津冀在充分协商的基础上，制定各辖区的税收优惠政策，并使三地优惠政策按照产业定位不同呈现明显差别，以此引导不同产业在三地间的转移流动，实现京津冀产业的错位发展。如针对河北省商贸物流基地的功能定位，河北省应制定商贸物流企业的税收优惠政策，对于京津两地新迁移到河北省商贸物流基地的企业，借鉴内蒙古地区鼓励物流业发展的政策经验，2年内免征企业所得税地方分享部分，2年后减半征收3年。对于新办和新建的企业，规定在获得盈利之前的年份免征企业所得税，自获得盈利之后的第一起3年内减半征收企业所得税。而其他两地商贸物流企业则照常缴纳企业所得税，以此来促进商贸物流企业向河北转移。其他政策的制定参照商贸物流企业税收政策制定的原则进行。

（5）优化人才培养和流动机制。应探索建设鼓励人才自由流动的体制机制，开展“双栖型”人才队伍建设，允许京津高校科研院所的专家教授到河北、到雄安新区开展教学和研究，工作量计入原单位考核，所得收入减免个人所得税。建立创新人才引进体制机制，鼓励京津在河北省设立人才中介机构，加强河北省国际高端人才的引进力度。增强河北省人才吸引力，吸引全国优秀人才和国际高端人才。让人才即能吸引来，更能留得住、用得上。

3.河北省层面的财税政策

（1）争取更大财政资金支持，提升城市服务能级。为尽快缩小河北省与京津的经济社会差距，应加快河北省的公共设施建设，但仅依靠河北省自身的财力无法实现，故河北省应在自身财力之外寻求更大的财政支持。

①用足用好中央财政支持资金。作为国家重点战略，合理高效运用中央给予的纵向财政支持，是保证京津冀协同发展目标实现的必然选择。一是应充分利用雄安新区财政政策。雄安新区与深圳经济特区和上海浦东新区政策地位相同，中央财政支持政策力度很大：要充分发挥国家开发银行的政策性银行作用，以“规划先行融智、改革创新融制、市场运作融资”的“三融”方式积极主动开展工作，高起点、高水平支持雄安新区起步建设。要积极争取更多的中央财政在雄安基础设施建设、公共服务水平提升等方面的资金支持。要通过向中央财政部门申请，争取更多的纵向转移支付资金，以用于公共服务设施的建设。要与雄安新区形成长效协商机制，真正使雄安新区成为带动河北省发展的引领示范区，成为京津冀区域乃至全国的新的经济增长极。二是要用好张家口冬奥会的财政政策。2022年北京—张家口冬奥会筹备是个大好契机。河北省应配合做好长远合理规划，争取中央财政在生态环境、公共设施等方面的专项资金支持。借力冬奥会使张家口恢复北方经济重镇的辉煌，成为京津冀生态环境支撑区。

②建立横向转移支付制度。京津冀区域新型城镇化的推进应依托各辖区、各部门间的紧密合作，对跨区域公共服务成本和收益进行分担和分配。通过主动与京津财政部门协商，争取京津更多的横向转移支付资金。对于互惠互利的公共服务项目，在成本分担方面，共建共享双方或多方应按照投资额度与未来收益程度，依照相关行业标准协商确定，并通过签订相关协议，明晰成本分担的原则、方式及金额；在收益分配方面，通过协商签订协议的方式给予确认。对于单向流动的服务项目，应由流入地给予流出地相应的利益补偿，其具体的补偿标准，则根据有关行业的专业标准和双方协商来核定，如生态补偿机制、公共服务成本分担机制。

③河北省还可寻求社会资本支持。在资金的供应上，应鼓励政府与民间资本合作，充分发挥政府资金的杠杆作用。从PPP项目涉及的领域来看，按照协同发展规划的要求，应主要涉及公共物品提供领域，重点保证交通一体化和生态环境保护所需资金。从项目资金的来源结构来看，主要是银行金融机构的贷款和保险机构的保险金以及一定量的民间资本。其中，保险机构用保险金投资的，建议采用再保险方式提升资金安全性。对于产业转型升级以及产业基地建设所用资金，建议采取建设和服务外包的形式，通过公开招标，选择实力较强的企业具体实施项目建设，并承诺运营期间场地设施盈利归承办商所有，以弥补其建设资金，加大对社会资金的吸收力。

（2）对接京津财税政策，改变“政策洼地”劣势。

①细化各辖区内功能定位。实现《规划纲要》对河北省定位：“全国现代商贸物流重要基地、产业转型升级试验区、新型城镇化与城乡统筹示范区、京津冀生态环境支撑区”的目标，必须对河北省11个城市产业功能定位进行细化，为制定有明确导向的财税政策提供前提条件。同时，河北省应紧紧抓住雄安新区建设的政策优势和机遇，利用新区这一产业转型升级实验先行区，带动河北省整个辖区的产业转型升级和经济社会发展。

②熟悉京津现行财税政策。长期以来，京津凭借其独有的政治优势，享有较多的财税政策优惠，吸引了大量企业入驻。而河北省则优惠政策相对较少，形成了政策洼地。要实现京津冀协同发展就要变政策洼地为政策高地，这就需要增加京津冀财税政策透明度，使河北省对京津现行财税政策有充分的了解，只有这样才能制定出有针对性的适度的财税政策。

③系统适度调整财税政策。在争取一定的财税政策调整权的前提下，因地制宜的调整财税政策。例如，在减轻税负方面，可考虑对高新技术企业在15%的企业所得税税率基础上，再降低2–3个百分点；对企业研发费用，可考虑扩大其政策适用范围，让企业普遍适用提高的加计扣除比例，由150%提高到175%或200%；对企业购进研发专用固定资产允许一次性抵扣的单位价值标准，可考虑设置为100万–200万元，以鼓励企业进行固定资产更新改造。在降低经营风险方面，对于新创业企业和风险投资企业创立初期的年度亏损，允许用以后年度所得弥补的时间延长至5–10年。对于原有企业迁移或更新换代、转型升级造成的年度亏损，可考虑允许其用以前年度所得弥补，以引导企业迁移，鼓励企业转型升级。对于跨地区经营企业，应给予相应的优惠政策，以吸引外地优质企业在本地设立分支机构和鼓励本地优质企业向外发展业务，以壮大企业实力。为避免总部经济对各辖区税收利益的影响，对设立在不同纳税地点的总机构和分支机构，总机构设立于本地的，允许分支机构的年度亏损在总机构的应纳税所得额中抵免；分支机构设立于本地的，允许分支机构按照本地优惠税率就地缴纳企业所得税，应纳税额不必按照总公

司汇总计算的应税总额分摊计算。充分发挥税收优惠政策的导向、虹吸、激励和支持作用。

（3）注重财税政策覆盖范围，平衡河北省内部发展水平。处理好雄安新区和河北省其他地区的关系，避免资源过度聚集造成雄安新区与河北省其他地区发展水平的断崖式差距，即在重视雄安新区率先发展的同时，不能忽视河北省整体的建设，亦不能忽视河北省内其他地区尤其是省会石家庄的建设和发展。在政策设计上，建议设立正定新区，给予其与雄安新区相应的财税优惠政策。在区域发展规划上，在促进资源要素由京津向雄安转移的同时，要重视京津石大三角的建设。根据雄安新区建设创新驱动发展引领区、开放发展先行区的战略定位，要在财税政策上为创新技术企业和符合新型经济发展方式的外资企业创造良好的投资环境。根据河北省建设现代商贸物流基地、产业转型实验区的战略定位，在商贸物流业和企业转型升级方面给予财税优惠政策。在雄安新区建设的同时，注意发挥雄安对石家庄乃至河北省的辐射带动作用，做到在发展中控制差距，发展后缩小差距。

（4）快速提升税收征管水平和能力。目前，京津冀三地税务局各自有一套纳税申报系统，企业信息格式、税率设定、税率交换接口均有自己的参数标准，未能实现统一兼容。在纳税服务、业务执行流程上，三地也存在不同程度的差异，给跨境企业纳税和税务部门征税造成一定的困难。因此，三地应尽快合作建立包括三地税收政策、税收征管流程、税务登记、申报征收、税务稽查、纳税信用等方面的京津冀信息共享平台，实现税源信息、政策信息、稽查信息的共享，提高河北的税收征管能力。河北应充分利用信息平台所提供的征管信息，尽快掌握迁入企业的各项经营情况，根据企业之前的缴纳税情况，制定短期性、过渡性迁入企业的征管措施，为纳税企业提供优质到位的纳税服务。

（四）注重政府考核中财政参与程度的评判

京津冀协同发展过程中，政府的绩效考核指标不仅应考虑经济发展水平，更要将京津冀三家政府在区域合作中的功与过纳入考核范围。

首先，京津冀作为一个区域发展整体，其绩效评价指标应统一。各辖区政府领导者在自身行政目标的追逐下，不可避免的会以本地绩效考核成绩的最优化作为决策的出发点。若京津冀三地的绩效考核指标不能统一，则不可避免的会导致各地行政目标的不一致性，故各地行政分割的界限仍无法打破。因此，要想促使各辖区向着协同发展的整体目标发展，就非常有必要建立统一的绩效考核指标，从而从根源上解决由于行政分割的存在而导致区域间恶性竞争问题的产生。

其次，为达到京津冀协同发展特定的社会目标，其评价指标应全面。既包括各地区经济发展指标，也包括各种社会指标。京津冀协同发展是一个多目标的发展战略，应设置多元化的绩效考核指标体系，以促进协同发展目标顺利实现。一是为增强三地发展合作程度，应把各辖区政府职能部门在推进京津冀协同发展各项政策中的表现作为考核的指标；二是服务于协同发展的战略目标，应把财政对公共服务项目和质量的支持力度和支持效果，经济发展差距及公共服务水平差距缩小程度，即财政在支持协同发展中的绩效作为重要指标；三是为突出《规划纲要》明确的环境保护、交通一体化、产业转移升级三大突破口指向，应提高其财政支持力度的绩效考核比重。

作者单位：河北经贸大学

国际专家报告一

京津冀协同发展背景下家庭人口老龄化趋势分析及政策建议

课题负责人：曾　毅

课题组成员：王正联　李　岚

在京津冀协同发展深入推进的大背景下，深入研究三地家庭人口老化状况和发展趋势，对推动京津冀协同应对人口老龄化意义重大。我们根据人口普查和相关调查数据，运用得到国内外普遍认可和应用的多维家庭人口预测新方法，对北京市、天津市和河北省2010–2050年家庭和人口的结构变动、家庭人口老化的速度和规模等进行了预测并进行比较分析，对京津冀未来40年家庭人口老化水平与全国平均水平进行了对比。同时，就河北省未来40年家庭人口的快速老化对住房需求的影响进行了分析和预测，为推动京津冀协同应对家庭人口快速老化趋势提出了政策建议。

一、京津冀地区人口与家庭老龄化呈加快趋势

京津冀地区正面临严重的人口老龄化问题。我们基于最新人口普查和调查数据的人口数据进行了2015–2050年人口老龄化预测（参数估计见附录1，预测方法见附录2），京津冀地区65岁及以上老人占总人口百分比将迅速从2015年的11.8%提高到2030年的21.3%和2050年的28.2%。其中，80岁及以上高龄老人占总人口百分比将提高3倍，从2015年的2.5%上升到2050年的10.1%（见表1、表2）。

从表1、表2可以看出，由于随着医疗技术和生活水平的提升，人均期望寿命的提高，20世纪五六十年代生育高峰时期出生的庞大人群将于2020年后步入高龄老年人口，京津冀地区人口老龄化速度加快，而且三地人口老龄化水平差异较大，京津两地的人口老龄化严重程度高于河北省。

从老年人口数与劳动年龄人口数之比（老年抚养比）看，京津冀2015年平均每100个15–64岁劳动年龄者负担17、18和15个老人，未来40年老年抚养比将迅速提高，京津

表1　2000–2050年65岁及以上老人占总人口比重　（单位：%）

	2000年	2005年	2010年	2015年	2020年	2030年	2040年	2050年
北京	8.33	10.02	10.90	12.27	15.30	21.95	26.61	29.93
天津	8.30	9.47	10.66	12.82	16.73	23.82	27.31	30.20
河北	7.07	7.75	8.51	10.31	13.20	18.11	22.03	24.42
京津冀平均	7.90	9.08	10.02	11.80	15.08	21.29	25.32	28.18
全国平均	7.08	7.90	8.83	10.28	12.70	17.45	23.63	25.67

表2　2000–2050年80岁及以上高龄老人占总人口比重　（单位：%）

	2000年	2005年	2010年	2015年	2020年	2030年	2040年	2050年
北京	0.97	1.39	2.02	2.92	3.54	4.46	7.86	10.82
天津	1.05	1.44	2.03	2.69	3.10	4.78	8.88	11.20
河北	0.90	1.12	1.46	1.83	2.09	3.37	5.71	8.25
京津冀平均	0.97	1.32	1.84	2.48	2.91	4.0	7.48	10.09
全国平均	0.98	1.20	1.53	1.93	2.26	3.40	5.42	8.84

冀三地2050年达到平均每100个劳动年龄者负担56、57和43个老人（见表3），京津两地赡养老人的负担比河北更重。

未来40年，老年人的居住模式变化较大。京津冀地区空巢老人（不与子女同住的老年人）占总人口比重从2015年的4.8%上升到2050年的13.3%，增长将近3倍；独居老人占总人口比重将从2015年的1%上升到2050年的3.4%，增长3.4倍；京津冀地区的空巢和独居老人比例显著高于全国平均水平（见表4、表5）。

到21世纪中叶，京津两地的至少有一个老人的家庭户占家庭户总数比重将翻倍，从2015年的21%上升到2050年的45%，河北省的增长速度相对较慢一些，将从23.4%增长到40.8%（见表6）。

伴随着人口老龄化加剧的趋势，家庭户规模也将会发生变化，京津冀地区的家庭规模逐渐缩小。从2010年到2050年，北京市的平均家庭规模将从每户2.6人缩小到每户2.5人，天津市从每户2.8人缩小到每户2.5人，河北省缩小幅度更大，从每户3.2人缩小到每户2.7人（见表7）。京津冀的平均家庭规模小于全国平均水平。

综上所述，未来40年京津冀地区的人口

表3　2000-2050年老年抚养比（65岁及以上老年人口/劳动年龄人口）（单位：%）

	2000年	2005年	2010年	2015年	2020年	2030年	2040年	2050年
北京	0.11	0.14	0.15	0.17	0.22	0.35	0.46	0.56
天津	0.12	0.13	0.15	0.18	0.25	0.40	0.48	0.57
河北	0.11	0.12	0.12	0.15	0.20	0.30	0.38	0.43
京津冀平均	0.11	0.13	0.14	0.17	0.22	0.35	0.44	0.52
全国平均	0.11	0.12	0.13	0.15	0.19	0.28	0.41	0.46

表4　2000-2050年65岁及以上空巢老人占总人口比重（单位：%）

	2000年	2005年	2010年	2015年	2020年	2030年	2040年	2050年
北京	3.19	3.88	4.25	4.82	6.19	9.47	11.89	13.84
天津	3.47	4.04	4.55	5.61	7.67	11.36	12.97	14.84
河北	2.63	2.91	3.21	4.02	5.38	7.67	9.57	11.11
京津冀平均	3.10	3.61	4.00	4.82	6.41	9.50	11.48	13.26
全国平均	2.45	2.78	3.11	3.72	4.80	6.98	9.85	10.98

表5　2000-2050年65岁及以上独居老人占总人口比重（单位：%）

	2000年	2005年	2010年	2015年	2020年	2030年	2040年	2050年
北京	0.81	0.98	1.08	1.18	1.42	2.29	3.35	4.66
天津	0.75	0.88	0.92	1.01	1.24	1.94	2.57	3.37
河北	0.62	0.70	0.75	0.84	1.03	1.44	1.89	2.29
京津冀平均	0.73	0.85	0.92	1.01	1.23	1.89	2.60	3.44
全国平均	0.64	0.74	0.78	0.86	1.03	1.51	2.31	3.07

表6　　2000-2050年有老人的家庭户占家庭户总数比重　　（单位：%）

	2000年	2005年	2010年	2015年	2020年	2030年	2040年	2050年
北京	21.36	21.01	21.23	22.16	25.75	34.09	39.81	45.03
天津	20.24	20.16	20.84	22.83	27.66	37.51	41.73	45.56
河北	23.76	23.97	23.36	23.24	25.06	31.92	37.39	40.75
京津冀平均	21.79	21.71	21.81	22.74	26.16	34.51	39.64	43.78
全国平均	23.89	22.88	21.80	21.82	24.22	30.95	40.10	43.89

表7　　2000-2050年平均家庭规模　　（单位：人/户）

	2000年	2010年	2020年	2030年	2040年	2050年
北京	2.97	2.60	2.51	2.48	2.48	2.49
天津	3.30	2.84	2.67	2.56	2.50	2.50
河北	3.57	3.15	2.94	2.77	2.68	2.67
京津冀平均	3.28	2.86	2.71	2.60	2.55	2.55
全国平均	3.42	3.05	2.84	2.69	2.60	2.58

和家庭户老龄化有以下三个特征：

第一，人口和家庭户老龄化的挑战非常严峻。65岁及以上老人占总人口比例，尤其是80岁及以上高龄老人占总人口比例迅速上升，由此导致更高的老年抚养比例。

第二，中国传统的代际居住安排和家庭养老模式正在改变，越来越多的老年人不再与子女共居，表现为家庭规模逐渐缩小。快速增长的老年人口无法从下一代获得足够的照料，必然要求更多的社会养老和政府支持或补贴的商业化养老服务。

第三，相比于河北省，北京市和天津市两大直辖市面临更严峻的家庭人口老龄化问题和由此带来的老年照料需求和社会经济负担。

二、家庭户规模结构变化对住房需求的影响

家庭户规模结构变化与住房需求密切相关（Zeng, Li and Wang, 2013）。我们对河北省未来40年按城乡、家庭结构、规模、户主年龄及住房类型区分住房需求进行了预测（数据来源和参数估计参见附录1，预测方法参见附录2），为政府和企业的房地产宏观调控提供依据。

我们分别对城镇和乡村的自有住房和租赁住房需求进行预测。由于城镇化的快速发展，城镇的自有住房需求将会持续高速增长，而乡村的自有住房需求将大幅度减小。预测结果表明，2030年和2050年河北省的城镇自有住房数量相比于2010年将分别增长87.4%和129.2%，乡村自有住房数量相比于2010年将分别减少16.7%和40.3%（见表8）。

从户主年龄为35岁以下的青年户主、35-64岁中年户主和65岁以上老年户主三个分组看，未来40年内由于人口快速老龄化和年轻人口比重的降低，中年户主的自有住房需求量将先上升后下降，青年户主的自有住房需求

量将持续下降，老年户主自有住房需求量增长较快，2030年和2050年的自有住房需求量分别为2010年的3.3倍和5.5倍（见表9）。从租赁住房看，青年户主和中年户主家庭的租赁住房总需求呈下降趋势，老年户主租赁住房总需求量大幅增加。

表8　　河北省2010-2050年按城乡和住房类型划分的住房预测

年份	自有住房				租赁住房			
	农村		城镇		农村		城镇	
	数量（百万）	比2010年增长（%）	数量（百万）	比2010年增长（%）	数量（百万）	比2010年增长（%）	数量（百万）	比2010年增长（%）
2010	10.64	0.0	8.87	0.0	0.78	0.0	0.10	0.0
2015	9.63	-9.6	12.32	38.9	0.65	-16.9	0.18	75.6
2020	9.49	-10.8	14.01	57.9	0.59	-24.2	0.21	106.5
2025	9.25	-13.1	15.37	73.3	0.56	-27.8	0.21	104.5
2030	8.87	-16.7	16.62	87.4	0.54	-30.2	0.21	103.7
2035	7.56	-28.9	18.69	110.8	0.42	-45.8	0.22	110.4
2040	7.30	-31.4	19.43	119.0	0.41	-47.3	0.21	100.9
2045	6.87	-35.5	19.97	125.2	0.40	-48.6	0.20	94.4
2050	6.36	-40.3	20.33	129.2	0.38	-50.7	0.19	85.1

表9　　河北省2010-2050年按户主年龄划分的住房需求预测

年份	自有住房						租赁住房					
	<35岁		35-64岁		65+岁		<35岁		35-64岁		65+岁	
	数量（百万）	比2010年增长%	数量（百万）	比2010年增长%	数量（百万）	比2010年增长%	数量（百万）	比2010年增长%	数量（百万）	比2010年增长%	数量（百万）	比2010年增长%
2010	5.13	0.0	12.72	0.0	1.66	0.0	0.356	0.0	0.491	0.0	0.035	0.0
2015	6.73	31.2	13.4	5.4	1.81	9.0	0.386	8.4	0.409	-16.7	0.034	-2.9
2020	6.27	22.2	14.76	16.0	2.46	48.2	0.352	-1.1	0.408	-16.9	0.045	28.6
2025	4.44	-13.5	16.41	29.0	3.77	127.1	0.287	-19.4	0.42	-14.5	0.069	97.1
2030	3.68	-28.3	16.36	28.6	5.45	228.3	0.272	-23.6	0.389	-20.8	0.095	171.4
2035	4.1	-20.1	15.11	18.8	7.05	324.7	0.231	-35.1	0.293	-40.3	0.117	234.3
2040	4.29	-16.4	14.52	14.2	7.91	376.5	0.239	-32.9	0.252	-48.7	0.128	265.7
2045	4.03	-21.4	14.51	14.1	8.3	400.0	0.242	-32.0	0.233	-52.6	0.128	265.7
2050	3.56	-30.6	14.03	10.3	9.09	447.6	0.229	-35.7	0.22	-55.2	0.127	262.9

从不同的家庭户类型来看，把家庭户分为1人户、1对夫妇户、1人与其他成员户、一对夫妇与子女户、单亲父母与子女户和3代户6种类型，预测未来40年不同家庭户住房的变化趋势（见表10），可以看出，除3代户以外，其他家庭户类型的自有住房需求都将以不同幅度上升。一对夫妇与子女家庭户的住房需求在2025年前将缓慢增长，之后开始逐渐下降，但仍是家庭户类型中住房需求最大的一类。一对夫妇户住房需求上升至2045年缓慢下降，一人户和单亲父母与子女户的住房需求上升幅度较大，3代户户数逐渐减少住房需求下降幅度更大。

从预测结果看，未来40年随着城镇化和人口老龄化加速，城镇地区和老年家庭的住房数量将会大幅上升，而农村地区和年轻家庭的住房数量大幅下降。对1–2间户型住房的需求增加，自有住房率则会不断上升。租房需求显著下降，年轻户主的租房率显著高于老年户主。

表10　　河北省2010–2050年按家庭户类型划分的自有住房需求预测

年份	1人户		1对夫妇户		1人与其他成员户		一对夫妇与子女户		单亲父母与子女户		3代户	
	数量（百万）	比2010年增长%	数量（百万）	比2010年增长%	数量（百万）	比2010年增长%	数量（百万）	比2010年增长%	数量（百万）	比2010年增长%	数量（百万）	比2010年增长%
2010	1.76	0.0	3.62	0.0	0.36	0.0	8.81	0.0	0.87	0.0	4.09	0.0
2015	2.62	48.9	3.91	8.0	0.37	2.8	9.8	11.2	1.18	35.6	4.05	–1.0
2020	2.87	63.1	4.6	27.1	0.41	13.9	10.35	17.5	1.6	83.9	3.66	–10.5
2025	3.22	83.0	5.16	42.5	0.46	27.8	10.49	19.1	2.06	136.8	3.24	–20.8
2030	3.5	98.9	5.73	58.3	0.49	36.1	10.31	17.0	2.56	194.3	2.9	–29.1
2035	3.73	111.9	6.28	73.5	0.54	50.0	10.1	14.6	2.99	243.7	2.62	–35.9
2040	3.98	126.1	6.56	81.2	0.57	58.3	9.8	11.2	3.25	273.6	2.57	–37.2
2045	4.14	135.2	6.66	84.0	0.58	61.1	9.5	7.8	3.43	294.3	2.53	–38.1
2050	4.22	139.8	6.57	81.5	0.59	63.9	9.27	5.2	3.58	311.5	2.46	–39.9

三、京津冀协同应对家庭人口老龄化严峻挑战的政策建议

在未来40年间，京津冀地区家庭人口加快老化，老年人口尤其是80岁以上高龄老人快速增长、家庭养老功能不断削弱，京津两大城市人口老化程度更高，这些特征对服务于老年人口的健康医疗行业及其他相关服务业、政府扶持的社会福利项目既提出严峻的挑战，又带来了巨大的发展机遇。京津冀三地在地理和经济上紧密联系，应有效发挥

其各自的比较优势和资源禀赋，联合应对人口老龄化的挑战。要通过体制机制创新，打通政策衔接渠道，打破京津冀异地养老障碍。

（一）实现京津冀养老一体化发展

推广“河北三河燕达国际健康城”等京津冀养老协同发展试点单位的经验，实现京津冀异地就医即时报销全覆盖。将北京市养老政策外延至河北省，与北京市知名医疗机构合作共建养老机构，实现京津冀养老床位运营补贴、机构综合责任保险、医保等政策互联互通。统一京津冀社会养老服务标准，提高河北省养老服务业的水平和档次。以医养结合型养老机构为突破口，鼓励三地通过共建养老医疗机构、推动养老院和护理院的对接等方式，加强三地医疗机构之间的合作。

（二）发挥比较优势协同发展老年服务产业

结合非首都功能疏解，推动北京市的医疗资源向河北省转移，发挥京津在医疗和养老方面的人才、技术、管理、资金优势，以及河北省在土地与人力等要素成本的优势，通过京津冀联合办分院、合作共建、委托管理、管理输出等多种模式，建设跨区域的养老服务合作载体，建立一批现代化、设施齐全、针对不同消费水平人群的各类收费等级养老院，并且对京津冀地区所有老年居民开放，充分满足不同经济条件的老年人养老需求。随着家庭护理和社会机构护理的需求持续增加，京津冀地区对老年护工的需求也会快速增长，河北省要加强对家庭护理和养老院护工的培养；发挥京津两地科技、教育资源的比较优势，为京津冀地区老年照料护工提供专业教育和培训，保证京津冀地区老年人获得正规的优质健康护理服务。

（三）协同建设一批旅游和养老产业结合的特色小镇

充分发挥京津在医疗和养老方面的人才、技术、管理、资金等优势，以及河北的自然环境、山水旅游、土地与人力资源等优势，通过京津冀合办，重点建设一批旅游和养老产业密切结合的特色小镇，既使京津冀的老人们能在绿色优美的小镇环境中颐养天年，又使在京津冀城市工作的子女和孙子女们在周末节假日来看望老人的同时，也能游山玩水，一举多得。建设旅游和养老产业结合的特色小镇最重要的一点是加强养老院护工的专业教育和培训，既保证老年人获得正规的优质心理、生理健康护理服务，又大大提升特色小镇的吸引力。

（四）高度重视家庭养老健康服务行业与养老机构的协同发展

京津冀地区老年人口的迅速增长将会带来对健康医疗服务及其他相关服务产业的巨大需求，尤其是高龄老人人口将急剧增长，而高龄老人最可能需要日常生活照料，他们的健康护理需求和人均护理成本也是最高的。然而，由于低生育率，每个家庭养育的孩子数量较少，老年抚养比将逐渐上升，越来越多的老年人将面临“空巢”的挑战，而成年子女很难为老年父母提供足够的照料护理。即使老年人与成年子女同住，子女需要全职外出工作，老年人得到的看护照料也不足。因此，需要社会福利和商业服务机构提供形式多样的日常护理服务，政府和企业都要高度重视职业化的家庭养老健康服务行业与养老机构的协同发展，将目前仍处于初级阶段的家庭养老健康服务行业与养老机构发展得更为成熟、职业化和专业化，将家庭养老健康服务和养老院等服务项目紧密结合起来。同时，应当尽快研究制定诸如允许和扶助老年人抵押房产来获得养老健康服务和机构养老等现实可行的助老养老政策。

（五）根据人口家庭户的变化趋势适时调控房地产行业发展

在制定未来房地产行业和住房投资计划时，要充分考虑未来家庭人口老龄化的变化趋势，增建各类便利老人日常生活和室内外活动辅助设施的住房、老年友好型社区、季节性住房和社区服务中心等。适应家庭规模缩减的趋势，要减少对大户型住房的投资，增加中小户型住房的投资。借鉴新加坡政府的成功经验，出台政策措施，通过适当减免个人所得税等优惠政策鼓励支持成年子女与老人同居或紧邻居住的模式，科学设计老人和年轻晚辈各有相对独立活动空间的三代同堂或紧邻居住“复式单元”公寓房，促使老人与子女互相帮助，满足老人与晚辈在饮食起居、电视娱乐等方面的不同偏好，促成老人晚年生活幸福愉快和儿孙晚辈受益的“双赢”。

附录1

京津冀地区家庭人口预测数据来源和参数估计

北京市、天津市和河北省家庭人口预测基准年(2010年)的按城乡、年龄、性别、婚姻状态、一起居住子女与是否与父母一起居住等状态分的家庭人口数，来自2010年人口普查的10%微观抽样数据，占京津冀总人口的10%。

基于北京市、天津市河北省2010年人口普查10%的微观数据，估算了按城乡、年龄、性别分的死亡率，按城乡、年龄、性别分的初婚发生/风险率，以及按城乡、年龄、胎次分的生育发生/风险率。还估算了按年龄、性别分的农村—城镇净迁移率，按城乡、年龄、性别分的迁往省外的迁移发生/风险率，以及按城乡、年龄、性别分的省外迁入本市或本省的频率。按城乡、年龄、性别的离婚和再婚模型标准发生/风险率是根据中国深入生育率调查数据得到的，该调查的数据样本包含河北省。基于北京市、天津市和河北省2000年、2010年人口普查数据，运用Coale (1985)提出、Stupp (1988)拓展的队列内迭代插值方法，估算了按城乡、年龄、性别分的子女离家率。

根据2010年的人口普查数据和2010年北京市、天津市和河北省民政局公布的结婚、离婚总数，估计了按城乡分的一般结婚率和一般离婚率。按城乡、性别分的平均预期寿命的估算基于1990年、2000年、2010年人口普查数据，并应用趋势外推至未来预测年份。

根据2010年的人口普查数据和其他最新的数据来源，调整瞒报漏报之后，估计北京市、天津市和河北省2010年总和生育率；这些估计与其他学者和两市一省卫计委的估计基本一致。考虑到我国已放宽计划生育政策，估计2030年京津冀总和生育率有所上升，随后将缓慢下降。

基于人口普查及年度人口统计的时间序列数据，对北京市、天津市和河北省城镇人口比例的变化进行趋势外推。基于1990、2000、2010年的人口普查数据，运用趋势外推方法估测了北京市、天津市和河北省分性别的从市/省外净迁入人数（即市/省外迁入人数与迁往市/省外人数之差）。假设未来迁入和迁出人口的年龄、性别分布与2010年人口普查得到的分布相同。北京市、天津市和河北省的家庭人口预测主要参数见表1、表2和表3。

表1 北京市家庭人口预测主要参数

参数	农村			城镇			城乡合一		
	2010	2030	2050	2010	2030	2050	2010	2030	2050
总和生育率	2.01	1.80	1.80	1.32	1.50	1.50	1.42	1.52	1.52
男性0岁预期寿命（岁）	76.6	78.1	79.2	79.5	81	82	79.1	80.9	81.9
女性0岁预期寿命（岁）	80.6	81.4	82.5	82.9	84.5	85.5	82.6	84.3	85.4
一般结婚率（每千人）	50.1	50.1	44.0	44.0	44.0	44.0	44.9	44.3	44.0
一般离婚率（每千人）	2.6	2.6	9.8	6.8	11.8	11.8	6.2	11.3	11.7
妇女初育平均年龄	28.39	29.39	30.39	28.45	29.45	30.45	28.44	29.45	30.45
城镇居民占总人口比例（%）							86	95	95

表2 天津市家庭人口预测主要参数

参数	农村			城镇			城乡合一		
	2010	2030	2050	2010	2030	2050	2010	2030	2050
总和生育率	1.68	1.98	1.98	1.20	1.36	1.36	1.30	1.44	1.39
男性0岁预期寿命（岁）	70.7	73.8	75.9	74.1	75.7	77.6	73.4	75.5	77.5
女性0岁预期寿命（岁）	75.0	78.2	80.3	78.5	80.0	81.7	77.8	79.8	81.6
一般结婚率（每千人）	73.1	73.1	73.1	52.0	52.0	52.0	56.3	54.7	53.1
一般离婚率（每千人）	2.0	2.0	2.0	5.0	5.0	5.0	4.4	4.6	4.9
妇女初育平均年龄	25.20	26.50	26.50	26.56	27.75	27.75	26.28	27.59	27.69
城镇居民占总人口比例（%）							79.6	87	95

表3 河北省家庭人口预测主要参数

参数	农村			城镇			城乡合一		
	2010	2030	2050	2010	2030	2050	2010	2030	2050
总和生育率	2.01	2.10	2.13	1.32	1.70	1.72	1.71	1.85	1.82
男性0岁预期寿命（岁）	70.9	74.3	77.4	74.2	75.7	79.3	72.4	75.2	78.8
女性0岁预期寿命（岁）	74.7	78.3	81.3	78.3	82.3	85.0	76.3	80.8	84.1
一般结婚率（每千人）	99.0	99.0	99.0	89.8	89.8	89.8	95.0	93.2	92.1
一般离婚率（每千人）	2.8	2.8	2.8	5.4	5.4	5.4	3.9	4.4	4.8
妇女初育平均年龄	25.20	26.50	26.50	26.56	27.75	27.75	25.80	27.29	27.44
城镇居民占总人口比例（%）							44	63	75

附录2

ProFamy多维家庭人口预测新方法及其在老年照料、住房、能源、汽车等家用消费预测的应用

在曾毅于1987年获美国人口学会Dorothy Thomas学术奖、并于1991年获国家科技进步二等奖的家庭状态生命表模型基础上,曾毅教授和王正联博士等合作建立了已在国际国内一流期刊发表、克服了经典的户主率家庭户预测方法一系列局限的ProFamy多维家庭人口预测新方法和软件，用人口生育率、死亡率、迁移率、结婚率、离婚率等作为输入，在进行人口数量和年龄性别分布预测的同时，预测详细的家庭户类型和规模、老人的居住安排，并保证人口数量结构预测与家庭结构预测两者的内部一致性（Zeng，Vauple and Wang，1998；曾毅、金沃泊、王正联，1998；Zeng et al. 2006；曾毅等，2011）。我们用多维家庭人口预测模型以及相关数据对中国1990–2000年间的家庭户和人口变化进行预测，2000年预测数与普查实际观测数据的差异在合理的范围内（Zeng et al.，2008）。我们还根据美国1990年人口普查数据估算预测起点人口，用多维家庭人口预测模型和基于1991年以前的数据作为输入，对1990–2000年的美国全国以及50个州和华盛顿特区一一进行家庭户、老人居住安排以及人口年龄性别构成预测；与2000年美国以及每一州普查实际观测数据相比，预测差异都在合理范围内（Zeng et al. 2006；2012；2014）。这些检验表明，应用多维家庭人口预测模型对家庭户、老人居住安排和人口预测相当成功。

ProFamy多维家庭人口预测模型新方法在国际国内已经得到比较广泛的认可和应用。例如，1998年在德国召开了主要讨论曾毅ProFamy家庭人口预测新方法的研讨会（4位分别来自美国、德国、荷兰的科学院院士与会）。澳大利亚国立大学2007年12月组织了全国培训班专门讲授多维家庭人口预测方法及应用。王正联、顾大男、曾毅等人组成的研究小组，申请关于应用曾毅的多维家庭人口预测方法于美国全国和50州的每一州和华盛顿特区分种族家庭户预测项目；该项目在2006年全美所有将社会科学研究成果转化为生产力的应用研究（SBIR）招标项目中，专家委员会评分第一名。多维家庭人口预测模型经国内外专家在众多模型中评审选择，已被中国国家人口宏观管理与决策信息系统（PADIS）正式采纳应用。中国国家自然科学基金委2009年度报告“成果巡礼”也对此做了介绍。

国际和国内学者们应用ProFamy多维家庭人口预测新方法和软件,发表了一批重要成果。例如，美国佛罗里达大学经济学教授、经济与商学研究局主任、区域人口预测与估计领军学者Stanley Smith 教授等人将多维家庭人口预测方法应用于美国全国和州家庭人口老化对住房需求影响预测，成果分别于2008年和2012年在《美国计划协会学刊》和美国《住房研究》发表（Smith，Rayer and Smith，2008；Smith et al.，2012））。时任国际应用系统分析研究院（IIASA）人口与气候变化研究部主任的Brian O’ Neill教授和他领导的小组应用ProFamy家庭人口预测新方法和软件，对美国家庭人口老化对能源消费的影响进行了预测模拟分析，成果于2008年在美国期刊《能源经济》上发表（Dalton et al.，2008）。美国能源部立项资助布朗大学一个研究小组应用ProFamy家庭人口预测新方法研究美国与其他一些国家家庭户能源消费趋势及预测。Prskawetz et al.（2004）和Feng et al.（2012）应用多维家庭人口预测方法于美国和奥地利家庭户汽车消费预测分析，成果分别在美国《国际市场研究》和《维也纳人口研究年鉴》发表。美国通用汽车公司（GM）总部全球市场与工业分析部2003-2005年立项应用ProFamy方法和软件研究美国家用汽车市场趋势。美国明尼苏达州政府和美国南加州政府等应用ProFamy方法和软件进行家庭人口预测及相关社会经济规划。

作者单位：杜克大学医学院老龄与人类发展研究中心和老年医学部；北京大学国家发展研究院及北京大学瑞意高等研究所；德国马普研究院人口研究所；荷兰皇家艺术与科学院；杜克大学老龄与健康研究中心；中国人口与发展研究中心；河北省发展和改革委员会宏观经济研究所

参考文献

［1］曾毅、金沃泊、王正联：多维家庭人口预测模型的建立与应用。《中国人口科学》，1998，No.5

［2］曾毅、张震、顾大男、郑真真编著：《人口分析方法与应用（第二版）》，第十一章第7、8节；北京大学出版社，2011年出版

［3］Coale，A. J.，John，A. M.，and Richards，T.，1985，"Calculation of age-specific fertility schedules from tabulations of parity in two censuses." Demography，22（4）：611-623

［4］Dalton，M.，O'Neill，B.，Prskawetz，A.，Jiang，L.，and Pitkin，J.，2008，"Population aging and future carbon emissions in the United States." Energy economics，30（2）：642-675

［5］Feng，Q.，Wang，Z.，Gu，D.，and Zeng，Y.，2011，"Household vehicle consumption forecasts in the United States，2000 to 2005." International Journal of Market Research，53（5）：593-618

［6］Prskawetz，A.，Leiwen，J.，and O'Neill，B. C.，2004，"Demographic composition and projections of car use in Austria." Vienna yearbook of population research，2：175-201

［7］Smith，S. K.，Rayer，S.，and Smith，E. A.，2008，"Aging and disability：Implications for the housing industry and housing policy in the United States." Journal of the American Planning Association，74（3）：289-306

［8］Smith，S. K.，Rayer，S.，Smith，E.，Wang，Z.，and Zeng，Y.，2012，"Population aging，disability and housing accessibility：Implications for sub-national areas in the United States." Housing Studies，27（2）：252-266

［9］Stupp，P. W.，1988，"Estimating intercensal age schedules by intracohort interpolation." Population index，54（2）：209-224

［10］Zeng，Yi，James W. Vaupel and Wang Zhenglian. 1998. "Household Projection Using Conventional Demographic Data." Population and Development Review，Supplementary Issue：Frontiers of Population Forecasting. Volume 24：59-87

［11］Zeng，Yi，Zhenglian Wang，Jiang Leiwen，and Danan Gu. 2008. "Future trend of family households and elderly living arrangement in China"，GENUS - An International Journal of Demography，LXIV（No. 1-2）：9-36

［12］Zeng，Yi，Lan Li，Zhenglian Wang，Helin Huang，Jessie Norris（2013）Effects of Changes in Households and Cohorts on Future Housing Demand in Hebei Province，China. GENUS，LXIX（No. 2）：85-111

［13］Zeng，Yi，Kenneth C. Land，Zhenglian Wang，and Gu Danan. 2006. "U.S. Family Household Momentum and Dynamics—Extension of ProFamy Method and Application." Population Research and Policy Review，25（1）：1-41

［14］Zeng，Y.，K.C. Land，Z. Wang，and D. Gu. 2012. "Household and Living Arrangements Projections At The Sub-National Level：An Extended Cohort-Component Approach"，Demography. 50:827 - 852，DOI 10.1007/s13524-012-0171-3

［15］Zeng，Yi，Kenneth C. Land，Danan Gu，and Zhenglian Wang. 2014. Household and Living Arrangement Projections：The Extended Cohort-Component Method and Applications to the U.S. and China. New York：Springer Publisher

国际专家报告二

河北家庭户能源消费分析及政策建议

课题负责人：曾　毅

课题组成员：王正联　李　岚

国际、国内相关研究表明，随着经济的发展、人口老龄化趋势的加剧、家庭户规模的减少、户数的增加，家庭户能源消费在社会能源总消费中比重将会上升。为此，我们对河北省未来40年家庭户用水、用电、用燃料需求进行了预测，为政府调整能源结构、科学决策提供参考依据。

一、研究家庭户能源消费的意义

（一）家庭户的增长是拉动能源消费的重要因素

近年来，在我国能源消费总量中，居民家庭户直接能源消费所占比例逐渐升高，越来越重要。家庭户直接能源消费所占比例2010年为10.1%，而2014年增长为11.1%，4年增长一个百分点[①]。从国际经验和经济理论来看，伴随着收入增长、工业化、城市化、家庭户规模缩小、家庭户数量增长等发展趋势，家庭户直接能源消费所占比例还会继续增长。例如，美国2015年的家庭户直接能源消费占能源消费总量比例为21.1%（EIA，2016）。

近年来，国际相关领域学术界逐渐形成了一个基本共识：在研究能源消费，尤其是居民家庭户直接能源消费时，应以家庭户作为单位进行分析（MacKellar，Lutz，Prinz and Goujon，1995；Liu，Daily，Ehrlich and Luck，2003）。人们与能源相关的消费行为，如烹饪、取暖、制冷和私人交通，都是以家庭户为单位进行的，而非个人消费行为。即使没有人口增长，家庭户规模缩小带来的家庭户数量增加也会拉动能源消费的增长。从1970年到1990年，发达国家大约3/4的能源消费增长是由家庭户数量增长导致的，人口增长只能解释1/3（MacKellar，Lutz，Prinz and Goujon，1995）。然而，国内学术界对这一重要问题的研究仍然十分薄弱。例如，仅就河北省能源消费而言，Liu and Zhu（2011）收集了河北省农村家庭户调查数据，探讨了影响居民能源消费的主要因素。Wu et al.（2011）估计了能源消费、CO_2排放和经济增长之间的关系。但是，这些文献只是侧重对家庭户能源消费的基本模式和主要特征的分析，没有分析家庭户数量增长和结构变化对能源消费的影响，更缺乏对未来几十年人口和家庭户与能源消费的预测和分析。

河北省经济年鉴中只有生活能源消费统计数据，如果用这一指标替代家庭户能源消费情况，可以看出，从2010年至2015年，河北省居民直接能源消费在能源消费总量中所占比例由9.98%上升到11.54%，比2010年增加1.56个百分点，增长速度比全国平均水平高出56%。人均居民直接能源消费从2010年的363.6千克标准煤上升到2015年的456.7千克标准煤，5年间增加了93.1千克标准煤、增长了25.6%，远远高于河北省同时期3.2%的人口增长率。而在2010年至2015年期间，河北省家庭户数量增长了11.3%，从2039万户增长到2270万户。可以看出，河北省人口增长与居民直接能源消费增长的相关度不高，只能解释居民直接能源消费增长的一小部分，而家庭户数的增长与居民直接能源消费增长的高度相关，可以解释大部分居民直接能源消费的增长。毫无疑问，与人口增长相比，家庭户数量的增长是拉动居民家庭户直接能源消费增长更重要的因素。

① 参阅《中国统计年鉴（2016）》。

（二）根据家庭户预测居民能源消费发展趋势更为准确

根据从统计部门搜集的年度农村、城镇居民调查数据，我们估计了分城乡、年龄、性别、规模结构的各类家庭户用水、用电、用燃料平均消费量。假设按年龄、性别、家庭户规模结构分的各类家庭户的平均用水、用电、用燃料消费量不变，我们用曾毅教授创立的、被国际国内人口学界认可的ProFamy多维家庭人口预测新方法（参见国际专家报告一附录2），分析预测未来分城乡、年龄和家庭户规模结构的各类家庭户的数量，以及相应的用水、用电、用燃料消费需求量。

需要注意的是，我们采用了社会科学应用研究和政策分析中常用的方法，即在预测起点和终点年份区间内假设目前各类家庭户的平均能源消费量不变。因为经济理论和过去的实证数据都没有为预测未来户均能源消费量的变化提供可靠的科学依据，所以假定按各类家庭户特征细分的户均能源消费量不变是目前预测分析的最优选择（Day 1996；Smith et al. 2001；Treadway 1997）。另外，假设各类家庭户的能源消费量不变，也使得我们集中注意力研究不断变化的各类家庭户结构和规模特征的变化如何影响未来居民家庭户直接能源消费需求，这符合我们当前研究的主要目的。

为了证实在居民能源消费预测中考虑家庭户结构规模因素的重要性，我们分别以家庭户特征变化和人口增长变化预测居民能源消费，并比较了预测结果。用不同类型和不同规模的家庭户数量预测数据，分别乘以各类家庭户的户均能源消费，可推导出以家庭户特征变化预测的居民能源消费总量。用人口预测数据，分别乘以人均能源消费，可推导出以人口变化预测的居民能源消费总量。图1、图2、图3（图1中电：主要用于家庭照明和家用电器，图2中燃料：包括家庭炊事用柴草、煤炭、天然气、液化气等）。由图1、图2、图3可以看出，仅以人口变化预测居民能源消费总量，严重低估了未来河北省的居民能源需求。这是因为，目前人口规模的增长速度很慢，而且在2035年左右将会变为负增长（即人口减少），但是能够真正反映居民能源需求的家庭户数量在未来40年内仍会持续增长。因此，在家用能源消费预测中，考虑不同类型规模的家庭户数量变化是至关重要的。只考虑人口数量变化将严重低估能源消费增长，并对能源政策制定和可持续发展规划带来负面误导影响。

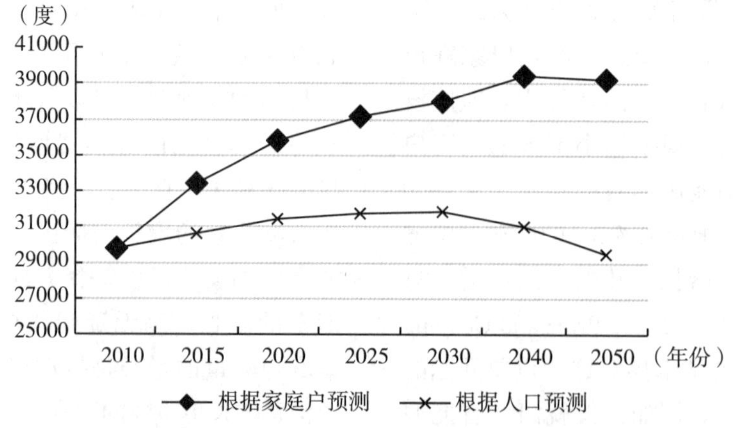

图1　2010-2050年河北省家庭户和人口电消费预测结果比较

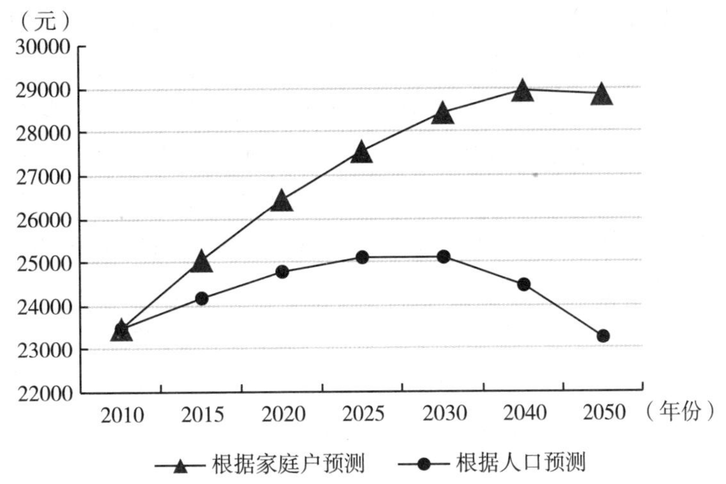

图2　2010-2050年河北省家庭户和人口燃料消费预测结果比较

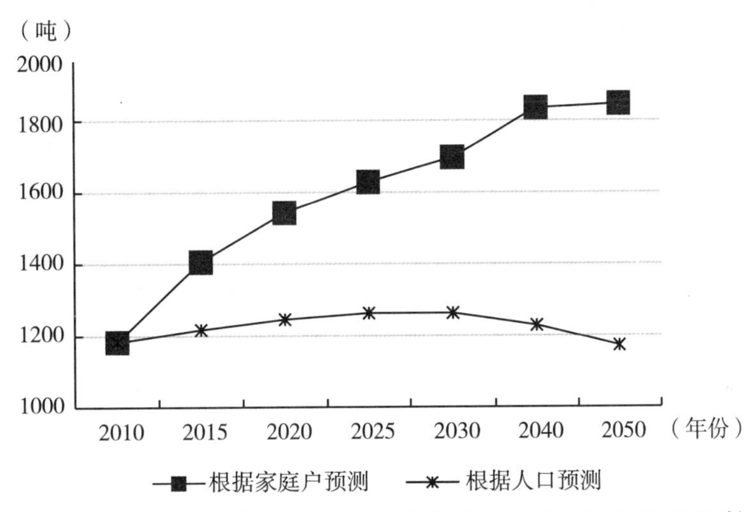

图3　2010-2050年河北省家庭户和人口水消费预测结果比较

（三）研究河北省家庭户能源消费可以为科学制定能源政策提供依据

在京津冀地区，河北省地域最广，人口最多，能源消费总量也最高。2015年，河北省的能源消费总量几乎是北京市和天津市能源消费总量之和的两倍。而且随着家庭户能源消费占比的提高，家庭户能源消费变化对总的能源消费影响越来越大。因此，预测河北省居民家庭户直接能源消费，可以弥补家庭户能源消费数据资料的欠缺，填补此类研究的空白；可以了解京津冀地区能源消费量的变化趋势，为京津冀协同发展的能源政策设计提供科学可行、信息丰富的实证依据。

二、对居民家庭户能源消费量的预测

我们根据从统计部门搜集的农村、城镇居民年度调查数据，使用多维家庭人口预测新方法（参见国际专家报告一附录2），分析预测未来40年分为城乡、年龄和家庭户规模结构的各类家庭户的数量，以及相应的水、电、燃料消费需求量（见图4）。可以看出，在未来的40年内，河北省居民家用能源消费增长最快的是水，40年内将增加近60%，其次是电和燃料。

从河北省1人户、2人户、3–4人户、5人及以上家庭户的能源消费看（见图5），1人户的用电、用水和燃料消费需求增长最快，在2010–2050年间将分别增长300%、240%、230%。其次是2人户，这主要是因为未来1人户、2人户的数量快速增长导致的。3–4人户的能源消费将大体维持不变，5人及以上家庭户的能源消费在2010–2050年间将下降40%–50%。可以看出，未来40年居民能源消费增长主要是由1人户、2人户这些小型家庭户的数量增加主导的。这个趋势将导致更高的人均居民直接能源消费。因为更小的家庭户规模意味着共同分享住房、家电、交通工具的家庭户人数较少，降低了能源使用的效率。

从城乡分类看（见图6），未来40年，河北省城镇地区的电、水、燃料需求量比2010年增长110%、114%和126%。由于城镇化进程导致大量农民进城务工落户，农村地区的需求量将大幅下降。

从不同年龄的户主分组看。将户主年龄分为35岁以下的青年户主、35–64岁中年户主和65岁以上老年户主三个分类，预测未来40年的能源消费情况（见图7），结果显示，从2010年至2050年，老年人家庭户的能源消费量将大幅增长。一方面是未来老年家庭户数量的快速大幅上升，成为未来居民能源消费增长中的主力军；另一方面是老年人居家时间

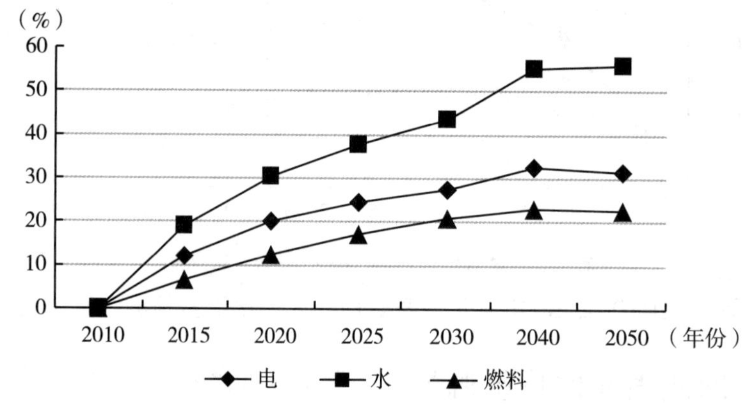

图4　2010–2050年河北省居民电、水、燃料消费增长率

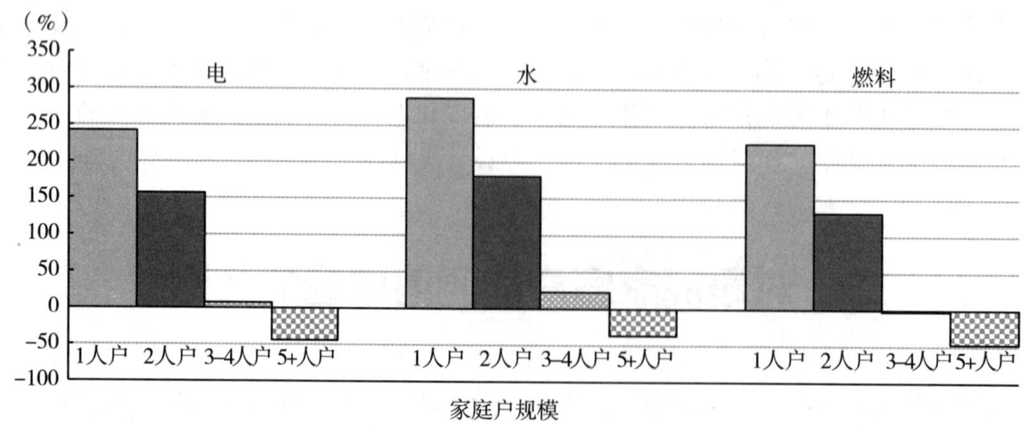

图5　按家庭户规模分类的2050年比2010年家庭户电、水、燃料消费增长情况

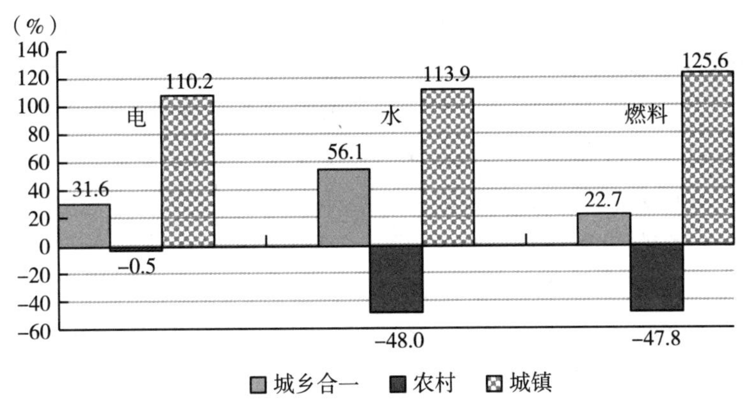

图6 按城乡分类的河北省2050年比2010年家庭户能源消费增长情况

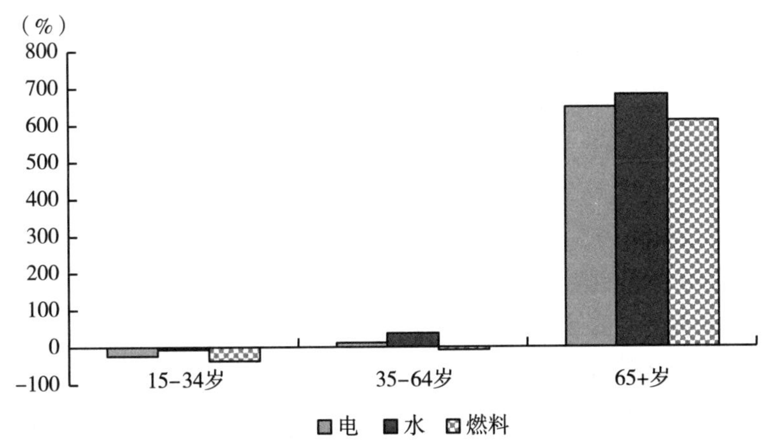

图7 按户主年龄分类的河北省家庭户2050年能源消费量比2010年增长情况

更长，不仅需要更稳定的室内温度，导致较高的取暖和空调家庭户能源消费量，而且用水和使用其他燃料方面水平也较高。未来40年，35岁以下家庭户的能源消费将大幅减少。

三、能源消费结构调整的政策建议

（一）更加重视和加强家庭户能源消费数据的收集和应用

从对河北省以家庭户特征变化和人口增长变化预测居民能源消费中可以看出，仅以人口变化预测居民能源消费总量，会严重低估未来河北的居民能源需求。在家用能源消费预测中，考虑不同类型规模的家庭户数量变化是至关重要的，这样才能更加客观真实地反映能源消费增长需求变化，为能源政策制定和可持续发展规划提供准确依据。由于家庭户能源消费状况统计数据的缺失，政府和社会各界对家庭户能源消费逐渐增长的态势缺乏了解。建议有关方面加强家庭户能源统计数据的收集和研究，制定家庭户用能情况的制度方法，开展家庭户用能情况调查，以获取更加精准的家庭户用能统计数据，为各级政府科学制定能源消费规划和政策提供依据。

（二）制定与家庭用能逐渐增长趋势相适应的政策和规划

为了应对未来40年人口和家庭户变化带来的挑战，建议专门制定家庭户能源消费方面的规划，实现家庭节能和能源消费总量的控制，促进家庭能源消费方式的转变。重视发展与家庭户能源消费相关的绿色建筑，家庭节电、节水装置，降低能耗装置，绿色能源装置，支持家庭户节能、绿色能源发展技术创新和技术的推广使用，为全社会节能降耗水平的提升做出贡献。

（三）鼓励三代同堂或近邻居住模式，降低人均能源消耗，实现老人和子女“双赢”

在大力发展社会养老的同时，出台优惠政策鼓励有条件的地区和家庭选择三代同堂或近邻居住模式，支持农村留守老人和孩子来城镇团聚。可借鉴新加坡对三代同堂或近邻居住家庭给予经济补助的成功经验，继承发扬中华民族家庭养老的优良传统。这样既显著降低人均能源消耗，又有利于促成老人晚年生活幸福和儿孙晚辈受益的“双赢”。

作者单位：杜克大学医学院老龄与人类发展研究中心和老年医学部；北京大学国家发展研究院及北京大学瑞意高等研究所；德国马普研究院人口研究所；荷兰皇家艺术与科学院；杜克大学老龄与健康研究中心；中国人口与发展研究中心；河北省发展和改革委员会宏观经济研究所

参考文献

［1］Day，J. C.，1992，Population projections of the United States，by age，sex，race，and Hispanic origin: 1992 to 2050 (No. 1092). US Department of Commerce，Economics and Statistics Administration，Bureau of the Census

［2］Liu，J.，Daily，G. C.，Ehrlich，P. R.，and Luck，G. W.，2003，“Effects of household dynamics on resource consumption and biodiversity.” Nature，421(6922): 530

［3］Liu，L. C.，Wu，G.，Wang，J. N.，and Wei，Y. M.，2011，“China’s carbon emissions from urban and rural households during 1992 - 2007.” Journal of Cleaner Production，19(15): 1754–1762

［4］MacKellar，F. L.，Lutz，W.，Prinz，C.，and Goujon，A.，1995，“Population，households，and CO2 emissions.” Population and Development Review，21(4): 849–865

［5］Smith，S. K.，Tayman，J.，& Swanson，D. A.，2001，State and local population projections: Methodology and analysis，New York: Kluwer Academic/Plenum Publishers

［6］Treadway，R. 1997，Population projections for the state and counties of Illinoi，Springfield，State of Illinois

国际专家报告三

构建京津冀世界级城市群：驱动力、约束和问题

课题负责人： 查尔斯　贝　克

课题组成员： 葛益民（音译）

一、落后的经济边缘区域的快速增长

雄安新区的创建将使河北省发生巨大变化，并将推动京津冀地区从一个重要的全球经济参与者成为世界经济引擎。这项举措大胆且时机适当，中国的经济已然成熟，大城市承载力已达极限，经济的高端化发展意味着新兴地区和目前起主导作用的地区都必将出现重大的结构性变化。但是，在这些令人振奋的文字背后，需要政府做出大量关键性决策和艰难的选择，并协同推进政策的实施。

本报告并不描绘详细的蓝图，而是提供一个审视决策、机遇和问题的框架，总结世界各地大、小城市的发展经验，包括对正确战略和失败政策的探讨和对已经取得成功的地区仍面临的问题进行分析。

本报告也将对杜克大学所处的北卡罗来纳州进行案例分析，尽管其规模远小于京津冀地区，但仍存在很多共同点。简单而言，北卡罗来纳州有两个人口为150万-200万人口的大都市区，夏洛特和罗利—达勒姆—教堂山“三角区”，以发达资本主义经济体的标准来看，该地区经济增长引人注目，接近美国大都市区整体水平的两倍，更令人印象深刻的是，罗利的城市实际增长率在2015年达到了7.0%的峰值。然而，这些繁荣发展地区周边是大量小型制造业城镇和农村地区，这些小城镇和农村最多维持低速增长，且经常面临经济衰退，而且北卡罗来纳州100个县中大约有一半面临人口减少的问题。

实现与周边地区的融合发展是北卡罗来纳州的主要政策目标。如后续篇章所述，该地区虽取得令人印象深刻的成功，但也存在巨大隐忧。在“三角区”外围，费耶特维尔的经济以年均2.1%的速度萎缩，格林维尔的经济仅以0.4%的速度增长。因此，虽然罗利—卡里的就业人数从2011年初的54万人增加到2017年3月的66万人，但费耶特维尔的就业人数仅从13.5万人增加到13.9万人。显然，成功的经济增长至少在一定程度上应是包容性的。“重生”的达勒姆在此期间就业人数从24万人增长到28万人，而伯灵顿等先前的制造业重镇年均经济增长为-1.2%，就业人数从6.9万人增长到7.7万人，主要是因为它已经成为经济发达地区附近的“睡城”。上述思路及其他一些战略将成为河北省政策工具的重要内容。

二、集聚经济与结构变迁的本质

（一）集聚经济

经济学家把集聚经济作为发展中经济体和发达经济体提高生产力的关键因素。人口变化尤其是在产业部门间的转移在发展中经济体和新兴经济体经济发展中发挥重要作用。本节将探讨这些因素对于河北省打造富有活力的特大城市的作用。

“集聚经济”实际上涵盖几个不同的现象，简单而言，一是市场中企业或产业层面的平均成本下降；二是传统的“规模经济”，即平均成本随着企业生产扩张而下降；三是“地方化经济”（或称地域化经济，译者注），即平均成本随着整个产业生产扩张而下降；四是“城市化经济”，即所有产业部门的平均成本随着城市的扩张而下降。然而，上述区分掩盖了促进经济集聚许多不同的驱动力。

影响最广泛的是城市化经济。20年来，学术界强调了城市在创新和创意上的作用。通过促进个人沟通，城市提供知识溢出的机会，即人们愿意分享想法并创立新公司、开发新产品。在美国，前10个最具创新力的城市以1/4的人口创造了2/3的创新成果（除非另有说明，数据和背景分析均来自2010年麦克唐纳（McDonald）和麦克米伦（McMillan）研究成果，或者奥沙利文（O'Sullivan）2012年研究成果）。产生各种专利是城市的重要特征，新专利往往与原有专利来自同一地区。背后的驱动力包括：

第一，在城市中学习。城市为从事类似工作的人员提供交流和学习的机会，以此促进生产力水平的提升。外来人口迁入城市意在赚取更高的工资，但最初阶段往往并非如此，通常有一个适应期。对这些因素进行计量经济学分析是复杂的，且分清城市在其中发挥的作用很不容易，但城市为人口的学习交流活动提供了场所，成功的城市莫不如此。

第二，城市对年轻受教育者的磁吸效应。在美国，主要城市中受过高等教育、年龄在18–34岁的劳动人口约占8%–9%，这一比例是美国非都市地区的两倍。

第三，城市同样充当生产（许多商品在高人口密度的城市中生产效率更高）、贸易和消费的专门区域。特别是对于人均需求有限的商品，较大的人口基数能确保弥补商品固定成本。

市场或贸易导向型城市的规模经济体现在不同地区生产力水平的差异和交通运输的规模经济。较高的生产力水平使专业化和贸易成为可能，请注意，重要的不是生产力的绝对优势，而是相对的优势或比较优势。由于北京市和天津市的生产力拥有绝对优势，这一点对河北省的城市来说尤为重要。京津稠密的人口和拥堵问题造成了规模不经济，所以疏解某些功能十分必要。

制造业和服务业的规模经济，也即所述"集聚经济"的第二种现象，反映出要素特定化以及维持各类企业最小规模所需的不可分割投入的存在而产生的效益。这些因素还将有助于确定市场范围、产品送达成本和获得专业化服务的时间成本。

传统的集聚经济是指生产、商品市场化中的规模经济。1960年至1985年，美国交通运输业占国内生产总值的比重从9.3%下降到6.8%。自1950年以来，大城市的角色发生了变化，从制造业中心转变为服务业中心，制造业现在已沿州际交通通道分布于较小的城市。事实上，正如麦克唐纳和麦克米伦所强调的那样，就业人口从制造业转向服务业是半个世纪以来美国经济发展的突出特征。城市发展模式也因此发生重大变化，以服务业、金融、交通运输为主，而不再是制造业中心，制造业则呈现郊区化特征，向小城市迁移。这种变化对于河北省来说至关重要，虽然已是大型的制造基地，但仍将面对重要的结构性变化。

服务业的发展将依托更广泛的劳动分工并共享劳动力资源，大学是一个明显的例子，这样，雇主可以轻松找到合适的劳动者，劳动者也可以人尽其用，即使公司倒闭，失业期也会更短。

城市的另一个优势是知识溢出，硅谷的例子可以印证。多元化或工业集中的城市是否能获得更快的经济增长还没有得到实证证明，但可以明确的是，无论是因为技术熟练度还是竞争力，拥有大量企业的城市会有更快的增长。

城市还是教育中心，事实上所有的经济增长模式都以占有人力资源为重要前提。城市对年轻工人有很大吸引力，他们比老一辈人能够更好地学习技能、应用新技术。

外部规模经济。交通运输业的规模经济推动贸易型城市崛起，生产领域的规模经济促进工业城市崛起。但城市类型远不止两种，我们可以更加系统性地探讨城市，如果将城市按人口数量绘入图中，那么将清晰地呈现一条连续的曲线，经济活动获益于外部规模经济是城市的核心特征。假设两家企业均生

产X产品，用K代表资本、L代表土地、N代表劳动。那么公司j将有如下体现规模经济外部性的生产函数，

$$X_j=f(K_j, L_j, N_j, X_i) \quad (1)$$

当产出水平因公司i的加入而提高时，若有

$$\frac{\partial f}{\partial X_i}>0 \quad (2)$$

那么，这种外部性将催生生产模式各异的城市。

产业集群：为减少工人间的竞争，接近分散的客户，并以此削弱企业间的竞争，企业主观上都想远离生产类似产品的同行，但是这种情况在很多产业中并未发生。集群发展为企业带来三个好处：共享原料供应商、共享劳动力资源以及共享信息。我们称之为“地方化经济”。

共享原料供应商：某些集群的出现是因特定行业都从同一供应商处购入中间产品。这需要满足以下两个条件之一：

第一，单个企业的中间产品需求不足以满足中间产品生产的规模经济，也即中间产品生产者比最终产品生产者更具规模经济优势。

第二，交通运输成本相对较高，中间产品生产者与最终产品生产者面对面交易十分必要。

共享劳动力资源满足劳动力需求变化：如果一家企业不确定需要何种技能水平的劳动者，它更倾向于聚集在与之类似但不完全相同的企业周围，以便从该地区劳动力资源中选取其需要的劳动者。设想一下，在某个计算机产业集群中，必定有一些企业蓬勃发展，而另一些则逐步萎缩，集群中劳动者的“跳槽”成本相对较低，因为：一是求职招聘信息在各种非正式渠道传播；二是劳动者与理想雇主较为接近，求职十分便利。此外，地缘上的便利降低了工作变动成本。这些因素都使产业集群对于劳动者来说更具吸引力，工作变动成本更低，劳动者愿意降低薪酬要求，无论企业和劳动者如何分摊工作变动成本，如公司有慷慨的离职政策，这对企业都是有利的。

尽管产业集群内的工资水平并不低，但拥有稳定工资的劳动力仍将使企业直接受益。试想，当一个企业处于扩张和收缩交替期，正面临布局于产业集群还是孤立布局的选择，如其布局于产业集群中，那么企业可以支付固定工资，并且可以按需聘用和解雇职工，但若孤立布局，因为招募新工人的成本较高，企业只能从相对固定的劳动群体中多雇佣一些职工以应对可能来临的扩张期。工人的工资会受到一定的周期性影响，但就业则不受此影响。共享劳动力资源另一优势是，公司对需要何种类型的劳动者不太确定时，可以更好地进行比选、匹配和调整。

信息共享/知识溢出是地方化经济的第三个好处。这对于“理念导向型”企业的选址最为重要，从更广泛的意义上讲，新行业比成熟行业更倾向于在产业集群布局，年轻人和初创企业占比高的行业，小企业占比高的行业（便于获取外部信息对企业尤为重要），研发投入占总成本比重高的行业，可能引起技术革命的行业均是如此。

城市化经济：单个企业的生产成本因类似企业或整个产业产量增加而变动时，通常会导致地方化经济。城市化经济通常指城市总产量上升导致企业单位成本下降的情况，其范围不限于特定行业，而是整个城市，产生的经济效益也将使整个城市的企业受益，而非仅限于某一行业。尽管存在这一区别，城市化经济产生的原因与地方化经济相同。一是共享中间产品。不同行业的企业共享中间产品供应商、金融服务和交通运输。二是公共基础设施的规模经济效应，如在公共交通系统、公共卫生和高等教育等领域，但并不是所有领域都具备规模经济效应，如在基础教育等领域。三是共享劳动力储备（许多

人持有相同观点)。在一个很可能的情况下，如果不同行业间劳动力需求波动的相关性低于行业内不同企业间劳动力需求波动的相关性，则这一效应对于城市化经济而言将更加明显，也就是说，职工很容易从衰退行业转向增长中的行业。四是共享信息。

外部经济的证据：地方化。地方化或城市化经济均有很多计量经济学上的证据，但对其效应的解释相对复杂。简而言之，地方化意味着产业在地理上高度集中，所以相关研究关注产业集中对工人劳动生产率、新工厂数量和就业增长的影响。佛农·汉德森(Vernon Henderson)以工人平均产出相对于全行业产出的弹性来研究规模经济，测得的数值虽小，但确是正值，其他研究还发现，地方化效应对于总部经济劳动生产率的影响大于对制造业劳动生产率的影响。

新工厂相对集中。在塑料和电子行业，卡尔顿(Carlton)发现一个地区新工厂数量相对于行业产出的弹性为0.43，这很大程度上反映了公司分拆的情况。某一行业的就业增长率似乎也受到基础就业的积极影响，尽管程度很小，反映出地方化经济非常明显的本地特征。

对城市化经济识别更加复杂。城市规模扩大一倍，生产效率提高5%-10%，这可以归因于城市化经济、产业集中或高效的生产活动。理论上城市化经济和地方化经济的内在驱动力相同，但两者实现方式不同。如果城市化相对地方化更加重要，那么产业外部的企业对产业发展也举足轻重，这说明多样性与规模一样，都可以促进经济增长。

• 来自法国研究结果表明，多样性催生新工厂的诞生，尽管这与专业化促进新企业诞生的结论不符。另有研究发现多样性有助于促进就业。

• 有种观点综合了这些研究结论，初创企业可能需要成熟和多样化的环境，而地方化经济可能对成熟和稳定发展的企业更为重要。

• 应该清楚地看到，城市经济的多样化对产品研发和创新功不可没。

• 奥沙利文和其他研究者均认为大城市是初创企业的孵化器。理由很简单，大城市更能实现零部件和专业化服务活动的外包，使新设企业集中精力从事核心经营活动，而不是兼顾非核心经营活动。大多数初创企业资金和管理经验有限，外包对于企业而言价值巨大。

城市规模的差异：我们现在将一些观点融合在一起，各行业的地方化和城市化程度不尽相同。此外，由于大城市土地租金、人力成本更高，还存在拥堵成本，在未能实现内部规模经济、地方化或城市化经济的情况下，企业会倾向于在小城市布局。大城市主要以布局实现了大规模集聚化发展的各类企业为主。如企业未能从中获益，那么它们将倾向于在成本低廉的小镇或城市布局。

最终，当地就业会由此产生。实际上，绝大部分人都在当地服务业就业，如医疗、教育、餐饮、商贸零售以及其他如修理、娱乐类服务业。但是大城市的就业乘数效应更大，特别是一些人均需求较低的经营活动，只有在大城市才能得以维持。因此，小镇或小城市有理发店、小学以及简易餐馆，但只有一部分拥有心脏病诊所、研究型大学和AAA级棒球队。也就是说只有少数大城市拥有实现了大规模集聚经济的专业化生产或服务，或者说只有少数大城市才是真正的大市场。此外，绝大部分大城市和小城市的工人都会从事非初级行业，因此小城镇初级劳动与非初级劳动者比重要高于大城市。

格莱泽(Glaeser)和夏皮洛(Shapiro)以2000年普查数据分析了美国城市1999-2000年的增长模式，其中最引人注目的模式是增长的异质性，其成果如下：

第一，技术型城市的崛起，20世纪90年代，受过高等教育的成年人占比低于15%的城市，其增长率为7.5%；占比高于25%的城市增长率为16%，这是一个多世纪以来的普遍现象。此类数据在许多国家难以获取，但俄罗斯却保存类似数据，这使得容易开展对其高技术型城市经济复苏速度的分析，初步分析显示，高技术型城市的确有更快的复苏速度。

第二，收入越高的城市增长越快，部分原因在于更加稳定的劳动力资源和更好的技术资源配置。低贫困率和失业率与城市经济增长均具有关联性，低贫困率与增长明显相关，另外，更好的劳动力市场、较少的社会问题也是实现快速增长的重要因素。产业结构也十分重要，体现出某种“同步性”，即拥有技能型人才的城市往往是金融中心而非制造业中心。

（二）吸引年轻技术人才：增长动力与人口红利

与集聚经济互为补充的是强调人口结构变化的研究。年轻人比例极高的社会一定会有经济的高速发展，这是因为掌握现代化技能的年轻人更有可能采用新技术，更愿承担经济风险和从事人力资本或实物资本投资活动。布卢姆和威廉姆森（Bloom和 Williamson（1998））开创性地提出“人口红利期”的概念，在这一时期，总人口中的工作人口比例很高。

一个成熟的经济体不会永远受益于“红利”一代，随着出生率下降和预期寿命的增加，人口逐步老化，老年人比重增加，逐渐形成不利于经济发展的人口结构。区域或城市可以通过吸引外部移民来阻止这种情况，但通常弥补不了年轻人口的缺口。此外，经济体可以通过提升教育，特别是发展与提升生产率和创新相关的教育类型，拓展人口红利效应。

布卢姆和威廉姆森并未关注额外的制约因素，但显而易见的是，在人口红利加速经济增长的情形下，总需求必须扩大，或者需求曲线必须非常有弹性。否则，如果需求停滞不前或者需求曲线无弹性，供应的增加将会导致价格下跌，进而导致低下的企业效率而不是经济增长。而且，资本市场瓶颈、劳动力市场的低效、关键投入或技能的稀缺性等对生产的限制不能太严重，否则，由人口增长造成的生产力变化将被浪费。

在国家层面，从人口红利期受益并非那么简单，在中国，出生率明显下降，死亡率下降，人口红利期已经消失。我们从格莱斯（Glaeser）等了解到，美国有活力的地区在吸引受过教育的年轻工人方面取得了巨大成功，这将是河北省战略的重要组成部分。当然，由于吸引受过教育的年轻未婚专业人才需要营造良好的学术、研究、社会和政务环境，这意味着并不是河北省的所有地区都能够成功。

吸引年轻专业人才到河北省或中国除几个特殊磁力中心以外的大部分地区，最大的问题是受过教育的中国年轻人的流动性可能比北美、欧洲和俄罗斯的同龄人要小，尤其是结婚前的年轻人[①]。较低的（尽管不是零）人口流动性增大了迁移成本和在一个年轻人集聚地区的生活成本，也使得吸引年轻专业人才的政策执行效果大打折扣，进而无法享受“创意阶层”带来的好处（理查德·佛罗里达（Richard Florida）（2014年）对此进行详细解释）。美国佛罗里达州曾概述过这个过程，德克萨斯州奥斯汀市和北卡罗来纳州达勒姆市等中小型城市曾具体实施这类政策（下文会对达勒姆市的情况进行详细说明），但在中国经济环境下这类政策必须进行调整。佛罗里达州的例子是着力吸引相对较低收入的年轻熟

① 这一点存在争议。尽管中国的年轻专业人才相对于北美或西欧的同龄人流动性低，但实际情况并不明确。中国大城市与小城市之间设施环境的巨大差异，尤其是年轻人渴望的设施环境，加剧了人口流动性的约束。

练工人，特别是艺术家、工匠以及仅有很少或没有工作经验的大学毕业生，他们倾向于与更多的年轻人聚集在一起以及低廉的住房和合理的配套设施。一旦年轻熟练工人形成第一波集聚，会吸引技能更熟练和收入更高的群体的迁入，这将形成良性循环，越来越多高级熟练工人和尖端人才的集聚将吸引新的公司以及一些在年轻人最开始的集聚中发展起来的初创企业，这个城市将逐渐成长为具有吸引力的就业中心，同时可让年轻人更容易寻找志趣相同的同伴并满足年轻人的择偶需求。

对于大多数中国省会城市来说，吸引年轻的、技术娴熟的创意阶层具有挑战性，河北省环京津的部分区域可能会成功，但前提是这些城市具有良好的交通基础设施、持续改善的环境，以及面向年轻专业人才的廉价住房，这样那些要去北京或天津的人才会被这些城市吸引，已经在这些城市的年轻人也会留下。

下面我们讨论核心城市周边小城市的例子，这些小城市已经成为受过教育的年轻专业人才的目的地。在美国，科罗拉多州靠近丹佛的博尔德和柯林斯堡，堪萨斯州堪萨斯城附近的劳伦斯，加州旧金山湾区附近的戴维斯群岛都是理想的案例。来自俄罗斯靠近新西伯利亚的阿卡杰姆戈罗多克（科学城）也与之类似。这些例子是通过建立一个非常大的国际性公立大学而获得发展，研究实验室和高新技术企业随着公立大学的建立而入驻。因此，人们可以认为建立研究型大学是区域经济发展战略的重要组成部分，也是更广泛的技术开发工作的重要前提。

同时要认识到，并不是所有拥有公立大学的小城市，都可以吸引大量创意阶层和高科技产业，即便是拥有一所很好的公立大学。美国将公立大学放在小城市而不是重点城市的实践也有很多对地方经济没有实际帮助，如堪萨斯州曼哈顿（距离最近的大城市是堪萨斯城），怀俄明州的米堡（距离丹佛200公里），宾夕法尼亚大学公园（与费城和匹兹堡等距离）以及得克萨斯州卢伯克（最近的大城市是达拉斯）。这些城市的共同特点是，它们离大城市太遥远，无法留住人，因此处在一个大型大都会区域至关重要。

在北京市和天津市郊区建设蓬勃发展的小型“创新城市”面临着的挑战仍然是户籍登记制度的限制。获得北京市或天津市户口的年轻专业人才向郊区迁移将面临潜在的损失，这实质上是一种人为的壁垒。同时，如果卫星城市本身具有吸引力，或者方便前往北京市和天津市，最重要的是如果河北省和地方政府可以自由地向迁入者颁发户口，获取北京市和天津市户口地位的困难就会鼓励来自邻近省份的移民迁入河北省。

户籍制度设置了巨大的障碍。我们可以了解一下户籍制度在俄罗斯的影响，俄罗斯直到20世纪90年代才有一个与户籍制度类似的内部护照Propiska系统。第一点要注意的是，阿卡杰姆戈罗多克（科学城）自被官方确定为新西伯利亚核心城市的一部分后迅速成长，研究机构和学术团体不会因为在城市郊区生活而受罪。第二点要注意的是，直到最近，相对于邻近的东欧和斯堪的纳维亚半岛国家，俄罗斯大都市的郊区化仍然受到较大的限制（如贝克（Becker）等2012所述）。第三点要注意的是，一些非结论性的证据表明圣彼得堡周边地区的郊区化似乎比莫斯科周边地区更为迅速，对此的一个解释是，在圣彼得堡和其他俄罗斯城市废除了Propiska系统几年后，莫斯科才开始有此动作。报告后续章节会简要讨论俄罗斯大都市地区的郊区化情况。

河北省政府一方面可以通过巧妙运用户籍政策并结合其他政策措施实现北京市和天津市周边区域繁荣，促进高科技卫星城市的发展。相反地，僵化的政策可能会阻碍其他政策和投资的效果。另一方面卫星城市可以通过规划大型公寓和提高初等学校质量等举措吸引那些计划多孩家庭的年轻技术工人，从而加速这个群体的迁入。

（三）人口结构变化

至少从省级层面看，河北省的劳动力正在并将持续老化，但同样需要引起重视的是河北省相对邻近省份老龄化的程度。在省级层面很难改变人口结构，但可以采取措施抵消人口老龄化的影响。

中国特别是河北省等东部省份正在经历北美和北欧人民难以理解的人口剧变。中国20世纪80年代出生率急剧下降，至今保持低位，老年人抚养率即将迎来突升，曾帮助中国实现惊人的经济增长的“人口红利”效应正在消失。由于过去一代全年龄组的死亡率急剧下降，老年人与就业人口的比例将进一步增加。中国尤其是针对妇女提前退休政策将使老年人抚养率更显严重。

河北省居民收入较低，但人均寿命相对较高，导致各级地方政府以及支付现收现付制定额养老金的企业压力较大。企业在招聘劳动力方面也可能面临困难，特别是建筑等领域的技术工人。前述章节所涉政策将有助于问题的解决，但只适用于最接近北京和天津的城市。因此，一方面，学习西欧和日本经验，制定缓解人口结构变动影响的政策至关重要；另一方面，人口结构变动是某些部门的机会，后续章节会涉及此类内容。

国际经验表明需要出台公共政策减轻劳动参与下降的影响，一个关键措施是取消针对领取养老金人员继续工作的负面激励。尽管有例外，世界各国通常只将老年人定额养老金支付给已经退休或者其收入低于一定标准的人，这些政策对于保护青年失业人员和防止对身体疲惫工人的剥削方面是有效的，但在中国，退休年龄预期寿命和生活水平的提高使旧的标准无法延续。

从河北省看，劳动参与率的下降与吸引新的商业机会是相悖的，企业不仅需要熟练的技术工人，还需要大量不熟练和半熟练工人，包括某些高科技行业。劳动力短缺意味着工资会上涨，企业会避免迁入劳动力短缺的区域。因此，劳动力老龄化背景下保持经济活跃的政策可能是地方政府发展战略的重要组成部分。

表1　　中国人口年龄结构①

人口结构（%）				
年份	0-14岁	15-64岁	65岁以上	老年抚养率
1990	27.7	66.7	5.6	8.40
2000	22.9	70.1	7.0	9.99
2015	16.5	73.0	10.5	14.38

表2　　中国人口预期寿命、出生率和死亡率②

年份	预期寿命（岁）			出生率（%）	死亡率（%）
	男性	女性	总体		
1981	66.28	69.27	67.7	20.91	6.36
1990	66.84	70.74	68.55	21.06	6.67
1996			70.8	16.98	6.56

① 《中国统计年鉴（2016）》。

② 同①。

续表

年份	预期寿命（岁）			出生率（%）	死亡率（%）
	男性	女性	总体		
2000	69.63	73.33	71.4	14.03	6.45
2005	70.83	75.25	72.95	12.40	6.51
2010	72.38	77.37	74.83	11.90	7.11
2015	73.64	79.43	76.43	12.07	7.11

表3　　2015年年末中国人口统计情况[①]

区域	人口样本数量（约为人口总量的1.55%）				老年抚养率（%）	出生率（%）	死亡率（%）
	总计	0-14岁	15-64岁	65岁以上			
中国	21312241	3521811	15559965	2230465	14.33	12.07	7.11
河北	1155542	210653	827323	117567	14.21	7.96	5.79
北京	335775	33994	266007	35775	13.45	5.84	4.95
天津	239370	24253	190476	24641	12.94	11.35	5.61
山西	569491	85703	431465	52324	12.13	9.98	5.56
内蒙古	390222	51002	301933	37288	12.35	7.72	5.32
辽宁	680859	72220	521044	87595	16.81	6.17	6.59
河南	1476154	309790	1020949	145415	14.24	12.70	7.05
山东	1530763	250337	1101954	178471	16.20	12.55	6.67

表4　　2005年年末中国人口统计情况[②]

区域	人口样本数量（约为人口总量的1.55%）				老年抚养率（%）	出生率（%）	死亡率（%）
	总计	0-14岁	15-64岁	65岁以上			
中国	16985766	3321029	12123681	154106	12.71	12.40	6.51
河北	906856	160282	672457	74117	11.02	6.29	6.75
北京	203582	20932	160636	22014	13.70	7.44	6.20
天津	138060	17488	107195	13377	12.48	12.84	6.01
山西	444096	94573	315280	34244	10.86	12.02	6.00
内蒙古	315884	53884	236945	25056	10.57	10.08	5.46
辽宁	558727	79560	424584	54583	12.86	7.01	6.04
河南	1241616	262380	876943	102292	11.66	11.55	6.30
山东	1224142	194922	907427	121794	13.42	12.14	6.31

① 《中国统计年鉴（2016）》。

② 同①。

（四）经济结构变迁

实际收入的提升、人口老龄化和交通基础设施的大幅改善对中国东北地区经济结构有深远的影响。河北省应重视这些变化，并力求满足雄安新区和全省其他地区不断变化的需求。

冀北欠发达地区受到生态环境的限制。冀北地区长期以钢铁、矿产等资源性行业为主导产业，现在，由于生态环境管理的完善，传统制造业逐步萎缩，高新技术产业和服务业增长较快（张，2017），而且在未来，这种结构转型将会持续。

人口老龄化可能是影响经济结构最重要的因素。未来25年，北京市、天津市、河北省百万个家庭户将达到退休年龄（图1）。他们需要额外的医疗护理和相当数量的住房以满足不断变化的需求。如果多代人继续共同生活，原则上，他们的子女将提供个人养护和住房，但由于城市生育率很低，许多工作年龄的夫妇将照顾3–4位年老的父母，子女对老年人的养护在现代经济中是不切实际的。

而北京市、天津市等地的中产阶级城市家庭，将重视照顾老年父母，他们不断增长的财富为父母的养老提供了更多选择。这对于河北省的许多城市和城郊地区是重要机遇，这些区域可以提供适当的医疗保健、护理服务、退休住房和“55+”社区等服务以满足老龄退休人员的需求。

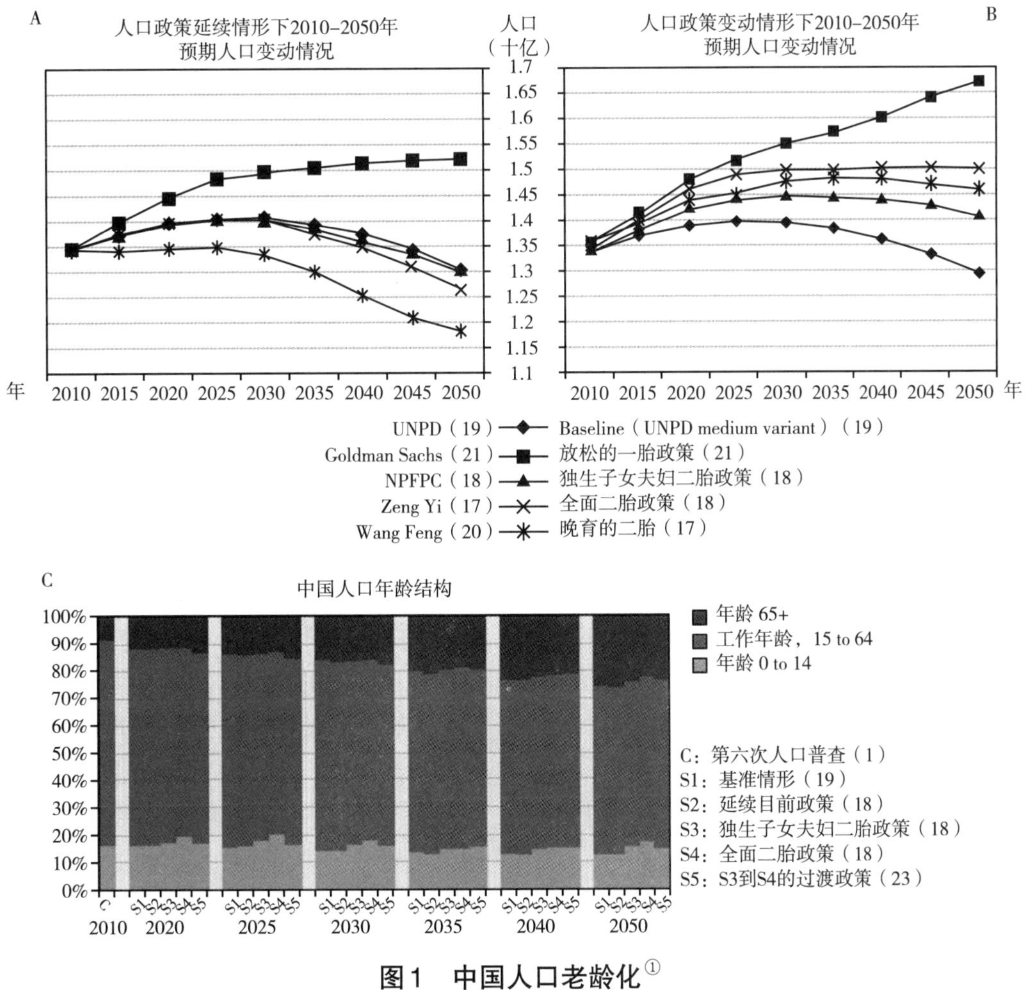

图1 中国人口老龄化[①]

① 彭希哲．“中国人口变动的过去与未来的挑战”，《科学》．2011，581–587。

关键要认识到那些接近大城市但生活成本较低的地区最适合快速增长的相对富裕的退休群体。在美国，亚利桑那州和内华达州为毗邻的加州富裕且养老支付水平较高的居民提供低成本的退休社区。在北卡罗来纳州的“三角区”，一些刚刚跨越高收入水平的县，利用优越的医院和医疗健康的核心优势以及更便宜和更舒适的住房条件，专门从事退休人员的护理服务。重点是周边地区不需要复制昂贵的资本密集型高科技医院为老年人服务，而是可以专注于活动半径很小的老年人群体需求的劳动力密集型护理服务或空间密集型的住宅设施。在许多情况下，可以通过完善交通基础设施对接北京和天津的服务设施来获得高等级医院的服务。

简而言之，人口结构变化威胁和机会并存，机会可能起主导作用，快速的人口老龄化是中国东部的一个特有现象，其他地区包括佛罗里达州还没有有效应对的经验。

在规划发展新的特大城市或河北省其他城市时要认识到，城镇并不是孤立存在的，而是互相联系的。简而言之，为了简化齐普夫定律和中心地理论，少数大城市将生产对外贸易的商品和服务以及需求密度较低的各种商品和服务，大量的小城镇拥有少量的外部生产者，或者生产需求密度较高的商品和服务，具体而言，小城镇将满足附近农村人口的消费和商品分销需求，或者可能只拥有小商店、杂货店、加油站和类似小企业。在最大规模的大城市和最小规模的小城镇之间是一系列不同规模的城市和镇，承担地方政府中心功能，提供商品分销服务，容纳较大的制造企业。

这种层次化城市体系的重要启示在于，将重大经济或基础设施项目分配到广泛的中小城市可能最终会损害经济增长。当省级政府向大量小型城市平均分配基础设施等项目时，会削弱城市间的协调性，这是由于这些小城市本身太小，无法吸引大量的后续投资和技术工人。美国有很多这样失败的政策的例子。[①]

首先，上级政府在发展充满活力的城市体系中的作用不是设计和分配一系列精选项目，而是提供交通和电力等基础设施和教育等社会服务，这将使城市自己去开发有效的发展项目。其次，政府需要识别城市缺乏专业知识的领域并提供相应支持，特别是在市场推广和招聘熟练劳动力方面。无法令人满意的政府服务和管理机制将无法推动产业升级。

中等城市的地方政府可能不了解如何吸引外来投资者，也不清楚哪些领域的基础设施和技能需要得到重视。虽然自上而下的决策可能效率低下，但来自高级别政府的支持是非常关键的。马来西亚是个很好的例子，其国民政府在海外很多大城市设有贸易办公室，将有专业团队为潜在的投资者寻找投资地点、本地供应商或合作伙伴提供服务，并帮助投资者与多个层级的政府打交道并减少审批环节。县和小城市政府则缺乏提供服务团队的能力，即使存在，潜在投资者也不太可能会发现或对其不抱有信心。因此，较高层次的政府可以而且应该在协助和建议小型城市方面发挥重要作用。

赫尔斯利（Helsley）和斯特兰奇（Strange）提供了一个精致的城市专业化模型并强调了集聚和“协同集聚”效应。从理论分析可以看出，稳定和不稳定的均衡以及专业化和非专业城市都可能存在，使用特定类型劳动力的特定行业的增长集中地产生了对互补行业的需求，而这些互补行业又集中使用较为狭隘的劳动力类

① 华盛顿东部区域与河北气候相似，大约一个世纪前，美国西海岸的西雅图塔科马、奥林匹亚地区经济活跃，政府决心对东部地区进行重大投资，以促进区域平衡发展。州政府没有把重点放在区域交通枢纽斯波坎，而是在普尔曼建立了一所大学（现在的华盛顿州立大学），把州立监狱放在了瓦拉瓦拉，在埃伦斯堡建立了第二所学院（现在的华盛顿大学），等等。政府通过在三城区建设核武器设施来提升发展的多样性。因此，今天华盛顿东部有许多小城市和大城镇发展稳定，但都不能被视为蓬勃发展，更不用说成为未来的大都市。

型，不必是前者产业使用的劳动力类型，这时专业化就产生了。然而，这些类型越相似，工人消费的商品种类越窄，对初始产业提供的互补投入越多，专业化就越有可能发生。这种劳动力类型和企业的联合被称为协同集聚。

他们的论文的意义在于讨论了不发生有效的协同集聚的可能性（协同的问题很多，特别是当土地开发不受中央控制以及迁移受到限制时），以及并不是所有的协同集聚都在全球范围内有效。这篇文章也意味着同样大小的城市并不都是一样的，有些城市的专业性要远远超过其他城市。事实上，城市经济决策者的首要决策在于是否要成为一个多样化的城市或者说一个具有广泛行业类型的地方政府中心，还是专业化的城市。

他们分析的最后一个关键点是，各级政府即使不从事工业生产或就业也应发挥关键的协调作用。事实上，对美国中等工业城市的研究可以明确得出，“复苏”需要地方政府、当地企业界、投资界以及当地大学之间的有效合作（Kodrzycki和Muñoz，2015年）。

通过以上从经济学理论和实证验证提出一系列经验教训，我们将转向一组正面和负面的案例研究。

三、国际案例研究

（一）降低通勤成本：新泽西、纽约和费城

Gereffi和Li（2017）的报告已经讨论了这个大都会地区许多与此相关的内容，本报告就不再重复他们提供的材料，而是专注于同样非常重要的其他内容。

美国新泽西州位于纽约和费城大都会地区之间，是一个人口稠密的重要工业区，由于临近纽约和费城，与河北省的区位有相似性，但也存在重大差异。新泽西州相对于美国平均水平来说比河北省要富裕得多，其人均收入比美国平均水平高出约25%（http://www.deptofnumbers.com/income/new-jersey/），比纽约大都会区域仅低0.7%，而且比费城大都市区高8.2%。新泽西州已经有一个较大规模的工业部门，并且在150多年来一直相对比较发达（托马斯·爱迪生生活、工作在新泽西的伊丽莎白，并在1969年获得他的第一个专利）。因此，准确地说，新泽西州是一个悠久的工业和研究强州，而不是纽约市的一个落后地区，特伦顿和卡姆登是独立于费城的重要工业城市。

然而，当新泽西独立发展时，它也越来越多地融入临近的经济区域尤其是纽约市。美国社区调查（美国人口普查局，无日期的电子表格）估算了美国县一级的劳动力通勤流量，肯普夫（Kempf）也对此进行了详细讨论。下面的数字来源于肯普夫，同时他们也总结了不同的模式：

- 新泽西州的工人中约85%在本州工作，54.2%在他们所居住的县工作，32.4%在新泽西州的另一个县工作，9.0%在纽约市工作，0.7%在纽约州其他地方工作，1.8%在费城工作，1.1%在宾夕法尼亚州其他地方工作，1.8%在其他州工作。
- 紧邻纽约市的哈德逊县，工人往返纽约市的比例最高，占全部工人的近29%，而哈德逊县居住且工作在本县的劳动力占44%。新泽西北部的卑尔根县居第二名，不到22%的工人到纽约市或纽约附近郊区通勤工作。
- 尽管距离较近，但仍有相当数量的“反向通勤”。约82000名卑尔根县居民和92000名哈德逊县居民在纽约市工作。纽约市在这两个县工作的居民数量大概分别为15000人和21000人。

表5　　新泽西通勤模式

		通勤工人比重								
		新泽西			纽约		费城		特拉华	其他
	工人样本数量	居住县	邻县	其他地区	纽约城	其他	费城城区	其他		
Atlantic County	123800	82.47%	12.00%	2.24%	0.22%	0.11%	1.29%	0.73%	0.09%	0.84%
Bergen County	438611	56.03%	15.49%	4.40%	18.69%	3.13%	0.04%	0.04%	0.00%	2.18%
Burlington County	218312	55.72%	24.39%	3.52%	0.99%	0.02%	7.52%	4.29%	0.32%	3.21%
Camden County	233809	51.30%	24.36%	3.14%	0.35%	0.04%	14.41%	3.71%	0.63%	2.06%
Cape May County	42710	75.23%	15.44	4.16%	0.34%	0.03%	1.82%	1.67%	0.05%	1.25%
Cumberland County	59619	73.45%	19.02%	4.34%	0.04%	0.10%	1.26%	0.74%	0.54%	0.51%
Essex County	340678	52.03%	29.33%	4.97%	12.23%	0.49%	0.07%	0.15%	0.00%	0.74%
Gloucester County	136708	46.46%	24.29%	1.27%	0.12%	0.00%	11.76%	4.97%	1.75%	9.37%
Hudson County	319530	43.99%	16.17%	7.28%	28.80%	0.71%	0.03%	0.07%	0.00%	2.95%
Hunterdon County	63227	45.46%	30.67%	16.02%	2.47%	0.10%	0.49%	5.16%	0.00%	0.69%
Mercer County	172849	67.72%	18.00%	4.61%	4.27%	0.14%	1.03%	3.51%	0.05%	0.67%
Middlesex County	386008	53.82%	22.55%	11.93%	10.29%	0.26%	0.13%	0.32%	0.03%	0.67%
Monmouth County	299063	61.44%	15.69%	11.07%	10.35%	0.28%	0.14%	0.25%	0.06%	0.73%
Morris County	246131	57.33%	25.32%	7.66%	5.94%	0.60%	0.02%	0.29%	0.00%	2.83%
Ocean County	235541	60.17%	19.58%	16.19%	2.49%	0.19%	0.24%	0.34%	0.04%	0.75%
Passaic County	220727	46.65%	38.58%	7.28%	5.82%	1.07%	0.03%	0.12%	0.00%	0.45%
Salem County	28115	47.81%	27.54%	8.45%	0.07%	0.02%	3.07%	3.72%	8.77%	0.54%
Somerset County	162305	45.73%	36.81%	9.93%	5.52%	0.12%	0.20%	0.56%	0.01%	1.13%
Sussex County	73975	43.36%	32.94%	16.53%	3.19%	3.12%	0.05%	0.18%	0.00%	0.63%
Union County	254235	45.54%	34.51%	9.48%	9.24%	0.34%	0.11%	0.12%	0.00%	0.65%
Warren County	51845	41.95%	29.37%	20.43%	1.55%	0.27%	0.14%	5.51%	0.06%	0.73%
Totals	4107798	54.21%	23.58%	7.77%	8.96%	0.68%	1.83%	1.13%	0.19%	1.65%

河北可以从这些模式中吸取教训。

第一，与需求相比，新泽西的交通网络投资不足，但不可否认的是它拥有一个高度复杂的公共交通网络。交通拥堵下，驾驶私家车不合算，从新泽西前往纽约工作的人中很大一部分使用公共交通。因此，如果河北省和雄安新区要取得经济发展，就要比现在更加融入北京和天津两个大都市，这意味着需要对轻轨、公交和公路网进行大量投资。

第二，与京津的通勤交通将在未来几年变得越发重要，并会成为经济繁荣的源泉（因为富裕的郊区乘客将在当地花费一些收入），能够通勤的行业的发展潜力将受到限制。新泽西州比较紧凑，拥有良好的公路和公共交通网络，生活水准较高，通勤工作的工人占15%，这个比重也许没有超过雄安新区，但肯定远远超出了河北全省。河北省其他地区的相当一部分工人也会前往雄安新区通勤工作。

第三，经济一体化的范围远远超过通勤区域。由于交通运输网络的改善、较低的土地和其他成本，总部设在中央商务区的企业倾向于分散布局“后台服务”。在新泽西北部和许多其他的发达地区等大都市的边缘区域，这种趋势非常重要，克拉普（Clapp）等人提出的珠江三角洲均存在这种趋势。

总而言之，实现通勤的高效交通网络将促进资本流入大都会的周边地区，也将催生直接和间接就业机会、提升收入，这是进行通勤工作的人员支出而产生的次要影响。最初的投资将包括后台服务和中间产品供应商，随着区域的发展，那些不必在北京或天津而是在邻近区域的较大企业将在河北寻求有吸引力的适宜区域。

（二）充实边缘区域的经济实力：亚特兰大—夏洛特—罗利经济走廊

下面提出企业分散布局的问题。正如上文所述，背后的驱动力之一是人，人们从附近的郊区上下班，但随着经济快速增长和大城市土地和居住成本上升，如果交通基础设施允许，通勤距离可能会变得相当长。第二个驱动力是土地密集型制造业，位于主要城市的工厂希望避免大城市高昂的土地成本、高工资，如果某个地区基础设施特别是水、电、交通足够完善，劳动力供应充足，则会受到企业的青睐。

美国的制造业在过去60年里持续分散布局。理想的地点是一个毗邻铁路的地方，并有贯穿南北和东西的州际公路（巴塔克（Bartik）等）。县级和州级政府力图通过提供道路、铁路通行的大量土地，增加当地交通、电力、水利等基础设施来吸引新投资者。

这种模式在美国东南部尤其明显，东南部人口密度相当高，而且生活在小城市和农村的人口比例很高。基德曼（Kindman）绘出的图形和回归线显示，大都会中心地区经济密度非常高，从大都市出发，沿着州际通道经济密度逐渐下降。

来自基德曼的地图和平均回归线显示了与制造业密切相关的经济密度。邦德（Bond）提供了更详细的制造业就业情况，他描述了629个美国县的特点，在这些县制造业收入占劳动者总收入的20%以上。629个县中68%位于农村或“小都市”（大城镇/小城市）地区，不成比例地分布在东南和中西部地区。

任何熟悉美国东南部州际公路网的人都可以根据前述县级模式，很容易定位I–95、I–85和I–81等主要州际公路。您还可以查看具体的县和更详细的高速公路图以获得更详细的图片。

在北卡罗来纳州100个县中有26个县，制造业收入比重占20%以上。26个县中14个位于州际顶级高速公路上；另外6个位于主要的二级公路，如美国1号或64号公路；另外3个有一些重叠，在夏洛特或罗利大都会地区的郊区，其中一个也是靠近高速公路和海港的铁路和转运中心，有优良的铁路连接；只有5个制造业密集型县没有这些优势。

除制造业的分散外，主要高速公路沿线的成功的农村和“小都市”县已经通过专注于提供低物价、有吸引力的生活条件来抵消长时间的通勤成本。阿拉曼斯县是一个很好的例子，这是一个半农村的县，曾经是纺织和家具的主要生产地，工业不断萎缩。随着其就业基础性的核心产业的衰落，该县的战略计划（https：//www.alamance–nc.com/strategicplan/）强调教育、生活质量和家庭导向。但是，虽然阿拉曼斯的经济基础已经削弱，但公路附近的区域却在增长，包括吉尔福德和奥兰治县以及罗利的达勒姆和威克。

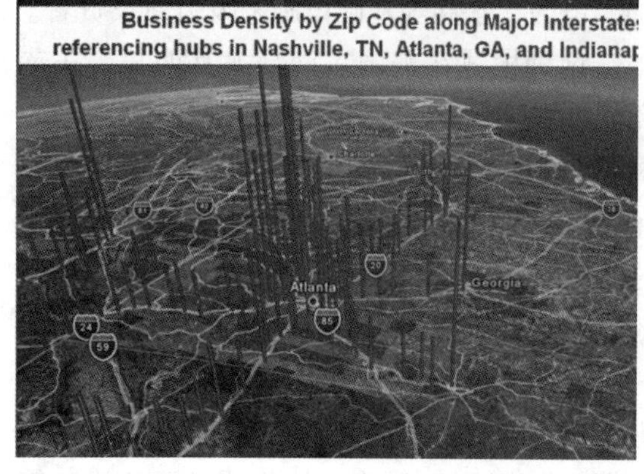

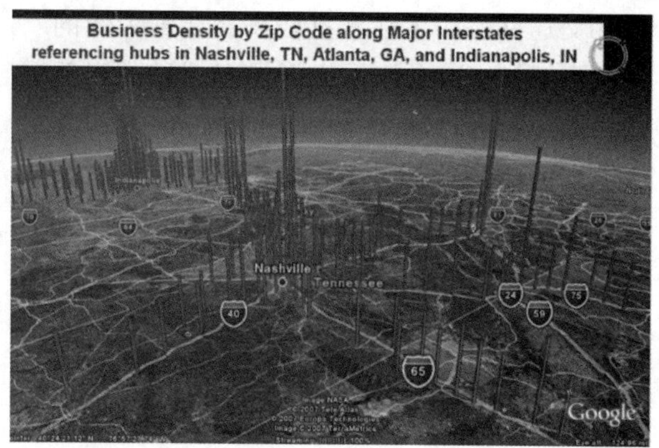

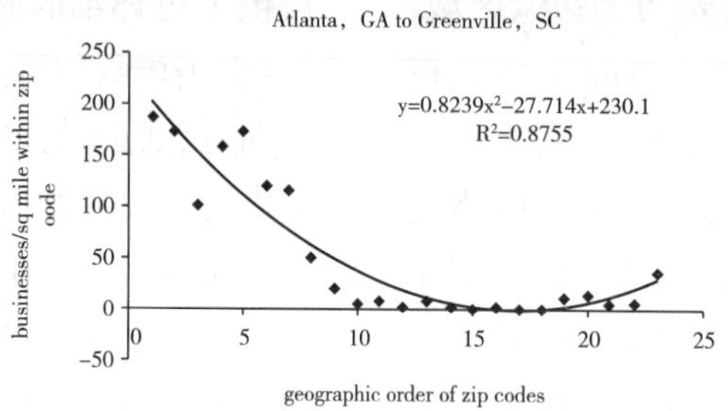

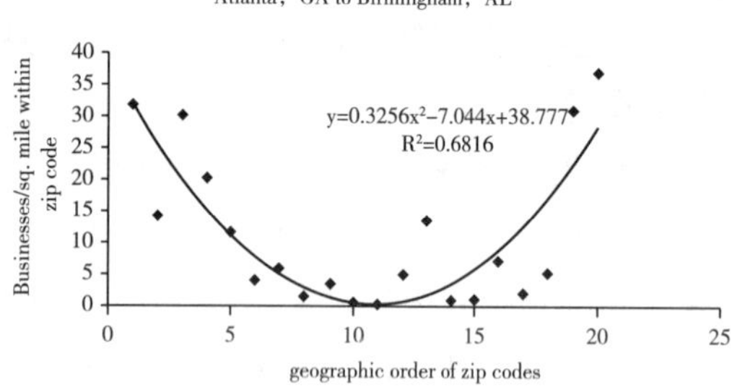

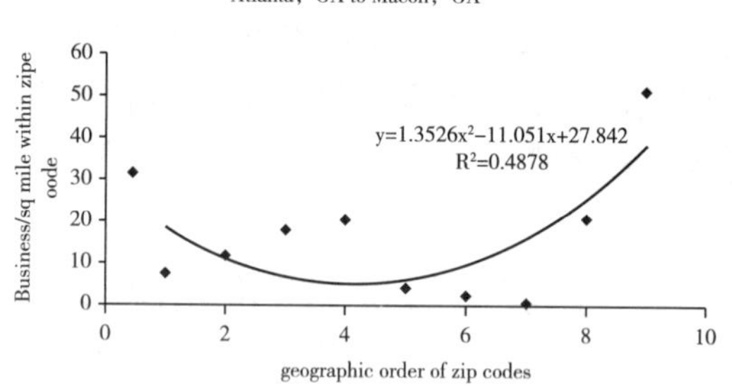

图2　美国东南部州际高速沿线的经济密度

因此，根据最新的ACS估计，类似于新泽西北部区域，该县近1/3工作人员到邻县通勤工作。一些更有活力的城市，如教堂山和达勒姆，处在大都市区的郊区，从而在高速公路网络附近创造就业机会。特里皮特（Trippett）（2015）提供的在线资源可以找到详细的通勤模式。

大量的通勤不是反映农村繁荣的充分条件。相反，阿拉曼斯的情况表明，它已经成功吸引并留住居民。虽然2010–2019年度北卡罗来纳州的人口增长预计为9.43%（https://ncosbm.s3.amazonaws.com/s3fs-public/demog/countytotals_2010_2019.html），但预计中位数仅增长2.24%。虽然阿拉曼斯不会像夏洛特或罗利（21%–22%）或达勒姆（17%）那样快速增长，但9.07%的预期增长率已接近国家平均水平。

阿拉曼斯的成功可能与珀森县东北附近区域形成鲜明对比，珀森县46%的就业人口在不同的县工作，30%在达勒姆，但不完善的交通导致珀森县预期人口增长只有1.71%，或仅为近邻达勒姆的1/10。更令人震惊的还有卡斯韦尔县，它位于阿拉曼斯北部，卡斯维尔的就业人口中只有21.8%在县内工作，毫不奇怪，作为北卡罗来纳州34个县之一，预计卡斯维尔总人口将下降。

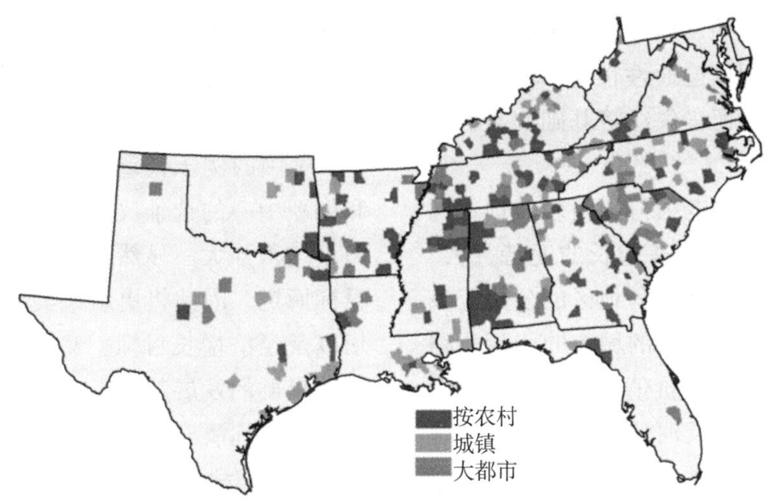

图3　美国东南部制造业中心

数据来源：Bond，2013

我们回到北卡罗来纳州繁荣或衰落的农村、小城镇与大都市区之间的对比。即使经济力量向核心城市和紧邻的卫星城市集中，良好的交通加上灵活有效的政策也可以在更遥远的地区产生适度的经济繁荣。

交通基础设施对河北省或北卡罗来纳这类区域的经济发展影响很大。传统观念是，城市像岛屿一样与相邻的或者在规模和经济范围上相近的城市产生联系。虽然这种简化对于许多分析是有用的，但是对于那些居住在临近城际道路的人来说，它忽略了增强连通性的重要性，因此在某种程度上是不精确的。实际上，大城市和小城市都是较大系统的一部分。公司愿意沿着交通网络分散布局，而试图在中心城市寻求工作的人也可留在家中，也可以在找到工作后通勤上班。因此，主要城市不太可能被失业者填满，相反的是，大都市与其他地区的人均收入差距很大（安德森（Anderson）等）。然而，经济学家最关心的不是这种不平等，而是那些“脱离网络”的人面临的巨大劣势。

我们沿着I–85州际公路概览沿线城市的发展情况，弗吉尼亚州彼得堡和北卡罗来纳州达勒姆之间的I–85州际公路穿越200公里人烟稀少的乡村，与达勒姆和亚特兰大之间的600多公里完全不同。高速公路离开在罗利—达勒姆—教堂山“三角区”北边快速增长的达勒姆，通过伯灵顿向西，到达增长较慢但仍算成功的以格林斯博罗为核心的“三合一”城市群，然后，经过某些缓慢衰退的列克星敦、索尔兹伯里等小型制造城市或交通枢纽，前往夏洛特郊区的小城市，如坎纳波利斯和康科德，这些小城市已由劳动密集型制造业转型为高科技和研究中心，从夏洛特继续向西南方向前进，到达更为衰退的制造业城镇加斯托尼亚之后，到达南卡罗来纳州制造业城市斯巴达堡，这里已将制造商BMW改造成汽车零部件生产中心，然后前往完全振兴的文化、教育和轻工制造城市格林维尔，以及克莱姆森主要的大学城，进入格鲁吉亚东北部，这是经济发展较为平淡的区域，然后是蔓延的亚特兰大郊区，这里距离市中心约60公里，并不是一个长期繁荣的地区，这是一条制造业走廊，间或存在分散的高科技中心和研究型大学，两个核心的大都会亚特兰大和夏洛特作为金融、商业和交通中心支撑这一区域的发展。高速公路上的大城市和小城镇之间的连通性很高，对因劳动密集型制造业转移而丧失经济基础的落后城镇很有帮助。

我们可以从I-85走廊得到很多教训。同时应该认识到，连接快速增长的亚特兰大、夏洛特和更快速增长的三角地区的公路应该是成功的。连接经济停滞的城市的州际公路对两地之间的小城市的价值较低。当然，由于北京市、天津市以及河北省石家庄市、唐山市经济快速增长，这个不太成功的案例似乎没有什么帮助。

沿着I-85走廊的小城市的转型已经有所帮助，顺便提一句，21世纪初期通过的北卡米尔斯恢复税收抵免条例是条不同寻常的法律。这种税收抵免激励新投资者收购和重建位于中部地区的倒闭的工厂和废弃仓库。虽然这项法律旨在使整个北卡罗来纳州受益，但绝大多数的税收抵免都来自I-85走廊的重建开发商，特别是达勒姆和温斯顿塞勒姆（Ng于2017年非常详细地记录了这一过程），结果是加快了小城市中心地区的加速振兴，从低科技向高科技城市转型。一个很好的例子是位于达勒姆市中心的切斯特菲尔德工厂，生产香烟近50年，空置了近20年，现在正在重新开放作为一个大型科技企业孵化器：http：//wexfordscitech.com/projects/chesterfield/。沿着街道往前走，可以发现一家纺织厂已经转化为年轻专业人才的房屋以及一个艺术和娱乐中心：http：//goldenbeltarts.com/。总之，尽管并不普遍，一些工业空间可以转化为有吸引力的替代用途。

（三）在核心城市周边建设科技城

美国、俄罗斯等国长期以来一直试图从核心大都市疏解一部分科研活动。这样做的原因有所不同。政治因素是重要的，特别是分权的政治制度需要各地区以及高等教育和公共研发投资中心的支持，同时包括中心城市区位优势不明显、土地和通勤费用较高、对人群的健康危害较大等原因。

美国的例子很重要，因为在研究实验室和创新中心的选址决策中，私人的和公共的力量均很强大。显然，公立大学根据政府的目标而定，因此将更多地关注政治和社会关切以及经济增长目标。然而，美国大部分高科技集群的发展都是由私营企业推动的，虽然企业受到政府激励的影响，但根本上是在追求效率和利润最大化。

任何一个熟悉美国高科技研究区域的人士，都知道他们一般由私人部门推动，且一般位于大型城市或中型城市的边缘。最突出的例子是旧金山和加利福尼亚州圣荷西附近的硅谷，波士顿外128号公路（附近的剑桥也有很多科技活动），纽约市周边从新泽西州东北部到威彻斯特郡区域，以及西雅图和丹佛郊区，包括像博尔德这样的边缘城市。拥有高科技中心的中等城市包括得克萨斯州奥斯汀市、宾夕法尼亚州匹兹堡和北卡罗来纳州罗利的达勒姆。

典型事实是这些区域的和其他一些不知名的技术中心正在蓬勃发展。我们从格莱泽（Glaeser）和塞兹（Saiz）（2004）的研究中知道，高科技行业吸引着乐于创业并愿意投身技术研发年轻技术人才，进而提升当地及其他区域的生产力，即使倒置因果关系也是如此（年轻的技术人才愿意前往经济活跃的区域工作和就业）。

我们在下一节将讨论的案例说明，管理良好的高科技边缘城市可以获得快速增长，而且可以从落后经济区进行转型。一个不太明显的问题是，依靠大学的研究型园区在促进地方经济增长方面是否成功，而不是仅仅加强科研能力或促进总体经济增长，尽管文献中有许多关于这个问题的案例研究和综述论文，在正式的计量经济学评估中很少涉及。

有个例外是辛西娅（Kirshner）在一份工作论文使用双重差分（DiD）计量经济学方法来研究82个美国大学研究型园区的影响，这是一个非凡的研究，他必须排除大城市中的大学研究园区，因为这些园区的影响可能被其他因素所掩盖，如机场扩张、公司总部增长或金融部门波动肯定会影响像亚特兰大或夏洛特这样的城市中等规模以上的大学研究型园区，也难以找到还没有设立大学研究园区的、具有相似初始条件的城市。因此，使用倾向评分匹配初始（1980年以前）条件，辛西娅识别出26个具有大学研究型园区的小城市，然后与控制项进行配对。

初步实证结果表明，研究型园区对人口增长和收入都有很大的影响，实际上，因为系数足够大，很难排除未观察到的异质性的存在（因为进行匹配的都是可观测变量，更严格的匹配也可能是有序的）。当增加一个大学规模的变量时，它也具有统计学意义，且不会降低大学研究型园区变量的显著性。如果控制整体国家经济增长，这些影响仍然存在。还应该指出，随着研究型园区建立时间越长，它们的影响似乎在减弱，效应不会持续。这项研究应被视为对研究型园区的第一次严格的影响性评估，但这并不是关于此问题的最终的研究结论。他们认为建立具有良好基础设施和与大都会连通性较好的研究型园区可以刺激当地经济增长，并应对建设研究型园区给予了相当大的支持。

克诺夫（Kropf）（2017）解决了一个相关的问题，他探讨了Google为其美国企业家（G4E）项目中心选择的10个位置，包括创业支持、通过北美技术中心网络访问其他企业家、培训计划和协同工作空间等服务：https：//www.googleforentrepreneurs.com/。虽然没有正式关联，但G4E网站也可获得Google光纤连接，从而使这些位置更具吸引力：https：//fiber.google.com/about/。

克诺夫探讨了特定G4E项目的选址，对合理的决定因素进行了一系列概率回归，包括行业聚集、高等教育措施、“创意阶级”措施、区域GDP和国内生产总值增长以及对初创企业、停产企业和企业进入比例的估计。

研究结果指出了因果联系的复杂性，虽然样本规模小，只有100多个城市，对匹配质量很敏感，但似乎基准收入、收入增长、创意阶层和产业集群、分配措施都不会影响Google的位置选择。然而，大学的存在和质量非常重要，创业和开始/退出时的衡量以及潜在的创业精神也是如此。也就是说，Google选择具有创业潜力的区位。这些研究结果也表明辛西娅分析中遗漏了异质性（因此也是向上偏离）的明显来源。

综合起来，这项研究表明，中小城市可能会有不同的分析结果，如果创业文化、亲商环境还有专业设施（包括控制污染）以及对年轻技术熟练工人有吸引力的文化塑造成功，就会吸引对外投资，这将形成良性循环。建立这一环境的关键因素包括地方政府、大学和企业界。事实上，这基本上是Kodryzycki和Munoz（2015）的发现，他们领导了波士顿美联储在复兴的工业城市的研究项目。

俄罗斯高科技“科学城”处在一个非常不同的有利的区位，但同样具有启发性。在属于科学城联盟的69个城镇中，有29个在莫斯科州（莫斯科地区，莫斯科市独立地区类似于河北省）。贝克（Becker）等人指出，大多数俄罗斯二级城市在苏联解体后甚至到20世纪初期，人们转向更具吸引力、规模更大的城市，科学城的表现要比非科学城好得多。莫斯科州莫斯科城周围的人尤其如此。一些较大的科学城的人口变动如下所示，由贝克等人制作（见表6）。

使用更严格的统计方法（即通过几种处理和控制匹配）和更全面广泛的科学城市出台的措施（例如，将阿卡杰姆戈罗多克（科学城）技术大学中心划入西伯利亚乌拉尔主

表6　　俄罗斯科学城：后苏维埃时代的人口增长

城市	州	城市网站	人口		
			2010年	2002年	1989年
Biysk	Altai krai	http：//www.gorod.biysk.ru	220466	218562	233238
Chernogolovka	Moskovskaya	http：//www.chernogolovka.net/	20986	20284	18488
Dubna	Moskovskaya	http：//www.naukograd-dubna.ru/	223902	215727	158294
Fryazino	Moskovskaya	http：//www.fryazino.info/	55449	52436	53317
Koltsovo	Novosibirskaya	http：//www.naukograd-koltsovo.ru/?newlang=0	11479	9570	7946
Korolyov	Moskovskaya	http：//www.korolev.ru/	183452	142568	
Michurinsk	Tambov		98758	96093	124396
Obninsk	Kaluga	http：//www.admobninsk.ru/	104798	105706	100178
Petergof	St. Petersburg	http：//mo-petergof.spb.ru/		64791	（1992）83800
Protivno	Moskovskaya	http：//www.protvino.ru/	37708		
Pushchino	Moskovskaya	http：//www.pushchino.ru/	20263	19964	19479
Reutov	Moskovskaya	http：//www.reutov.net/	87195	76805	68326
Troitsk	Moskovskaya	http：//www.admtroitsk.ru	37708		
Zelenograd	Moskovskaya	http：//www.zelao.ru/en/	223902	215727	158294
Zhukovskiy	Moskovskaya	http：//www.zhukovskiy.ru	104800	101300	

数据来源：人口普查数据；Wikipedia.ru.naukograd，科技城联盟网站http：//www.souznaukogradov.ru/，可以查找非官方科技城的完整名单和详细信息。

要城市的郊区），施魏格尔（Schweiger）等人对俄罗斯特殊的科学城进行了更为详细的分析，莫斯科州依旧占据统治地位，95个科学城中有33个位于那里。

施魏格尔等人从科学城的分析中没有发现重要的人口增长效应，这反映了苏联解体之后财政预算的巨大削减，随着俄罗斯复苏，财政支出逐渐恢复并超越苏联鼎盛时期的水平，但其占国内生产总值的份额没有完全恢复到以前的水平。这种模式还反映了户籍制度瓦解的后果，受过高等教育的工人离开了较小的孤立的城市，迁往大城市或移民海外。然而，科学城的正面效应，包括更好的设施、低生活成本和受过良好教育的人口，弥补了负面效应，从而净效应是积极的，但这在大多数情况下统计学上是不显著的。

人力资本的影响可见施魏格尔等人的论述。俄罗斯科学城的人均专利数量更多、生活水平较高、企业的生产力更有效率（根据大量企业的生产力估算）。

由于不受国家政策的推动，美国的部分科学城与俄罗斯的科学城有着非常不同的历史渊源，然而过去10年来，政府开始重新重视科学城的发展，并出台政策推动重建。在没有政府关系的企业的驱动下私营部门的投资是很少的。此外，Yandex作为俄罗斯的谷歌，是一家具有强大技术基础、扩张野心和利润动机的私人企业，更乐于与大企业合作，而不是赞助新兴企业。

从俄罗斯的经验可以看出，科学城尤其是那些靠近主要大都市的在区域经济发展中起着重要的作用。河北省的情况比苏维埃时代结束时的莫斯科州拥有更舒展的空间布局、更好的交通基础，与京津的联系也更为密切。

俄罗斯政府承诺对莫斯科州进行大量投资以促进莫斯科经济增长，中国中央政府同样承诺对河北省进行投资。莫斯科城本身已经扩大，拓展的环线公路正在建设，并且政府正在讨论搬迁部分机构到周边地区的可能性（见格拉乔夫和波波夫2014年文献，他们也在考虑合并莫斯科城和莫斯科州的可能性）。

行政区的扩张和变化不会在近期发生，但建设莫斯科州州立科学研究中心的努力是没有争议的，特别是针对斯科尔科沃创新中心项目政府付出了大量金钱和声誉的投资（http：//sk.ru/news/）。加斯托（Gatsko）曾简述莫斯科城周边区域的现状：

• 俄罗斯科研潜力的1/5，20%的科学组织和13%的科学产出（未明确界定）；

• 俄罗斯科学院的40个研究和教育机构；

• 70多个农业科研单位和其他经济分支机构的100多个研究所；

• 每千人中有140 受过高等教育的专家（推测数据，成年人）。

总的来说，莫斯科州在科研成果方面排在全国第三，仅次于莫斯科市和圣彼得堡，在新西伯利亚、托木斯克、伊尔库茨克、下诺夫哥罗德、喀山和克拉斯诺亚尔斯克之前。还应该指出，建立群集是俄罗斯的政策导向。

最类似的美国城市可能是科罗拉多州博尔德，它位于丹佛西北约50公里处，这一地区是传统的美国政府驻地，其中包括位于博尔德以南的洛基弗拉茨核武库以及美国标准局、环境保护局等诸多政府机构和国家大气研究中心。博尔德境内科罗拉多州立大学的主校区，是重要的研究资金接受方，而且它宣传自己在接受美国国家航空航天局赠款的公立大学中排第一。大量的私人投资落地于博尔德及其附近区域，IBM的投资尤为显著，这对旅游行业产生重要影响，而Google致力于在城市中心建立一个大型校园，我们可以认为经济并不是由政府机构驱动的。

俄罗斯阿卡杰姆戈罗多克（科学城）是新西伯利亚州立大学的所在地，距离市中心以南30公里，这座城市与博尔德极为相似，丹佛和新西伯利亚都是跨太平洋铁路的大陆终点，科罗拉多州立大学和新西伯利亚州立大学都是全球公认的研究型大学和当地最优秀的科研机构。阿卡杰姆戈罗多克（科学城）于20世纪50年代开始，成为苏联共产党总秘书赫鲁晓夫力主推行的项目，据称，美国副总统理查德·尼克松在1959年曾访问该地区，赫鲁晓夫在之后批评这个城市的完成情况远远低于他的想象（http：//academgorodok.info/index.php?view=city&ct=17），当然此时的博尔德也仅是一个人口少于4万缺乏活力的大学城。

（四）北卡罗来纳州边缘城市的转型

我们很容易确定在大都市郊区哪些城市是成功的，哪些在大学和高科技研究中心上进行了大量政府投入，然而确定哪些外围城市从低技术产业转型到拥有坚实经济和技术基础以及更高收入的城市要困难得多，我们在本节罗列几个。

最引人注目的城市是北卡罗来纳州杜克大学的所在地达勒姆，历史上，达勒姆的经济支柱是卷烟生产和少量的纺织品制造。随着美国禁烟、纺织工厂进驻海外，达勒姆的制造业开始衰落。随着学校开始取消种族隔离制度，许多白人居民开始迁出，尽管达勒姆处在州际公路交叉地带，具有区位优势，但也面临着越来越多非法药物使用、帮派暴力。工厂倒闭、犯罪率上升和中产阶级的离开导致城市核心区域大部分荒废、经济社会发展极不稳定。

不过，尽管达勒姆衰落了，但和其他一些小的工业城市一样，经济并没有崩溃。事实上，这个城市人口增长和经济产量上升仍在持续。我们简要地概述这座城市复兴的历史，达勒姆区位优越，在州府罗利以西50公里，距离机场仅25公里，因此，当州政治和商业领袖采取大胆措施决定利用三所主要研究型大学（达勒姆的杜克大学，教堂山的北卡罗来纳大学和罗利的北卡罗来纳州立大学）的优势，在达勒姆东南部机场以西的大规模未开发区域建立一个研究型园区，1960年三角研究园区（RTP）开始建设，在IBM（见http：//www.rtp.org/about-us/）作出重大建设承诺后，园区开始走上正轨。

三角研究园区的增长间接弥补了制造业的失业，园区内的高科技企业有几家制药企业，随着联邦政府为医院建设、设备引进和卫生部门研发提供的主要资金，杜克大学和北卡罗来纳大学运营的医疗系统蓬勃发展。1960年至2010年间，杜克大学在国家知名度和学校规模方面取得了巨大成功，截至2010年年末，共雇佣28000人，其中大部分在卫生系统工作。因此，在三角研究园区、杜克大学和一个较小的研究园区的支撑下，达勒姆从低技术产业中心转型为高科技制造业、医疗保健、制药和医疗中心。医疗卫生产业的作用尤为突出，因为即使高科技的医疗卫生产业也是半熟练劳动密集型的。

随着达勒姆经济的转型，城市的中心也在复兴，其外在原因在于大学校友愿意投资重建旧烟草仓库和工厂并获得联邦和州税收抵免，将其转化为现代住宅、商业和工业设施。杜克大学承诺以高价租赁空闲设施，加速了复兴的进程。

接下来的介绍增加了案例的复杂度。罗利的经济增长速度很快，因此住房和工业用地价格飙升（按北卡罗来纳州的标准），达勒姆西南部富裕的教堂山地区的价格也上涨，教堂山试图遏制人口增长和商业发展，保持平稳发展的经济繁荣。随着生活成本的上升，经济学家理查德佛罗里达所言的处在专业阶层底层的第一波创意工人、工匠和年轻技术人才，特别是那些没有孩子、没有接受学历教育的人开始重新定居达勒姆，他们更加青睐低成本、人口稀少的市中心，年轻专业人才的逐步涌入使得该地区更有吸引力，高收入的技术工人与初创企业开始进入。达勒姆针对第一波人才的集聚建设了几千个中心城市公寓，然后让人惊讶的是，很快又建设了一批。与此同时，教堂山对人口的限制意味着许多商业企业在达勒姆南部集聚，这为面临大量基础设施和学校建设需求的城市提供税收。不断上涨的房地产价格增加了城市的财富，随着城市的振兴，犯罪率急剧下降（与美国其他地方一样，原因尚未完全了解），进一步促进核心城市更具吸引力。

如上所述，达勒姆人口增长超过2%，国内生产总值增长4%–5%。重建了城市中心的第一波人口集聚浪潮中的低端创意阶层逐步退出，中央社区的低收入居民也逐步退出城市，在过去的10年中，达勒姆已经开始从富裕郊区贫穷市中心的美国式城市演变为欧洲式的城市，即繁荣的市中心和贫穷的郊区。

但复制达勒姆的成功并不容易。它具有优越的地理区位，临近重要的国际机场，美国很少有小工业城市每天都有飞往伦敦和巴黎的航班（但要到达中国，必须在旧金山、丹佛、芝加哥或东海岸城市转机）；达勒姆受益于两个非常富裕的城市，其中一个城市爆炸式增长，另一个城市限制增长；更重要的是，达勒姆很幸运地拥有有远见的州和地方政府，一个热情和充满活力的商业社区以及致力于城市发展和繁荣的大学。

为了了解条件稍差的周边地区，可以参考其他四个北卡罗来纳州的县。约翰斯顿县位于快速发展的州府罗利的东南部，历史上专门从事农业和农产品加工；查塔姆县位于罗利以西，是一个人烟稀少的农业和轻工制造区；卡巴鲁斯县位于夏洛特市区的东北边缘；福赛斯县位于40号和85号州际公路附近，其最大的城市温斯顿塞勒姆是标志性的烟草制造中心。

北卡罗来纳州预计查塔姆县的人口在2010年至2036年期间从大约64000人增长到10万人，大约57%的增长率，但这肯定是一个巨大的低估，因为查塔姆园区已经获得批准并积极建设，实质上这已经是一个新的城市，http：//chathampark.com/。[①]这个规划的社区预计将有约7万居民，它实质上拓展了罗利/卡里市区。该项目由私人投资，但地方政府正在依靠该项目产生的新税收来弥补其基础设施投入。这是继查塔姆县以北的南部村庄与查塔姆东北部的布莱尔教堂社区http：//www.briarchapelnc.com/后的另一个成功。

实质上，查塔姆县将收入相对较低的农村和小城镇人口与旨在吸引退休人员的县内东北部地区的发展相结合。像达勒姆一样，它也利用了教堂山限制增长的政策，并吸引了原本计划在教堂山投资的企业。除道路等交通设施以外，教育、卫生、高等教育的服务质量较低。退休人口通常会增加当地政府的成本，他们有优质卫生护理的需求，而在查塔姆定居的退休人员通常可以从达勒姆和教堂山的杜克大学和北卡罗来纳大学医疗卫生系统获得优质医疗服务。因此，查塔姆县正在通过吸引来自富裕地区的新居民来增加税收，而不是增加为他们服务的成本。

查塔姆园区继续保持这种传统，虽然这是针对年轻家庭和技术工人的。这些人口倾向于亲近工作、亲近自然（查塔姆农村有众多公园和湖泊）以及亲近同龄人群。最终，劳动力将老化，会有优质的教育需求，但在不久的将来，查塔姆县的人口将受益于企业流入以及就业机会和税收收入的增加。实际上，查塔姆县东部正在为钟情户外运动的年轻技术工人提供更多服务以替代越来越贵的罗利、卡里、达勒姆和教堂山。 正如我们将在下面看到的那样，查塔姆县把大都市边缘区的农田转化为郊区社区，这与俄罗斯圣彼得堡的郊区化进程有很大的共同之处。

查塔姆县并不是仅仅依靠吸引新居民、技能密集型公司和技术工人来推动经济发展，而且已经成功争取北卡罗来纳州的支持，开发两个地方来承载大型“先进制造”设施，这些地点位于县东南部的蒙丘尔和西部的西勒市，后者得到进一步发展，其官方网站http：//chathamadvancedmanufacturing.com/确认了上述各种因素的重要性。

罗利东南部的约翰斯顿县人口密度较高、农业繁荣，但缺乏针对退休人员的高质量的医疗卫生服务，而作为重要的生猪养殖中心，对退休人员或年轻技术工人吸引力较小，更糟糕的是，县东部是北卡罗来纳州的海岸，这个地区对富有的退休人员非常有吸引力，县内也没有重大的学术或研究中心和好的学校。[②]

尽管如此，约翰斯顿县拥有南北向和东西向两个州际公路以及通往罗利的顺畅的通道和完善的二级公路网络，这使其对罗利中等收入和工人阶层很有吸引力，也使其成为运输枢纽和工厂的优选地。[③]因此，虽然收入仍然低于中心城市，但仍高于周边地区：http：//www.towncharts.com/North-Carolina/

① 罗利威克县、夏洛特梅克伦堡县和达勒姆的达勒姆县的人口增长预期分别为63%、62%和 49%。北卡全州预计增长 28%，是美国增长最快的州。

② 作者刚刚遇到一个刚刚从约翰斯顿县中心的史密斯菲尔德搬到罗利的初级经理，他的女儿现在正在参加一个中文沉浸式公立小学：http：//www.wcpss.net/Page/11909。那是一个巨大的文化冲击的缩影，他的女儿将获得她的父母和祖父母永远不会想到的优势。

③ 特别是CSX铁路运输公司已经提出建设一个巨大的多式联运枢纽计划，将充分利用约翰斯顿县位于高速公路、铁路网络枢纽优势，和进入弗吉尼亚州汉普顿路、北卡罗来纳州威尔明顿、南卡罗来纳州查尔斯顿的几个主要港口的通道优势，https：//www.csx.com/index.cfm/about-us/media/press-releases/csx-proposes-intermodal-terminal-for-johnston-county-north-carolina/。

Economy/Johnston-County-NC-Economy-data.html。“约翰斯顿县的就业人口中只有47%在县内实际工作，39%在罗利工作”，“睡城”特征尤为突出，工业增长和交通枢纽地位与郊区的通勤相结合，预计2010-2013年人口增长率为62.5%，为国内最快。

两个西部县福赛斯和卡瓦鲁斯与达勒姆相似，但稍逊一筹。福赛斯的温斯顿塞勒姆有一所重要的区域性大学和一所大型医学院校，尽管没有制药行业和研究实验室，但它仍然从烟草制造主导转向烟草制造和医疗保健共同主导的产业结构，它也有一个小型机场。福赛斯并不毗邻繁荣的中心城市，因此，其人口增长预计只有28%，虽然并不慢，但远低于罗利或夏洛特周边县。

卡巴鲁斯县位于夏洛特东北部I-85号公路附近，它缺乏重要的研究型大学，但一直受益于数个高科技研发中心，它面临的竞争压力比达勒姆低，因此预计人口增长更快，约59%。

（五）复兴的欧洲城市

北卡罗来纳州与河北省有很多相似之处，但也有重大差异。北卡罗来纳州的人口密度低，降雨频繁，而且更多地依赖私人汽车或轻型货车进行运输。美国人生活在城市中分散的小社区，这些社区通常拥有高度的财政自主权，使得经营良好的创业型地方政府和商业社区可能实现非常快速的经济和人口增长，但同时也意味着不利的经济冲击后果可能是灾难性的。

我们认为，相比欧洲大多数国家，中国的公共管理和地方财政结构与美国更为类似，但在经济扩张、对汽车的依赖和通勤模式等方面，中国和欧洲则有更多的共同点。跨区域的和大城市内部的移民的种族问题在美国比其他地方更为重要。伴随着产业的兴起、成熟、生产活动的转移以及因此在城区内的衰落，美国城市的“生命周期”比其他地区更为迅速，其原因可能在于经济增长与技术先进部门的创新之间的联系。美国制造业的分散领先于其他国家，核心大都市区越来越多地关注金融服务、行政、教育、研发、医疗保健、交通运输、物流等先进技术服务业，以及满足上述核心服务部门就业人员消费的辅助服务。制造业在一些大城市仍然很重要，大型工厂一般建在城市边缘和高速公路沿线，技术水平和专业化程度越来越高，但面临着较高的运输成本或者不能实现规模经济。[①]

鲍尔（Power）等（2010）详细研究了6个“复兴”欧洲城市，其中包括北爱尔兰贝尔法斯特、西班牙毕尔巴鄂、德国不来梅、德国莱比锡（东德）、法国圣艾蒂安、英格兰谢菲尔德和意大利都灵，它们均为中大工业城市，经历了传统产业的去工业化，20年来一直在重塑经济。大多数城市正在经历人口数量的长期下降或极慢的增长。可以肯定的是，北卡罗来纳州核心城市及其周边地区或小城市拥有2%-4%的人口增长或4%-7%的经济增长呈现了不同的景象，北美也是如此，其实在鲍尔等在研究中也涉及北美部分城市用来做参照。

与美国城市相比，欧洲城市有更强的社会规划和政府干预，这有助于弥补总体经济增长放缓和潜在人口增长率，但实质上减少了经济活力。在本报告中，这些城市有助于我们理解保定、邯郸、唐山、张家口等河北中大工业城市，而不是雄安新区或北京市和

① 最近的一个制造业投资的例子来自北卡州达勒姆：默克疫苗厂（the Merck Vaccine Plant）高科技企业http：//www.pharmaceutical-technology.com/projects/merck2/；一批生物科技公司，高科技企业，因为莫里斯威尔在达勒姆周边，所以名单上大多数企业都在达勒姆http：//www.biospace.com/News/10-biotech-firms-rapidly-expanding-in-north/384976；精灵太阳能微型车（the Elf solar-powered mini-vehicles）（非常低的规模经济，仅为当地市场生产）https：//organictransit.com/；以及很多小规模的啤酒厂和酿酒厂，非常低的规模经济和较高的运输成本：http：//www.fullsteam.ag/。

天津市周边的小城市。

欧洲城市的共同特点是在快速工业化时代，在城市周边建设了大量的住房，在经济景气期间，可以高效率地低成本地安置大量的工人及其家属，但随着这些建筑的老化和居民年龄的增长，以及经济基础从少数大型企业变得多元化，城市周边日益恶化的住房成为容纳持续增长的穷人群体的居所。随着传统工业的就业变得越来越少，失业率和犯罪率上升，当地的学校面临无数的社会问题，毕业生也不适应技术密集的现代经济。与北美城市中心区贫困集中不同，这些城市以及欧洲的其他许多城市的贫困和社会问题都集中在城市郊区。虽然这会让城市中心区的复兴变得更容易，但也增加了重新融入剧变的经济的困难，也使国家更容易忽视居住城市周边区域的及居民的困境。

来自鲍尔等人的研究表明，对中心城市复苏和一批劳动力市场援助项目的公共投资使得美国参照城市相比欧洲城市产生了巨大的差异，有效防止发生种种社会问题。人们的印象是，政府的干预措施非常多，包括必要的拆迁和市中心的改造。人口的下降在某些方面是有益的，更小的家庭户规模意味着公共房屋更大的人均空间，并且减轻翻修房屋的压力。最终，像莱比锡这样的城市，对住房进行逐步升级，再加上破旧房屋的拆迁，已不再需要更多的房屋。

莱比锡也受益于对公共基础设施的大量投资和协调一致的投资集群（与影响地方政府和国家企业的学术设计相协调）。这些领域包括汽车制造、医疗保健、生物技术和医疗技术、IT和通信。相比较而言，德国大型工业公司及政府对投资的参与更多，美国城市投资则是由地方自主倡议，大学、地方政府和当地企业合作参与。达勒姆的新创新区http：//durhamid.com/是杜克大学牵头的合作，是美国模式的一个很好的例子。

美国的做法对于已经转型或正在蓬勃发展的城市来说很有效。一旦基础设施基本完善，投资者就可以在蓬勃发展的城市中培育新工厂，年轻技术工人也会主动地涌入城市。然而，企业需要更多的安全感、激励和协调，以便投资于衰退的工业城市。因此，欧洲模式也至关重要，建议中国中央政府和河北省政府应该重点关注重建全省的工业城市，建设雄安新区、协助环北京城市的建设是较为容易的，也是必要的，可以轻松实现。

（六）核心大都市区的郊区化：俄罗斯圣彼得堡

我们对中高收入国家大都市郊区化进程知之甚少，主要是没有很多案例，而且与河北有比较价值的区域很有限，我们重新从俄罗斯这个与中国有很多共同特征的国家寻找例子。莫斯科州莫斯科周边地区和列宁格勒州圣彼得堡周边地区是两个有价值的分析区域，其他中高收入城市如韩国首尔、土耳其伊斯坦布尔、墨西哥的墨西哥城和阿根廷布宜诺斯艾利斯，政府的政策制约使得首尔成为一个不佳的参照城市，因此还剩下两个俄罗斯城市和另外三个城市。

俄罗斯大都会是一个很好的比较城市，因为在苏联解体之前，共同的共产主义制度背景和有限郊区化程度与京津冀地区相似。贝克等人指出（见表7），截至1987年，圣彼得堡地区80%以上人口居住在中部城市，约91%居住在核心城区，与圣彼得堡附近的较小城市不同。[①]

20世纪90年代，由于国家遭遇灾难性的经济危机，从中央城市到圣彼得堡或其他地方的郊区几乎没有发展，但是，随着危机的消失，经济在20世纪初迅速增长，形势开始

① 除非另有说明，下述讨论的表、图均来源于贝克（Becker）等（2012）。

表7　　1997年俄罗斯中心城市和大都市区人口

城市群	规模（千平方公里）	城市人口			中心区人口比重	核心城区人口比重
		总计	城市中心	核心城区		
Moscow	8.2	12713	8575	10242	67.5	80.6
St Petersburg	5.2	5342	4362	4861	81.7	91.0
Novosibirsk	3.4	1715	1430	1578	83.4	92.0
Nizhny Novgorod（Nizhegorodskaya）	3.2	2061	1430	1648	69.4	80.0
Ekaterinburg	4.2	1870	1356	1553	72.5	83.0
Samara	3.3	1577	1236	1388	78.4	88.0
Omsk	4.1	1237	1167	1176	94.3	95.1
Chelyabinsk	3.0	1432	1135	1303	79.3	91.0
Perm	2.8	1202	1095	1166	91.1	97.0
Ufa	3.9	1163	1094	1106	94.1	95.1
Kazan	2.1	1296	1089	1114	83.0	86.0
Rostov–na–Donu	3.6	1431	1014	1145	70.9	80.0
Volgograd	3.2	1357	998	1317	73.5	97.1
Krasnoyarsk	3.0	1024	919	942	89.7	92.0
Saratov	3.1	1139	902	1128	79.2	99.0
Voronezh	3.8	1025	898	974	87.6	95.0
Tol’yatti	1.0	761	677	754	89.0	99.1
Ulyanov	2.2	712	660	684	92.7	96.1
lzhevsk	2.1	677	653	653	96.5	96.5
Vladivostok	0.9	806	641	685	79.5	85.0
Krasnodar	3.4	821	635	763	77.3	92.9
Irkutsk	2.5	974	631	692	64.8	71.0
Yaroslavl	3.6	734	630	639	85.8	87.1
Khabarovsk	3.0	664	609	617	91.7	92.9
Novokuznetsk	1.6	1344	600	618	44.6	46.0
Barnaul	3.2	722	597	715	82.7	99.0
Orenburg	3.4	572	553	561	96.7	98.1
Penza	3.3	603	548	554	90.9	91.9

续表

城市群	规模（千平方公里）	城市人口			中心区人口比重	核心城区人口比重
		总计	城市中心	核心城区		
Tula	3.8	1139	535	581	47.0	51.0
Ryazan	3.0	560	525	548	93.8	97.9
Naberezhno-Chelny	1.5	798	525	519	65.8	65.0
Kemerovo	2.0	641	515	532	80.3	83.0
Astrakhan	3.0	578	507	515	87.7	89.1
Tomsk	2.3	535	500	508	93.5	95.0
Tyumen	3.2	553	492	515	89.0	93.1
Kirov	3.0	725	491	544	67.7	75.0

数据来源：贝克等，2012

发生变化，开发商开始收购土地，圣彼得堡周围是森林和贫瘠的或耕作期很短的集体农场，集体农场官员很容易出售部分土地。更重要的是，开发商也很容易与当地的镇、县（区）和州的官员进行谈判，以获得建设水、电、污水管线等基础设施的支持。

15年来，郊区住房在列宁格勒州蓬勃发展，各种类型住房，从精英独立住宅到大型郊区公寓都得到快速发展。城市以外的郊区城镇从小型工厂镇和当地集体农场工人的购物中心转型为“睡城”（Bedroom Communities），新的郊区住房至少70%由新的“经济舱”公寓组成。

图4显示了相当典型的发展，圣彼得堡郊区每年经济舱房屋建筑面积超过100万平方米，平均公寓面积66平方米，这意味着每年建成15000多套。问题是，这些在遥远的郊区购房定居的人是谁，他们与不郊区化的同龄人有什么不同？这个问题的解释将有助于河北省吸引北京和天津的大量居民。

为了解决这些问题，克塞尼亚本的斯卡娅在2010年夏天对弗谢沃洛日斯克和普希金两个郊区的4个微型区域的11个公寓楼进行了业主调查，她还对那些留在中心城市的受访者的朋友进行了调查。详细信息可见贝克等人的文献。

描述性统计和回归分析的结果很有启发性，简而言之，典型的郊区化家庭具有专业的阶级背景，他们相对年轻，多数在25-34岁，这个年龄段的人已经足以累积足够的财富购买公寓。他们与父辈有很大的不同，他们拥有电脑，习惯网上搜索，倾向于拥有房屋产权。他们并不愿意相信报纸、广告宣传或口碑，购买单元房几乎完全通过网上搜索，这与早期郊区化者购买行为完全不同。总之，他们的行为像发达国家的同行，而不像他们的“苏维埃”父辈。

相对于留在市中心的同龄人来说，郊区化者看重房屋空间和环境设施，部分原因是他们已经有或计划生育孩子。他们绝大多数已婚，单身人士的郊区化将是社会难题。其余的是离婚、同居或单身，只有约1/7是单身非离异。绝大多数郊区人士也拥有一辆汽车，其中1/4的受访家庭拥有不止一家。近2/3具有高等学位，尽管他们在中心城市的同龄人也是如此。

中心城市住房约2500美元/平方米，平均比郊区空间贵50%。然而，郊区居民需要更多的空间，所以最终房屋总价只低很少，郊

图4　俄罗斯的“经济舱”，圣彼得堡周边的郊区化发展

区居民房屋总价中位值为99000美元，中心城市居民房屋总价为109000美元。

郊区化的家庭也更有可能是已婚男性主导，回归分析显示对环境设施有明确偏好。广泛的通勤铁路网络确保了到中心城市工作的合适的通勤时间，少数人直接在郊区社区工作。因此，总的印象是，圣彼得堡遥远的郊区居民愿意付出通勤时间换得更大、更便宜的公寓和更健康的居住环境，特别是对那些计划生孩子的家庭更倾向于此。

总而言之，圣彼得堡郊区居民一般是年轻人，而非特别高收入的专业人士。相对于他们的中心城市同龄人，他们以家庭为导向，大多数还没有学龄期孩子，某些时候，他们必须面对孩子的教育问题，面临着将孩子送到较贫穷的当地学校还是让他们随自己通勤工作到市区就学的选择，在圣彼得堡，他们可能必须通过与亲戚一块注册来维持居留许可。

在北京市和天津市，肯定有与之相对应的群体，关键在于确保高效交通体系、优质的学校或允许来自北京市或天津市的居民在河北省定居时保留中心城市户口的权利。

四、发人深省的失败案例

在撰写本报告时，只保留正面的例子很容易，但是，这样做会产生误导。在现实中，京津冀面临许多超出核心大都市范围的发展问题，与北卡罗来纳州的夏洛特和罗利，三角区域和其他周边地区很相似。我们试着简要总结一下失败案例。

（一）日本东京及其周边区域的人口老龄化

日本急剧衰老并不是秘密，中国尽管迟了一代人时间，但人口老龄化趋势将与日本一致。德登（Durden）制作的图描述了这种鲜明的对比。

考克斯（Cox）（2016）对2015年日本人口普查进行的更为常规的分析表明，东京的人口持续增长，但在邻近地区和其他许多城市却在下降，其中大多数数据来源于日本最新统计年鉴的数据。2000–2010年，日本的人口增加了100多万人，但这包括65岁以上人口增加的700万人，65岁以下人口减少的600万人。东京的情况要好得多，总人口增加了110万人，本图为中国1990–2050年和日本1970–2030年劳动年龄人口数量及预期，可以看出中国延续了日本的人口增长模式，大约滞后一代人即20年的时间。

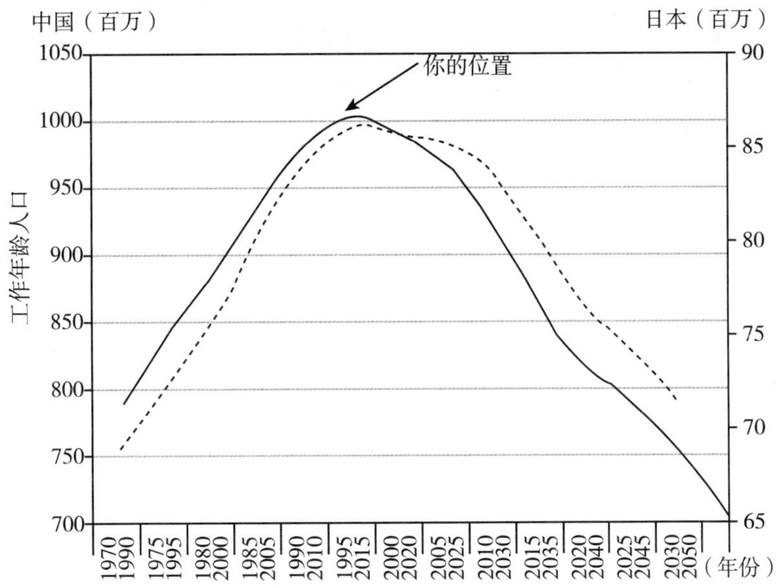

图 5　日本和中国的人口变动情况

表 8　2000–2010 年日本东京及其周边区域的人口增长

行政区	2010年总人口数量（千人）	2010年65岁以上人口数量（千人）	2010年老年人口比重（%）	2000年总人口数量（千人）	2000年65岁以上人口数量（千人）	2000年老年人口比重（%）
日本	128057	29246	22.8	126926	22005	17.3
重点城市						
东京	13159	2642	20.1	12064	1910	15.8
爱知县（名古屋）	7411	1492	20.1	7043	1020	14.5
大阪	8865	1963	22.1	8805	1315	14.9
东京周边行政区						
琦玉	7195	1465	20.4	6938	889	12.8
群马	2008	471	23.5	2025	367	18.1
枥木	2008	438	21.8	2005	345	17.2
茨木	2970	665	22.4	2986	496	16.6
千叶	6216	1320	21.2	5926	837	14.1
神奈川	9048	1820	20.1	8490	1170	13.8
山梨	863	212	24.6	888	174	19.6
静冈	3765	892	23.7	3767	666	17.7
长野	2152	569	26.4	2215	316	14.3
周边行政区合计	36225	7852	21.7	35240	5260	14.9

数据来源：日本统计局，2017。

其中65岁以下人口增加了36.3万人。

周边的县不太幸运，总人口大约增加了100万人，但其中65岁以上人口增加了260万人，65岁以下人口下降了160万人。因此，15年来，65岁以上人口的比例上升了6.8个百分点。在原始数字方面，东京周边地区的老年人在短短10年内就增长了49%，东京则为38%，日本整体为33%，而且由于“人口即未来”，进一步的增加是不可避免的。

由于中央城市对年轻人很有吸引力，这种人口结构并不奇怪。然而，显而易见的是，面对爆炸性增长的老年人口，地方行政机关会发现很难将重点放在经济增长和吸引年轻技术工人上，投资者也不会寻求迁入快速老龄化的地区。

日本式的经济停滞是河北应该着力避免的情形。但是，中国2050年退休的人现已经处在劳动年龄（除非退休年龄会不可避免的延后，可能有些人还没有进入劳动年龄）。因此，河北省政府在吸引青年工人和经济结构调整方面，仅有一个非常狭窄的时间窗口，也许只有10年。那些没有感到紧迫感的人，应该去参观一下日本各大城市老龄化严重的周边地区。

（二）纽约罗彻斯特，一个没有转型成功的城市

纽约州罗切斯特经常被认为是一个没有为其命运做好准备美国城市。1950年，这个城市人口达到顶峰，是一个蓬勃发展的工业中心，拥有世界一流的大学、一所优秀的技术型大学、一家主要的工业企业—伊士曼柯达，以及其他行业领导者，如施乐公司，以及博士伦。柯达在电影市场中占有主导地位，并与德国的爱克发和日本的富士三足鼎立。然而，它并没有完全预料并为数字摄影的兴起做好准备。现在它仍然是一个重要的生产商，但远远弱于其全盛时期。麦当劳（McDonald）（2014）的文献描述了罗切斯特的历史，肖特和穆斯曼（Short和Mussman）（2014）进行了比较性分析，详细的数据可从http：//www.towncharts.com/New-York/Economy/Rochester-city-NY-Economy-data.html获得。

在1970–2014年期间，罗切斯特大都会统计区的制造业就业人数从大约16万人下降到6万人（下面的数据来自巴彻勒（Bacheller），2016年）。然而，这种急剧的下降并非罗彻斯特独有，在此期间，从纽约到伊利诺伊州的“铁锈地带”，制造业就业人数下降了35%至75%，美国制造业的资本密集程度变得更高，正在向南、向西发展。

事实上，在1770–2000年期间，罗切斯特要好于纽约的其他城市（纽约市，“首都圈”城市奥尔巴尼、斯克内克塔迪、特洛伊，宾汉姆顿，布法罗，锡拉丘兹和乌蒂卡—罗马）。然而，在大多数这些大都会统计区中，特别是在纽约市和首都地区，非制造业增长足以抵消并超过了制造业就业的下滑。

罗切斯特的独特之处在于，损失的是非常高薪的制造业工作，增加的就业是低工资的服务工作，再加上人口老龄化和贫穷的种族问题（低收入少数民族的核心城市人口集中度较高），高收入群体逐渐迁往附近郊区，核心城市经济崩溃。而城市领导层过分自信，未能像成功的竞争对手那样在制造业和其他行业进行多元化的尝试。

在州一级，纽约州向附近的布法罗提供了大量的振兴资金，但尚未对罗切斯特或其他“北部”城市做出重大承诺：https：//www.rochestercitynewspaper.com/rochester/rochesters-fighting-chance-for-a-turnaround/Content?oid=2500887。相反，纽约州已经宣布了一个北部振兴计划的倡议https：//www.ny.gov/programs/upstate-revitalization-initiative，其中中型大都会区和小城市将需要为资源而竞争，虽然不太成功的城市不喜欢竞争制度，但这却降低了设计不佳的项目的风险，培养

创意活动，增加地方政府的责任感。

因为这个倡议刚刚推动，现在评估是否成功还为时过早。因为已经定居在周边地区的技术工人的比例很高，明确区域范围的激励措施可能会增加核心城市以外居民的就业机会。虽然纽约周边地区有80%-90%的白人，但罗切斯特不到一半，白人家庭的收入中位数超过48000美元是拉美裔和美洲印第安人的两倍以上，远高于非洲裔美国人的27500美元。因此，核心城市贫困率高达33.5%，郊区贫困率在5%-14%之间。

再次重申，罗切斯特的失败并不是没有保证就业，而是因为主导行业的收缩而无法创造高工资的职位，反映出在工业持续增长时盲目乐观，未能做好“新经济”的应对。罗切斯特在1990年比达勒姆更大、更富有，犯罪行为更少，也有世界一流的大学和医护中心。然而，在那个时候达勒姆的领导人已经意识到传统行业正在衰退，经济转型对于生存至关重要，罗切斯特已经耽搁了20年，但幸好现在已经做出了转型的承诺。

（三）失位的政府支持：密歇根底特律及其周边区域

底特律的衰落是众所周知的，不必重复，它在麦当劳（2014）文献中得到很好的展示，维基百科提供了这座城市丰富的图片并对其历史进行了很好的研究：https：//en.wikipedia.org/wiki/Decline_of_Detroit。简而言之，底特律截至2016年的人口约为66.3万人，与一个世纪前大致相当，1920年达到99.4万人，到1950年为185万人，背后的原因在于汽车和零部件产业资本密集度的增长、全球竞争、北美汽车生产分散化、城市人口老龄化、城市治理不善以及不可持续的支出和管理不善。随之而来的是升高的犯罪率和日益恶化的学校和基础设施，以及熟练技术人才和中产阶级往郊区的迁移。

这些力量造成不良的经济社会环境，但并不是所有的城市都对这种状况做出了失败的反应。在罗彻斯特，意料之外的技术变革和新的竞争动摇了施乐等行业领先者，尤其是伊士曼柯达的地位，与之不同的是导致底特律衰落的力量是缓慢发生的。此外，美国汽车工业在急剧下降都有显著的回升，但在底特律没有。

巴伯（Barber）（2014年）以及巴伯等人（2013年）的文献为底特律的衰落提供了政治经济学解释。在他的理论模型中，更高层次的密西根州政府在经济衰落过程中，出于政治原因为衰落的行业以及地区提供支持，即使他们意识到，采取中立立场支持未来新兴产业的发展才符合该地区长期的经济利益，他们仍然这样做，这主要是因为对行业的支持受到广泛支持而鲜有反对的声音。受影响的行业试图在多个地点建设工厂进而获得更多的行政支持。因此，虽然北美汽车行业历史上一直集中在底特律（沿着加拿大安大略省温莎市的河流进行产业布局也是源于政治原因），但在密歇根州的许多小城市也存在分散的工厂，包括巴特尔克里克、弗林特、兰辛等许多城市。底特律商会发布了一个交互式地图：http：//www.detroitchamber.com/econdev/chamber-initiatives/michauto-universal-name/michauto-mobility-assets-map/，他们宣称：“密歇根州内拥有包括供应商在内的1700多家汽车相关制造企业。”http：//www.detroitchamber.com/econdev/chamber-initiatives/michauto-universal-name/the-auto-industry-in-michigan/。

在巴伯的模型中，主导行业的疏散在政治上是无可争议的，如果政府以平等的方式分配资源，而不是侧重于汽车行业，州政府将面临来自民众的巨大的反对声音以及地方领导人的敌意。这个问题不仅限于密歇根州甚至美国，巴伯等人（2013）探讨了欧洲企业的补贴模式，并得出结论，规模大但分散的行业内的企业更有可能获得国家补贴，特别是在企业所在国家的政治结构是高度分权的情况下。

然而，故事并没有结束。活跃的行业不倾向于寻求政府支持，相反，他们试图规避限制增长的监管和干预，他们的员工或供应商也不会推动国家的支持。因此，政府将从衰退的行业中获得不平等的压力，对于长期的经济增长而言，他们并不愿意接受这种压力。巴伯等人再次强调了这一主张。

密歇根州一些较小的工业城市受到的损害可能最大，弗林特是一个明显的例子。像底特律一样，弗林特的人口大幅度下降，从人口高峰大约减少了50%。相比之下，底特律直辖市的郊区一般都很繁荣，甚至是非常富裕的。弗林特的家庭收入中位数低于25000美元，略低于全国平均水平的一半。像底特律一样，弗林特人口中黑人比重很高。

如里斯（Reese）等描述的，还不清楚底特律是否正在复苏。似乎是在复苏，但速度非常缓慢，也许最好的迹象是底特律市中心一个大型金融机构“快速贷款”（Quicken Loan），正在收购大量中心城市空间，激励员工在城市中心区生活。虽然基础设施已经恶化，但机场、舒适的环境和交通枢纽地位的存在以及较低的物价使得底特律对新公司和年轻专业人士很有吸引力。

弗林特或密歇根州、印第安纳州和俄亥俄州依靠汽车行业的其他较小的工业城市也是如此，这些城市由一个或两个主要产业驱动，就像贝克等人描述的俄罗斯的单垄断地区那样，对主导产业具有较强的依赖性。当这些主导产业衰落时，如果主要的大都市地区也受到拖累，新兴产业或“创意阶级”就无法出现。

河北工业城市的教训很简单，风险最大的是那些较小的工业城市和环境受到最大损害的城市，因为这些城市目前的主导产业处在兴盛阶段，且在未来几十年逐步衰落，且无法吸引技术密集型产业内的新企业。

（四）繁荣地区落后的边缘城市

很容易理解美国的弗林特或罗切斯特、欧洲的莱比锡和圣艾蒂安所面临的问题，但并不是所有不成功的城市都能发现自己处于困境中。失败的城市中最引人注目的是美国马萨诸塞州的斯普林菲尔德。

斯普林菲尔德是马萨诸塞州第二大城市，城区人口约70万人，位于波士顿西南148公里处，距离波士顿城区边缘的伍斯特市仅有84公里，距康涅狄格州哈特福德仅有44公里，哈特福德是一个中型城市，拥有一家保险业总部，一个主要机场布拉德利国际机场，机场与斯普林菲尔德只有33公里高速公路的距离。斯普林菲尔德周围的地区有大量大学和著名的学院，马萨诸塞大学位于其北部44公里，整个哈特福德—斯普林菲尔德“知识走廊”大概拥有16万名大学生。历史上，斯普林菲尔德是制造中心，生产军备和其他精密制品。以下引自维基百科页面（https：//en.wikipedia.org/wiki/Springfield，_Massachusetts）。

斯普林菲尔德在20世纪下半叶经历了长期的衰落，主要是因为1969年斯普林菲尔德军械库的退役；滞后的城市规划决策，例如，沿着城市康涅狄格河畔的I-91高架桥的选址；20世纪80年代和90年代美国东北部产业的总体衰落。斯普林菲尔德在犯罪率、政治腐败和裙带主义方面全国出名，与在历史上的声誉形成了鲜明的对比。在21世纪初期，斯普林菲尔德试图通过长期振兴项目来克服其声誉的降级，并承担了一些大型但尚未完成的项目，包括10亿美元的高速铁路（纽黑文哈特福德—斯普林菲尔德高速铁路），10亿美元的米高梅赌场，和其他各种建设和振兴项目。

在地理和基础条件方面，斯普林菲尔德至少与北卡罗来纳州达勒姆或卡巴鲁斯县相当，位于两个都会区的边缘，其中一个远远大于夏洛特或罗利，它还拥有受过高等教育的人口，州际高速公路和铁路通道，且靠近主要机场。这个本应蓬勃发展的城市正处于如此糟糕的状态，事实上，改善这种状态也是美国开展波士顿美联储斯普林菲尔德项目的初衷（https://www.bostonfed.org/publications/community-development-discussion-paper/2009/towards-a-more-prosperous-springfield-massachusetts-project-introduction-and-motivation.aspx）。

科德奇奇（Kodrzycki）和穆尼奥斯（Muñoz）（2015）将他们对25个中小型工业城市的评估与其他几位研究人员的评估相比较，将其评估为“未复兴”或“痛苦的”，而不是“复苏”和“不痛苦的”。根据1960年至1980年的经济结构、人力资本或人口组成原始数据，难以预测哪些城市是相对痛苦的。重要的是，科德奇奇和穆尼奥斯的分析没有包括特别成功的城市，如达勒姆或卡巴鲁斯县的小城市，温斯顿塞勒姆是其中最成功的例子。

由于容易测量的因素似乎无法解释差异，他们认为是治理质量的差异。与巴伯（Barber）的研究一致，他们认为地方治理质量至关重要，但有几个条件，在一定程度上，治理薄弱是因为城市要求和依赖转移支付，而且在决策上做得很差（参见上面的维基百科引用内容）。贫穷的政治领导人也容易发生腐败现象，并通常与当地商业精英合作，导致经济停滞和腐败。这种模式与Sharafutdinova和Steinbuks（2017）对俄罗斯相对有效的区域治理的研究一致。

相比之下，有效的地方政府力图与现有的商业界合作，促进经济增长，并引进新的产业，因此，拥有前瞻性的商业界也是至关重要的，第三支力量在于当地大学领导层，他们愿意与政府和企业合作制定将技术知识进行产业转化的计划，并为地方经济提供训练有素的年轻毕业生。

在这些领域的失败（科德奇奇和穆尼奥斯并没有深入剖析，因为他们代表了美联储不便公开发表言论）意味着斯普林菲尔德吸引了很少的新业务，现有企业衰退，年轻工人离开，只剩下老年白人，特别是西班牙裔（2015年为42.6%，而马萨诸塞州为10.6%），虽然黑人家庭收入与白人收入几乎相同，但西班牙裔家庭的收入只有白人的一半左右。黑人贫困率24%实际上略低于白人25%，说明白人人口老龄化更为严重、劳动力依附较弱，西班牙裔的45%和美国印第安人贫困率55%都是非常惊人的。① 只有18%的斯普林菲尔德成年人获得学士或以上学位，远远落后于马萨诸塞州成年人的41%。简而言之，经济环境恶化，主要利益相关者群体之间的治理和协调不利，最终导致了一个非常不利的劳动力素质结构，进一步阻碍了新产业的增长。

五、京津冀地区的教训

（一）经济繁荣与技能差距

北京市作为中国首都，是国家的政治、经济和科技中心，紧邻北京市的另一个直辖市天津也是中央政府直属的教育和经济中心，北京市和天津市的核心功能促进了教育发展，并吸引了全国各地的年轻人学习和就业。

如第二节所述，北京市提供的互动学习环境为不同领域的知识溢出提供了平台。首都的资源和活力吸引了受过良好教育的各行

① 相比之下，达勒姆黑人23%的贫困率与斯普林菲尔德相似，但白人15%、西班牙裔36%、美国印第安人36%的比率要低得多。达勒姆成年人的47%具有学士或以上学历，北卡罗来纳州整体28%具有学士或以上学历比马萨诸塞州低，而且更加贫穷。

各业的专业人才，形成了有助于稳步提高经济生产力的“创意阶层”。这群人，特别是具有不同先进技能的人，形成了劳动力储备和信息共享库，那些需要更多流动性、沟通和更高固定成本的行业因而蓬勃发展。不同行业集群通过分享中间投入、公共基础设施和更便宜的信息渠道来降低平均生产成本。这种效益吸引企业家，特别是那些需要更多信息和寻求更多多样化的创新行业的企业家。同时，这种吸引力也为企业家提供了高租金、劳动力成本和竞争力的门槛，过滤效应导致了那些竞争力强、利润更高的公司留在城市。一个更加多元化的城市降低了寻找工作和跳槽的成本，吸引人们来寻找工作，这也具有类似的过滤效果，那些更有利可图的创新行业往往吸引年轻和更多的技术人才。

虽然河北省靠近北京市和天津市，与两个城市相比，经济落后、基础设施薄弱。河北省主导产业为纺织、煤炭、钢铁等传统行业，需要较少的创新、较高的设备投资，在转型中有较高的发明成本。传统的重工业集中在河北，缺乏吸引年轻人的活力，产业和技术的奇异性难以应付现代化的高科技，造成了严重的环境污染，使得对移民的吸引力不大。河北省的年轻技术人员很容易被北京市和天津市吸引，当地的工业也不太可能让更多的技术和年轻人留下来。最重要的是，河北省的教育发展滞后，产业转型变得更加困难。因此，获得人力资本的困难是当前发展的主要障碍。冀北欠发达地区与河北省其他地区也有发展差距。个人收入、公共基础设施、交通、环境等方面的差距都阻碍了京津冀地区的协同发展。

京津与河北省的经济与技能差距直接导致生活在不同地区的人们的不平等。经济结构转型可能会极大地改变特定收入冲击的根本结构，这导致收入和消费不平等及两者间的紧密联系。河北省改变传统经济的失败将加剧河北省与京津的发展差距和经济不平等。

然而，由于北京市和天津市的承载能力有限，河北省毗邻京津决定了河北省弥补与京津的经济和技能差距、应对发展问题的确定性和必要性。北京市和天津市向河北省的扩张需要前述新兴和创新的郊区城市的规划和建设。但与此同时，河北省的发展也不能依赖于与北京市和天津市相同模式的转型。如上所述，很难确定哪种特殊形式的专业化和多样化更好，在这种情况下，一批不同的专业化城市可能最适合河北省的发展。

（二）河北省需要采取积极的创新策略而不仅仅是应对京津的变化

北京市和天津市是中国的两个重要城市，有着强大的获取资源的能力，在城市发展中起着无可替代的核心作用。河北省传统制造业以重工业为主导，发展路径不同。尽管如此，它的地理位置为全省与北京市和天津市的经济融合创造了机会。中国政府出台了以改革促进产业升级的绿色转型政策，这些政策为河北省直接开展改革创造了机会并提供服务和教育等功能。

目前，北京市和天津市面临的最大的问题之一就是交通拥挤和住房紧张。在解决汽车使用等拥塞问题上已经出现很多研究，李（Li）、普列布扎布（Purevjav）和杨（Yang）拓展了研究，发现电子公路收费制度将会提升市中心11%的交通速度。这种趋势表明，如果北京市和天津市的邻近地区无法分担人口压力，京津的交通运输等生活费用将不断上涨。同时，尽管城市往往会拓展到邻近地区，但由于户籍制度等监管因素，教育和就业机会等发展因素以及污染等环境因素，北京市和天津市非常严重且在持续恶化的交通拥堵不足以刺激河北省的发展。

河北省应该采取创新政策来改变其地位，并积极吸引京津的人口、产业、功能等，而不是仅仅对北京市和天津市的转变做出反应。

以上讨论的北京市、天津市、河北省的人口情况，人口老化问题既造成社会压力又是促进经济发展的机会。如果河北省与京津之间的通勤费用可以大幅度减少，并且建成一批生活环境较好的新城镇，河北省应该是让老年人养护产业发展的理想场所。

类似于老年养护产业的潜在发展，北京市和天津市产业和功能的疏解可能会充实位于河北省的周边地区，我们可以从亚特兰大—夏洛特—罗利经济走廊案例中吸取教训。产业疏解的成功将需要大量投资，提供便利的交通并降低通勤成本。新泽西纽约费城的经验说明有效的通勤网络可以促进人员流动，并创造就业、提高收入。京津到河北的资本流动会吸引更多的人和投资。

而且，河北省的创新和经济的活跃，需要不断重塑传统制造业。纽约州罗切斯特的教训就是未能及时转型以适应新的行业变化。这种创造新职业类型的失败使得高收入人群和更多的技术人员选择离开这个城市。河北省现在由一些传统制造业主导，重要的是河北应该及时转型，采取创新的措施来适应现代行业的变化，全球价值链（GVC）方法可以用来帮助确定哪些行业可能有效转移到雄安和河北其他区域。

（三）土地拍卖和区域规划

目前雄安新区是中国未来10年最重要的发展项目之一，刚刚宣布成立时，当地房价迅速上升。显然，建设强大的创新区需要大量的旨在京津冀城市圈融合发展的区域规划，区域规划和土地拍卖需要政府组织以及企业和学术界的通力合作。以上讨论的例子突出表明政府和政治领导人在发起重大举措方面的创新作用，以及在实施时必须与地方商业界和大学机构协调合作。在研究三角园区启动的时候，北卡罗来纳州的农业和传统产业占主导地位，积极的环境和对一整套必要投入而非单一优势的专注，使得该地区最终成为一个重要的高科技制造和研究中心。

美国、俄罗斯等国家在核心大都市科学城的建设上都有成功的经验，大学研究园区的建设将年轻技术专业、高科技研究中心和公司结合在一起，对人口增长和收入产生积极影响。

科学城或大学研究园区有效利用土地可以刺激人力资本和人口增长，因此，河北省可规划建设商业中心承接京津功能疏解，培育老年人养护等新兴产业，重建工业城市等。现在雄安新区已经吸引了许多房地产开发商的目光，高质量的土地拍卖需要有效的地方治理。可学习底特律和斯普林菲尔德的经验教训。

为促进产业转型，应优化土地利用结构使其符合河北省绿色发展规划。俄罗斯圣彼得堡的经验表明，许多年轻人才重视环境舒适度，随着环境的改善，越来越愿意搬到河北，所以在区域发展规划中，应突出园区用地和绿化带等生态用地，创新协同发展机制和产业链发展，塑造绿色产业体系也是非常重要的。

（四）改善环境和基础设施

如上所述，区域发展取决于一个地区对劳动力的吸引力。现在与河北省相关的首要问题是环境。河北省现在是中国空气污染最严重的省份之一。现代经济发展需要良好的空气、水和土壤环境，而遏制和减少空气、水和土壤污染需要付出巨大努力。美国肺癌协会（2015）空气污染市县排名表明，许多北卡罗来纳大城市和小城市所享有的优势之一是该地区空气中的短期颗粒物发生率很低。此外，尽管不确定因果关系，但是“环境库兹涅茨曲线”强有力地表明经济增长最初与环境质量负相关，但随后环境质量提高（见格罗斯曼（Grossman）和格鲁格（Krueger），

1995；塞尔登（Selden）和宋（Song），1994）。河北省的未来在于环境库兹涅茨曲线向上倾斜，没有一个产业会在恶劣的环境下茁壮成长。

在上述部分，提出的发展规划包括建设分散的商业中心、改善运输、充实北京和天津周边地区产业、培育新产业，重建工业城市、发展科教中心等，所有这些潜在的建设项目都将依靠良好的生活环境和便利的基础设施。创新发展首要之举是改善和克服当前的障碍，恶化的环境和不完善的基础设施阻碍了其他地区尤其是京津的居民迁往河北，尽管京津在地理上非常接近。今天冀北地区仍然没有完善的道路等基础设施，对创新和企业的支持力度不大，阻碍了移民与发展，因为人们尤其是年轻人往往迁移到更加城市化、发达的地区。所以，环境设施的建设和完善也应该放在全省最重要的位置。

（五）经济欠发达地区的贫困问题

长期以来，严重贫困地区的存在一直是河北省社会经济发展的重要特征。根据2012年中国《国家扶贫开发工作重点县名单》，592个贫困县中有39个位于河北省，总数排名全国第6位。区域规划者也应注意可能的失败，国际案件已经在第四节中提及导致经济发展之后和贫困的可能因素。

河北省特别是冀北欠发达地区的贫困问题依然严峻，减贫过程艰巨而昂贵，不在本文讨论范围。事实上，美国、欧洲和俄罗斯案例研究的经验教训都指出了制定城市或县级战略的必要性，特别是在大城市等大城市周边地区。那些可能永远没有受到核心城市经济溢出效应的更偏远地区可能也会带来借鉴性经验。因此，要重视北卡罗来纳州的教训，两个大都会正以飞快地速度成长为成熟经济体，周边地区可以受益，但总体上会以一个较低的速度增长；位于大城市周边的达勒姆、约翰斯顿、卡巴鲁斯等多个条件优越的地区也可能获得快速增长，并将与城区融合发展，但有各异的经济发展战略；伯灵顿或查塔姆县这样较为遥远但仍然与城区相连的地区也会增长，但不会太快，应有关于区位和劳动力的具体战略；许多更偏远的县，如北卡罗来纳州的1/3以上县将继续失去人口和发展机会。

第四部分涉及的问题包括人口老龄化、重塑经济的失败、赢弱的政府支持和行政能力以及繁荣与落后区域之间的鸿沟。河北省与北京市和天津市相似，也面临人口老化问题，近几十年来，老年人与就业人口的比例均有所增加。在老龄化问题上，政策的目标应该是鼓励更多的劳动参与，包括完善养老金计划、吸引更多的企业。日本65岁以上老年人比重在东京周边地区日益增长，虽然目前老龄化区域与日本相似，京津冀地区仍应尽力避免重走日本老路。

河北省传统制造业以重工业为主，其发展有利有弊，污染现在是最令人担忧的问题。传统产业转型需要新的技术和投资，罗切斯特的失败说明，如果保持旧的发展理念，可能会带来负面的经济增长，对教育和科学研究投入对转型也具有相当的重要性。在转型过程中，地方和国家政府的明确指导和支持是重要的。但是，必须避免行政力量的过度干预，各级政府应将自身视为与当地工商业和大学、研发机构平等的合作伙伴。

（六）结束语

本报告包含关于小城市，特别是靠近繁荣的特大城市的中小城市如何实现经济平稳增长的经验调查。报告一开始概述的就是从对成功与失败的诸多案例分析中得出的结论，这些结论与本项目的其他报告非常一致，特别是曾毅教授、高智教授的报告。本报告与河北省发展和改革委员会宏观经济研究所（MRI）的一致性确实令人鼓舞，因为结论的

来源截然不同。这种一致性也可以反映河北省发改委的能力，并使我们相信，他们在实施基于与北京市和天津市的联系的区域增长战略和建设雄安新区方面具有很强的能力。

同时，还需要注意一些差异。河北省发改委重视对某些行业和部门的行政搬迁。政府的作用是确定哪些行业应优先发展，然后为这些行业提供必要的物质和人力基础设施，并对他们进行指导。重视行政力量的规划方法在俄罗斯和大多数西欧以及在美国的州和地方经济发展机构办事处也是很重要的。

虽然行政方法很重要，但我们仍然认为提供一般性基础设施和激励措施以及对产业部门的激励是非常重要的。简单的原因是，如果对初创企业也给予支持可能会取得意想不到的成功。第二个原因则是普遍有利的商业环境对外部投资者和企业也是有吸引力的，他们更乐于找到一个蓬勃发展的商业社区，使得它在与政府的蜜月期结束后仍然有很好的发展环境。第三个原因是提供良好的基础设施、通信、学校和大学，使所有城镇都有发展的机会，并限制政府选择赢家和输家的政策。然而，以纽约州为例，由于资源稀缺，我们热衷于通过在资助竞争中制定一致的发展计划，使较低级别的政府获得更高层次的投资。

尽管按照中高收入国家的标准河北省的基础设施建设已经很成功，但显然还存在巨大的需求。完善交通基础设施、改善环境和提升教育的项目都非常重要，其成本也是巨大的，但如果有好的设计和规划，会有相当大的效益。麦格劳（McGraw）（2017，http：//marquisemcgraw.com/research/）发现一个令人兴奋的新研究成果，他们认为区域性机场是中小型城市的重要增长来源，无论是通过空运还是高速铁路，将河北省更偏远的工业城市更加有效地连接北京市和天津市，将是发展战略的重要组成部分。

作者单位：杜克大学经济学院

参考文献

[1] American Lung Association. *State of the Air 2015*. Washington，DC：ALA，2016.http：//www.stateoftheair.org/2015/city-rankings/

[2] Anderson，Kathryn，Charles Becker，and Nurgul Ukueva. Urban and rural living standards in the Kyrgyz Republic：Why does anyone remain in the countryside? Duke University，Department of Economics，unpublished manuscript，2010

[3] Bacheller，John. The decline of manufacturing in New York and the rust belt，in Policybynumbers.com，2016（October 2）http：//policybynumbers.com/the-decline-of-manufacturing-in-new-york-and-the-rust-belt

[4] Barber，Benjamin. *The Political Economy of Decline*. Durham，NC：Duke University Dept. of Political Science，unpublished PhD dissertation，2014

[5] Barber IV，Benjamin，Pablo Beramendi，and Erik Wibbels. The behavioral foundations of social politics：Evidence from surveys and a laboratory democracy. *Comparative Political Studies* 46.10（2013）：1155-1189. https：//sites.google.com/site/bbarberiv/research

[6] Bartik，Timothy，Charles Becker，John Bush，and Steven Lake. Saturn and State Economic Development. *Forum for Applied Research and Public Policy*，2（1），Spring 1987，pp. 29-40

[7] Becker，Charles M.，S. Joshua Mendelsohn and Kseniya Benderskaya，*Russian urbanization in the Soviet and post-Soviet eras*，London：International Institute for Environment and Development，Urbanization and Emerging Population Issues paper 9（monograph）http：//pubs.iied.org/10613IIED.html. 2012

[8] Bloom，David E.，and Jeffrey G. Williamson. Demographic transitions and economic miracles in emerging Asia.*World Bank Economic Review* 12.3（1998）：419-455

[9] Bond，Brittany. The Geographic Concentration of Manufacturing across the United States，US Department of Commerce，Economics and Statistics Administration，*Issue Brief 01-13*，2013 www.esa.doc.gov/.../finalthegeographicconcentrationofmanufacturingacrosstheunited

[10] Brueckner，Jan，Jacques-Francois Thisse，

and Yves Zenou. Why is central Paris rich and downtown Detroit poor? An amenity-based theory, *European Economic Review. 1999.* 43 (1): 91-107

[11] Clapp, John, Henry O. Pollakowski, and Lloyd Lynford. Intrametropolitan location and office market dynamics. *Real Estate Economics* 20.2 (1992): 229

[12] Cox, Wendell. Japan Census 2015: Decline Less Than Projected. *New Geography* website. 2016 (March 15) http: //www.newgeography.com/content/005192-japan-census-2015-decline-less-projected

[13] Ding, Haiyan, and Hui He. A Tale of Transition: An Empirical Analysis of Economic Inequality in Urban China, 1986 - 2009. (December 2016) IMF Working Paper No. 16/239.http: //www.imf.org/en/Publications/WP/Issues/2016/12/31/A-Tale-of-Transition-An-Empirical-Analysis-of-Economic-Inequality-in-Urban-China-19862009-44456

[14] Durden, Tyler. Elderly Japanese Population Hits New Record-Demographic Death-Rattle Continues. ZeroHedge.com website, 2015 (September 21) http: //www.zerohedge.com/news/2015-09-21/elderly-japanese-population-hits-new-record-demographic-death-rattle-continues

[15] Florida, Richard. *The Rise of the Creative Class-Revisited: Revised and Expanded.* Basic Books, 2014

[16] Friedrichs, Jürgen, George Galster, and Sako Musterd. Neighbourhood effects on social opportunities: the European and American research and policy context. *Housing studies* 18.6 (2003): 797-806

[17] Gatsko, Mikhail F..Research Campus and innovative regional clusters of Moscow region [oblast] as a factor of socio-economic development of the region. *Nauchnyi Vestnik* 2 (4), 2015. [Гацко, Михаил Фёдорович. Наукограды и инновационные территориальные кластеры Московской области как фактор социально-экономического развития региона. *Научный вестник* 2 (2015): 9.](in Russian)

[18] Glaeser, Edward L., and Albert Saiz. The Rise of the Skilled City.*Brookings-Wharton Papers on Urban Affairs* 2004.1 (2004): 47-105

[19] Glaeser, Edward L., and Jesse Shapiro. *Is there a new urbanism? The growth of US cities in the 1990s.* No. w8357. National bureau of economic research, 2001

[20] Grachev, M. N., and S. I. Popov. Expanding the Borders of Moscow: an Analysis of Alternative Projects and Ways of Its Implementation. *BULLETIN of Peoples Friendship University of Russia. Series: Political Science* 2 (2014): 13-30. [ГРАЧЕВ М. Н., ПОПОВ С. И. Расширение границ Москвы: анализ альтернативных проектов и путей их реализации // Вестник Российского университета дружбы народов. Серия: Политология. - 2014. - №. 2.](in Russian)

[21] Grossman, Gene M., and Alan B. Krueger. Economic growth and the environment.*The Quarterly Journal of Economics* 110.2 (1995): 353-377

[22] Helsley, Robert and William Strange. Coagglomeration, clusters, and the scale and composition of cities. *Journal of Political Economy.* 2014, 122 (5): 1064-1093

[23] Kempf, Brian, Where Do Jersey's Commuters Go. *NJ Urbanthinker*, 2015 (November 5) http: //www.njurbanthinker.com/where-do-jerseys-commuters-go/

[24] Kindman, Andrew. Empirical Analysis of Rural Development along Interstate Highways. *Duke Journal of Economics* 20 August 2008. https: //sites.duke.edu/djepapers/2008/08/

[25] Kirshner, Matthew. An Econometric Analysis of the Impact of University Research Parks on Their Host MSA. Duke University, Department of Economics, unpublished manuscript, 2017

[26] Kodrzycki, Yolanda K., and Ana Patricia Muñoz. Economic Distress and Resurgence in US Central Cities Concepts, Causes, and Policy Levers.*Economic Development Quarterly* 29.2 (2015): 113-134

[27] Kropf, Anna. Google for Entrepreneurs: Data Based Locational Analysis. Duke University, Department of Economics, unpublished manuscript, 2017

[28] Lang, Robert E. *Edgeless cities: Exploring the elusive metropolis.* Brookings Institution Press, 2003

[29] Li, David D..A theory of ambiguous property rights in transition economies: The case of the Chinese non-state sector. *Journal of Comparative Economics*23 (1): 1-19

[30] Li, Shanjun and Purevjav, Avralt-Od and Yang, Jun, The Marginal Cost of Traffic Congestion and

Road Pricing: Evidence from a Natural Experiment in Beijing (April 7, 2017) . Available at SSRN: https: //ssrn.com/abstract=2948619 or http: //dx.doi.org/10.2139/ssrn.2948619

[31] McGraw, Marquise J. Does Airport Size Matter? Hub Airports and Local Economic Outcomes. (2017) . http: //marquisemcgraw.com/research/

[32] McDonald, John F. *Postwar Urban America: Demography, Economics, and Social Policies*. Routledge, 2014

[33] McDonald, John F., and Daniel P. McMillen. *Urban economics and real estate: theory and policy*. John Wiley & Sons, 2010

[34] Moretti, Enrico. *The new geography of jobs*. Houghton Mifflin Harcourt, 2012

[35] Мосиенко, Наталья Леонидовна, and E. E. Горяченко. *Социально-территориальная структура пространства городской агломерации*. Institut ėkonomiki i organizatsii promyshlennogo proizvodstva SO RAN, 2010. (in Russian)

[36] Ng, Jason. Adaptive Reuse of Former Industrial Sites via the North Carolina Mills Rehabilitation Tax Credit. Duke University, Department of Economics, unpublished manuscript, 2017

[37] NJ Transit, *New Jersey State Rail Plan*. Trenton, NJ: State of New Jersey, Department of Transportation, 2015. https: //www.njtransit.com/pdf/NJStateRailPlan.pdf

[38] O'Sullivan, Arthur. *Urban Economics*, Ed. 8 McGraw-Hill/Irwin, 2012

[39] Power, Anne, Jörg Plöger, and Astrid Winkler. *Phoenix cities: the fall and rise of great industrial cities*. Policy Press, 2010

[40] Reese, Laura A., Jeanette Eckert, Gary Sands, and Igor Vojnovic.It's safe to come, we've got lattes: Development disparities in Detroit.*Cities* 60 (2017): 367–377

[41] Roberts, Brian, and Trevor Kanaley, eds. *Urbanization and sustainability in Asia: Case studies of good practice*. Asian Development Bank, 2006

[42] Schweiger, Helena, Alexander Stepanov, and Paolo Zacchia. The long run effects of R&D place-based policies: evidence from Russian science cities. European Bank for Reconstruction & Development, unpublished manuscript, 2017

[43] Selden, Thomas M., and Daqing Song. Environmental quality and development: is there a Kuznets curve for air pollution emissions?*Journal of Environmental Economics and Management* 27.2 (1994): 147–162

[44] Sharafutdinova, Gulnaz, and Jevgenijs Steinbuks. Governors matter.*Economics of Transition* 25.3 (2017): 471–493

[45] Short, John Rennie, and Michael Mussman. Population change in US cities: estimating and explaining the extent of decline and level of resurgence. *Professional Geographer* 66.1 (2014): 112–123

[46] Statistics Japan. *Japan Statistical Yearbook 2017*. Japan Ministry of Internal Affairs and Communications, Statistics Bureau. 2017. http: //www.stat.go.jp/english/data/nenkan/1431–02.htm

[47] Trippett, Rebecca. County-to-County Commuting Patterns. Carolina Population Center, University of North Carolina, 2015 (August) http: //demography.cpc.unc.edu/2015/08/17/county-to-county-commuting-nc/

[48] US Census Bureau, American Community Survey. *2009-2013 5-Year American Community Survey Commuting Flows*, https: //www.census.gov/hhes/commuting/

[49] Vey, Jennifer S. *Restoring prosperity: The state role in revitalizing America's older industrial cities*. Washington, DC: Brookings Institution Metropolitan Policy Program, 2007

[50] Vladimirov, V.V. and Naimark, N.I. 2002. *Problems in the Development of a Theory of Spatial Redistribution in Russia* (*Проблемы Развития Теории Расселения в России*) . URSS, Moscow. (inRussian)

[51] Wang, Jiejing, Xiaohu Zhang, and Anthony GO Yeh. Spatial proximity and location dynamics of knowledge-intensive business service in the Pearl River Delta, China. *Habitat International* 53 (2016): 390–402

国际专家报告四

中国京津冀经济区协同发展：国际比较和产业链视角

课题负责人： 盖瑞·杰罗菲

课题组成员： 李馥伊

一、京津冀经济区现有产业

自2013年起，中国顶级规划管理机构——国家发展和改革委员会，已会同有关部门及地方政府，谋划推动京津冀地区经济一体化发展。

依据京津冀产业转移指南，北京将部分产业及人口疏解至河北城市，以缓解其拥堵压力，同时提升周边地区竞争力。北京市将在国家技术创新中发挥领导作用。在创新示范区和高新区开展的试点试验基础上，仍需进一步整合京津冀地区的创新资源、产业、资金和政策。《京津冀协同发展规划纲要》将该地区的发展构想描述为“两核、三轴、一带”，即以北京市和天津市两地为中心，以沿海地区为经济带。

然而，京津冀协同发展的实际情况并不尽如人意。河北省在经济和公共服务领域远远落后于邻近的京津。2015年，河北省人均GDP约为两大直辖市的37%。

长久以来，河北省经济发展很大程度上依赖钢铁等重工业，但已经开始大力度削减钢铁、水泥和玻璃行业的过剩产能。按照与京津协同发展的要求，河北省产业已经开始沿价值链进行升级。2014-2016年，河北省自京津吸引了1.1万元（1600亿美元）投资，占其全部外来投资的一半以上。2014年，1300家高技术企业在河北省营业。依据河北省统计局的数据，装备制造业增速超过钢铁行业，并成为2016年河北第一大产业。

作为推进京津冀协同发展的一部分，中国在河北省设立雄安新区。雄安新区将作为北京市的重要补充，缓解首都非核心功能造成的拥堵问题，并促进其向南疏解。本报告通过考察京津冀一体化的现状及河北省产业升级面临的主要挑战，对京津冀协同发展的前景进行分析。

为从比较研究的视角探讨这些问题，本报告将考察三个国际地区：日本东京都市区、美国纽约—费城—新泽西地区以及美国北卡罗来纳州皮特蒙德三角地带的“研究三角园区”产业升级的巨大成就。

（一）北京

1.引言

北京市总面积1.64万平方公里，截至2016年年底，其总人口为2173万人。北京是中国的首都，亦是国家政治、文化和国际交往中心。北京市是中国四个直辖市之一，与上海市、天津市和重庆市一样，享有省级经济和行政管理权力。

2016年，北京市GDP增长6.7%，达2.48万亿元，其中第一、第二、第三产业分别为129.6亿元、4774亿元和19000亿元。服务业占比由79.7%增至80.3%。（见附录中表1：北京GDP构成）

2.相关产业

依据北京统计年鉴数据，金融服务、制造业、信息技术服务、批发和零售、科学研究及技术服务和租赁及商务服务为前五大产业，合计占GDP的65.44%。其中，科学研究和技术服务业近年增长显著，占GDP比重由2004年的4.5%增至2015年的7.9%（见附录中表2：北京前五大行业）。

金融服务业：金融服务业仍是北京市带动经济增长和财政增收的第一大产业，在2015年提供了33.4万个就业岗位，其中银行业和保险业分别带动19万人和14.3万人就业。北京金融街（BFS）以“中国华尔街”著称，位于北京市中心区，是一个由政府主导的大规模金融区，汇集了中国几乎所有顶级金融决策及监管机构，如中国人民银行及中国银监会。该金融区规划及始建于1993年，经历多年的发展，金融街已由传统居住区转变为中国金融中心。

制造业：北京市工业生产由重工业和大企业主导。2015年，重工业约占北京市工业总产出的85%，大中型企业产出占总量的81.7%（见附录中表3：北京工业）。其主要制造业为汽车制造、通信设备、电子设备及仪器（见附录中表4：北京主要制造业）。

高技术产业聚集地：北京最主要的比较优势之一就是拥有大量的人力资本及科研机构，便于发展高技术产业。2015年，有65000人获取硕士学历，14000人获得博士学历；北京的R&D投入规模达1384亿元，占GDP比重由2010年的5.82%增至2015年的6.01%。北京市正努力建设“中国硅谷”，为此，于1988年设立中关村园区，用以吸引科技投资，2015年其销售总收入达4万亿元，增长13%，其中的知名企业包括小米、滴滴出行、美团网，这些企业的估值已超过10亿美元。

（二）天津

1.引言

天津市总面积1.19万平方公里，2016年其人口为1562万人，是中国四个直辖市之一。现在，从天津乘火车赴京只需27分钟，因此被视为北京市的“后花园”。

依据天津统计信息网数据，2016年天津市GDP增长9.0%，达17880亿元，其中第一、第二、第三产业分别为220亿元、8000亿元和9660亿元，服务业占GDP的一半（见附录中表5：天津GDP构成）。

作为上海自贸区成立后的第二批自贸区之一，中国（天津）自贸区于2015年4月正式成立，其战略定位为服务于京津冀协同发展的对外合作平台。天津自贸区将充分利用天津港服务海外市场、辐射东北亚的优势，助力北京、河北及其他内陆地区经济增长。

2.相关产业

高技术产业：高新技术产业对于经济增长及产业链上移发挥重要作用，电子信息技术产业贡献尤为突出。2015年天津高技术产业增加值占工业增加值的13.8%，较2014年增长1.5%。一大批顶尖高技术企业落户于此，如美芝公司、金耀公司、戈德公司和天士力公司等。

交通及物流：天津是华北交通和物流中心，天津港位于京津冀地区与环渤海经济区交汇处，是中国陆上离欧洲、中亚及西亚最近的港口，亦是连接东北亚与中亚、西亚的枢纽。东疆保税港区位于天津自贸区东北部，主要由三部分构成：终到作业区、物流处理区及综合服务区。天津自贸区在天津机场部分包括天津港保税区（空港部分）及天津空港经济区。后者以建设环境友好型、现代化产业园区为目标，以期实现国家化、以人为本及生态平衡。天津空港经济区包括“一城三园”，包括现代化新城区和科技园、工业园、物流园。新城区意在通过大型商业综合体、公共设施建设及住宅开发打造企业总部集群。科技园用于研发活动，重点发展通讯、生物、光电及服务外包和先进制造业。产业园用以发展高新技术，专注于发展民用航空、新能源和新材料。现代物流园利用机场自贸区及滨海国际机场发展临空物流业。

先进制造业：高端装备制造业占规上工业增加值比重达36.1%，增长1.6%。电子仪器及装备制造业在制造业中占比最高，达22.3%，紧随其后的是航空航天及专用装备制造业。

（三）河北省

河北省位于华北地区，紧邻首都北京，

其面积为18.7万平方公里，主要城市包括保定、秦皇岛、唐山、邯郸、石家庄和张家口。2015年河北省人口数为7330万人。

1. 主要产业

2015年，河北省GDP达29806亿元，在全国排名第七，其第一、第二、第三产业（增加值）分别为3439.5亿元、14400亿元和12000亿元。河北省经济很大程度上依赖钢铁；然而，其装备制造业已于2015年超越钢铁业（见附录中表6：2012–2015年河北省主要产业）。这是仅有的一个产值规模超万亿元的行业。

2016年河北省前三季度出口情况见附录中表7。

装备制造业：依据河北省发改委资料，装备制造业包括电子仪器及设备，汽车制造，仪器仪表制造，金属制品，电脑、通讯及其他电子装备制造，通用装备制造，专用装备制造，铁路、航海、航空及其他交通运输装备制造业。河北省共有规模以上装备制造企业4516家，职工88.2万人，年产值10830亿元，年增长5.95%，在中国排第十位。至2015年年底，主营业务收入在10亿元以上的企业有119家，100亿元以上的有5家，包括长城汽车、中车唐车、中信重工、北方凌云、英利太阳能（见附录中表8：2015年河北省主营业务收入超百亿元的五大企业）。从增加值角度看，金属制品及汽车行业位居前两位，其产值分别为747亿元和548亿元，增长率分别为9.55%和9.17%。从产值角度看，汽车制造业增长率最高，为10.2%，产值规模为2260亿元。汽车制造、电气设备和仪器仪表制造利润率最高。

高科技产业：河北省高技术产业包括可再生能源、航空航天、新材料、生物技术和环保产业。在2016年前三季度，可再生能源行业增长率最高，为39.3%，高于14.8%的全省平均水平；而生物产业增加值最高（见附录中表9：2016年前三季度河北省高技术产业），在1600家（高技术）企业中，有1/3位于省会石家庄（见附录中表10：河北省高技术企业分布）。

钢铁行业：河北省是中国主要钢铁产地。河北钢铁即为其中最为著名的企业之一，是世界第二大钢铁企业，2015年生产钢铁4800万吨。然而，由于大气污染、产业升级压力和过剩产能等原因，河北省政府已提高钢铁产能削减目标。2017年，河北省有26家钢铁企业年产能超过100万吨，其全部民营钢铁企业生产7190万吨生铁，约占全省的67.12%，约占全国民营钢企的36%。河北省大多数民营钢企近10年间产能快速膨胀，很多企业的设备及技术更新未经审批或许可①。

2. 雄安新区

作为推动京津冀协同发展的一部分，中国在河北省设立雄安新区。依据来自中共中央和国务院的信息，雄安新区与深圳特区及上海浦东新区类似，对国家具有重要意义。

该区域在北京市西南100公里，包括雄县、容城和安新三县。该地区位于京（国家首都）津（华北最大港口城市）石（河北省会）三角区中心地带。该区域目前（规划）面积100平方公里，远期规划至2000平方公里，连接区域内各大城市。

因北京城市规模快速扩张导致交通拥堵和大气污染等“大城市病”，雄安新区将承接北京首都非核心功能疏解。

① 毕马威，2009年资料。

二、世界上三个较为成功的都市群

（一）日本首都地区

1.引言

关于“大东京地区”有许多定义，每一个都涉及不同的方面，其中一些由法律或政府规章清晰定义，其他一些定义则限于研究目的。此处我们用（日本）政府依据1956年国家规划法定义的“日本首都地区”一词，便于清晰解释该地区协同发展情况。

东京都位于关东地区南部，大致位于日本列岛中心地带，东起江户川和千叶县，西达山区和山梨县，南至玉川和神奈川县，北到埼玉县。

东京都或大东京地区由东京及其周边的埼玉、千叶、神奈川、茨城、枥木、群马和山梨等七县组成。首都地区于1956年首次提出，适逢日本中央政府编制三个大都市区规划，其中包括首都地区发展规划。首个首都地区发展规划于1958年颁布。这一规划引入由卫星城组成的“绿带”这一概念，用以疏解首都东京过于集中的功能。在首都地区，每个市均有各自的市长及议会，向其市民提供服务。对于一级行政区，存在一定的保护（仅限于东京），而市、町、村组成二级行政区，用以向居民提供更多的生活服务。该级行政区也由选举产生的市长和议会治理。市、町一级的规划服务主要由最低层级城市提供，以便有效反映居民呼声。每个市、町、村均编制各自的总体规划，以便实施（日本）中央政府制定的国家及大都市区发展规划。

2.有关产业

东京作为国家首都，包含多种产业，打造了一个经济活动聚集地。东京体现出创新的决心，几乎所有（99%）的商业机构都是中小型企业。这些中小企业拥有先进的技术和高水平的生产能力，是东京经济增长和保持活力的主要贡献者。为了促进中小企业的发展，东京市政府设立了东京中小企业支持中心 。中小企业支持中心是一家专业的企业，在东盟和全球市场中，与企业进行“业务匹配”，“业务匹配”的关键词是“双赢关系”。

东京还拥有世界上较高的企业集中度。在日本，大约70%的外国附属公司（2249家公司）位于东京这一国际商业中心 。此外，东京被评为全球财富500强企业中排名第二的城市（见附录中表11：《财富》杂志全球500强企业总部数量）。这些公司，以及其他在东京的全球顶级公司，都在东京经济全球化中扮演着重要的角色。

横滨是神奈川县首府，日本第二大城市。

除了拥有全国最繁忙的国际贸易港口之一，横滨还拥有非常便利的铁路和公路运输网络，以及通往羽田机场的极佳通道。绿色的生活环境、丰富的人力资源和广阔的东京市场为商业企业发展提供了必要的条件。横滨也是一个很受欢迎的旅游胜地和会议地，许多来自日本和海外的人都来这里旅游和交流。通过各种各样的活动，这座城市正在成为东京大都市地区内具有尖端技术产业功能的重要城市。专门设立的横滨全球业务支持中心（WBC）和德国工业园区（GIP）等多个场所促进外国企业的集聚，这些场所帮助外国公司进入日本，降低其落户成本。

研发中心。东京有各种各样的资源，如教育机构和公司之间的完善的连接网络。许多大学、国家和地方政府以及私营部门的研发机构都位于东京，先进技术的研发一直在进行中。在企业、大学、科研机构以及行业学会之间开展了大量的联合研究项目。东京市政府成立了“东京都市工业技术研究所”，这个实验和研究机构，目的是支持不同行业的中小企业利用最先进的科学技术。作为研发中心，东京对日本的工业增长有很大的贡献。

轻工业：作为日本领先的工业中心，东京也是高度多元化的制造业基地。例如，东京的城北区印刷相关产业高度集中，如影印、印刷和装订业，以及精密机械工业，特别是光学仪器和镜片的制造占了东京总制造量的40%。创新型高科技制造产业集群位于东京西部的塔马区。大约有3100家工业公司，从大公司到中小企业和风投公司，都位于这一地区。主要制造商工厂周围遍布着大量的研发中心和基础技术公司，主要从事科研与开发工作。这一地区以企业与企业的协作课题，以及行业和学术界合作开展课题研究为特点。这也是拥有丰富人力资源的地区之一，包括45所大学、155所私人和公共研究机构以及超过21万名大学生。

重工业：东京和羽田机场也为重型制造业发展提供了良好的物流服务。奥塔市和城南地区的其他区域，有大量金属制品的制造产业，包括冲压、热处理、工业机械制造，如锅炉、金属加工机械。伴随这些产业的存在，印刷、皮具等行业，包括包和鞋的制造，活跃在城东地区。

物流与运输：位于日本经济中心位置，东京是最能有效利用其地理位置优势的地方。1872年，日本的第一条铁路是从东京通往横滨。这个城市仍然是这个国家最重要的交通枢纽。大多数国际旅行都是从东京市中心乘火车至少一个小时到达位于千叶县的成田机场。而更古老、更小、更方便的，则是靠近塔玛河的羽田机场，可以容纳国内和一些国际航班。横滨仍然是该地区最重要的港口，其他主要港口位于千叶、川崎和东京。

3. 区域分工

中国京津冀地区拥有首都城市、港口和制造业腹地，分工与日本东京都市区有很多相似之处。最大的区别似乎是，东京的中小企业比例可能比北京高得多，而重工业和污染工业则更少。东京的周边地区，如栃木，茨城等地有重工业，但是没有污染工业（如汽车、电子设备）。

以东京为中心的日本首都地区是一个多元化的经济区，是世界上最重要的商业中心。东京是中小企业和跨国公司集中的金融中心，同时也是促进教育机构和公司之间建立良好联系的高端技术和创新产业的聚集地。由于东京港和羽田机场，东京也是国家一个重要的物流中心。

在制造业方面，首都地区拥有轻、重制造业。东京东北地区以轻工制造业闻名于世，其中包括图书印刷和电子设备行业，尤其是用于制造光学仪器和镜片的行业，而包括金属、化工、机械、运输设备和炼油在内的重工业则集中在千叶和神奈川县（如川崎和横滨）。在富士重工（著名的斯巴鲁汽车）和三电公司等大型企业的所在地——群马县，被称为汽车和电子设备行业中心。附近的栃木在制造业也做得很好，被称为“制造”县，在制药、医疗和运输设备领域都有良好的表现。茨城县有日本最大的产业集群。日立城是这个国家的电子工业中心，鹿岛工业区是石化工业等材料产业的重要基地，而筑波是全国最大的科学中心。

此外，在国家首都地区西部的山梨县，由于其优越的自然条件和与东京地理邻近，拥有先进的园艺如葡萄、桃子和李子，这使得它非常适合大批量生产水果和蔬菜，满足该地区需要。

4. 协作机制及政策

日本首都地区的发展是中央政府自1956年起统一规划的结果，当时日本开始编制三大都市区发展规划，其中就包括首都地区。第一个首都地区发展规划于1958年颁布，引入了由卫星城组成的绿带系统，用以分散东京都的功能。

1968年，该规划的侧重点由限制膨胀到促进被规划地区的城市化发展。1976年的规划又进一步关注这些战略，将人口增长纳入考量。安全及环境承载力、城市规模膨胀、住房及产业发展依旧是重点考虑的问题。首都地区基本规划推动了大量项目，包括公路、快速公交、新城镇及水资源设施等。

2005年，一项新法律用以规范国家规划，国家空间规划法推出并替代先前的国土综合开发法。这就要求对国家和区域空间战略提出相应要求，并于2008年出台相应规划。“开发”一次不仅从规划标题及主要内容中消失，且被“保持”或“维护”等此替代。

2009年的首都地区规划设定的关键概念是“发展那些能够引领全球经济和领域的地区”，关注三个首都地区21世纪应发挥的作用：一是世界先进地区，尤其是在东亚地区；二是具有日本国家功能的地区；三是多样化人群（约4200万人）居住和工作的地区。为满足上述要求，规划提供了下列首都地区应关注的五个方向：一是引领全日本提升国际竞争力。二是建成一个美丽的地区，使约4200万人舒适居住。三是建成一个有保障的防灾地区。四是生态涵养区。五是发展成为促进不同群体交流合作的地区。

（二）美国纽约城—新泽西—费城区域

1.简介

纽约位于美国东北部海岸，位于纽约州东南部哈得孙河河口。美国人口普查局统计，截至2015年7月，纽约的人口为855万人。纽约的大部分地区都建在曼哈顿、斯塔滕岛和西部长岛的三个岛屿上，因为土地稀缺，故鼓励提高人口密度。

费城是宾夕法尼亚州最大的城市，是美国东海岸第二大城市，也是美国人口第五大城市。费城人口估计约156万人，比2010人口普查大幅增加。这个城市的人口已经连续增长了7年，现在是该地区增长第二快的城市。

新泽西是美国东北部和美国大西洋中部地区的一个州（见图1：纽约—新泽西—费城地区图）。它的北面和东面是纽约，东南方向是大西洋，西面是宾夕法尼亚州，西南是特拉华州。换句话说，新泽西完全属于纽约和费城的统计区域。区域总面积为8729平方英里（22610平方公里），其中14.9%或1304平方英里（3380平方公里）是水，85.1%或7425平方英里（19230平方公里）是陆地。新泽西州的人口为894万人，居全国第11位，人口密度居全国首位，但在美国却是第四大州。据美国人口普查局（U.S. Census Bureau）公布的数据，2015年，新泽西州是美国人均收入第四高的州。

2.涉及的行业

（1）纽约。纽约（纽约市）对全球贸易、金融、媒体、设计、艺术、时装、技术和娱乐活动产生重大影响，常被称为“不夜城”。纽约是美国最大的单一城市经济区。它不仅是美国金融和通信中心（见附录中表12：美国最大的20家总部位于纽约的公司），也是一个主要的艺术/设计中心、物流中心，比如港口航运以及发达的科研服务业。

根据纽约州劳工部（2015）的数据，在纽约，有13个行业被指定为重要的行业：贸易、交通和公用事业、建筑业、信息、金融活动、专业劳务和商业服务、教育服务、医疗保健和社会援助、休闲和餐饮及其他服务。2009–2014年期间，13个行业的就业人数都在增加，这一时期包含了一年的经济衰退和四年的经济复苏。总体而言，这13个行业约占纽约市工作岗位的一半。其中，信息服务增长最快，从2009–2014年增加85%，这得益于互联网技术的持续繁荣和天使投资和风险投资，其次是建筑业（75%）和医疗服务（32.8%）（见附录中表13：2015年纽约的主要产业）。福布斯将金融服务、媒体、通信技

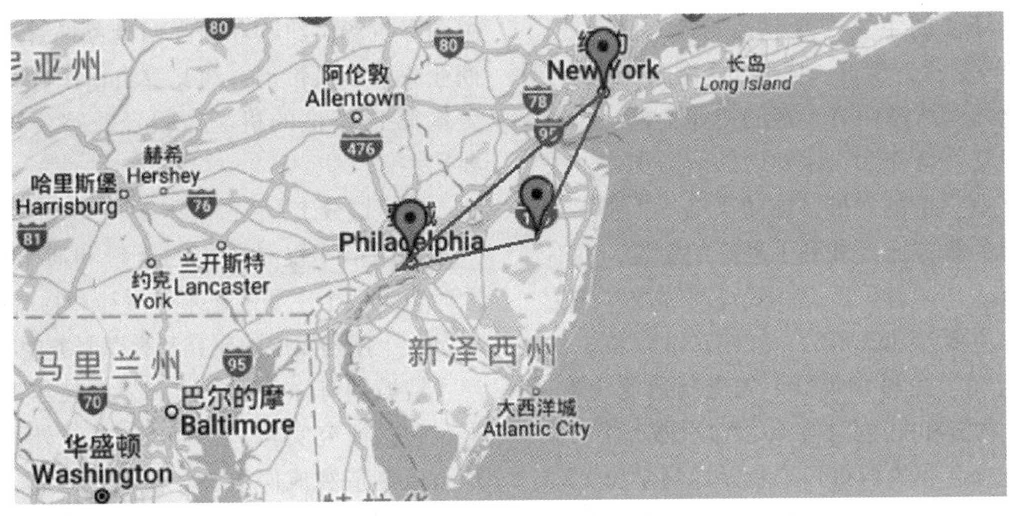

图1 纽约—新泽西—费城地区图

术列为纽约的主要产业。

纽约的设计领域较为繁荣，反过来又成为纽约最重要的经济部门，特别是建筑设计业。2014年，纽约的设计师比美国其他任何大都市多65%，而且自2008年金融危机以来，设计公司的就业人数增加了10%（城市未来中心，2014年）。设计公司在时尚、工业设计、平面设计和建筑设计等多个领域工作。

（2）费城。制造业和相关分销部门历来是费城经济的支柱。然而，自从第二次世界大战结束以来，这个工业基地已经衰落，因为许多公司搬到了郊区的新地点，或者迁移到这个国家的其他地区。今天，该地区已发展成为一个面向信息，生物技术和基础服务等业态、更加多元化的经济区。

在费城有12个重点产业集群：先进制造业、农业和粮食生产、生物医学、建筑施工、商业服务、教育、能源、医疗保健、酒店与休闲、物流运输、房地产和金融、木材和木制品。这些占就业总数的76%。四个集群-医疗保健、教育、商务服务、酒店和休闲——提供了超过一半的就业机会。

自2007年以来，医疗保健的工作岗位变动百分比最高，为11%，是费城最大的行业，2013年提供了22%的工作岗位。病人护理是医疗卫生部门的基石；其他部分包括配套型病人护理，如救护服务和社会援助。超过1万家企业组成了医疗产业集群。“小企业”（1－4名员工）占集群的81%；“小型企业”（5–99名员工）占雇佣者总数的18%（费城工程公司，2014年）。

费城经济正在从一个传统制造业向先进的制造业转型。曾经传统制造业提供了半个城市的就业机会，现在先进制造业为费城提供了2.3%的就业机会。先进制造业的主要行业是汽车、电子、化学和金属。

生物医学集群包括研究实验室，制药制造，外科和医疗设备制造和成像中心。研发和药物制剂提供一半的就业机会。超过116个企业组成生物医药产业集群，其中47%的企业是“小企业”，雇佣5–99个工人，比所有行业的小企业（37%）高出10%（37%）（费城工程公司，2014）。2013年，费城先进制造业的就业人数为15892人，平均收入为48236美元。在化学、汽车、金属和电子行业的雇员占员工总数的比例分别为0.2%、1.3%、0.4%和0.4%。

（3）新泽西。新泽西为费城和纽约的生活区。尽管商业和生活成本是全美最高的，但新泽西却有一个受教育最多的劳动力群体。新泽西州的家庭平均收入位居全国第三，仅次于马里兰州和阿拉斯加州。

新泽西的主要产业包括物流，制造业，生命科学，医疗保健，技术和金融服务。

此外，新泽西有丰富的产业集群。新泽西对投资、合作和人才发展的承诺支持了关键性产业集群的发展，推动了经济扩张。这些关键的集群已经找到了理想的定位，拥有一群有才华、有生产力、受过高等教育的劳动力。主要产业集群为：技术产业集群，生物制药和生命科学集群，先进制造业集群，运输、物流和配送集群，以及金融服务集群。

技术产业集群得到了新泽西高学历劳动力的支撑。超过93%的人群已经达到相当于大学教育或更高的水平，77%的人拥有学士学位或更高的学位。2015年，新泽西州的技术集群占据了362730个工作岗位（占全部私营部门就业的10.9%）。计算机系统设计、管理和技术咨询服务等部门雇佣了最多的员工。

生物制药生命科学集群就业由三个主要部分组成：制药行业（43.5%）、生物技术（35.4%）和医疗器械制造（21.1%）。2013年，雇主支付了超过150亿美元的工资。

2014年，先进制造业集群为新泽西的GDP贡献了331亿美元，占所有产出的6.6%。先进的制造业就业主要由四个行业组成：化学制造业、计算机和电子产品制造业、金属制造业、机械制造业。化学制造业占制造业生产总值的近一半。

物流配送集群：优越的地理位置造就了新泽西成功的交通、物流、配送产业集群。新泽西州位于纽约市和费城之间，是美国人口的40%。该集团在2013年为该州实际GDP贡献了544亿美元，并雇佣了11.2%的州私营部门员工（新泽西州劳工部和劳动力发展办公室，2017年）。国家提供了通向货运铁路网接口，另有几个重要的交通设施，包括三个主要的港口和一个大型国际机场。纽约和新泽西港由纽约和新泽西港务局管理，2014年，该港口在美国的货运量和集装箱吞吐量分别排名第3位和第26位。纽瓦克自由国际机场由纽约和新泽西港务局管理，由商业旅客流量带动，纽瓦克自由国际机场是美国第15繁忙的机场，联合航空公司是主要雇主。

3.区域分工

纽约市不仅是美国的金融和通讯中心，同时也是一个主要的艺术、设计和物流中心，以及一个蓬勃发展的研究和教育服务中心。

费城拥有强大的制药和生物技术产业集群，包括研究实验室、制药制造、外科和医疗设备制造和成像中心。在就业方面，研发和药物制剂提供了一半以上的就业机会。费城已成功将传统制造业升级为先进汽车、电子、化工和金属制造业。

新泽西有一个繁荣的先进制造业产业群——特别是在化学制造业、技术产业集群——而且它为纽约市和费城大都会提供一个良好制造业腹地，以及优良的港口设施。

4.协调机制和政策

由于纽约大都会地区不包括像北京或东京这样的国家首都，因此它不受国家首都地区的规划和优先事项约束。相反，自20世纪20年代以来，非政府、非营利性的区域规划协会（RPA）通过长期计划指导纽约大都会地区的发展，旨在提高该地区的经济增长、环境可持续性和生活质量。1929年出版的第一个规划，提出了一个详尽的公路、铁路和公园网络，以及住宅、商业和工业中心规划，作为该地区基础设施和社会发展的基础。第二个计划在20世纪60年代发布一系列报告，重点是建立该地区城市中心的交通网络，以促进繁荣发展。除了推进区域城市中心建设的思路（如纽约布鲁克林、纽约、纽瓦克、新泽西和斯坦福德），第二项计划还建议在该地区的城市地区建立国家公园。

区域规划协会的第三个区域规划，“一个风险区域”，强调该地区的持续繁荣和全球地位不再得到保障。它认为，经济、环境和公平——这个被称为“三个E”的计划——构成了该地区生活质量、繁荣和活力的基础，需要一起重建。第三项规划支持新举措，以重振和绿化纽约—新泽西港和长岛湾的大部分未充分利用的城市滨水区。还优先提出了扩大纽约的交通网络，特别是新的地铁线。

RPA的第四项区域规划，“一个地区的转变”将于2017年发布。它正在为该地区的共同繁荣、健康和宜居性、韧性和现代治理制定长期愿景。主要关注点包括以下内容：

繁荣和机遇——该地区一半的家庭把超过1/3的收入花在房租上。

可持续性和适应力——到2050年，预计将有230万人生活在洪水风险的地区。

运输和连接——由于基础设施投资不足，连接纽约和新泽西的主要铁路隧道已经有100多年的历史了，该地区的交通网络正在挣扎在日益增长的需求和老化的重压下。

在过去的一个时代，纽约都市圈在许多方面取得了巨大进展：在私营部门的就业大幅增加；大量的投资已使该地区是世界上经济最具活力的地区。因此，更多的人对未来感到乐观。但这种成功被认为是脆弱的，政策挑战也是问题的一部分。土地使用和建筑法规限制了建造更多经济适用房，公共采购的做法需要精简，以控制成本。共享公共服务是当务之急。

（三）美国北卡罗来纳州

1.北卡罗来纳大都市圈介绍

2016年北卡罗来纳州（NC）人口为1014.68万人，在全国排名第九位。2015年，北卡罗来纳州的国内生产总值（GDP）为4950亿美元，GDP实际增长2%，排名第10位，曾经以家具、纺织品和烟草等为基础的传统经济占主导，在知识经济的推动下，北卡罗来纳州已经发展成为一个由知识产业驱动的更具活力和全球竞争力的经济体。信息技术（IT）、生物技术、智能电网、先进制造业和物流业是正经历快速增长和获得竞争优势的商业部门，另有14家财富500强和26家财富1000强企业已经在此建立了总部。

北卡罗来纳中部的三个主要地区（见图2）的研究三角区（州首府罗利），格林斯博罗—伯灵顿—海波特和温斯顿—塞勒姆地区——这些地区通常代表传统制造业转型与高新技术产业发展的区域。北卡罗来纳州的夏洛特地区是美国第三大金融中心，但在报告的这一部分将不会讨论这一问题，因为它与中部的三个毗邻的制造和研发区域不同。

研究三角区拥有世界上最大的研究园区之一，也是美国最著名的高科技研究园区之

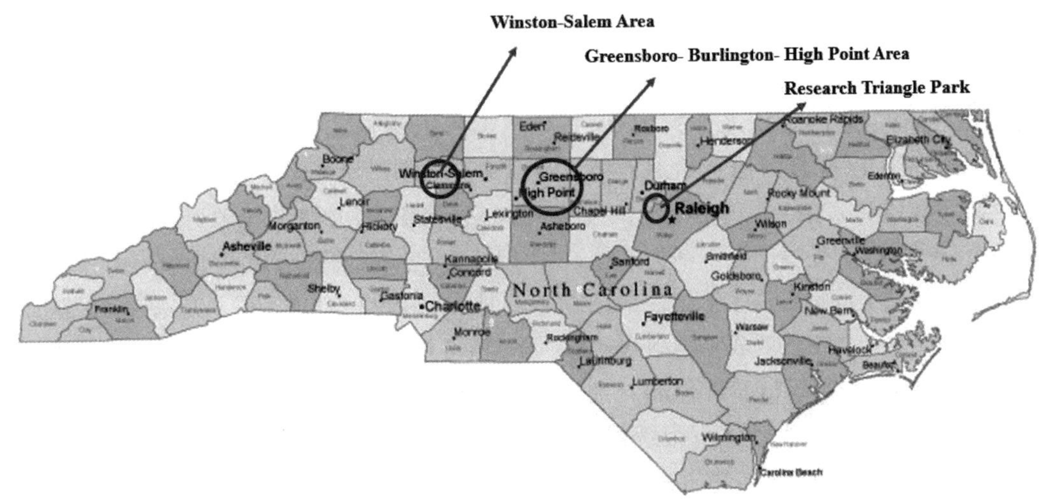

图2 北卡罗来纳三大都市区

数据来源：compiled based on cleanaircarolina.org

一。这里的主要行业包括信息技术，生物技术，化工，制药，智能电网等。

格林斯博罗—伯灵顿—海波特和温斯顿—塞勒姆地区都属于北卡罗来纳中北部地区。这一地区多年来一直是以规模化纺织、家具和烟草为重要产业。与此同时，皮德蒙三角区正经历着一场经济转型。皮德蒙三角区（格林斯博罗—伯灵顿—海波特和温斯顿—塞勒姆地区）正在从一个以商品制造为基础的经济体转型为以先进制造业、医疗保健、物流和创意企业为基础的21世纪经济体。格林斯博罗—伯灵顿—海波特正在开发家具和纺织品相关的先进制造业。在温斯顿—塞勒姆地区，创意产业、物流和配送等新兴行业正迅速崛起。

2.三角研究区

研究三角园区（RTR）因地处达勒姆、罗利和教堂山三座城市形成的三角区域而得名，更准确地说，是因地处三座城市中的三所大学而得名（杜克大学、北卡罗来纳州立大学和北卡罗来纳大学教堂山分校）。

三角研究园（RTP），是研究三角园区（RTR）的中心，占地7000英亩，是世界上最大的研究园，也是美国最负盛名的高新技术研究园之一。三角研究园（RTP）创立于1959年，当时第二次世界大战刚结束不久，北卡罗来纳州劳动力低廉、技术落后，经济发展依赖于烟草、家具和纺织行业。州政府、临近院校以及当地企业的有识之士意识到，需要引入大量投资，以挽救当地开始走下坡路的传统经济（M.Cirillo 2015）。

三角研究区（RTR）是美国最具活力的地区之一，但成立初期也面临着许多挑战。早在1960年，三角研究区（RTR）就成功地引入第一家公司——琴斯特兰公司（Chemstrand，人工草坪研发机构），但吸引投资过程很缓慢。直到1965年，IBM入驻，投资兴建了一个60万平方英尺的研究中心，负责产品开发、设备组装、售后服务等。它建成后第一个任务就是研发和生产IBM主机和操作系统。此后，三角研究区（RTR）技术创新型园区的定位得到了确认。

三角研究区（RTR）拥有200多家公司，超过5万名员工，包括IBM北美最大的运营中心，约有1.4万名全职员工，负责产品开发、设备组装和售后服务等。来自中国的跨国技术公司联想于2005年收购IBM的个人电脑业务，并在2013年成为全球最大个人电脑供应商；该公司在RTP设有其北美总部。葛兰素史克公司（GSK）在此设立其最大的研发中心之一，拥有约5000名员工。还有思科软件公司（Cisco）研发中心，拥有约5000名员工，是除其硅谷总部之外的第二大分支机构。除了IBM、葛兰素史克（GSK）、思科（Cisco），三角研究区（RTR）还有吸引了很多跨国公司，如戴尔、微软、谷歌、巴斯夫（Basf）、拜耳、瑞士银行、富达投资、联想、拜耳、东芝、易安信（EMC）、NetApp等。三角研究区（RTR）内有六个科技孵化中心，如实验室、初始创业中心、亚历山大创新工作室、生物技术中心等，为创业企业提供资源、服务和网络。还有一个生物科技转化中心，这些机构都也见证了大量创业企业的成长。一些土生土长的创业公司也都成为各自领域的行业领袖（Amaral，2008）。据北卡科研三角园基金会统计，园区内超过4.5万员工正在从事生物技术和生命科学（占比45%），信息技术（占比20%），环境科学（绿色科技），以及金融活动的研究。

信息技术（硬件、软件和IT服务）：北卡罗来纳州在信息技术产业中享有举足轻重的地位。1992–2002年间，这些行业就业增长非常快，2002–2012年间，就业率只有小幅上涨。这些行业就业人口占北卡罗来纳州就业人数总量的3.3%左右，略高于全美平均水平（1.8%）。在美国其他州，大部分的就业集中在信息技术价值产业链的硬件/软件服务行业。相对于其他州，北卡罗来纳州在微电子制造、计算机辅件加工行业发挥着重要作用，并且其信息技术企业都集中在三角研究区（RTR）。

生物技术（制药和其他）：在过去的20年中，北卡罗来纳州生物技术产业稳步增长，并且正在成为美国创新产业的重要组成部分。2012年，北卡罗来纳州拥有9家大型生物技术公司，为美国提供了4%的就业机会。生物技术产业链的其他行业包括农业、化学、药物、医疗设备等，都在进行研究、试验和实验。与美国其他州相比，北卡罗来纳专注于制药行业。2012年，北卡罗来纳州拥有5家大型制药公司，提供了美国5.9%的就业岗位和3.1%的企业。在北卡罗来纳州，药品和医疗器械行业的公司和员工集中在维克郡和梅克伦堡郡，部分在三角研究区（RTR）内。

一些关键因素使得北卡罗来纳州生物制药产业较有吸引力，如在园区兴建了北卡罗来纳生物技术中心，州政府可以向公司提供贷款担保；周边院校可以提供技术支持等，都可以使一些小型科研机构招聘到合格的技术人员，发展其业务。此外，北卡罗来纳生物技术中心已成功吸引了一些生物制药公司入驻，启动了一些研发或生产项目（Lowe & Wolf-Powers，2017）。

智能电网：据杜克CGGC报告科研三角区至少有59个核心的智能电网企业。公司主要包括电力系统公司（ABB、GE、西门子）、信息技术（Cisco，IBM），和能源服务（霍尼韦尔、约翰逊控制），以及多家专业化小企业。同时，科研三角区企业涉及整个价值链，相对于硬件而言，更多地涉及智能电网软件或服务。

费城与三角科研园（RTP）的生物制药产业比较：基于Cortwright和Mayer进行的生物技术部门的评估（2002），宾夕法尼亚和北卡罗来纳都是药品制造业区域的集中区，同时生物制药也是费城和RTP是支柱产业之一。但两个地区产业发展轨迹有不同的特点，像纽约和宾夕法尼亚多年以来一直是传统的医药生产中心，正逐渐失去各自的比较优势，生产能力和就业水平逐步下降。而北卡罗来纳作为一个新兴区域，在生物制药制造业的基础生产、高附加值设计和研发方面取得了卓越的持续增长。

2014年美国生物产业集群调查也支持这一观点：大罗利达勒姆地区（RTP所在地）在就业和新品推广等方面排名第四位，而费城排名第七位（JLL，2014）。北卡罗来纳能够更好发展的最重要原因在于有像北卡罗来纳生物技术中心和生物教育培训中心等研究型组织（BTEC，为制造业提供平等的发展机会，如车间技术和研发，Lowe & Wolf-Powers，2017）。相比之下，费城放弃了优秀的生产基地，转而转向高层次科技人才的吸引和培养。

3.格林斯博罗—伯灵顿—海波特区域

格林斯博罗—伯灵顿—海波特区域，侧重于发展先进制造业，如纺织、家具等。格林斯博罗位于皮德蒙三角园区，是北卡罗来纳第三大城市，和吉尔福德县的最大城市，拥有约有28.5万人口。格林斯博罗是Cone Denim（美国顶级牛仔加工企业之一）总部以及白橡木（White Oak）所在地，白橡木是Cone Denim的产品开发与创新中心，专业化经营优质复古的牛仔裤。

伯灵顿最有名的是纺织行业，其历史可以追溯至1837年。1837年，埃德温·迈克尔·霍尔特（Edwin Michal Holt）建立了霍尔特家族的阿拉曼斯棉纺厂，在美国南部首次“研发”出棉格子布，并进行了商业化推广，被称为“阿拉曼斯格子”。伯灵顿工业公司（Burlington Industries），始建于1924年，因位于伯灵顿镇而得名，是美国纺织品行业的行业领袖之一。2003-2004年，经过对“伯灵顿产业”和Cone Mills两家公司的并购，国际纺织集团（ITG）正式成立。ITG在为服装、汽车和家具等各类客户介绍专业纤维、新织物方面发挥了主要作用。

海波特市最出名的是家具设计和纺织行业。因为有丰富的木材供应，便捷的运输渠道和廉价的劳动力，早期的家具设计行业企业家和设计人员集中在北卡罗来纳州皮德蒙地区，特别是海波特市。1909年，海波特市举办了第一届区域家具商贸洽谈会，逐步发展演变为海波特国际家具博览会，全球最大的国际家具及家饰展，展示商品种类齐全、产品新颖，时至今日每年仍在举办。至20世纪80年代，海波特市“世界家具之都”的绰号已经深入人心。

纺织行业：客观地讲，纺织行业集中于皮德蒙地区，是北卡罗来纳州经济发展的基础，提供了成千上万的就业机会和地方财政收入。皮德蒙地区纺织行业企业众多，从历史悠久的纺织加工作坊，到几个全球著名的跨国公司、行业协会和科研院校。虽然，过去的20年间，纺织品行业相对低迷，但它也在持续发展，市场划分更细致且更具有技术性。在美国，北卡罗来纳州是纺织从业者相对集中的第四大区域，其纺织行业的雇员占全美美国9%的人口，行业企业数量排行全美企业数量第五位（占美国企业总量的4%）。

家具行业：北卡罗来纳州在家具制造行业有着悠久的历史，但在过去的20年里，家具制造行业也面临着全球化经营的挑战。北卡罗来纳州的家具制造商们需要重新考虑经营战略，通过提升技术含量、差异化市场定位、离岸化生产以保持核心竞争力。从家具制造行业价值链来看，北卡罗来纳州家具制造行业在批发、零售和设计等环节的核心竞争力也在持续提升。归因于较完善的家具配套产业，皮德蒙特地区室内装潢行业、纺织行业等，以及海波特国际家具博览会，北卡罗来纳州仍在家具制造行业保持着相对竞争优势。北卡罗来纳保持着美国家具就业人数第二的位置，仅次于加利福尼亚。

4.温斯顿—塞勒姆区域

温斯顿—塞勒姆地区是皮德蒙地区第二大城市。因为历史上是由两个城市合并而来，且一直致力于艺术、戏剧和信息技术的研究，温斯顿—塞勒姆也被称之为“双城”和“艺术和创新之城”。纺织、烟草行业是其传统产业，但温斯顿—塞勒姆正在逐步转型为物流、高科技和创业领域的领导者。

创意产业：在北卡罗来纳州，创意产业6年内增幅超过8%，创造了140亿美元的销售收入。温斯顿—塞勒姆的创意产业发展相对成熟，且正在成为东南部的领导者，它拥有全美第一个艺术委员会、北卡罗来纳艺术学校和第一个国家音乐学院（见表1）。此外，温斯顿—塞勒姆还有威克森科研中心，飞轮共享空间，凯南艺术学院等。这些都是创业产业生态系统的一部分，正在吸引着创意公司加盟。《连线》杂志和美国劳工部也在助推温斯顿—塞勒姆创意产业的发展。创意经济

表1　温斯顿—塞勒姆地区创意产业行业领军企业

单位名称	网址	基本情况
艺术委员会	http：//intothearts.org/	艺术委员会是一个比较有名望的组织，助推和支持当地艺术产业的发展
威克森科研中心	http：//www.innovationquarter.com/	威克森科研中心拥有超过70家公司，5家学术机构，超过3200名工人和7500名学生
飞轮共享空间	http：//flywheelcoworking.com/	飞轮共享空间为大众提供一个学习，连接，分享，成长和创业的空间
凯南艺术学院	http：//www.uncsa.edu/kenan/	凯南艺术学院培养艺术领袖、创业技巧和创新精神；协助拓展职业生涯；展示艺术的经济和社会价值

中心，前身为创意经济协会，成立于2011年，由企业客户、教育机构、皮德蒙投资机构、《连线》杂志基金等共同参与，这个中心对当地创意经济起到催化作用。

物流配送：北卡罗来纳州拥有发展物流行业得天独厚的地理位置优势（见表2），650英里范围内集中了超过美国半数的人口和最主要的交易市场，不断完善的州际高速公路网络，强大的铁路系统和格林斯伯勒机场。2004年12月，北卡罗来纳州与戴尔公司签署了合作协议，投资数百万美元在其福赛斯县东南部筹建了一个计算机组装厂。北卡罗来纳州还拥有东海岸最大的货运公司之一。联邦快递（FedEx）和美国快递公司（UPS）都在该地区建有区域分拣枢纽。

表2　温斯顿—塞勒姆地区主要供应链管理和物流公司

本地公司	集团公司
好事达快递（Allstate Express）	联邦快递（FedEx Express）
HEP公司（HEP Direct）	联邦陆运（FedEx Ground）
凯恩运输（Keen Transport）	联想（Lenovo）
托灵顿营销公司（Torrington Distributors）	UPS陆运（UPS Ground）
美国家具公司（United Furniture Industries）	新一代物流（New Breed Logistics）

数据来源：http：//www.wsbusinessinc.com/target-sectors/logistics-distribution。

5.区域分工

我们已经看到，在北卡罗来纳州，三角研究园、格林斯博罗—伯灵顿—海波特区域、温斯顿—塞勒姆地区，已经形成三大产业集群，拥有不同的优势产业，相互间互为补充。

具体来说，三角研究园集中发展信息技术（硬件，软件和IT服务）、生物制药和智能电网行业。三角研究园在信息技术/硬件和通信服务/软件行业的价值贡献远远超过全美平均水平（2000年北卡罗来纳州科技品牌排行榜）。

格林斯博罗—伯灵顿—海波特区域的纺织和家具产业，已经完成从传统制造行业向现金制造行业的成功转型。面对日益激烈的全球竞争，当地公司仍然在持续进行价值链升级，其批发、零售和设计行业正在崛起。

温斯顿—塞勒姆地区从北卡罗来纳艺术学院和《连线》杂志获得了优质资源，以支持其创意产业的发展。同时，凭借优越的地理位置，温斯顿—塞勒姆地区吸引了联邦物流、美国速递公司等跨国公司，使其成为区域物流中心。温斯顿—塞勒姆地区在制造和物流行业的这些优势，也可以助推其创意产业的发展。

6.协同机制

由于产业、大学、政府和社会组织之间的密切协同，北卡罗来纳州已经从建立在商品制造业上的经济体转型为基于先进制造业、信息技术、生物技术和创意产业等的新兴经济体（见表3）。

（1）研究三角区域。研究三角地区是一个创新区域，在过去60年中营造了成功的创新环境。Amaral（2008）使用创新环境管理Amaral模型（AMIEM）评估工具，解释了研究三角地区的成功，他发现该地区大学—产业—政府联系水平很高。在AMIEM评估工具的11个因素中，研究三角地区四个因素得分最高：①政府支持；②大学和研究中心的参与；③资助机构的支持；④领导公司和机构的存在。具体来说，在研究三角地区中，大学研究人员的联合提升该地区行业研究能力，公司、大学和社区之间的伙伴关系的形成和跨部门合作取得巨大成就。除了强大的学术和研究能力，该地区拥有一个多元

表3 RTR主要机构

组织机构	网站	说明
研究三角区域伙伴	http：//www.researchtriangle.org/	与商界、教育机构和政府紧密合作，促进创新和协作
北卡罗来纳州研究三角协会	http：//www.rtp.org/	研究三角园区的拥有者和开发者
企业家协会	http：//cednc.org/	促进企业、投资者、服务提供商、学术及研究机构建立工作联系
研究三角机构	https：//www.rti.org/	为全球的政府和商业客户提供研究、发展和技术服务
北卡罗来纳州生物技术中心	http：//www.ncbiotech.org/	联系公司、大学研究人员、基金和小企业的私营非营利性组织

数据来源：基于互联网信息。

化的支持公司的网络和基础设施。许多组织和网络来补充和催化一些产业集群活动。这些机构和公司与研究三角地区公司和大学的合作，反映了科技界的合作与学习精神。主要的网络和组织包括研究三角基金会，创业发展委员会，研究三角研究所和北卡罗来纳州生物技术中心。

研究三角区域伙伴关系：致力于保持研究三角区域经济实力和竞争优势，致力于为其成员机构和广泛的合作伙伴之间的合作提供支持并促进协作的区域经济发展机构协会。研究三角区域伙伴关系推动区域经济发展战略的实施，促进研究三角地区的经济和就业增长。研究三角区域伙伴关系董事会由各县、研究三角园区的代表组成。董事会建议和监督研究三角区域伙伴关系计划。县经济开发商和合作伙伴经济发展咨询委员会每月规划和实施战略营销工作。

北卡罗来纳州研究三角基金会：研究三角园区的所有者和开发者是民营且财务上独立的非营利性基金会，致力于支持教育，为合作伙伴提供大学服务，在全州建立知识型就业机会，以及提高所有北卡罗来纳州人的生活质量。研究三角园区与世界上最好的三所大学建立了独家合作伙伴关系：北卡罗来纳州立大学，杜克大学和北卡罗来纳州大学教堂山分校。这些合作伙伴关系有利于所有公司，这使其能够分享资源、开展突破性研究，使毕业生在产业和政府部门处于有利地位。他们建立了6个孵化器，通过享受大量资源、服务和网络机会来吸引创新者，重点关注重要事件以帮助其进行创新活动。研究三角园区的孵化器包括：先锋公司，TheLab @ RTP，第一航空创业中心，亚历山大创新公司，BD生物投资中心和Hamner研究所加速器。这种资源的组合推动创业社区的活跃。

北卡罗来纳州生物技术中心：私人非营利组织，总部设在研究三角园区，在阿什维尔、夏洛特、温斯顿—塞勒姆、格林维尔和威尔明顿设有办事处。北卡罗来纳州生物技术中心旨在对接公司和大学研究人员、资助者和小公司，以及生物制药行业的求职者。自1984年成立以来，作为美国第一个国家发起的生物技术计划，生物技术中心已经采取了一系列战略，支持大学毕业生中的高薪就业人数不断增长。

（2）皮德蒙三角区。除了企业、组织和学术研究人员之间的紧密联系，美国劳工部提供的美国政府区域经济发展劳动力创新拨款也在推动皮德蒙三角区经济方面发挥了重要作用。

区域经济发展劳动力创新拨款：皮德蒙三角区伙伴关系在2006年成功地获得了区域

经济发展劳动力创新拨款。这笔款项每年约500万美元，为期三年，提供财政和技术资源，推动皮德蒙三角区实施综合区域经济的国家示范项目发展和劳动力发展战略，以及恢复本地区的全球经济竞争力。计划包括6个部分：①建立示范区域组织；②培养先进制造、物流配送、创意企业/艺术与医疗保健等高端高技能人才；③协调和利用皮德蒙三角区的K-12（幼儿园至12岁），社区学院以及该地区的4年制大学资源；④推动皮德蒙三角区农村和少数民族人口聚集区经济繁荣；⑤与创意领导中心建立区域领导力发展中心；⑥制定营销和沟通策略，以促进区域内对区域合作的需求认识。

这些重要网络和组织为该地区的发展做出了贡献，如皮德蒙三角区伙伴关系，皮德蒙三角区区域委员会，三角区联盟，皮德蒙三角区人力联盟和创意经济中心（见表4）。

表4　　皮德蒙三角地区主要机构

组织机构	网站	描述
皮德蒙三角区伙伴	http：//www.piedmonttriadnc.com/	旨在促进商界团结的民间组织
皮德蒙三角区区域委员会	http：//www.ptrc.org/	地方政府志愿组织
三角劳工	http：//www.triadworks.org/	旨在促进区域劳动力具备全球竞争力的团体
创新经济中心	http：//www.centerforcreativeeconomy.com/	旨在促进皮德蒙三角地区及全州创新经济发展

皮德蒙三角区伙伴关系（PTP）：是一个私人领导组织，旨在将三角区的商业团体聚集在一起，并利用该地区的领导者和资产来促进繁荣和增长。他们正在支持区域发展平台，包括大型场地开发，由皮德蒙三角区国际机场合作的航空公司和惠特克公园综合大楼的重建。

皮德蒙三角区区域委员会：由国家法律授权的城乡地方政府自愿组织并进行制定和实施联合区域决策；向地方政府提供管理、规划和技术服务，解决区域一级的短期和长期问题，定期为当地官员提供形成成员间合作关系和促进区域问题解决的机会。该委员会为12个县的73个成员提供服务。

7.政策因素

随着美国劳工部支持的“区域经济发展劳动力创新拨款”和州政府及地方政府支持政策的实施，北卡罗来纳州的IT、生物技术、家具、纺织品、物流行业等领域在美国东南部处于领先地位。很明显，北卡罗来纳州的决策者已经创建了一个独特的政策体系（Asheim，Boschma和Cooke，2011）。

信息技术产业：通过国家补贴，北卡罗来纳州各种规模的IT公司都可以获得众多金融手段发展业务。北卡罗来纳州研究三角区的持续发展得益于成功吸引IT公司的能力。通过其有吸引力的高科技集群模式，研究三角区的公司吸引各种规模的IT企业（从小型初创企业到大型跨国公司），以提高集聚效率并提升企业竞争力。公司被完善的金融机制等因素吸引到研究三角区。研究三角区的主要管理机构是研究三角区基金会，基金会并没有直接提供资金或拨款，而是协助公司从附属公共和私人实体获取这些资源。除了提供一个劳动力和与国家顶尖大学的对接机会，北卡罗来纳州为计划迁移到三角区域的公司提供广泛的企业激励措施，包括工业收入债券、免税、商业能源改善贷款以及其他各种赠款和资金。州政府以更多的方式支持研究三角区，而不仅仅是企业奖励计划。政府为研究三角区附近的国家公路进行昂贵的翻新计划，其中一个是I-40，直接通过公园，连接相距只有五英里的罗利—达勒姆（RDU）机场。

生物技术产业：生物技术领域的一些公司已经利用了北卡罗来纳州政府的慷慨资助。从2004年至2010年，默克公司以就业发展投资补助（JDIG），场地基础设施发展基金以及第3J条税收抵免和William S. Lee税收抵免形式，从国家收到4120万美元。从2006-2010年，北卡罗来纳州向昆泰提供了7笔独立拨款，共计3160万美元。其中最大的单一财务奖励来自2006年，当时北卡罗来纳州从就业发展投资补助和北卡罗来纳州基金会向其提供了2850万美元的资金。此外，北卡还向企业提供教育和劳动力发展计划。“金叶基金”（烟草公司与州政府达成和解后成立的非营利性组织）已经将7000多万美元注资北卡罗来纳州BioImpact联盟，该组织汇集了生物技术领域的一些关键参与者，包括社区学院、州立大学、专门培训和教育项目、北卡罗来纳州生物科学组织和北卡罗来纳州生物技术中心。

服装产业：政策通过鼓励经济发展和向工人提供援助来影响地方和国家的纺织服装业发展。在国际层面上，全球和区域贸易政策在影响国际生产和采购网络的结构和动态方面历来发挥关键作用。对于北卡罗来纳州，如北美自由贸易协定和中美州自贸协定之类的区域贸易协定在维护纱线市场也起着至关重要的作用。

家具产业：工人培训是政府的重点，政府努力帮助北卡罗来纳州的工人在不断变化的行业中保持竞争力。政府出台各种方案加强工人其他领域技能以保持竞争力。州政府和联邦政府已经为北卡罗来纳州的失业救济和再培训计划拨款，专门用于帮助流离失所的纺织和家具工人。在2002年和2003年，通过国家紧急拨款和其他补贴，向北卡罗来纳州南部，皮埃蒙特和西部地区颁发了400多万美元。补助金大约2666名工人，通过补充现有的再就业计划，提供求职帮助，工作发展，基本技能培训和职业咨询。

智能电网行业：北卡罗来纳州执行支持和鼓励清洁能源发展的国家政策具有悠久的历史。北卡罗来纳州是第一个采用可再生能源投资组合标准（REPS）的州，并发布了许多国家级鼓励政策，包括可再生能源投资税收抵免，为安装合格的可再生能源技术提供35%的税收抵免，以及可再生能源制造税收抵免，为可再生能源企业建设、扩大或转型提供25%的税收抵免。

创意产业：北卡罗来纳州艺术理事会、北卡罗来纳州自然与文化资源厅、美国第一国家艺术、历史和图书馆等机构，是发展创意产业的关键领导者。北卡罗来纳州政府已在艺术基础设施进行超过50年的投资活动。该委员会每五年发布一项战略艺术计划。2013年，北卡罗来纳州艺术委员会基金会的成立旨在促进北卡罗来纳州艺术委员会的成长、进步和普惠福利。理事会为组织和艺术家/个人提供赠款。赠款严格的标准，有助于将艺术行业的实践水准保持在最高水平，并由公民领袖和艺术专家小组推荐，综合考虑艺术价值，项目对国家公民的利益等因素。

三、雄安新区与北卡罗来纳州研究三角区的比较分析

本节的研究目标是将雄安新区与其他区域联系起来的行业、政策和协同机制。我们可以对河北雄安新区进行更加集中的分析，为亚行和杜克研究团队提供非常有用的参考。

相似处：

——区位：均以三大城市为中心。 雄安位于北京市中心西南约100公里处。

——土地来源：华北地区拥有低成本土

地和最大的淡水湿地；研究三角区有低成本和丰富的土地。

——交通：两个机场；丰富的铁路/丰富的公路；距离北京和天津/罗利与达勒姆有一到两个小时车程。

——教育资源：雄安主要依靠北京大学；研究三角区拥有3所世界一流大学。

——政府的大力支持：中央政府和地方政府支持雄安—“国际标准”“中国特色”“改革”“创新”；研究三角区拥有劳动力创新和地方组织。

不同处：

——范围：雄安新区起步区100平方公里，远期2000平方公里，研究三角区范围为28平方公里。

——人口：雄安新区现在130万人，建成后估计300万–400万人，研究三角区在都市区意义内拥有130万人口，距离园区60英里半径内有近300万人。

——产业：雄安新区将致力于发展高科技、无污染产业，与研究三角区类似。但是产业基础不同，河北长期依靠钢铁等重工业，研究三角区有很长的服装和烟草行业的历史。

在本报告先前的章节，我们已经比较了京津冀地区与日美两国几个参照地区的异同，然而资料主要从间接渠道获得，不足以真正理解各个地区发展历程中具体产业、区域分工、机制及政策协同等情况。只有北卡罗来纳州的例子是我们可以借鉴的原创性研究，该研究通过价值链分析法、访谈、微观数据，兼顾微观、中观、宏观及全球层面的分析，使我们对可能与京津冀产业升级最密切相关的政策机制和升级决策有了更加深刻的认识。

河北拥有大量传统产业和新兴产业，应从地方、国家乃至国际视角统筹分析其过往的产业模式、当前的挑战和未来发展方向。此外，新近宣布成立的雄安新区是开展一系列“绿地投资”的良机，为京津冀地区提供了得天独厚的机会。我们在报告中评价的几个地区中，雄安新区也许是与北卡罗来纳州研究三角和皮德蒙三角最为相像的地区，后两者在近数十年中已为传统产业和高技术产业发展制定了新规划。

北卡罗来纳州的上述行业以美国其他地区的集群为基准，与北卡罗来纳州各主要行业（如纺织品和服饰，家具，信息技术和生物技术）形成最为紧密的竞争。虽然超出了本报告的范围，但我们认为，这种详细的价值链分析有助于在京津冀区域协同发展的背景下分析河北产业升级。

总的来说，应用GVC方法分析产业一个或多个产业的升级需要以下步骤：

1.依据政府规划或现有产业结构确定优先发展的产业。

2.为各产业建立价值链图，依据微观数据和增值环节，确定企业参与的关键环节。

3.以近似产业集群和国家为标准，建立产业升级的国际参照系。这包括构建两类图表：“价值链图”（一种研究产品和工艺的投入—产出分析法）；关键技术趋势；相关国际技术、质量和环境标准；地理迁移（生产上的）。“参与者图”（全球性龙头企业、大型供应商、平台领导者及其他相关行业）。

4.评估每一产业在国内其他地区的产业集群。

5.重点关注河北省每一产业升级的潜在方向，这不仅限于经济意义上的升级，也包括社会和环境意义上的升级。

6.推出支持性政策和协调机制，促进升级目标的实现。

分析产业升级的所需步骤可以用美国智能电网价值链和北卡罗来纳州研究三角地区的案例进行说明，上述研究由杜克大学全球治理与竞争力研究中心负责实施。

此类关于北卡罗来纳州和下级地方层面开展的产业升级分析对于政策制定者和企业极为重要。例如，RTR智能电网的研究成果被州级决策者用以吸引投资者，向他们展示现有产业集群情况和RTR地区智能电网产业结构上存在的断层，以期提升RTR地区在全国及全球的竞争力。

四、河北省如何推动京津冀协同发展

通过比较京津冀地区与日本首都地区、美国纽约—新泽西—费城地区以及北卡罗来纳州的主要产业、区域分工和协同机制及政策，我们可以从其发展历程中得出一些教训，亦能总结出可供河北省借鉴的经验（见表5）。

在实践中整合自上而下和自下而上协同机制：

1.融合区域发展规划与国家重大战略（中国—京津冀；日本；纽约—新泽西港）。

2.打开私营部门、非政府组织以及科研机构的合作渠道（如RTRP；北卡罗来纳州生物技术中心）。

3.为目标产业建立专业基金（美国对北卡罗来纳州的皮德蒙WIRED拨款；费城医疗保健）。

以产业发展带动经济发展：

1.选择最合适的公司起步（旗舰效应）：PTR的起飞—IBM和葛兰素史克。

2.引入顶级的智力资源（世界和中国的顶级大学）。这一点对高技术产业（如IT、生物技术、新材料、可再生能源等）很重要。还需要持续改善劳动力素质、获得合适的外国政府的相关认证。

3.发展新产业而不是抱残守缺、保留过时或萎缩的行业（例如，新泽西和费城发展制药、生物产业；北卡州发展智能电网和先进制造业）。

表5　　四个地区的比较

	京津冀地区	日本首都地区	美国纽约—新泽西—费城地区	北卡罗来纳州
主要产业	商业、服务、IT、交通及物流、装备制造、钢铁	商业、服务、研发、轻工制造、交通及物流、汽车、电子设备、制药	商务服务、研发、艺术、制药及生物技术、医疗设备、车辆、先进制造业	IT、生物技术、药品研发、智能电网、轻工制造（纺织、家具）、创意产业、物流
区域分工	北京：服务、IT 天津：高技术 河北：装备制造、高技术（可再生能源等）、钢铁	东京：商务服务、研发、高技术 周边：轻工（电子设备）、重型制造（金属、汽车、化工）	纽约市：商务服务、艺术及设计、研发 新泽西：先进制造业 费城：制药及生物技术、车辆、化工	RTP:研发、IT、生物技术、智能电网 格林斯博罗—海波特：纺织、家具 温斯顿—塞勒姆：创意产业、物流
协调机制	最近由中央政府进行统一规划（自上而下）	由中央政府统一规划（自上而下）	非政府、非盈利的区域性规划组织（自下而上）	许多专业性非营利性组织（自下而上）
政策举措	京津冀协同发展、雄安新区	首都地区规划：3大目标、5大方向	PRA区域规划	州长关于创立RTP的规划、美国劳工部WIRED拨款、特定产业政策

4.升级传统制造业，使之进入更高的价值环节（例如，北卡罗来纳州的高端智能纺织）。

当前，河北省有大量产业可纳入综合性的产业升级战略当中，这一战略必将造福京津冀地区。这些产业可归为以下几个大类：

资源密集型产业和传统制造业：

1.钢铁业：钢铁是河北省最具代表性的支柱产业。2015年，河北省钢铁业增加值达2924亿元，约占河北省规模以上工业企业的26%。从环境角度看，钢铁业的升级对于京津冀地区具有全局性的意义。

2.纺织服装业：作为典型轻工业，纺织服装业在河北省占有重要地位。2015年，行业增加值达884亿元，约占规上工业的7.9%。河北省在棉纺、毛纺、服装及化纤领域具有竞争力。

3.食品工业：与纺织服装业类似，食品工业是河北省另一代表性轻工行业。2015年，产值规模达890亿元，占规上工业的8%。河北省在粮油加工、酿酒和特色饮品领域具有优势。

中端技术及装备制造：

1.装备制造业：装备制造是产业升级的又一重点领域。2015年，其增加值达到2766亿元，约占河北规上工业的24.6%，仅次于钢铁业。目前，河北省在轨道交通装备、汽车、冶金装备、电气设备、通用航空及工业机器人等领域具备一定优势。

2.高技术产业：

• 电子信息：2015年，河北省该行业增加值约250亿元，约占高新技术产业的14.2%。其中，软件、卫星导航和大数据较为突出。

• 生物产业：2015年，生物产业增加值约为260亿元，约占河北省高新技术产业的14.6%。凭借大型企业、高端研发平台及先进技术，河北省在生物制药领域具有优势。

• 新材料：2015年，行业增加值为280亿元，约占河北省高新技术产业的15.7%，河北省在晶体硅材料、液晶材料、特种陶瓷、优质特种钢、碳纤维、钒钛、中间合金等领域具有强大的技术实力和竞争优势。

• 可再生能源：2015年，可再生能源行业增加值约为100亿元，约占河北高新技术产业的5.9%。在冀北，大量风电及太阳能项目已投入运营；生物质能电厂已在冀中地区建设并投运；沿海地区具备发展核能和潮汐能的有利条件，这些都将有利于能源结构优化和减少大气污染。

总体来说，河北省拥有一系列传统产业和中高端行业，都可依据其现有条件进行升级。上述产业可能涉及几种截然不同的GVC升级方向，这取决于我们定义的传统产业（如纺织服装或食品）、中端产业（如交通装备）或高新技术产业（如电子、生物技术和可再生能源）。

除这些制造行业外，高附加值服务对河北非常重要，如发展智能电网和基于互联网或信息平台的公司等，因其处于第四次工业革命的前沿领域。这一产业组合将有助于京津冀地区经济多样化，也将增加河北省的创业创新机会。

附录

表1　北京GDP构成　（单位：%）

	2014年	2015年	2016年
第一产业	2.4	0.6	0.5
第二产业	37.6	19.7	19.2
工业	30.1	16.1	15.6
第三产业	60	79.7	80.3

数据来源：《北京统计年鉴》(2014、2015、2016)。

表2　北京前五大行业　（单位：10亿美元）

行业	2015年		2014年	
	GDP	占比	GDP	占比
金融服务	63.05	17.06%	54.66	15.74%
制造业	45.15	12.21%	45.96	13.24%
信息技术服务	38.28	10.36%	33.89	9.76%
批发零售	37.78	10.22%	39.25	11.30%
科学研究和技术服务	29.24	7.91%	27.07	7.79%
租赁及商务服务	28.37	7.68%	27.68	7.97%

数据来源：《北京统计年鉴》(2015、2016)。

表3　北京工业　（单位：10亿美元）

行业	2013年	2014年	2015年
轻工业	41.02	41.80	41.93
重工业	239.34	258.59	238.30
大中型企业	225.00	244.82	228.85

数据来源：《北京统计年鉴》(2014、2015、2016)。

表4　2015年北京主要制造业　（单位：%）

行业	占GDP比重
汽车	22.3
通信设备、电脑及其他	12.1
电气设备及仪器	4.5

续表

行业	占GDP比重
机械制造	4.2
石油加工、炼焦、核燃料加工	3.4
专用设备制造	3.1
通用设备制造	2.8
食品饮料	2.6
非金属矿物制品业	2.2
铁路机车车辆、船舶和其他交通运输设备	2.2
化学原料及制品业	1.8

数据来源：HKTDC的研究成果，其数据引自《北京统计年鉴》(2016)。

表5　　天津GDP构成　　（单位：%）

	2000年	2015年	2016年
第一产业	4.3	1.3	1.2
第二产业	50.8	46.5	44.8
工业	46.2	42.2	40.4
第三产业	44.9	52.2	54

数据来源：《天津统计年鉴》(2000、2015、2016)。

表6　　2012-2015年河北省主要产业　　（单位：10亿美元）

行业	2012年	2013年	2014年	2015年
黑色金属冶炼及加工	187.12	193.26	188.36	162.70
金属制品业	32.63	39.37	44.80	44.04
化学原料及制品制造业	32.72	38.36	41.52	43.13
农副食品加工业	30.17	33.70	36.28	34.99
汽车制造业	23.18	29.00	32.07	34.76
电气装备及仪器制造业	23.90	28.41	32.24	32.65
非金属矿物制品业	28.38	31.26	32.67	31.62
黑色金属采矿业	39.97	43.65	40.11	28.16
石油加工、炼焦、核燃料加工	36.76	34.32	31.93	27.93
纺织业	22.80	25.99	27.94	26.53
煤炭采掘及洗选业	23.61	21.70	18.52	15.17

数据来源：综合《河北经济年鉴》(2013-2016)。

表7　　2016年前三季度河北出口情况　　（单位：10亿美元）

行业	货值	增长率（%）
钢铁	6.79	-9.60%
服装	2.68	-4.80%
高技术产品	1.59	-17.70%
纺织品、纱线、织物	1.27	5.50%
农产品	1.14	-5.20%
汽车零部件	1.03	9%
家具	0.59	11%
陶瓷产品	0.51	3.10%
半导体产品	0.35	-45.60%
汽车	0.17	-24%

数据来源：石家庄海关http://news.ifeng.com/a/20161021/50135151_0.shtml。

表8　　2015年河北省主营业务收入超百亿元的五大企业

名称	所有制	销售额（10亿元，2015）	描述	网站	总部
长城汽车	中国香港上市	76.03314	中国最大的SUV汽车生产商	http://www.gwm.com.cn/company/index.html	保定
中车唐车	国有		中国第一家铁路设备生产商	http://www.tangche.com/	唐山
中信戴卡	国有	16.198	中国第一家铸造铝合金轮毂制造商，世界最大的铝合金轮毂制造商	http://www.dicastal.com/	秦皇岛
北方凌云	国有	13.777	汽车零部件制造商，中国北方工业集团公司子公司，其著名品牌是凌云和雅塔	http://www.yinglisolar.com/us/about/	涿州
英利太阳能	美国纽约上市	9.3	世界上最大的太阳能电池板制造商之一，超过6500万块太阳能电池板销往90多个国家	http://www.yingligroup.com/	保定

数据来源：综合各公司网站。

表9　　2016年前三季度河北省高技术产业　　（单位：10亿美元）

行业	增加值	增长率	与河北省平均增长率相比
新能源	1.89	39.30%	24.50%
航空航天	0.08	33%	18.20%
环保产业	0.20	17%	2.20%
新材料	3.48	16.70%	1.90%
生物产业	3.50	15.00%	0.20%

数据来源：http://www.hetj.gov.cn/hetj/tjgbtg/101477381967802.html。

表10 河北省高技术企业分布

城市	数量	备注
石家庄	496	174家在本地高新区
承德	25	11家在本地高新区
张家口	39	
秦皇岛	93	
唐山	172	
廊坊	135	26家在燕郊高新区
保定	191	113家在本地高新区
河北省	1628	

数据来源：http://www.hetj.gov.cn/hetj/tjgbtg/101477381967802.html。

表11 《财富》杂志全球500强企业总部数量

排名	城市	国家	公司数
1	北京	中国	52
2	东京	日本	41
3	巴黎	法国	18
4	纽约	美国	17
5	伦敦	英国	17

数据来源：《财富》"2014年世界500强"，http://www.bdc-tokyo.org/en/opportunities/。

表12 美国最大的20家总部位于纽约的公司

排名	公司名称	行业	收入（10亿美元）
1	威瑞森电信	通讯	127.10
2	摩根大通	金融	102.10
3	IBM	科技	94.10
4	花旗集团	金融	90.60
5	大都会人寿	保险	73.30
6	百事公司	食品	66.70
7	美国国际集团	保险	64.40
8	辉瑞公司	生物制药	49.60
9	高盛集团	金融	40.10
10	纽约人寿保险	保险	38.70
11	摩根士丹利	金融	38.00
12	美国运通	金融	36.00

续表

排名	公司名称	行业	收入（10亿美元）
13	美国教师退休基金会	金融	34.20
14	国际资产控股公司	金融	34.10
15	21世纪福克斯	传媒	31.90
16	飞利浦·莫里斯	烟草	29.80
17	时代华纳	传媒	28.80
18	旅行者保险	保险	27.20
19	美铝公司	铝业	23.90
20	时代华纳有线电视	传媒	22.80

数据来源：巴鲁克学院及http://www.baruch.cuny.edu/nycdata/business-headquarters/headquarters.htm。

表13　　2015年纽约主要产业

行业	北美产业分类	2014年就业人数*（人）	2009-2014年就业变动（%）	2014年平均工资（美元）	行业重要性
贸易、运输及公共事业	专业承包	813000	6.4	71700	G,J,P
建筑	无店铺零售商	14000	75.0	81700	G
信息	电影和录音	42000	44.8	113300	G,W
	其他信息服务	29600	85.0	142000	G,P,W
金融活动	证券、现货交易及投资	165300	0.2	404800	J,W
专业商务服务	专业技术服务	365500	16.2	122000	G,J,P,W
	行政和支持性服务	198500	16.5	52500	G,J,P,
教育服务	教育服务	352800	8.4	54800	G,I,
医疗及社会救助	流动医疗服务	224100	32.8	46200	G,J,P
	社会服务	173200	7.2	28800	G,J,P
休闲和住宿	住宿	49900	23.2	60100	G,J,P
	餐饮服务场所	273900	38.7	26200	G,J,P
其他服务	会员协会和组织	76900	11.9	60800	G,J,P

*指包括了公共及私营部门的就业人数。

注：G代表行业就业增长率超过就业平均增长率；J代表行业拥有大量就业人员（>35500）；P代表行业预计在2012-2022年期间就业增长率至少为所有行业（总体水平）的两倍；W代表工资水平高于平均水平。

数据来源:纽约州劳工局https://labor.ny.gov/stats/PDFs/Significant-Industries-New-York-City.pdf。

作者单位：杜克大学全球化、治理与竞争力研究中心；对外经济贸易大学